Informatik aktuell

Herausgeber: W. Brauer
im Auftrag der Gesellschaft für Informatik (GI)

Springer
Berlin
Heidelberg
New York
Barcelona
Budapest
Hongkong
London
Mailand
Paris
Santa Clara
Singapur
Tokio

Volker Claus (Hrsg.)

Informatik und Ausbildung

GI-Fachtagung 98
Informatik und Ausbildung
Stuttgart, 30. März – 1. April 1998

Springer

Herausgeber

Volker Claus
Fakultät Informatik
Universität Stuttgart
Breitwiesenstrasse 20–22
D-70565 Stuttgart

Die Deutsche Bibliothek - CIP-Einheitsaufnahme

Informatik und Ausbildung : GI-Fachtagung 98 Informatik und
Ausbildung, Stuttgart, 30. März bis 1. April 1998 / Hrsg.: Volker
Claus. - Berlin ; Heidelberg ; New York ; Barcelona ; Budapest ;
Hongkong ; London ; Mailand ; Paris ; Santa Clara ; Singapur ;
Tokio : Springer, 1998
   (Informatik aktuell)

CR Subject Classification (1998): K.3.0, K.3.1, K.3.2, K.7.3

ISBN-13: 978-3-540-64178-0   e-ISBN-13: 978-3-642-72169-4
DOI: 10.1007/978-3-642-72169-4

Satz: Reproduktionsfertige Vorlage vom Autor/Herausgeber

SPIN: 10573364   33/3142-543210 – Gedruckt auf säurefreiem Papier

Vorwort

Die Gesellschaft für Informatik e.V. veranstaltete vom 30.3. bis zum 1.4.1998 an der Universität Stuttgart eine Tagung über „Informatik und Ausbildung". Ursprünglich war die Tagung breit angelegt; sie sollte schulische, berufliche und wissenschaftliche Ausbildung zueinander in Beziehung setzen, wechselseitige Erwartungen und Anforderungen diskutieren, die Nutzung und zukunftsweisende Einsätze der neuen Medien aufzeigen, neue Lernumfelder vorstellen, unterschiedliche inhaltliche und didaktische Ansätze diskutieren und einen fruchtbaren Dialog der unterschiedlichen Ausbildungsgebiete und -formen fördern. Im Prinzip geschah ein solcher Dialog auch während der Tagung; auf Grund der Einsendungen konzentrierten sich aber die Vorträge auf den Hochschulbereich, dessen Erfahrungen allerdings in den anderen Ausbildungssektoren ebenfalls von Bedeutung sind. Die Schwerpunkte der Vorträge lagen in den Bereichen:

> Didaktik der Informatik in Hochschulen,
>
> Nutzung neuer Medien,
>
> Lernumfelder.

In den eingeladenen Vorträgen wurden grundsätzliche Fragen zur Informatikausbildung, die Beziehungen zur Wirtschaft (Prof. Barths Vortrag über „Doppelpässe zwischen Wissenschaft und Wirtschaft in der Informatik" konnte leider nicht mehr in diesen Band aufgenommen werden), die Qualitätssicherung in der Ausbildung, die Internationalisierungsbemühungen und Teleteaching-Projekte behandelt.

An der Tagung nahmen Lehrkräfte und Ausbildende aus Schulen, Hochschulen, Wirtschaft, Industrie und Verwaltung teil, aber auch viele Schüler(innen) und Studierende folgten den Vorträgen, beteiligten sich an den Diskussionen und besuchten die Workshops. Die Tagung betonte genau einen Vortragsstrang, der nicht durch Parallelvorträge gestört wurde; daneben fanden neun Workshops über Spezialthemen statt. Durch diese Mischung konnten insgesamt auch viele übergreifende Themen wie Frauen- und Mädchenförderung, Evaluationen der Ausbildung, neue Berufe, Fragen der Entwicklungsländer, besondere Bildungsinitiativen, Jugendwettbewerbe sowie Fragestellungen zum Bereich Informatik und Gesellschaft abgedeckt werden.

Einen besonderen Schwerpunkt setzte die Tagung mit einer Podiumsdiskussion zu der vieldiskutierten Problematik, ob und in welchem Umfang neue Studiengänge mit internationaler Anerkennung (Bachelor, Master) eingerichtet werden sollen. Dieses Thema wird in den nächsten Jahren die Verantwortlichen immer wieder beschäftigen.

Die Tagung war vom Programmkomitee zeitlich sehr knapp kalkuliert worden, um möglichst neuartige Beiträge vortragen zu können: Zwischen dem Einreichen und dem Vortragen lagen nur 6 Monate. Dies ermöglichte einen lebendigen Dialog über aktuelle Fragen der jeweiligen Themenbereiche, ein Vorteil, der für die kurzfristiger geplanten Workshops in besonderem Maße galt.

Parallel zur Tagung fanden eine Industrie- und Verlagsausstellung und eine Posterausstellung statt. Die Tagungsteilnehmer(innen) hatten vielfach Gelegenheit, die ausgestellten Poster mit den Autor(inn)en zu diskutieren und neue Anregungen zu speziellen Themen zu erhalten.

Die Tagung steht in der Tradition einer Reihe von GI-Tagungen, die 1984 in Berlin mit der Tagung „Informatik als Herausforderung an Schule und Ausbildung" begonnen hatte. Diese Tagungen hatten sich in der Folge mehr dem schulischen Bereich zugewandt. Mit der Tagung in Stuttgart wurden verstärkt die in allen Bereichen der Ausbildung vorhandenen Fragen, Probleme, Untersuchungen und Erfahrungen in einen gemeinsamen Rahmen gestellt und diskutiert. In den nächsten Jahren werden voraussichtlich wieder spezieller ausgerichtete Tagungen stattfinden, bis erneut der Bedarf nach einer Zusammenschau entstehen wird.

Zusatzinformationen zur Tagung finden sich noch bis mindestens Ende 1999 unter http://www.informatik.uni-stuttgart.de/fakultaet/ausbildung98.

Träger der Tagung war die Gesellschaft für Informatik, vertreten durch ihren Fachbereich 7 „Informatik und Beruf". Dieser legte das Programmkomitee im Mai 1997 fest:

Reinhard Bayer, Stuttgart	Werner Burhenne, Darmstadt
Volker Claus (Vorsitz), Stuttgart	Konrad Dammeier, Tübingen
Jürgen Freytag, Hamburg	Steffen Friedrich, Dresden
Rul Gunzenhäuser (st. Vorsitz), Stuttgart	Bernhard Koerber, Berlin
Herbert Löthe, Ludwigsburg	Klaus Müller, Stuttgart
Jens Nedon, Hamburg	Irmingard Schmithüsen, Baden-Baden
Adolf Schreiner, Karlsruhe	Renate Schulz-Zander, Dortmund
Andreas Schwill, Potsdam	Christine Seidel, Berlin
Günter Siegel, Berlin	Dietmar Wagener, Gotha
Michael Weber, Berlin	Ingo Wegener, Dortmund

Veranstalter war die Fakultät Informatik der Universität Stuttgart. Sie benannte das Organisationskomitee, das ab November 1997 mit der eigentlichen Arbeit begann:

Friedhelm Buchholz	Volker Claus (Vorsitz)
Rul Gunzenhäuser	Mathis Löthe
Gabriele Marun-Nakissa	Rolf Mecklenburg
Horst Prote	Holger Schwarz
Gudrun Volkert	

Allen Mitwirkenden sei an dieser Stelle herzlich für ihren Einsatz gedankt.

Für die Unterstützung dieser Tagung danken wir
- der Universität Stuttgart, speziell der Fakultät Informatik,
- dem Informatik Forum Stuttgart e.V. (infos),
- der Firma Sun Microsystems, München,
- der Firma IBM Deutschland, Stuttgart, und
- der Baden-Württembergischen Bank, Stuttgart.

Volker Claus

Inhaltsverzeichnis

Eingeladene Vorträge

Didaktik der Informatik in der Hochschule

Informatik im schulischen Bereich

Frauenförderung in der Informatik

Nutzung neuer Medien in der Ausbildung

Lernumfeld

Studiengänge an Hochschulen

Workshops

Was heißt und zu welchem Ende studiert man Informatik?
Ein akademischer Diskursbeitrag nebst Anwendung

Frieder Nake
Universität Bremen, Informatik
Postfach 330 440, 28334 Bremen

Den älteren unter den Lesenden wird erinnerlich sein, daß Friedrich Schiller im Jahre 1789, dem Jahr der Französischen Revolution, seine „akademische Antrittsrede" in Jena unter dem Titel „Was heißt und zu welchem Ende studiert man Universalgeschichte?" hielt. Stellt es eine Anmaßung dar, wenn ich in einem Beitrag zu einer Tagung der noch jungen Informatik mit Schillers Überschrift liebäugele? Mag sein. Meine wirkliche Absicht ist jedoch, an die *Bildung* zu erinnern als einer – nach meinem Dafürhalten – vornehmsten Aufgabe universitären Lehrens und Studierens. Solche Hervorhebung stellt Bildung tendenziell gegen Ausbildung. Zwar mag dieser Gegensatz belanglos erscheinen, denn er ist ja schon im Wort eine rein deutsche Angelegenheit. Dennoch soll er nicht unumstritten bleiben: die Gegensetzung geschieht angesichts des Themas unserer Tagung in provokatorischer Absicht. [1]

Lesen wir zunächst bei Schiller nach. Zu Beginn seiner Vorlesung stellt der damals Dreißigigjährige zwei Haltungen dar, die Studenten (es sind Männer) ihrem Studium gegenüber einnehmen mögen. Allen, die ihm zuhören, unterstellt er ein besonderes Interesse an der Geschichte – dem besonderen Gegenstand ihres Studierens –, um dann eine Passage einzufügen, die sich auf allgemeinere Ziele des Studierens bezieht und die er mit den Worten beginnt: „Anders ist der Studienplan, den sich der Brotgelehrte, anders derjenige, den der philosophische Kopf sich vorzeichnet."[2]

Im weiteren spricht Schiller genauer über die beiden Charaktere, die er sich hier vorstellt – den Brotgelehrten und den philosophischen Kopf. Dem Brotgelehrten ist es mit Fleiß „einzig und allein darum zu tun, die Bedingungen zu erfüllen, unter denen er zu einem Amte fähig und der Vorteile desselben teilhaftig werden kann." Was nicht dem Brotstudium dient, sondern der Bildung des Geistes, das trennt – so Schiller – der Brotstudent ab. Es würde ihm nur Zeit rauben, die er besser seinem künftigen Berufe widmen könnte. Er richtet stattdessen all seinen Fleiß darauf, die Forderungen zu erfüllen, die seine künftigen Herren an ihn stellen.

Schillers Herz scheint nicht eben für solchen Brotstudenten zu schlagen: „Beklagenswerter Mensch, der mit dem edelsten aller Werkzeuge, mit Wissenschaft und Kunst, nichts Höheres will und ausrichtet, als der Taglöhner mit dem schlechtesten! der im Reiche der vollkommensten Freiheit eine Sklavenrolle mit sich herumträgt!" Frei geht es zu im Reich von Wissenschaft und Kunst, und wessen geistiges Trachten von solcher Freiheit nicht angesteckt wird, den trifft die Klage des Dichters.

---

[1] Ich beeile mich, hinzuzusetzen, daß es selbstredend nicht um den Ausschluß des einen durch das andere gehen kann: Stets ist Bildung auch Ausbildung und umgekehrt. Die Frage ist eine der Betonung und Orientierung.

[2] Ich zitiere nach meiner Ausgabe der Sämtlichen Werke [Schiller o.J.].

„Wie ganz anders verhält sich der philosophische Kopf!" ruft Schiller seinen Studenten zu. Überschwenglich-blutleer, wie Idealisten (deutsche zumal) sich die Welt zurechtdenken, stellt er diesen Menschen dar. Und dennoch soll der Schillersche philosophische Kopf mir als das Bild gelten, das ich dem eilfertigen Bemühen der aktuellen Universitätsdebatte um *Effizienz* entgegenhalten will. Sollten Erkenntnisse und Entdeckungen der Wissenschaft und Kunst das werdende Ganze, das Ideengebäude des philosophisch Gestimmten zertrümmern, sollten sie „den ganzen Bau seiner Wissenschaft umstürzen: so hat er die Wahrheit immer mehr geliebt, als sein System, und gerne wird er die alte mangelhafte Form mit einer neueren und schöneren vertauschen."

Mit dem zweiten Gemälde, dem vom philosophischen Kopf, allein will Schiller zu tun haben. Nur ihm empfiehlt er das Studium der Universalgeschichte. Sich dem Brotstudenten nützlich machen zu wollen, würde die Wissenschaft von ihrem höheren Endzweck allzusehr entfernen.

Mir soll der Brotstudent hier für die Ausrichtung der Universität auf Ausbildung, auf professionelles Training, auf Zertifizierung stehen, der philosophische Kopf hingegen für eine Ausrichtung auf Bildung, radikales wissenschaftliches Suchen, auf skeptische Aufklärung[3]. Erschauern sollten wir nicht gleich vor dem emphatischen Gestus des deutschen Dichters, auch wenn wir die Brücke über zweihundert Jahre hinweg nicht ungern schlagen. Zwanzig Jahre später, 1809, führt Wilhelm von Humboldt im preußischen, von Napoleon bedrohten Berlin seine epochemachende Reform ein. Sie wird bestimmend für die Universität in Deutschland und in vielen Ländern mehr. Einheit der Wissenschaft, Einheit von Forschung und Lehre, Einheit von Lehrenden und Lernenden, heißt ihr dreifaches Credo.

Unsere Zeit, werden wir uns zu Recht beeilen zu sagen, ist eine andere geworden. Doch ist sie so anders geworden, daß wir bei Industrie und Wirtschaft nachfragen müssen, was sie an verwertbaren Qualifikationen der Ware Arbeitskraft geliefert bekommen möchten, wenn wir ein Studium einrichten, in das hinein – so will ich mit Schiller unterstellen – junge Menschen sich begeben, die ihr Höchstes, nämlich ihre Persönlichkeit, bilden wollen? Ist die Zeit so anders geworden, daß die Humboldtschen Ideale keinen Pfifferling mehr wert sind? Ist insbesondere unsere junge Disziplin, die Informatik, eine, die als postmoderner Spätankömmling im Kreise der anderen Disziplinen alles einreißt, methodisch wie inhaltlich, um einer aktuellen Beliebigkeit willen? Eine Disziplin ohne Gegenstand, Begriff und Methode, aber mit der Macht von Industrie und Wirtschaft im Rücken?

„Informatik und Ausbildung" heißt unsere Tagung, nicht etwa, was ja auch denkbar wäre: „Informatische Bildung", oder vielleicht, um eine Zuspitzung zu signalisieren: „Informatische Bildung am Wendepunkt". Nun wäre es abgeschmackt, dem Veranstalter vorzuwerfen, seiner Tagung den falschen Titel gewählt zu haben. Nichts davon! Wenn aber die Informatik auf dieser Tagung erstens unter dem Aspekt der Ausbildung beleuchtet wird, zweitens dieser Aspekt aufgeteilt wird in drei Bereiche informatischer

---

[3] Noch einmal sei betont, daß ich den (vermeintlichen) Gegensatz von Bildung und Ausbildung zwar bewußt nutze, um die aktuelle Diskussion über die Ausrichtung universitären Studierens mit der Betonung von Bildung an eine humanistische Tradition zu erinnern, daß mir die Schwülstigkeit jedoch mißhagt, die in diesem Begriff auch anklingt. Auch ist mir die Spiegelfechterei nicht lieb, die sich gelegentlich im Streit um derartige Worte austobt. Bildung ist der nicht abschließbare Aspekt des Lernens; Ausbildung dann der abschließbare. Bildung denkt an einen idealen Menschen jenseits aller nationalen, konfessionellen, beruflichen Begrenzungen; Ausbildung ist konkret antreffbare und mithin begrenzte Bildung (vgl. [Blankertz 82, S. 101ff]).

Ausbildung (Beruf, Hochschule, Schule) sowie didaktische Methodik (Neue Medien), wenn drittens eine Forderungshierarchie vorgegeben wird (Forderungen von Industrie und Wirtschaft an Hochschulen und Berufsschulen, Forderungen dann von Hochschulen an Schulen)[4], so mag das doch dazu herausfordern, die Gelegenheit zur Formulierung einer skeptischen Position zu ergreifen.

Der folgende Beitrag bezieht sich auf den akademischen Bereich, den Bereich also, wenn wir wollen, der eingeklemmt ist zwischen Industrie und Wirtschaft einerseits, Schulen andererseits, den wir aber gerne – tun wir das nicht? – als selbständig und unabhängig begreifen. Eine in Fragen universitären Studiums skeptische Position wird gegenüber aktuellen Trends eher die Wahrheitssuche, das Verlangen nach Erkenntnis, den Zusammenhang des Ganzen – die Wissenschaftlichkeit also und die an ihr interessierten Menschen ins Zentrum rücken und die Zersplitterung, das rasche Aufgreifen aktueller Industrieströmungen, den Ruf nach unmittelbarer Verwertbarkeit von Arbeitskraft und Ergebnissen an den Rand drängen. Nicht, daß beide sich ausschlössen, ganz im Gegenteil: um die Gewichtung geht es.

Über das Lernen

Weinen möchte man, wenn man sieht, daß Lernen und Lehren unter Hochschullehrenden selbst heute noch verstanden wird als ein Problem der *Übertragung* von Stoff und Wissen. Weinen – weil alle Reformpädagogik nachweist, daß Lernen ein Prozeß aktiven Herstellens, nicht passiven Empfangens von Wissen ist. Neben Piaget erlebt Dewey derzeit eine Renaissance, und so sei auf seine schmale Schrift von 1938 hingewiesen [Dewey 63].

Die Übertragungstheorie des Lernens ist im Grunde die auf John Locke zurückgehende Vorstellung vom leeren Kopf, von der *tabula rasa*, den es zu füllen, die es zu beschriften gilt. Etwas rabiater ist das volkstümliche Bild vom Nürnberger Trichter[5]. Die Lehrerin ist danach im Besitz des Wissens, der Schüler ist es nicht. Der Lehrer trägt deswegen etwas vor, das er Wissen nennt, und von dem er annimmt, daß es durch seinen Vortrag in die Schülerköpfe eindringen werde. Ein frommer Wunsch!

Unsere Zeit hat hingegen mit dem Konstruktivismus eine naturwissenschaftlich-philosophische Methode geschaffen, mit der auf vielfältige Weise gezeigt wird, daß Lernen aktives Handeln ist (und kein passives Empfangen). „Die Kunst des Lehrens hat wenig mit der Übertragung von Wissen zu tun, ihr grundlegendes Ziel muß darin bestehen, die Kunst des Lernens auszubilden", endet Ernst von Glasersfeld sein schönes Buch [Glasersfeld 97][6]. Lernen aber findet als aktive Anpassung eines autonomen kognitiven Systems an Umweltbedingungen statt: in der Form von Korrelation oder von Nachmachen [Varela 90, S.69]. Wissen wird mehr und mehr als der Ontologie

---

[4] So auch in der Abstufung dem Tagungsaufruf entnommen.

[5] Die unseligen Versuche des computerunterstützten Unterrichts und der Programmierten Instruktion erlitten einen so nachhaltigen Zusammenbruch wohl nicht deshalb, weil die Technik in den 60er und frühen 70er Jahren noch nicht reif genug war, sondern eher, weil sie auf behavioristische Lerntheorie setzten und damit eine Art von Ratten-Pädagogik propagierten, die außerhalb der technischen Labore mit ihren kontrollierten, aber künstlichen Situationen lächerlich wirkte. Umso verwirrender ist es, heute gelegentlich bei Lernsoftware gewissen behavioristischen Elementen wieder zu begegnen.

[6] Lohnend ist in diesem Zusammenhang auch [Maturana & Varela 87].

zugehörig betrachtet, weniger der Erkenntnistheorie [Varela 90, S. 98]. Wenn Wissen gelebtes Leben ist, aber auch Ergebnis von Lernen, dann findet Lernen mit dem Leben ständig und auch ohne unser besonderes Zutun statt. *Institutionalisiertes* Lernen ist dann, woran wir eigentlich denken, wenn wir von „Lernen" sprechen.

Der gewöhnliche Diskurs unter Lehrenden an der Universität scheint von solcher Theorie i.d.R. weit entfernt stattzufinden, wenn er überhaupt stattfindet und nicht durch die Vorbereitung auf die nächste Messe und den nächsten Drittmittel-Antrag verdrängt wird. Im Falle der Informatik weist der konstruktivistische Diskurs sogar einen Zusammenhang zur begrifflichen Grundlage auf. Zählen wir zu ihr (und fühlen uns dabei recht sicher): Daten, Information und Wissen, so stellen wir nach wie vor eine heillose Verwirrung fest. Zwar begegnen wir in allen Lehrbüchern über Informatik der Datenstruktur, der Datenreduktion, der Datenübertragung und -verarbeitung u.ä.m. Doch wir kennen diese Begriffsbildungen auch mit der Ersetzung von „Daten" durch „Information" oder „Wissen"[7]. Oft genug purzeln alle drei durcheinander. Notorisch sind dafür die sog. wissensbasierten Systeme, auf die selten eine Konferenz oder ein Fachbereich verzichten wollen.

Über Zeichen

Dabei sind die Unterschiede der drei Begriffe „Daten", „Information" und „Wissen" leicht festzuhalten. Ich gehe im Einklang mit der zeitgenössischen Semiotik davon aus, daß alle unsere Äußerungen, gleich welcher wahrnehmbaren Form wir uns bedienen, die Produktion von Zeichen verlangen. Mit Charles S. Peirce begreife ich das Zeichen als eine dreistellige Relation [Peirce 93, Nake 93]. Es sei betont, daß in dieser Theorie „Zeichen" als Relation, nicht als Ding eingeführt wird. In solcher Relation steht ein *Repräsentamen* R (das stoffliche Substrat des Zeichens) für ein *Objekt* O (der bezeichnete Gegenstand), und weiter bewirkt die zweistellige Teilrelation $(R \rightarrow O)$ einen *Interpretanten* I. Ein Zeichen ist eine dreistellige und unsymmetrische Relation $((R \rightarrow O) \rightarrow I)$. Darin ist R das Bezeichnende, O das Bezeichnete und I das Bedeutete des Zeichens. Letztere Unterscheidung ist von besonderer Wichtigkeit, da in ihr die prinzipiell unendliche Interpretierbarkeit des Zeichens fußt, die sich auch bei fester Bezeichnungsrelation $(R \rightarrow O)$ einstellt.

Ein Beispiel mag das erläutern. Nehmen wir als R eine Fotografie jenes Gebildes, das im Wasser vor Manhattan steht und gewöhnlich „Die Freiheitsstatue" genannt wird. Dann ist eben jene wirklich dort, an jenem ganz bestimmten Ort befindliche Statue das durch das Foto R bezeichnete Objekt O. Diesem Paar $(R \rightarrow O)$ sind mühelos vielerlei Interpretanten I als Bedeutungen zuordenbar, so z.B. „die Freiheit", „die amerikanische Freiheit", „der US-Imperialismus", „Schmuck einer Hafeneinfahrt", „häßliches historisches Denkmal", „Ausflugsziel", „Fotomotiv", ...

Reduzieren wir das Zeichen auf die Dimension des Repräsentamens, so betreiben wir Syntaktik (Zeichen als bezeichnende Mittel in Beziehung zu anderen solchen:

---

[7] Im verdienstvollerweise von W. Brauer und anderen seit 1978 immer wieder herausgebrachten Studien- und Forschungsführer Informatik ist die Definitionslust zu spüren. Zu ihr hat die Gesellschaft für Informatik kräftig beigetragen. Eine Disziplin existiert aber weniger in ihrer abgrenzenden Definition, mit der sie alle anderen auszuschließen sucht, als vielmehr in ihren überzeugenden Begriffen, Methoden und Aussagen. Deren Überzeugungskraft liegt in ihrer theoretischen Erklärung und praktischen Anwendung.

stofflich-sinnliche Semiotik); betrachten wir sowohl die Repräsentamen wie ihre zugeordneten Objekte, so betreiben wir Semantik (Zeichen in Beziehung zu ihren bezeichneten Gegenständen: objektiviert-abstrakte Semiotik); handeln wir schließlich vom ganzen, kompletten Zeichen, also auch vom Interpretanten I, so betreiben wir Pragmatik (Zeichen in Beziehung zu ihren Bedeutungen, Zwecken, Anlässen und Gründen: kognitiv-konkrete Semiotik)[8].

Nun klärt sich manches auf. Die Syntaktik machen wir vernünftigerweise zum Ort der *Daten*, die Semantik zu dem der *Information*, die Pragmatik zu jenem des *Wissens*. Daten erweisen sich als Zeichen in radikaler Reduktion auf Signale. Die Druckerschwärze auf Papier, die Magnetisierungen auf dem Tonträger, die Kreidehäufchen auf der Tafel sind Daten.

Daten sind Zeichen in maschinell bearbeitbarer Form. Die Reduktion des Zeichens auf die syntaktische Dimension nimmt ihm die Interpretierbarkeit, ja sogar die Bezeichnungsfunktion[9]. Zeichen als Repräsentamen ist, was es ist, nichts sonst. Es ist aus seiner unendlich fortsetzbaren Interpretierbarkeit, aus seiner Relationalität herausgefallen in die Determiniertheit des Signals. Wenn ein Zeichen auch Ding ist (und es *ist* auch Ding – trotz seiner Bestimmung als Relation), so ist es das als Signal, als Repräsentamen. Nur in dieser – *höchstens* in dieser! – Form sind Zeichen maschinell manipulierbar, ganz einfach deshalb, weil, was uns Bedeutung, dem Computer nicht zugänglich ist. Wollen wir ausdrücken, was einem Zeichen als Interpretant zukommt, so müssen wir dazu wiederum zu Zeichen greifen, die wiederum Interpretanten besitzen, deren wir nur als Zeichen teilhaftig werden können usf. ad infinitum.

Daß Zeichen nur in der Schrumpfung auf das syntaktisch wirksame Datum maschinell zugänglich sind, erfüllt uns keineswegs mit Sorge. Im Gegenteil! Wollen wir nämlich einen Gegenstand der Bearbeitung durch die Maschine zuführen, so wollen wir diesen Prozeß exakt kontrollieren. Eine Maschine setzen wir dann (erst) ein, wenn wir den Bearbeitungsvorgang beherrschen. Denn sie soll ihn *ausführen*, nicht *erfinden*.

Wir wollen z.B., daß die Rente genauso berechnet wird, wie es die Daten des betrachteten Falles auf Grund der Gesetze und Verordnungen verlangen, nicht anders. Wenn *wir* sie betrachten, sind die Daten des Falles gewiß Zeichen im vollen Sinne des Wortes. Das ganze Schicksal jenes Menschen, um den es geht, schwingt in ihnen mit. *Kann* mitschwingen, wie auch eine Behörden-Anweisung mitschwingen mag, nach Möglichkeiten zu suchen, die Höhe der Rente zu drücken. Doch was des Rentners Schicksal immer sei, es bleibt außerhalb der Maschine (nicht außerhalb unseres Bewußtseins), und wir müssen dafür, daß das so ist, noch nicht einmal etwas tun. Denn wunderbarerweise fällt all das, was das Zeichen zum interpretierten Zeichen macht, automatisch von ihm ab, sobald wir es „eingeben", d.h. der Maschine anvertrauen. Wir vertrauen die Daten auch nur deswegen der Maschine an, weil wir

---

[8] In der Theorie der Programmierung versteht man (wie in der Linguistik oder im Alltag) unter „Semantik" verwirrenderweise „Bedeutung". Die Semantik eines Programms ist das, was der Compiler daraus macht. Der obige semiotische Begriff von Semantik umfaßt weniger, erlaubt Differenzierung. Das bezeichnete Objekt eines Zeichens können wir als das nehmen, worauf eine Gemeinschaft sich geeinigt hat. Das Wort „rot" mag Rotheit, die Klasse aller roten Gegenstände bezeichnen, im unmittelbaren wie im übertragenen Sinne; ein Interpretant wäre „Liebe", ein zweiter „Blut", ein dritter „Kommunismus", ein vierter „Rose".

[9] Wir müssen uns darüber im klaren sein, daß die Reduktion auf Syntaktik uns nicht wirklich möglich ist. Nur im Gedankenexperiment können wir sie leisten, im Leben sind wir der Interpretation verfallen, ohne Unterlaß zu ihr verflucht.

wissen, daß sie sie *nicht* als Zeichen im kompletten relationalen Sinn des Begriffes sieht – und wenn spitzfindig argumentiert werden sollte, dann kommt heraus, daß die Signale, als die die Daten in die Maschine einlaufen, dort so weiterlaufen, wie die Maschine per Programm eingerichtet worden ist.

Informatik ist Technische Semiotik

Es mag ermüdend wirken, diese nicht bestreitbaren Verhältnisse so darzulegen. Es ist notwendig, das zu tun, weil in der Informatik selbst dort oft eine semiotische Verwirrung festzustellen ist, wo semiotische Begriffe aufscheinen. Erfreulich zu sehen ist aber, daß vor kurzem ein Autor wie Peter Denning genau den angesprochenen Unterschied zwischen Daten, Information und Wissen zieht [Denning 97]. So besteht Aussicht, daß sich das ausbreitet. Ohne groß Gehör zu finden, hat z.B. Luft früher darauf aufmerksam gemacht [Luft 88].

Die Semiotik liefert eine tragfähige Grundlage für die Informatik. Wenn diese auch stets der geistigen Tätigkeit des Rechnens verhaftet bleibt, wenn auch Algorithmus und Berechenbarkeit Begriffe zentraler Bedeutung bleiben, so steht doch die Semiotik dem Grunde der Informatik näher als die Mathematik[10]. Das hat vielleicht für konkrete Projekte der Software-Entwicklung nur geringe Bedeutung, obwohl ich mir dessen gar nicht so sicher wäre. Darum aber geht es nicht, wenn wir unsere Disziplin genauer begreifen wollen.

Die Gegenstände (nämlich Prozesse), mit denen die Informatik zu tun hat, sind *algorithmische Semiosen*, also Zeichenprozesse, die auf die syntaktische Dimension gedrückt werden und dort sogar noch berechenbare Form annehmen müssen, um maschinell bearbeitet werden zu können. Einen Zeichenprozeß berechenbar zu machen, erscheint als ein Widerspruch in sich, da die Berechenbarkeit notwendigerweise die fortgesetzte Interpretierbarkeit der Zeichen leugnet, das also, was Semiosen vor anderen Prozessen auszeichnet[11].

In diesem fundamentalen Widerspruch liegen Anlaß und Kern allen informatischen Bemühens. Im Bestreben um Rationalisierung von Vorgängen gilt es stets, von Zeichenprozessen „draußen, im wahren Leben" auszugehen (aber schon von *Zeichen*prozessen, nicht von stofflich-materiellen!), mit denen dann so umzugehen („drinnen im System"), daß alles seine berechenbare Richtigkeit erhält, und die Äußerungen der Maschine (ihre Signal-Ausgaben) wiederum der ständigen Interpretation durch Benutzende (am Bildschirm) auszusetzen, die gar nicht anders können, als im Zweifelsfall etwas anderes herauszulesen, als die System-Entwicklerinnen beabsichtigten.

Konsequent bezeichnen wir deswegen die Informatik als eine Technische Semiotik [Nake 94, 96], als *Semiotic Engineering* [de Souza 93, Jorna 90] oder als Semiotronics [Maranda 88]. Bei Semiotikern taucht der Begriff *computational semiotics* auf.

Indem die Informatik sich als eine Technische Semiotik erweist, und algorithmische Semiosen ihre Gegenstände sind, deutet sich der schillernde Charakter der Infor-

---

[10] Das erste Memorandum für die Einrichtung der „Computer-Wissenschaften" an der Universität Stuttgart (Juli 1968) schlug Semiotik für das erste Semester vor. Das war gewiß dem indirekten Einfluß von Max Bense geschuldet.

[11] Kein Semiotiker hat klarer darauf hingewiesen, daß Zeichen nie isoliert, sondern stets schon in Zeichenprozessen auftreten, als Peirce. Wichtiger als der Begriff des Zeichens ist ihm deswegen der des Zeichenprozesses.

matik an, der ihr im Kreise der etablierten Grenzziehungen und Disziplinen manchmal Schwierigkeiten bereitet. Ich spreche die – gar nicht furchtbar witzige – Frage an, ob es sich bei der Informatik um eine Ingenieur- oder eine Sozialwissenschaft handle, um eine Geisteswissenschaft gar, eine Naturwissenschaft doch wohl nicht etwa? Es handelt sich um eine Ingenieurwissenschaft, insofern die Informatik *algorithmische* Semiosen betrachtet. Denn das Algorithmische ist heute unlösbar mit seiner maschinellen Realisierung verbunden. Es handelt sich aber gleichzeitig um eine Sozial- oder Geisteswissenschaft, insofern die Informatik algorithmische *Semiosen* betrachtet. Denn Zeichenprozesse sind der Gegenstand jener Disziplinen.

Konstruktive *und* hermeneutische Methoden, *beide* müssen den Informatiker interessieren und die Informatikerin beschäftigen. Wir können es modisch ausdrücken: die Informatik ist eine positive postmoderne Wissenschaft – positiv, sofern sie konstruiert, postmodern, sofern sie nicht stofflich-energetische, sondern mediale Prozesse studiert. Der aktuelle Flirt mit den digitalen Medien kommt uns in den Sinn!

Sichtweisen der Informatik

Unter dem Titel „Sichtweisen der Informatik" legte der Arbeitskreis „Theorie der Informatik" nach dreijähriger Arbeit 1992 einen Sammelband seiner Ergebnisse vor [Coy et al. 92]. „Für eine Theorie der Informatik!" hatte Wolfgang Coy seinen Aufsatz überschrieben, mit dem er diesen Diskurs ins Rollen brachte. Bei der Veröffentlichung des Textes im *Informatik-Spektrum* mußte ein Fragezeichen hinter den Ausruf gesetzt werden [Coy 89]. Die philosophischen, über die engere fachliche Theorie hinausgehenden Grundlagen der Informatik wollte der Kreis identifizieren. Eine Theorie traute er sich zum Schluß nicht mehr zu. Bescheiden setzte er deshalb „Sichtweisen" an deren Stelle, Pluralität.

Zur Zeit, als der Kreis seine Arbeit aufnahm, stritten sich die Fakultätentage der Elektrotechnik und Informatik darum, wer die „Informationstechnik" beherberge (es ging vermutlich auch um Geld). Eine ACM *Task Force* unter Peter Denning legte ihren Bericht über eine gewandelte Auffassung der Computer Science vor, die sich zur Computing Science mauserte [Denning et al. 89].

Um diese Zeit beschreibt Rechenberg für ein größeres Publikum, was er unter „Informatik" zusammenfaßt [Rechenberg 91]. Er vermeidet bewußt den Begriff „Information" zugunsten von „Daten" und liefert eine phänomenologische Darstellung. Im deutschen Sprachraum zeigt sich, daß die Informatik allgemein etabliert ist, daß ihre Kontur dennoch erst gezeichnet werden muß.

Die wichtigsten Sichtweisen des „Theorie"-Kreis stellen [Krabbel & Kuhlmann 94] in ihrer bemerkenswerten Diplomarbeit in den historischen Kontext. Sie weisen nach, daß nicht alles neu ist, daß manche Überlegung zur Informatik schon in den Gründungszeiten zu finden ist, mittlerweile aber fast vergessen zu sein scheint.

Wie breit die Informatik wahrgenommen wird, läßt sich z.B. daran sehen, daß ein Bändchen über sie in die neue Reihe „Wissen" des Beck-Verlages aufgenommen wurde [Wilhelm 96]. Es zeigt gleichzeitig, daß die überkommene Sicht „von der systematischen Darstellung, Erkennung, Verarbeitung, Speicherung und Übertragung von Information" [dort S.9] noch immer zumindest den Hintergrund abgibt, auch wenn, wie hier, die besondere Bedeutung der Informatik „in der Entwicklung und Bereitstellung von Methoden zur Beherrschung und effizienten Nutzung hochkomplexer Prozesse und Strukturen" gesehen wird [ebda][12].

Niemand denkt eine Informatik ohne Computer. Die Informatik entsteht als *Computer* Science in den USA. Fassen wir sie naheliegenderweise als die Theorie der *praktischen* Berechenbarkeit auf, so schließen wir die Maschine dieses Berechnens zwangsläufig mit ein. Interessant ist nun, daß der Computer nicht eine unter vielen, sondern *die* Maschine des Berechnens ist, also: der Maschinisierung von Kopfarbeit [Nake 92].

Jede Maschine hat ihren Anlaß und Zweck in der Arbeit. Die Arbeit gilt es, effizienter zu gestalten, auszudehnen in ihrer Reichweite, zu intensivieren in ihrem Ablauf. Jedes Instrument – Werkzeug, Maschine, Automat – ist ein Mittel der Rationalisierung von Arbeit. Jedes spezielle solche Arbeitsmittel rationalisiert spezielle Arbeit. Der Computer findet seinen besonderen Zweck in der Kopfarbeit, die nicht lange vor ihm erst aus dem allgemeinen Arbeitsprozeß als besondere Arbeit abgetrennt worden ist. Da Kopfarbeit sich auf andere Arbeit, auf die Arbeit anderer bezieht, hat sie stets *Zeichen* zum eigentlichen Gegenstand, auch wenn hinter diesem, ihrem semiotischen Gegenstand ein anderer, i.d.R. stofflich-energetischer mitzudenken ist (eben das macht das Zeichen möglich). Maschinisierung von Kopfarbeit muß deshalb Zeichen und Semiosen auf Maschinen übertragen. Und um das zu können, muß sie selbst in Zeichen gefaßt werden.

Im Zuge der Grundlagenkrise der Mathematik stellt sich heraus, daß, wie auch immer wir versuchen, geistige Arbeit formal genau zu fassen, immer das gleiche herauskommt: Rechnen. Rechnen ist eine besondere Form des Denkens, nämlich maximal dekontextualisiertes Denken, Denken in fast reiner Form. Von allen Kontexten der Dinge wird abgesehen, wenn mit ihnen gerechnet wird, bis auf einen: den der Unterscheidung. Schiere Quantität ist, worum es beim Rechnen geht; sie aber setzt voraus, daß ich die Dinge *unterscheiden* kann. Denken, das so sehr von allen weiteren daseinszufälligen Merkmalen abstrahiert, kann auch maschinell durchgeführt werden. Man weiß das seit Church, Turing, Post u.a. Mit dem Computer steht bald danach eine Maschinenklasse bereit, die diese Art von Arbeit aufsaugt.

Heidi Schelhowe hat glänzend dargestellt, daß der Computer erst heute in seiner Eigenständigkeit akzeptiert wird. Er erweist sich als eine neue Art von Maschine, die uns einmal als Werkzeug, dann als Automat und dann als Medium erscheint [Schelhowe 97]. Wir sprechen in Ermangelung eines schöneren, runden Wortes vom *instrumentalen Medium*.

Das Studium wird Teilzeitstudium

Wir haben nun zusammengetragen, was wir benötigen: Die Informatik ist eine Technische Semiotik, der Computer die Maschine für die Realisierung algorithmischer Semiosen, er entpuppt sich als instrumentales Medium. Wozu studieren wir Informatik?

---

[12] Das erwähnte Bändchen geht auf ein Forum „Perspektiven der Informatik" zurück, das 1993 in Dagstuhl stattfand und im März 1995 eine Fortsetzung fand. Im Bericht über letzteres wird die Kübeltheorie der Information deutlich zur Grundlage des Projektes „Informatik- und Mediensteckdose" gemacht: „Information und Rechenleistung kommt dann 'aus der Steckdose' und steht allen überall und jederzeit zur Verfügung" [Wilhelm 95, S.6].

Wir studieren, um uns zu bilden und auszubilden. Wir bilden Fertigkeiten aus und dadurch uns. Wir studieren als Brotstudent anders denn als philosophischer Kopf. Wie sehr unser Herz auch für Schiller schlagen mag, wir akzeptieren beide Haltungen und fragen uns nur, ob beide unter ein Universitäts-Dach passen. Daran kann man berechtigte Zweifel äußern, [Mahr 89] z.B. spricht sie aus. Immer häufiger haben wir es mit Studierenden zu tun, die durch ein Informatik-Studium hoffen, ausgezeichnete C++-Programmierer, Websurfer und Java-Applet-Schreiber zu werden. Groß ist die Entrüstung, wenn das erste Semester über Algorithmen-Entwicklung und Programmierung in einer exotischen funktionalen Sprache „verplempert" wird.

Wir studieren, so können wir paraphrasieren, um uns zur allseits gebildeten Persönlichkeit zu entwickeln, oder um unserer Volkswirtschaft zu dienen. Wir wissen, daß die Wahrheit in jedem einzelnen Fall dazwischen liegt.

Die aktuelle Diskussion darum, was die Orientierung vor allem sein soll, scheint von einer gewissen Hektik geprägt zu sein, die an Torschluß erinnert. Der Stillstand der letzten zwei Jahrzehnte kommt wegen der europäischen Binnenmarkt-Erweiterung den Akteuren zum Bewußtsein. Sie gründen rasch neue Studienrichtungen und schaffen neue Abschlüsse (Bachelor, Master). Krise und Unruhe kann man aber auch zur Besinnung nutzen und in Gelassenheit Inhalte radikal neu ordnen und formen.

Wir müssen, in der Informatik vielleicht um einen Grad strenger als sonst, davon ausgehen, daß bis zur Hälfte der Studierenden eines Jahrgangs regelmäßig arbeiten und das Studium nicht als Zentrum ihrer Lebensphase betrachten; daß der deutsche Begriff von „Beruf" sich auflöst und einer Folge von Beschäftigungen Platz macht; daß die Professionalität der Studierenden in vielen Software-Fragen die der Lehrenden übersteigt; daß die Leidenschaft zur wissenschaftlichen Auseinandersetzung auf eine Minderheit der Studierenden beschränkt bleibt; daß schließlich beide, Brotstudent wie philosophischer Kopf, keine Lust zum streng geregelten Studium haben.

Stellen wir das in Rechnung, so wird zukünftiges Studieren, also auch Informatik-Studium aus einem Kranz selbständiger Studieneinheiten bestehen. Über Anzahl und Reihenfolge entscheiden die Studierenden selbst. Wenn sie einen förmlichen Abschluß anstreben (was vielleicht gar nicht so sehr wie heute im Vordergrund stehen muß), müssen sie Auflagen erfüllen. Ein solches neues Studieren verlangt nach neuen Formen.

Ein Vorschlag: Der Studientag

Eine besondere Form für solch ein Studieren möchte ich abschließend umreißen: den *Studientag*. Mit ihm lassen sich vielerlei Programm-Angebote der Institution, wie auch individuelle Studiengänge komponieren. Mit dem Studientag als tragender Einheit der Angebote eines Fachbereiches läßt sich die Einführung eines formalen (vermutlich diskriminierenden) Teilzeitstudiums vermeiden und dennoch vom Teilzeitstudium als schlichter Tatsache ausgehen.

Mit dem Studientag sollen zwei Fliegen getroffen werden: das Verlangen von Studierenden, sich während einer Woche nur begrenzt für ein Studium engagieren zu können oder zu wollen, aber auch das Verlangen von Lehrenden, eine thematisch anspruchsvolle Konzentration mit allen Beteiligten aufrecht zu erhalten. Es gilt also, Veranstaltungen zu bündeln und auf einen geringen, kompakten Teil der Woche festzulegen. Der Studientag ermöglicht das. Er erlaubt gleichzeitig die Aufnahme reformpädagogischer Praktiken, ja, er *ist* solche reformpädagogische Praxis und schuldet ihr – mehr als ökonomischen Umständen – den Gedanken.

Der Studientag definiert eine thematische Einheit, die über einen gewissen Zeitraum (z.B. Semester, ein Vierteljahr) wöchentlich an einem vollen Tag angeboten wird. Wer sich für ein Thema interessiert, von dem wird erwartet, daß er sich über den Zeitraum an den thematische Block des Studientages bindet. Ihm wird zugesagt, daß sein Aufwand für das Studieren des Themas während des Semesters auf den einen Tag begrenzt bleibt. Die Lehrenden tragen dafür Sorge, daß alle Formen und Inhalte, die zu einem Studientag gehören (vom Zuhören beim Vortrag bis zur Einzelarbeit), während des Tages zu bewältigen sind.

Ein solcher Tag kann sich z.B. von 8 bis 19 Uhr dehnen, Pausen eingeschlossen. Eher unwahrscheinlich wären knappe sechs Stunden von 9 bis 15 Uhr, wenn das Ziel ist, im Wechsel vielfältiger Formen, insbesondere eines hohen Anteils individueller Arbeit, zu lernen. Unsere Annahme ist, daß nur wenige super-motiviert, daß alle aber thematisch stark interessiert sind (sie würden sonst das Thema nicht wählen), und daß das Thema an *einem* Tag pro Woche über zwölf Wochen abzuhandeln ist.

Gerade die letztgenannte Annahme wird vielen derzeit Lehrenden Sorgen bereiten: „Wie soll ich den Stoff meiner gut ausgearbeiteten Vorlesung in zwölf Treffen unterbringen, wenn ich jetzt schon, bei 4 + 2 Semesterwochenstunden, oft Schwierigkeiten hatte und wenn ich obendrein nun garantieren soll, daß über den Studientag hinaus für die Teilnehmenden keine Arbeit anfällt? Unmöglich!" In der Tat wird das oft unmöglich sein, wenn es nur darum ginge, existierende Stoffpakete anders anzubieten. Worum es mit dem Vorschlag des Studientages aber geht, ist eine umfassend andere *Haltung* zum Studieren und Lehren. Wenn wir Wissen und Lernen als lebendigen Prozeß verstehen, so kommen wir ab von tradierten Stoffkatalogen und denken an Situationen, die es als günstige Bedingungen für jene Prozesse des Lernens zu gestalten gilt. Der Studientag könnte eine Begegnung zwischen Lehrenden und Studierenden wieder ermöglichen, wie sie Humboldt und den Humanisten vorschwebte.

Ein Thema in zwölf Studientage zu organisieren, heißt nichts anderes, als das Thema in höchstens zwölf Unterthemen zu fassen. Jedes Unterthema muß relativ abgeschlossen sein, Verallgemeinerungsmöglichkeiten in sich tragen, als Teil eines Ganzen einsichtig werden.

Der Studientag führt zu einer Mischung aus hoher Konzentration und regelmäßigen Unterbrechungen des Studierens über einen längeren Zeitraum. Offensichtlich macht dieses Schema Anleihen bei Vorbildern wie Epochalunterricht, Offener Unterricht, Projektstudium und Volle Halbtagsschule.

Letzterer ist der Name „Volles Teilzeitstudium" verdankt, mit dem ich ein Studieren in Studientagen über einen unbestimmten Gesamtzeitraum hin bezeichnen will. Wir unterstellen, daß niemand die volle Woche für das Studieren zur Verfügung hat, daß aber, um einem Studientag mit Gewinn zu folgen, ein voller Wochentag, also 20% der Gesamtzeit, verlangt werden kann. Studierende können selbstredend mehrere (bis zu fünf) Studientage pro Semester wählen. Die Themen sind umfassender als in einer zweistündigen Vorlesung, in der Stoffmenge aber vermutlich weniger als in einer vierstündigen. Sie sind um Größenordnungen intensiver. Doch sind das Nebenaspekte.

Nichts spricht dagegen, einen Tag pro Woche für ein Feuerwerk kleiner Veranstaltungen vorzuhalten. Auch die Abende können mit Vortrags- und Diskutierrunden gespickt werden, deren Funktion die Anregung, die Begegnung, die Ergänzung einzelner Aspekte oder das Schnuppern in fremden Gefilden ist.

Der Studientag und das auf ihm beruhende Volle Teilzeitstudium sollen Spaß machen. Sich einen ganzen Tag lang zusammen mit Gleichgesinnten unterschiedlicher Voraussetzungen und Lebenslagen konzentriert eines Themas anzunehmen, wird i.d.R. gute Lernerfolge zeitigen und Motivation fördern.

Ein typischer Studientag kann folgendermaßen ablaufen. Pünktlich um 8 Uhr treffen sich alle zum halbstündigen Vortrag der Lehrperson. Sie stellt das Tagesthema vor und gibt Erläuterungen dazu, problematisiert vor allem. Denn die Fragen, um die es am heutigen Tag geht und die am Abend möglichst beantwortet sein sollen, müssen klarwerden. Die Lehrperson orientiert auf die Aufgaben, verteilt dazu Material. Alle haben nun ihre Aufgabe. Bis zur Mittagspause arbeiten sie individuell oder in Gruppen. Sie lesen, diskutieren, programmieren, beweisen. Sie sind frei, wegzugehen, tun das jedoch nicht, da sie den Tag verlieren würden – nicht formal, sondern inhaltlich. Sie haben den Studientag selbst gewählt, wollen also vorankommen und arbeiten. Tutoren und Tutorinnen helfen, greifen gelegentlich auch von sich aus ein.

Nach der Mittagspause treffen sich alle zu kurzen Berichten über das bisher Erreichte. Muß etwas gemeinsam geklärt werden, hat sich jemand verrannt, muß eine Aufgabe modifiziert werden, fehlt ein Hilfsmittel? Die Lehrperson gibt Hinweise zur Fokussierung. Vielleicht hat sie für diese Stunde ausdrücklich ein bestimmtes Material vorgesehen, das jetzt präsentiert wird. Die Zeit wird flexibel eingeteilt. Da es darauf ankommt, daß jede Person jeden Tag mit einem Ergebnis abschließt, arbeiten sie während des restlichen Nachmittags daran weiter. Um 17 Uhr legen sie ihre Ergebnisse vor. Sie werden gemeinsam eingeschätzt und diskutiert. Aus den Resultaten ergeben sich Hinweise für die Tagesthematik der nächsten Woche. Nach kurzer Pause hält die Lehrperson zum Abschluß des Tages einen zusammenfassenden Vortrag. Sie geht unabhängig von den Tagesergebnissen auf die Thematik ein, stellt ihre Meinung dar, zieht geschichtliche und systematische Fäden – eine wirklich klassische Vorlesung auf hohem Niveau. Sie soll den Teilnehmenden das Erlebnis ermöglichen, in den Worten des Vortrages den einen oder anderen ihrer eigenen Gedanken und Schritte während der Arbeit des Tages wiederzuerkennen.

Der Studientag muß eine räumliche Identifikation ermöglichen. Er findet zu einem Thema in immer den gleichen Räumen statt. Diese sind groß, hell, vielfältig unterteilbar, materialreich ausgestattet. Alle können sich hier wohlfühlen. Es gibt kein Herumirren, sondern Identität mit dem Thema durch den Raum. Sitzgelegenheiten, Computerarbeitsplätze, Literaturauslage, Ruhezonen, Erfrischungen, Plauderecken: Arbeits-, Entspannungs- und Vortragsraum in einem. Die Gruppe umfaßt bis zu 20 Personen. Sie können, wenn sie wollen, ihre Unterlagen hier lassen.

Ich kann mir, in Gedanken an ein solches Schema, nichts anderes ausmalen, als daß sowohl die Vorbereitung wie die Durchführung allen Beteiligten Spaß machen muß. Kein Problem aktuellen Studiums wird durch eine solche Form schon gelöst. Aber all diese Probleme erhalten eine Bewegungsmöglichkeit. Auf mehr kann ich nicht hoffen.

Zum Schluß

Gibt es den Studientag, das Volle Teilzeitstudium irgendwo? Was sind Erfahrungen? Zu Elementen des Studientages gibt es Erfahrungen aus vielen pädagogischen Experimenten. Zum Vollen Teilzeitstudium weiß ich keine Antwort, vermute aber, daß es hier ähnlich ist: als generelles Organisationsprinzip unbekannt, in Elementen aber hier oder da vorhanden. In Bremen haben wir mit dem Projektstudium zwanzig Jahre Erfahrung, in denen manches steckt, was in die jetzige Anregung einfließt. Doch der Studientag ist bisher nur ein Gedanke, ein Gedanke aber, den es sich auszuprobieren lohnte. Die aktuellen Bedingungen, unter denen vieles in Fluß gerät, erscheinen günstig dafür.

Ich habe mit diesem Beitrag zweierlei versucht: abweichende inhaltliche und formale Hinweise zum Studium unserer Disziplin, der Informatik, zu geben. Beide Hinweise sind geeignet, vorhandene Blockaden im Denken und Trachten aufzulockern und dadurch allen Beteiligten Bewegung zu ermöglichen. Bewegung ist Dialektik. Sie beginnt im Geiste. Unsere Disziplin ist reif genug geworden, daß wir sie von *innen* in Frage stellen können. Sie ist selbstsicher genug geworden, Antworten zu formulieren, bei denen sie aus der *Nachbarschaft* lernt, aus der Geschichte nämlich und der Pädagogik. Oder soll ich sagen: aus der Philosophie?

Literatur

[Blankertz 82] Herwig Blankertz: *Die Geschichte der Pädagogik. Von der Aufklärung bis zur Gegenwart.* Wetzlar: Büchse der Pandora 1982

[Coy 89] Wolfgang Coy: Brauchen wir eine Theorie der Informatik? *Informatik Spektrum* 12 (1989) 256-266

[Coy et al. 92] Wolfgang Coy, Frieder Nake, Jörg-Martin Pflüger, Arno Rolf, Jürgen Seetzen, Dirk Siefkes, Reinhard Stransfeld (Hrsg.): *Sichtweisen der Informatik.* Braunschweig, Wiesbaden: Vieweg 1992

[Denning 97] Peter J. Denning: How we will learn. In [Denning & Metcalfe 97] 267-286

[Denning et al. 89] P.J. Denning, D.E. Comer, D.E. Gries, M.C. Mulder, A. Tucker, A.J. Turner, P.R. Young: Computing as a discipline. *Comm. ACM* 32 (1989) 9-23

[Denning & Metcalfe 97] Peter J. Denning, Robert M. Metcalfe (eds.): *Beyond Calculation. The Next Fifty Years of Computing.* New York, Berlin: Springer 1997

[de Souza 93] Clarisse Sieckenius de Souza: The semiotic engineering of user interface languages. *Int. J. Man-Machine Studies* 30 (1993) 753-773

[Dewey 63] John Dewey: *Experience and Education.* New York: Collier Books 1963 (Original 1938)

[Glasersfeld 97] Ernst von Glasersfeld: *Radikaler Konstruktivismus. Ideen, Ergebnisse, Probleme.* Frankfurt a.M.: Suhrkamp 1997

[Jorna 90] René J. Jorna: *Knowledge Representation and Symbols in the Mind.* Tübingen: Stauffenburg 1990

[Krabbel & Kuhlmann 94] Anita Krabbel, Bettina Kuhlmann: Zur Selbstverständnis-Diskussion in der Informatik. Universität Hamburg, Fachbereich Informatik Bericht Nr. 169 (FBI-HH-B-169/94) 1994

[Luft 88] Alfred Lothar Luft: *Informatik als Technikwissenschaft.* Mannheim: BI-Wissenschaftsverlag 1988

[Mahr 89] Bernd Mahr: Informatik. Wachstumsstörungen eines Wunderkinds. *Kursbuch* 97, Sept. 1989, 55-70

[Maranda 88] Pierre Maranda: Semiotics and computers: the advent of semiotronics? In: T.A. Sebeok, J. Umiker-Sebeok (eds.): *The Semiotic Web.* New York, Berlin: Mouton de Gruyter 1988, 507-533

[Maturana & Varela 87] Humberto R. Maturana, Francisco J. Varela: *Der Baum der Erkenntnis.* Bern, München, Wien: Scherz 1987 (spanisches Original 1984)

[Nake 92] Frieder Nake: Informatik und die Maschinisierung von Kopfarbeit. In [Coy et al. 92] 181-201

[Nake 93] Frieder Nake (Hrsg.): *Die erträgliche Leichtigkeit der Zeichen. Ästhetik, Semiotik, Informatik*. Baden-Baden: agis Verlag 1993

[Nake 94] Frieder Nake: Human-computer interaction: signs and signals interfacing. *Languages of Design* 2 (1994) 193-205

[Nake 96] Frieder Nake: Informatics and Semiotics. Introduction. In: P. B. Andersen, M. Nadin, F. Nake (eds.): Informatics and Semiotics. Wadern: *Dagstuhl-Seminar-Report* 135, 1996, 3-6

[Peirce 93] Charles Sanders Peirce: *Phänomen und Logik der Zeichen*. Frankfurt a.M.: Suhrkamp 1993 (hrsgeg. von Helmut Pape, deutsch zuerst 1983, amerikanisches Original z.T. unveröffentlicht)

[Rechenberg 91] Peter Rechenberg: *Was ist Informatik? Eine allgemeinverständliche Einführung*. München, Wien: Carl Hanser 1991

[Schelhowe 97] Heidi Schelhowe: *Das Medium aus der Maschine*. Frankfurt a.M., New York: Campus 1997

[Schiller o.J.] Friedrich Schiller: Was heißt und zu welchem Ende studiert man Universalgeschichte? In *Sämtliche Werke*, hrsgeg. von G. Karpeles. Leipzig: Max Hesses Verlag o.J., Bd. 10, 234-249

[Varela 90] Francisco J. Varela: *Kognitionswissenschaft – Kognitionstechnik*. Frankfurt a.M.: Suhrkamp 1990

[Wilhelm 95] Reinhard Wilhelm (Hrsg.): Informatik-Impulse. Wadern: IBFI 1995

[Wilhelm 96] Reinhard Wilhelm (Hrsg.): *Informatik. Grundlagen, Anwendungen, Perspektiven*. München: Beck 1996

Qualitätsmanagement an einem Hochschulinstitut

P. Göhner
Institut für Automatisierungs- und Softwaretechnik
Universität Stuttgart
Pfaffenwaldring 47
70550 Stuttgart

1 Einleitung

**„Leben, was wir lehren,
lehren, was wir forschen,
forschen, was man braucht"**

Am 2. September 1997 wurde das Institut für Automatisierungs- und Softwaretechnik (IAS) als erstes Institut der Universität Stuttgart für den Bereich Lehre und Forschung durch TÜV CERT nach der internationalen Qualitätsnorm DIN EN ISO 9001 zertifiziert.

Ausgangspunkt für den Aufbau eines Qualitätsmanagementsystems am IAS mit nachfolgender Zertifizierung durch eine unabhängige Prüfinstitution war die Überlegung, das Institut als Dienstleistungsunternehmen zu betrachten. Studenten, Wirtschaft und Gesellschaft sind dabei Kunden, und die Aufgabe des IAS besteht darin, auf den vertretenen Lehr- und Forschungsgebieten zum einen die Studenten optimal auf ihre zukünftigen Aufgaben vorzubereiten, zum anderen in der Entwicklung innovativer Verfahren und Produkte in Kooperation mit Industriefirmen und Forschungseinrichtungen auf den Gebieten der Automatisierungs- und Softwaretechnik.

Übertragen auf den Institutsalltag führte dies zu folgenden Zielsetzungen:

❑ Lehre und Forschung als Dienstleistung

❑ Institut als effizientes, unter wirtschaftlichen Gesichtspunkten agierendes Unternehmen mit festgeschriebenen, eingehaltenen, überprüfbaren und kontinuierlich verbesserbaren Abläufen

❑ Studentische Arbeiten wie Studien- und Diplomarbeiten und Forschungsprojekte mit definierten (Zwischen-) Ergebnissen und vorgeschriebenem Ablauf

❑ Aufbau von Qualitätsbewußtsein als Ausbildungsgegenstand für Studenten

❑ Anwendung von Automatisierungs- und Softwaretechnik im Institutsalltag (*„Leben, was wir lehren"*)

Die Auffassung der Lehre als Dienstleistung ist dabei ein neuer Aspekt, der die Interessen der Studenten, der Industrie und der Gesellschaft in den Mittelpunkt stellt. Die Möglichkeit, bereits bei Studien- und Diplomarbeiten unter Berücksichtigung von

Projektmanagement, Qualitätssicherung und Konfigurationsmanagement zu arbeiten, eröffnet neue Perspektiven und verringert die Kluft zur industriellen Praxis [Kn97/1]. Durch den Einsatz eines Qualitätsmanagementsystems auch für den Institutsalltag werden sämtliche Abläufe der Institutsverwaltung effizienter, nachvollziehbarer und leichter vermittelbar für neue Mitarbeiter. Diese Erfahrung wurde auch an anderen Hochschulinstituten gemacht [Bü97].

Im nachfolgenden wird aufgezeigt, wie das Qualitätsmanagementsystem am IAS aufgebaut und welche Ergebnisse bisher erzielt wurden. Im einzelnen wird dazu das Vorgehensmodell für die Durchführung studentischer Arbeiten, das Online-Projektinformationssystem und das Online-Qualitätsmanagementsystem vorgestellt. Abschließend wird über Erfahrungen sowohl von Mitarbeitern als auch aus der Sicht von Studenten berichtet.

2 IAS 2000 - der Weg zum Qualitätsmanagementsystem

Zur Realisierung der Ziele für die Modernisierung des Instituts hinsichtlich der Ausbildung von Studenten, der Festlegung und Unterstützung von Institutsabläufen, der Steigerung der Effizienz und der Qualität wurde am 09.10.1996 das Projekt **IAS 2000** aufgesetzt, in das alle Institutsmitarbeiter und viele Studenten involviert waren.

Im einzelnen wurden im Rahmen von IAS 2000 folgende Projekteinzelthemen bearbeitet:

- IAS-Vorgehensmodell (IAS-VM)

- IAS-Entwicklungsumgebung (IAS-EU)

- ISO 9000 Qualitätsmanagementsystem (IAS-ISO)

- Diplom- und Studienarbeiten auf CD (IAS-CD)

- IAS-Institutsdatenbank (IAS-DB)

- IAS-Workflowunterstützung (IAS-WF)

Im Rahmen des Teilprojekts **IAS-VM** wurde der in der Industrie und im öffentlichen Bereich sehr breit eingesetzte Entwicklungsstandard für Informationstechnik-Systeme des Bundes, das sog. V-Modell, auf Institutsbelange adaptiert, ein Vorgehenshandbuch für studentische Arbeiten formuliert und Richtlinien für die Abwicklung erstellt [Gu98].

Das Teilprojekt **IAS-EU** beschäftigte sich mit der Festschreibung einer einheitlichen Entwicklungsumgebung für das IAS, um die Vielzahl der bisher eingesetzten Softwarewerkzeuge und deren Versionen einzuschränken. Die Standardisierung erfolgte sowohl im Office-Bereich als auch für die in Entwicklungsprojekten verwendeten Softwarewerkzeuge. Darüberhinaus wurde eine einheitliche Verzeichnisstruktur für studentische Projekte, d.h. Studien- und Diplomarbeiten festgelegt [Mo98].

Ein zentrales Teilprojekt bildete **IAS-ISO**, das aufbauend auf dem Vorgehensmodell und der definierten Entwicklungsumgebung zum Ziel hatte, ein Qualitätsmanagementsystem für alle Institutsbelange aufzubauen. Dazu wurden alle relevanten Institutsabläufe gesammelt, analysiert und festgeschrieben. Zur Unterstützung der Arbeit mit dem Qualitätsmanagementsystem wurde ein Online-Qualitätsmanagement-Handbuch auf dem Intranet des Instituts realisiert, auf das jeder Mitarbeiter und jeder Student an seinem Arbeitsplatz Zugriff hat. Der Nachweis, daß das Qualitätsmanagementsystem am Institut gelebt wird, wurde im Rahmen einer ISO 9000 Zertifizierung erbracht [Kn97/2].

Um die im IAS-Vorgehensmodell festgelegten Ergebnisse (Zwischen- und Endprodukte einer studentischen Arbeit) effizient unter Einsatz moderner Technologien betrachten zu können, wurde im Teilprojekt **IAS-CD** ein Werkzeug entwickelt, das automatisch die relevanten Ergebnisse einer Studien- und Diplomarbeit ergänzt und Informationen zum Projektumfeld, zum studentischen Bearbeiter und zur Präsentation der Ergebnisse in hypermediale Darstellung überführt [Ma98].

Im Teilprojekt **IAS-DB** wurde basierend auf den relevanten Institutsinformationsstrukturen ein Datenbanksystem auf Intranetbasis realisiert und die aktuell verfügbaren Informationen eingebracht [Fl98].

Das Teilprojekt **IAS-WF** hatte als Zielsetzung zum einen, die Institutsabläufe in Workflowmodelle abzubilden, um sie mit Hilfe eines rechnergestützten Groupwaresystems durchzuführen, zum anderen die Realisierung eines Projektinformationssystems, mit dem es möglich ist, alle studentischen Arbeiten projektbegleitend zu verfolgen und entsprechend zu unterstützen [JaSt98].

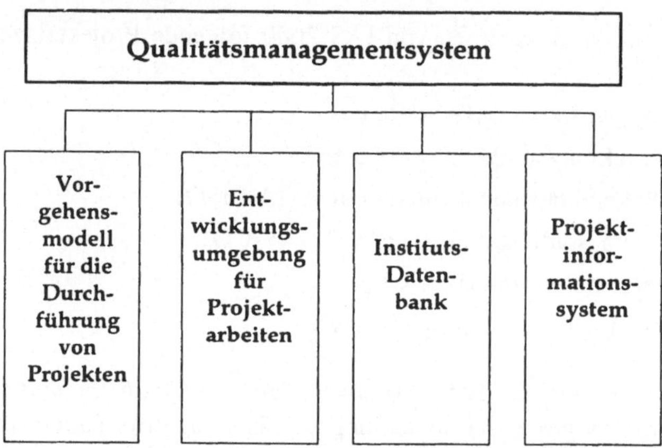

Abbildung 1:   Eckpfeiler des Qualitätsmanagementsystems am IAS

Für das Qualitätsmanagementsystem, das im Rahmen von IAS 2000 aufgebaut wurde, ergibt sich die in Abbildung 1 dargestellte Struktur. Die wesentlichen Eckpfeiler für das Qualitätsmanagement bilden somit das Vorgehensmodell für die Durchführung von Projekten, die Entwicklungsumgebung für Projektarbeiten, die Institutsdatenbank und das Projektinformationssystem.

Die Arbeiten in den Teilprojekten wurden planmäßig durchgeführt und in einer ersten Ausbaustufe im Sommer 1997 abgeschlossen. Das System befindet sich im praktischen Einsatz, wobei inzwischen mehr als 35 studentische Arbeiten erfolgreich abgeschlossen wurden [Kn97/3].

3 Vorgehensmodell für die Durchführung studentischer Arbeiten

Die Entwicklung technischer Systeme, wie sie in den Ingenieurfakultäten im Rahmen von studentischen Arbeiten (Studien- und Diplomarbeiten) sehr häufig vorkommt, setzt sich aus einer Vielzahl komplexer, kreativer Tätigkeiten zusammen. Die Studenten sind in der Lage, aufgrund der Kenntnisse aus Vorlesungen und Seminaren einzelne Aktivitäten durchzuführen, sie können Regelungssysteme entwerfen, sie können programmieren und testen, sie wissen, daß dokumentiert werden muß; das Zusammenspiel dieser vielen Einzelaktivitäten ist ihnen vielfach unklar.

Das IAS-Vorgehensmodell versucht daher, den Ablauf studentischer Arbeiten festzulegen, Zwischen- und Endergebnisse zu definieren und die Rollen der Projektbeteiligten zu beschreiben. Um den Aufwand für die Studenten überschaubar zu halten, wird umfangreiche Rechnerunterstützung bereitgestellt, sei es in Form von generischen Musterdokumenten, sei es durch eine rechnergestützte Dokumentenverwaltung, sei es durch eine rechnergestützte Projektdokumentation. Auf diese Weise führen Studenten im Rahmen der Ausbildung ein Projekt durch und lernen damit das Zusammenspiel der unterschiedlichen Projekttätigkeiten [Gu98].

Das IAS-Vorgehensmodell setzt sich wie die industriellen Vorgehensmodelle aus vier Submodellen zusammen (Abbildung 2). Neben dem Submodell Systementwicklung (SE) sind die Submodelle Projektmanagement (PM), Qualitätssicherung (QS) und Konfigurationsmanagement (KM) vorhanden [BrDr95].

Die Aktivitäten der verschiedenen Submodelle sind miteinander verknüpft. Die Systementwicklung bekommt Vorgaben vom Projektmanagement, die Qualitätssicherung überprüft die Zwischen- und Endergebnisse, das Konfigurationsmanagement verwaltet die entwickelten Produkte.

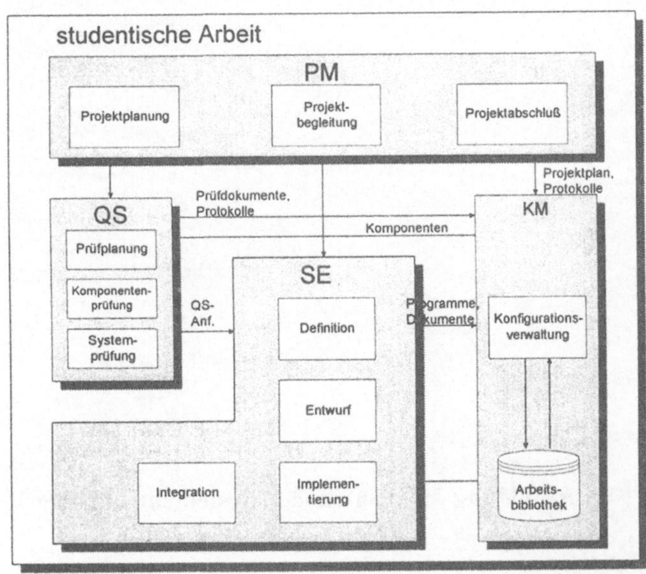

Abbildung 2:   Struktur des IAS-Vorgehensmodells

Abbildung 3 zeigt das Submodell Systementwicklung im Überblick. Man erkennt, daß im Rahmen der Entwurfsphase SE3, ausgehend von den Zwischenergebnissen Pflichtenheft, Systemmodell und GUI[1]-Konzept, die Produkte Systemarchitektur und die Spezifikation der Systemkomponenten entwickelt werden.

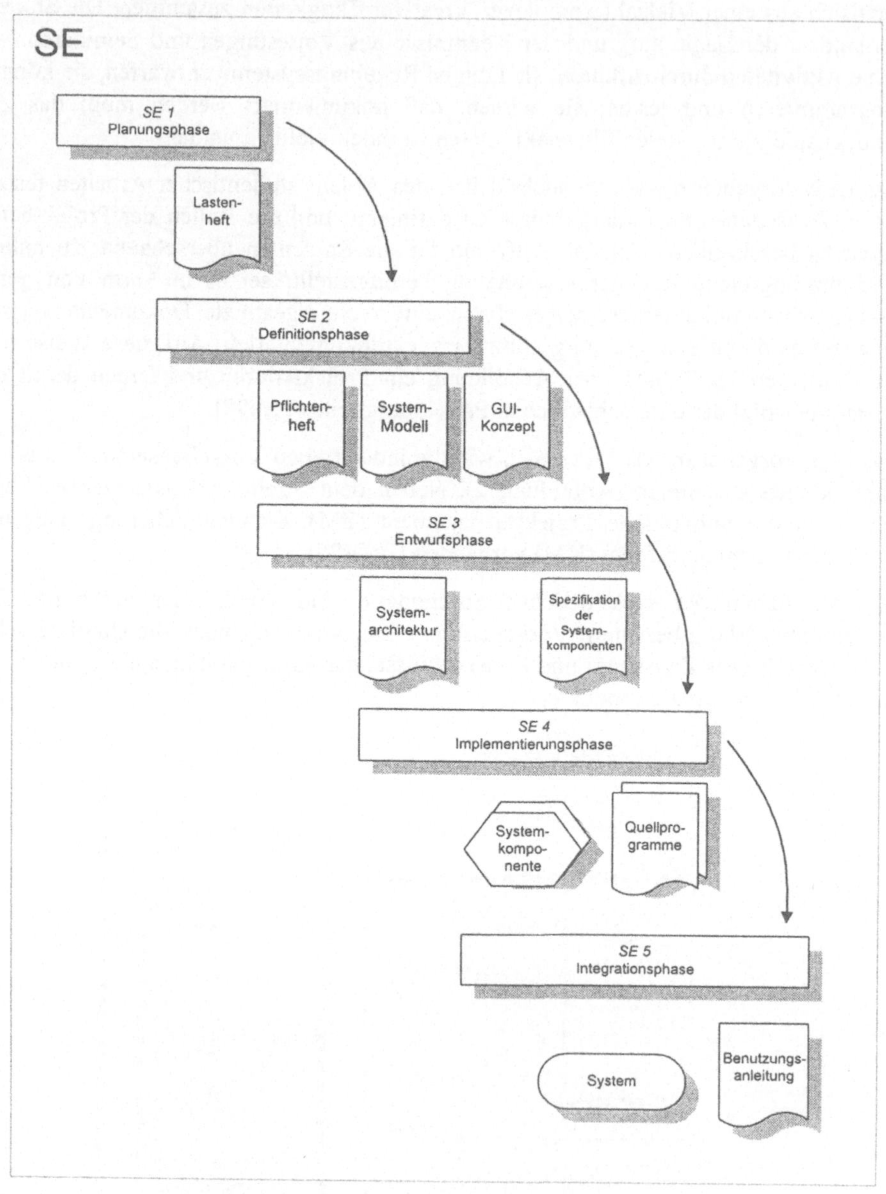

Abbildung 3:   Submodell Systementwicklung

---

[1] Graphical User Interface

In ähnlicher Weise sind auch die Submodelle PM, QS und KM strukturiert. Bei der Qualitätssicherung QS werden die vorliegenden Ergebnisse anhand von vorbereiteten Checklisten im Rahmen von Reviews überprüft und gegebenenfalls Korrekturen veranlaßt. Die Ergebnisse der Reviews werden, wie in Abbildung 4 dargestellt, in Review-Protokollen festgehalten.

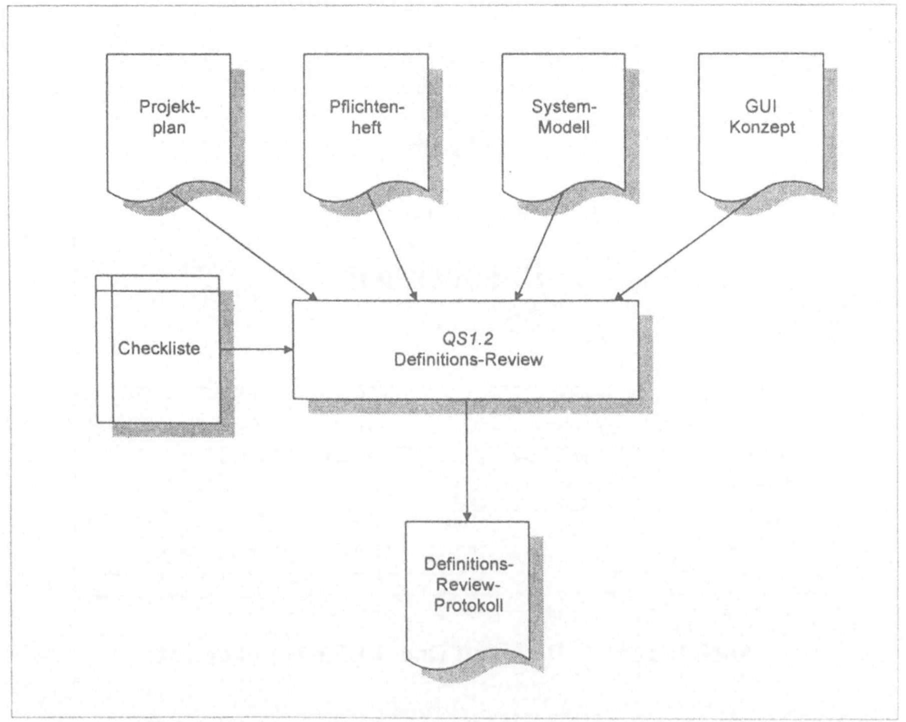

Abbildung 4:   Produktfluß beim Definitions-Review

Neben dem Ablauf der studentischen Arbeiten ist auch der Aufbau der verschiedenen Dokumente im IAS-Vorgehensmodell festgelegt.

In Abbildung 5 ist ein Beispiel für das Deckblatt des Dokuments Pflichtenheft dargestellt. Es enthält für das Konfigurationsmanagement den Namen des Dokuments, die Nummer und die Art der Arbeit, den Namen des Bearbeiters, das Erstellungsdatum, die Version, den Status des Dokuments und den Dateinamen, unter dem das Dokument gespeichert ist.

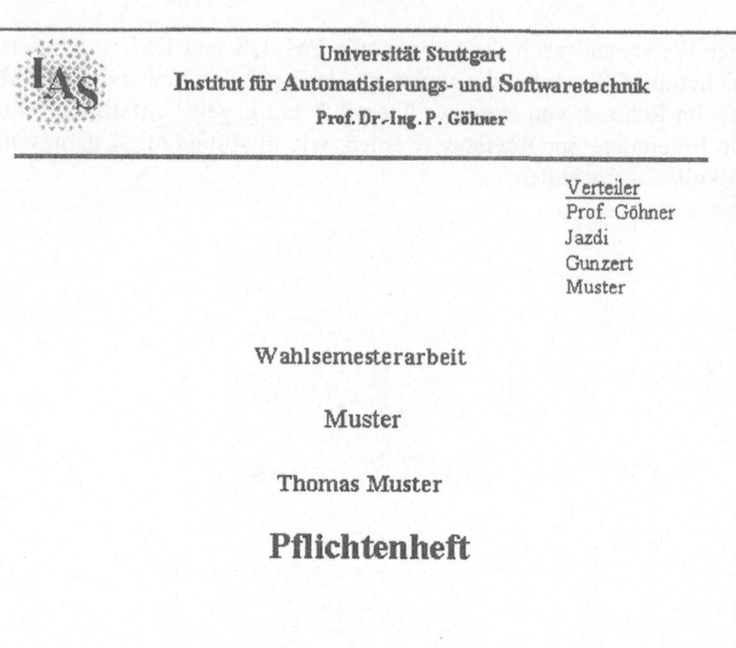

Arbeit Nr:	Art:	Bearbeiter:		Betreuer:	Beginn:	Ende:
1550	WSA	Muster		Ja/Gu	08.01.98	08.07.98

Dokument:	Version:	Autor:	Datum:	Status:
Pflichtenheft	1.0	Muster	14.01.98	akzeptiert

Dateiname:		Seitenzahl:	Druckdatum:	Vorlage:
pflichtenheft-v10.doc		6	23 01 98 10:07	pflichtenheft.dot

Abbildung 5: Deckblatt eines IAS-VM Dokuments

4 Online-Projektinformationssystem

Eine studentische Arbeit setzt sich aus vielen Einzeldokumenten zusammen: Aufgabenstellung, Karteikarte mit Informationen über den Studenten, Projektplanungsinformationen, Vortragsfolien, Besprechungsprotokolle, Quellcode, technische Zwischenergebnisse, Ausarbeitung, Testprotokolle usw.

Die Schwierigkeiten im Umgang mit diesen Informationen liegen zum einen in der Vielzahl der Einzeldokumente, die teilweise mit unterschiedlichen Werkzeugen erstellt werden und damit nur von Insidern betrachtet werden können, zum anderen in der Verfügbarkeit, d.h. wo liegt welche Information für welchen Studenten. Auf diese Weise war bisher eine Verfolgung einer studentischen Arbeit, d.h. die Bereitstellung aktueller Informationen über den Stand der Arbeit, praktisch unmöglich.

Ziel des Online-Projektinformationssystems am IAS war eine moderne, Intranet- und CD-fähige Präsentation der studentischen Arbeit, die ohne Kenntnis der spezifischen Werkzeuge eine effiziente Verfolgung und einfache Beurteilung der Arbeit ermöglicht. Zum Abschluß der Arbeit stehen dem Studenten zudem attraktive Bewerbungsunterlagen auf CD-ROM zur Verfügung, wobei der Aufwand zur Erstellung inklusive individueller Verschönerungen kleiner als 1 Tag anzusetzen ist [Ma98].

Die im IAS-Vorgehensmodell als obligatorisch definierten Dokumente werden vom Studenten erstellt und in der vordefinierten Eingabestruktur niedergelegt. Durch ein Softwarewerkzeug werden diese Informationen in eine Informationsapplikation umgewandelt, die vom Studenten noch individuell verschönert werden kann [Kn97/3].

Die Informationsapplikation, die mit herkömmlichen HTML-Browsern betrachtet werden kann, kann während des Projekts zur Projektverfolgung verwendet werden, nach Abschluß des Projekts zur Projektdokumentation, die dann üblicherweise auf CD-ROM gespeichert wird.

In Abbildung 6 sind die Eingangsinformationen, die von dem Werkzeug AISA (**Aktive Information Studentischer Arbeiten**) verarbeitet werden, dargestellt. Neben den eigentlichen Informationen über Studien- und Diplomarbeiten (SA/DA-Informationen) und Informationen über das IAS sind auch Informationen über den Entwickler in Form von Lebenslauf und Vorstellungsclip enthalten [Gö97].

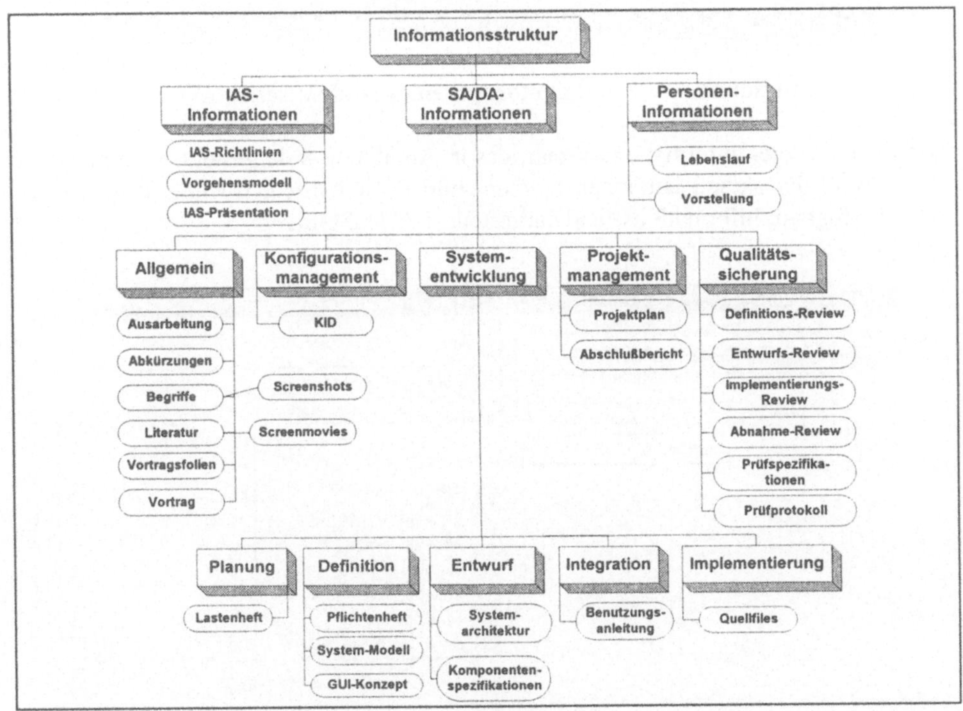

Abbildung 6:   AISA-Eingangsinformationen

In Abbildung 7 ist die Startseite für eine Informationsapplikation einer studentischen Arbeit dargestellt. Man kann sich durch Mausclick über das Bearbeiterprofil, das Projektumfeld, die Produkte und Ergebnisse, die im Rahmen der studentischen Arbeit entstehen und über Informationen zur Projektbegleitung, d.h. über Projektmanagement, Qualitätssicherung und Konfigurationsmanagement informieren.

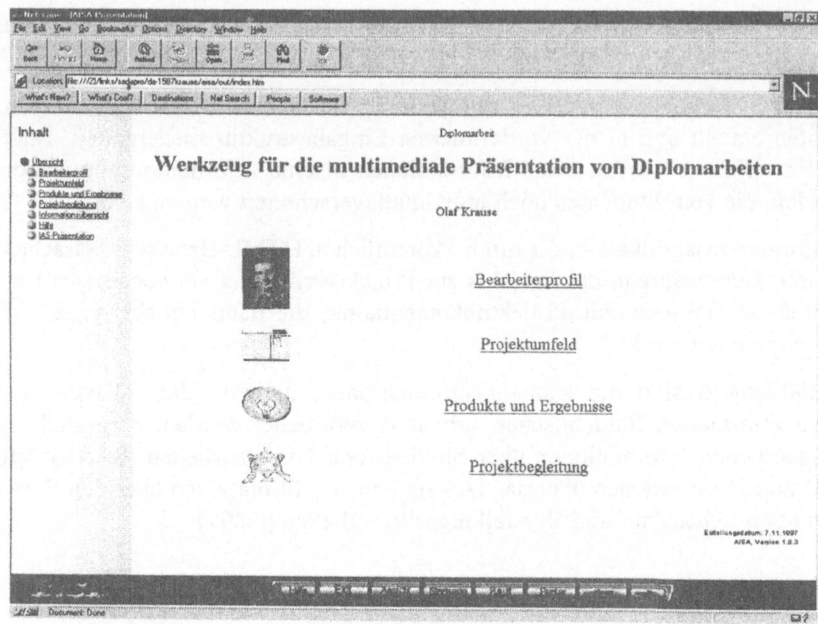

Abbildung 7:   Ausgabeformat einer studentischen Arbeit

Das Online-Projektinformationssystem, das in Abbildung 8 dargestellt ist, ermöglicht die Anwahl der aktuell laufenden Studien- und Diplomarbeiten, wobei dann der jeweils verfügbare Informationsstand dargestellt wird [JaSt98].

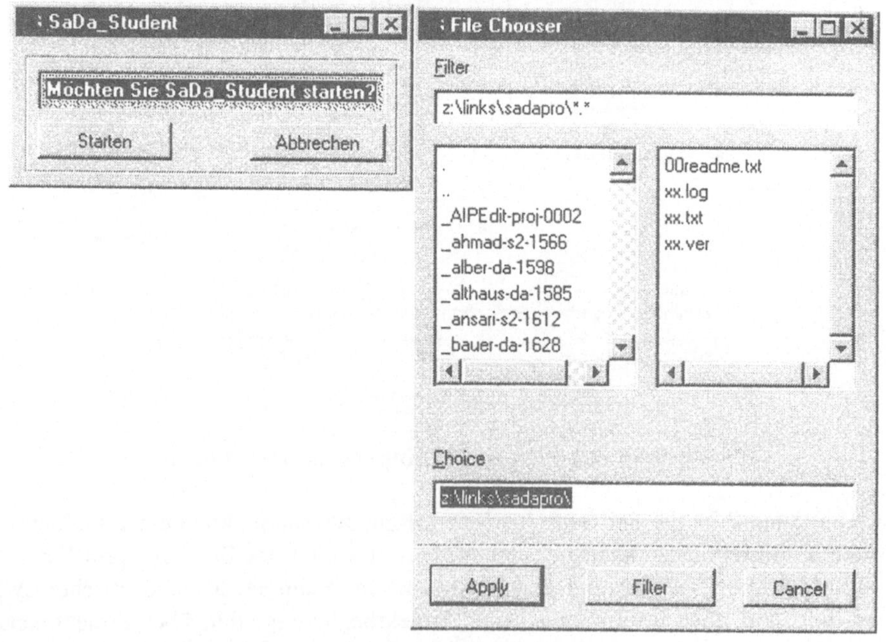

Abbildung 8:   Online-Projektinformationssystem

5   Online-Qualitätsmanagementsystem

Beim Aufbau eines Qualitätsmanagementsystems spielen folgende Aspekte eine wichtige Rolle:
-       Definition von Zielen
-       Festlegung von Verantwortlichkeiten
-       Aufbau eines Qualitätshandbuchs
-       Erstellung von Verfahrensanweisungen
-       Durchführung laufender Aufzeichnungen
-       Durchführung von Audits

Zu der Definition von Zielen gehört die Dokumentation der Qualitätspolitik der Institutsleitung und die Festlegung von aktuellen, meßbaren Qualitätszielen. Die erzielten Qualitätsergebnisse werden dabei zur kritischen Bewertung und Verbesserung herangezogen. Ausschlaggebend für den Erfolg des Qualitätsmanagementsystems ist die Akzeptanz bei allen Mitarbeitern.

Im Rahmen der Festlegung von Verantwortlichkeiten werden Verantwortungen und Befugnisse für die relevanten Institutstätigkeiten definiert. Es wird ein Qualitätsmanagementbeauftragter ernannt, der einerseits die Funktionalität des Qualitäts-managementsystems sicherstellt und überprüft und andererseits die Institutsleitung über die Qualitätsergebnisse informiert.

Das zentrale Dokument des QM-Systems bildet das Qualitätshandbuch (QMH), das alle qualitätsrelevanten Vorgänge und die im Qualitätsbereich verwendeten Formulare enthält. Die Verfahrensanweisungen beinhalten die Beschreibung des Ablaufs von Studien- und Diplomarbeiten, der Vorbereitung, Durchführung und Abschluß von Vorlesungen, Seminaren, Praktika und Kursen, von Verwaltungstätigkeiten wie Sekretariat, Labor, Rechnerbetreuung, Wareneingang, Bestellung, Inventarisierung usw. und der Aufgaben der Institutsleitung.

Die erzielten Ergebnisse werden laufend aufgezeichnet. Dies betrifft sowohl Protokolle über gemeinsame Besprechungen, die Reviews über studentische Arbeiten, Testprotokolle im Rahmen von Studien- und Diplomarbeiten als auch Qualitätsaufzeichnungen über Vorlesungen, Seminare, Kurse und Praktika.

Zur Überprüfung der Funktionsfähigkeit des Qualitätsmanagementsystems werden interne und externe Audits durchgeführt. Interne Audits dienen der Aufdeckung und Behebung von Problemen und dem Qualitätsnachweis. Externe Audits werden von unabhängigen Institutionen und Aufsichtsbehörden durchgeführt und werden nach erfolgter Zertifizierung jährlich wiederholt, wobei alle 3 Jahre ein Wiederholungsaudit notwendig ist.

Die generellen Ziele des Qualitätsmanagementsystems am IAS liegen in der Erzielung hochwertiger Leistungen in Lehre, Forschung und Institutsbetrieb, in der Förderung des Qualitätsbewußtseins bei Mitarbeitern und Studenten im Hinblick auf die berufliche Praxis und in der Übertragung von Erfahrungen auf neue Mitarbeiter, da im wissenschaftlichen Bereich alle 4-6 Jahre ein Generationswechsel stattfindet. Gleichzeitig sieht sich das Institut auch als Technologiegeber im Qualitätsbereich für klein- und mittelständische Firmen, die an einer Zertifizierung interessiert sind.

Die aktuellen Qualitätsziele 1997 waren einerseits die Zertifizierung des Instituts für Forschung und Lehre nach ISO 9000, andererseits die Senkung der Anzahl von Studien- und Diplomarbeiten mit einem Terminverzug größer als 4 Wochen auf unter 5%. Die Zertifizierung wurde erfolgreich abgeschlossen. Die Zahl der Arbeiten mit Terminverzug liegt für 1997 bei 8%.

Als Qualitätsziele für das Jahr 1998 wurden festgelegt:

❑ Aufnahme von Verfahrensanweisungen für die Beauftragung, die Durchführung und den Abschluß von Drittmittelprojekten

❑ die Senkung der Studien- und Diplomarbeiten mit Terminverzug auf unter 5% durch zusätzliche Maßnahmen

❑ Integration neuer Vorgehensmodellklassen in das QM-System, die auch die Unterstützung von Konzeptarbeiten, Studien und reinen Hardwarearbeiten ermöglichen

❑ neue Qualität von Vorlesungen durch Einsatz neuer Medien (Vorlesung 2000)

In Abbildung 9 sieht man eine Verfahrensanweisung im Bereich Beschaffung bei einem Bestellwert zwischen 500,-- und 5000,--DM.

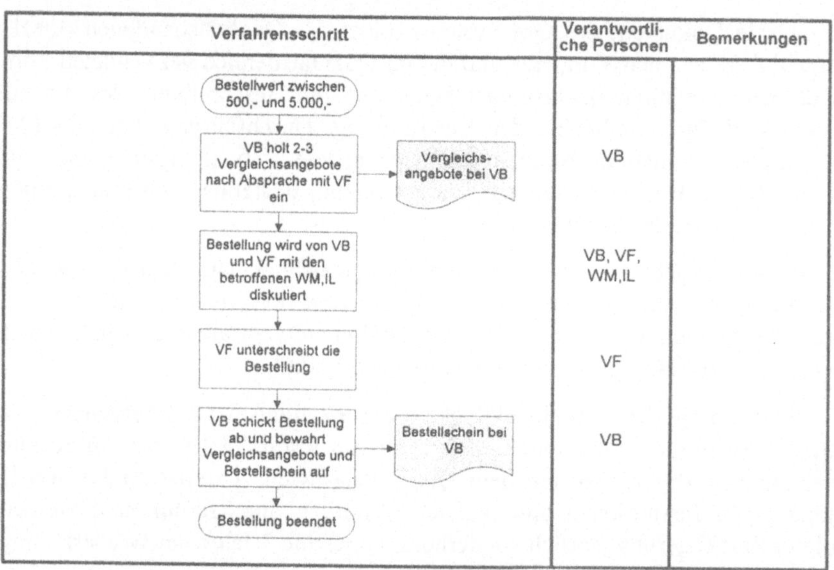

Abbildung 9:   Beispiel einer Verfahrensanweisung

Um die Schwierigkeiten, die bei konventionellen Qualitätshandbüchern hinsichtlich Verfügbarkeit, Aktualität, Adaptierbarkeit, Erstellung und Verteilung auftreten, zu vermeiden, wurde am IAS ein Online-Qualitätsmanagementsystem aufgebaut, das intranetweit aktuelle Informationen bereitstellt, einen benutzerspezifischen Zugang zum QMH ermöglicht, effizienten Zugriff erlaubt und einfach modifiziert werden kann. Abbildung 10 enthält die Einstiegsseite für das Qualitätsmanagementsystem [HuKn97].

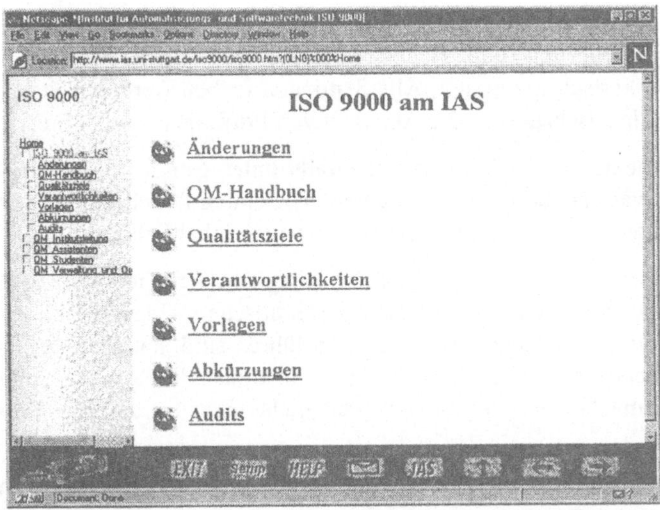

Abbildung 10:   Online-Qualitätsmanagementsystem

6   Erfahrungen aus der Sicht von Mitarbeitern und Studenten

Die Tätigkeiten eines wissenschaftlichen Mitarbeiters am IAS gliedern sich in die Betreuung und Verwaltung studentischer Arbeiten, Lehre (Seminar), Forschungsprojekte, Forschung (Promotion) und Verwaltung (siehe Abbildung 11).

Die bisher gemachten Erfahrungen im Mitarbeiterbereich sind durchweg positiv. Bei der Verwaltung studentischer Arbeiten ergibt sich eine enorme Zeiteinsparung, da man sich über das Online-Projektinformationssystem jederzeit über den aktuellen Stand einer Arbeit informieren kann. Die Betreuung einer studentischen Arbeit wurde durch das Vorgehensmodell erheblich vereinfacht. Die Studenten arbeiten wesentlich selbständiger, die Kommunikation auf der Basis schriftlicher Entwürfe ist leichter und effizienter und die Qualitäten der Arbeiten sind gestiegen [Bi97].

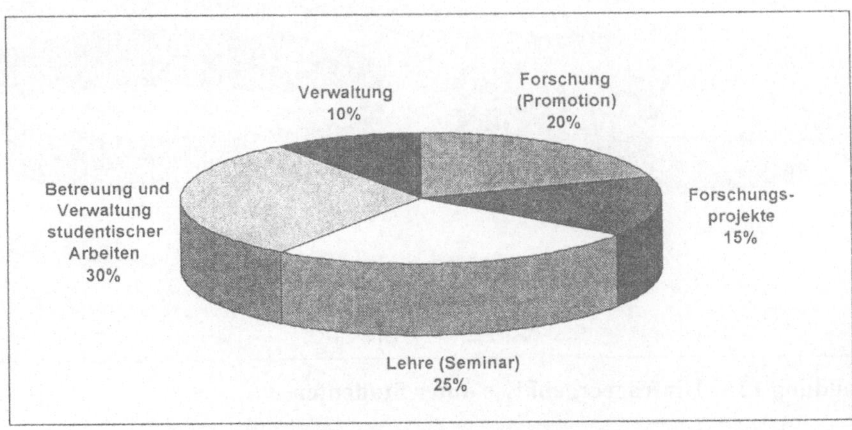

Abbildung 11:   Tätigkeiten eines wissenschaftlichen Mitarbeiters

Im Bereich Lehre wurde durch die Festschreibung der Vorgehensweisen für die Vorbereitung, Durchführung und Nachbearbeitung von Vorlesungen, Seminare und Praktika große Fortschritte erzielt. Alle Seminaraufgaben werden elektronisch gespeichert und die Einzelschritte für das Abhalten von Prüfungen sind definiert.

Forschungsprojekte am IAS werden ebenfalls unter Einsatz des Vorgehensmodells durchgeführt, was eine bessere Planung und effizientere Durchführung mit sich bringt. Forschungsinhalte werden weder reglementiert noch inhaltlich beeinflußt.

Im Bereich Verwaltung, wo einerseits nicht alltägliche Arbeiten (Unitag) und andererseits häufig Arbeiten, die auf komplexen bürokratischen Abläufen und Richtlinien beruhen (Bestellung über 5.000.- DM), durchzuführen sind, hat sich gezeigt, daß durch die festgeschriebenen und einfach abrufbaren Institutsabläufe, viel weniger vergessen oder falsch gemacht wird, da die Arbeiten nicht mehr an einzelne Personen direkt gekoppelt sind.

Mit die größten Vorteile ergeben sich aus der Sicht neuer Mitarbeiter. Die Einarbeitungszeit ist drastisch gesunken und Projektinformationen, Erfahrungen und betreute Studenten müssen nicht mehr zwischen Tür und Angel übergeben werden.

Als Fazit aus der Sicht der Mitarbeiter hat sich gezeigt, daß durch das Qualitätsmanagementsystem die Institutsarbeiten wesentlich erleichtert und die Tätigkeiten effizienter durchgeführt werden. Für die wissenschaftlichen Mitarbeiter ergibt sich damit mehr Zeit für ihre eigenen Forschungsarbeiten auf dem Wege zu einer Promotion.

Die Erfahrungen aus der Sicht der Studenten wurden durch Umfragen ermittelt, die von Studenten durchgeführt wurden. Eine wesentliche Erkenntnis ist in Abbildung 12 dargestellt. Auf die Frage „Wie bewertest Du das Verhältnis Aufwand/Nutzen in Bezug auf das Vorgehensmodell a) zu Beginn der Arbeit b) am Ende der Arbeit" wurden deutlich unterschiedliche Angaben gemacht. Am Ende der Arbeit waren mehr als 90% der Studenten der Meinung, daß der Nutzen größer/gleich dem Aufwand ist, während zu Beginn der Arbeit lediglich 30% dieser Meinung waren [Me97].

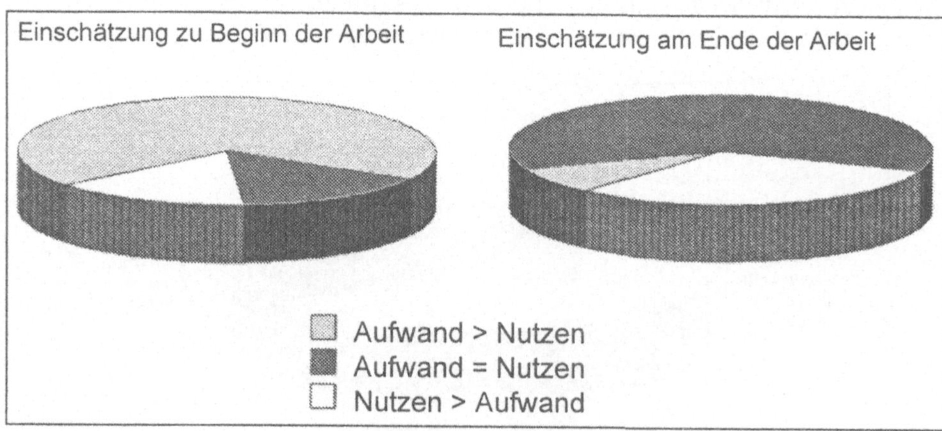

Abbildung 12:   Umfrageergebnisse unter Studenten

Die Umfrageergebnisse haben weiter gezeigt, daß das Gesamtkonzept überzeugt hat, daß sich für Studenten aufgrund des Vorgehensmodells Vorteile bezüglich Übersichtlichkeit und Planungssicherheit bei der Durchführung der studentischen Arbeit ergeben und daß das ISO 9000-Zertifikat und die Dokumentation in Form einer CD-ROM zusätzlich Anreize bieten. Negativ wurde bemerkt, daß das IAS-Vorgehensmodell nicht auf jede Art von studentischer Arbeit paßt und daß Dokumentation natürlich Schreibarbeit bedeutet, was viele Studenten seit ihrer Schulausbildung nicht mehr praktiziert haben. Die Adaption des IAS-Vorgehensmodells wurde inzwischen durch die Bereitstellung verschiedener Vorgehensmodellklassen für andersartige studentische Arbeiten realisiert.

Als positive Aspekte aus der Sicht von Studenten wurde zusätzlich angegeben, daß das Ziel der Arbeit klar festgelegt wird, die Aufteilung der Arbeit in Einzelschritte die Arbeit übersichtlicher und systematischer macht, einzelne Projektabschnitte durch Reviews abgesichert werden und eindeutige Verantwortlichkeiten und Ansprechpartner am Institut festgelegt sind, die ein Student im QMH abrufen kann. Studenten, die sich in Vorgängerarbeiten einarbeiten mußten, haben den hohen Dokumentationswert der Dokumente gelobt. Gleichzeitig wurde festgestellt, daß die Ausarbeitung am Ende durch die projektbegleitende Dokumentation erheblich vereinfacht wird.

In einem Beitrag, der am 8.1.1998 in der Landesschau S3 ausgestrahlt wurde, wurde auch über Rückmeldungen aus der Industrie berichtet, die sich sehr positiv über die moderne Präsentation studentischer Arbeiten geäußert haben.

7   Zusammenfassung

In der heutigen Industrie sind das Qualitätsbewußtsein der Mitarbeiter und die Fähigkeit zu strukturiertem, systematischem Vorgehen Voraussetzungen, um auf dem Markt bestehen zu können. Damit die Abgänger von Universitäten diesem Anspruch gerecht werden können, hat das Institut für Automatisierungs- und Softwaretechnik ein Qualitätsmanagementsystem aufgebaut. Der Einsatz von modernen Hypermediatechniken eröffnet hierbei neue Wege, das Qualitätsmanagementsystem attraktiv zu machen und mit Leben zu füllen.

Da die Initiative noch sehr jung ist, gibt es noch keine Rückmeldungen aus der Industrie, die einen Erfahrungsvorsprung der Hochschulabgänger am IAS bestätigen können. Regelmäßig durchgeführte Befragungen bei den Studenten zeigen jedoch, daß der Ansatz erfolgversprechend ist. Nach anfänglichem Zögern (schließlich darf man nicht sofort mit dem Programmieren beginnen, sondern muß zunächst Informationen erarbeiten und eine Menge von Dokumenten erstellen) erkennt der Student im Laufe der Arbeit recht schnell, daß dieses Vorgehen durchaus seine Berechtigung hat. Beim Abschluß der Arbeit hat jeder erfahren, daß eine Entwicklung mit Vorgehensmodell viel effektiver ist als ohne und daß in der gleichen Zeit qualitativ höherwertige und besser dokumentierte Ergebnisse entstanden sind. Daß diese Erfahrung bereits an der Universität gewonnen werden kann, bringt den Studenten nicht nur bei der Bewerbung Vorteile. Die Industrie bekommt neue Mitarbeiter, die mit dieser Erfahrung hochmotiviert sind, ihr gelerntes Wissen nicht nur über fachliche Themen, sondern auch im Bereich Qualitätsmanagement und Vorgehensweise in der Praxis anwenden zu können.

Literaturverzeichnis

[Bi97]   Biegert, U.: IAS 2000 - Erfahrungen aus der Sicht eines Mitarbeiters, Institutsbericht IAS 1997

[BrDr95]   Bröhl, A.-P., Dröschel, W.: Das V-Modell: der Standard für die Softwareentwicklung mit Praxisleitfaden, 2. Auflage, Oldenbourgverlag 1995

[Bü97]   Bühner, R.: Errichtung und Zertifizierung eines Qualitäts-management-Systems nach der internationalen Qualitätsnorm DIN EN ISO 9001 am Lehrstuhl für Betriebswirtschaftslehre, Erfahrungsbericht Lehrstuhl für Organisation und Personalwesen, Universität Passau, 1997

[Fl98]   Fleisch, W.: Entwicklung einer Datenbank für ein Hochschulinstitut, Institutsbericht IAS, 1998

[Gö97]   Göhner, P. Aktive Informationspräsentation (AIP) - von Einzeldokumenten zur integrierten Information, 7. Kolloquium „Software-Entwicklung" Technische Akademie Esslingen (TAE), 1997

[Gu98]   Gunzert, M.: Das IAS-Vorgehensmodell - ein Prozeßmodell für die Ausbildung, Institutsbericht IAS, 1998

[HuKn97]   Huber, E., Knapp, A.: ISO 9000 online - ein QM-System neuer Qualität, 7. Kolloquium „Software-Entwicklung" Technische Akademie Esslingen (TAE), 1997

[JaSt98]   Jazdi, N., Steiner, J.: Rechnerunterstützung für den Ablauf von Studien- und Diplomarbeiten, Institutsbericht IAS, 1998

[Kn97/1]   Knapp, A.: IAS 2000 - Qualitätsmanagement für die Ausbildung an Hochschulen, atp 10/1997, S. 66

[Kn97/2]   Knapp, A.: Uni mit Prädikat - Zertifizierung nach ISO: Impulse für die Lehre, ix 12/1997, S. 116-117

[Kn97/3]   Knapp, A.: Einsatz von Hypermediatechniken zur Projekt-unterstützung, 7. Kolloquium „Software-Entwicklung" Technische Akademie Esslingen (TAE), 1997

[Ma98]   Manz, S.: Informationsapplikationen studentischer Arbeiten auf CD-ROM, Institutsbericht IAS, 1998

[Me97]   Mettenleiter, J.: IAS 2000 - Erfahrungen aus der Sicht eines Studenten, Institutsbericht IAS, 1997

[Mo98]   Moik, A.: Aufbau einer Entwicklungsumgebung für die Durchführung von Studien- und Diplomarbeiten, Institutsbericht IAS, 1998

Internationalisierung der technisch/ naturwissenschaftlichen Hochschulausbildung - Wohin mit dem Bildungsstandort Deutschland?

Prof. Dr.-Ing. Klaus Henning
Informatik im Maschinenbau und HDZ
RWTH Aachen
Dennewartstraße 27
52068 Aachen

Die Hochschulausbildung im technisch/naturwissenschaftlichen Bereich soll internationalisiert werden. So liest und hört man es landauf landab in den Medien.

Einerseits werden mit dieser Argumentation Eulen nach Athen getragen, weil es für den Ingieneurbereich und den naturwissenschaftlichen Bereich selbstverständlich ist, daß eine integrierte Lehre und Forschung nur durch intensiven internationalen Austausch und internationale Projekte gewährleistet werden kann. Deshalb gehört die gemeinsame Zusammenarbeit in Forschungsgruppen, in Promotionen sowie der Austausch von Studierenden auf der Basis von Diplomarbeiten und dem Austausch einzelner Studienabschnitte zwischen verschiedenen Universitäten und Fachhochschulen zum Tagesgeschäft.

Andererseits besteht kein Zweifel darin, daß das deutsche Hochschulsystem auf den Trend der Globalisierung von Arbeitsmärkten, Berufsbildern und Unternehmensstrukturen noch nicht im erforderlichen Maß reagiert hat. Dies betrifft sowohl die Frage internationaler Abschlüsse (Bachelor, Master) an den deutschen Universitäten, Fachhochschulen und Berufsakademien, als auch die Frage, wie der Anteil ausländischer Studierender an den deutschen Hochschulen signifikant erhöht werden kann. Damit in Verbindung steht die Frage nach englischsprachigen Ausbildungen und Ausbildungsteilen im deutschen Hochschulbildungssystem. Für die Bewertungen wird es unerläßlich sein, neben dem deutschen Notensystem Zuordnungen zu dem anglo-amerikanischen Credit-Point-System zu finden.

Für diese Fragen gibt es zahlreiche Empfehlungen des Vereins Deutscher Ingenieure, die im Vortrag in wesentlichen Elementen vorgestellt werden.

Ein Grundtenor dieser Empfehlung liegt darin, daß mit der Internationalisiserung und Modernisierung unter keinen Umständen die bisherigen Stärken des deutschen Hochschulbildungssystems im internationalen Wettbewerb verloren gehen dürfen. Diese liegen unter anderem in der konsequenten Integration von Lehre und (angewandter) Forschung, der Integration von Industriepraktika, Praxissemestern und industrieorientierten Abschlußarbeiten, insbesondere in den Studiengängen der Ingenieurwissenschaft. Bewährt hat sich dabei die Einbeziehung von Studierenden in der Hauptdiplomsphase in aktuelle Forschungsvorhaben durch Arbeitsverträge für studentische Mitarbeiter und Mitarbeiterinnen. Beibehalten werden sollte auch der hohe Anspruch deutscher Ausbildungsprofile an Hochschulen, nicht nur Ausbildung, sondern auch Bildung im breiteren Sinn in dem entsprechenden Fachgebiet zu vermitteln. Eine solche abendländisch/europäische Identität wird bei konsequenter Internationalisierung des deutschen Bildungsangebots den Bildungsstandort Deutschland in Zukunft für ausländische Studierende attraktiver machen. Dies ist auch dringend notwendig, da die Zukunftsmärkte für die deutsche Wirtschaft nicht im Inland, sondern im Ausland liegen. Strategisch muß deswegen erreicht werden, daß der Anteil ausländischer Studierender an deutschen Hochschulen gegenüber den letzten Jahrzehnten deutlich erhöht wird.

Erfahrungen aus den TeleTeaching-Projekten der Universität Mannheim

Prof. Dr. Wolfgang Effelsberg
Praktische Informatik IV
Universität Mannheim
L 15,16
68131 Mannheim

Neue, leistungsstarke Informations- und Kommunikationstechnologien ermöglichen erstmals den effizienten Einsatz von Computern in Aus- und Weiterbildung. Teleteaching bezeichnet dabei eine Situation, in der Lehrende und Lernende räumlich und/oder zeitlich voneinander getrennt sind und mit Hilfe von Netzwerken miteinander kommunizieren. Neben dem Vorteil der Orts- und Zeitunabhängigkeit ermöglicht die digitale Multimedia-Technikden Einsatz neuer Medien wie Animationen und Simulationen, welche die Anschaulichkeit des zu vermittelnden Lehrstoffs erhöhen und dadurch den Lernerfolg verbessern.

In den verschiedenen TeleTeaching-Projekten der Universität Mannheim werden neue Formen des Lehrens und Lernens mit Hilfe neuer Medien entwickelt und erprobt. Ziel ist dabei eine quantitative und qualitative Verbesserung der Lehre. Quantitativ bedeutet eine Bereicherung des Lehrangebots, zum Beispiel durch den Export und Import von Lehrveranstaltungen). Eine qualitative Verbesserung ergibt sich durch eine höhere zeitliche und räumliche Flexibilität oder durch den Einsatz hochwertiger Lernsoftware. Weitere Ziele sind die Schaffung einer technischen Infrastruktur für Teleteaching, die Entwicklung eines Prototyps einer semi-virtuellen Universität mit Präsenz- und Fernunterricht sowie die Intensivierung der Zusammenarbeit mit benachbarten Universitäten. Das Projekt wird von Erziehungswissenschaftlern und Psychologen wissenschaftlich begleitet, welche die Effizienz und Effektivität der neuen Lehr- und Lernformen untersuchen. Ihre Mitarbeit ist auch in den Bereichen der mediendidaktischen Konzeption und Beratung sehr wertvoll.

Die Universitäten am Oberrhein sind auf Grund ihrer geographischen Nähe und des komplementären Fächerspektrums zu einer Kooperation in der Lehre prädestiniert. Anläßlich der Einrichtung des neuen Studienganges Technische Informatik an der Universität Mannheim wurde beispielsweise vereinbart,daß Lehrveranstaltungen in Informatik von Mannheim nach Heidelberg und in Physik von Heidelberg nach Mannheim exportiert werden.

Beschränkt man einen solchen Austausch von Vorlesungen nicht nur auf die Universitäten am Oberrhein, so kann man sich in naher Zukunft vorstellen, daß Studenten je nach persönlichem Interesse aus einem breiten Spektrum von Vorlesungen wählen und sich ihren individuellen Stundenplan zusammenstellen können. Anbieter und Abnehmer von Vorlesungen sind beliebige Universitäten aus ganz Deutschland oder sogar der ganzen Welt.

Zur Zeit werden in Mannheim drei Lehr- und Lernformen (instructional settings) in den verschiedenen TeleTeaching-Projekten unterstützt. Die drei Szenarien, angelehnt an die klassische Hochschullehre, unterscheiden sich im Distributionsgrad der Teilnehmer und in der Individualität des Lernprozesses. Remote Lecture Room (RLR) entspricht dem klassischen Hörsaal-zu-Hörsaal Szenario, bei dem zwei oder mehr Hörsäle über das Netz miteinander verbunden sind und Vorlesungen synchron und interaktiv übertragen werden. Remote Interactive Seminars (RIS) bezeichnet eine mehr interaktive Form des Lernens, bei der kleine Gruppen von Teilnehmern über das Netz verbunden sind und per Videokonferenzsystem miteinander kommunizieren. Der Schwerpunkt liegt hier auf der kooperativen Erstellung und Präsentation von Seminararbeiten. Interactive Home Learning (IHL) zielt auf eine Maximierung des Verteilungsgrades der Teilnehmer: Studenten lernen synchron und asynchron zu Hause an ihrem PC.

Im Rahmen von RLR werden inzwischen regelmäßig die Vorlesungen Rechnernetze und Multimediatechnik von Mannheim aus übertragen. Im RIS-Szenario wurden bereits zahlreiche verteilte Seminare mit Karlsruhe, Freiburg und Heidelberg abgehalten. Die Themen waren Digitales Geld, Rechnernetze und verteilte Systeme, Informatik und Gesellschaft und Open Distance Learning.

Im Bereich Home Learning stehen vor allem im asynchronen Bereich Vorlesungsunterlagen im Netz zur Verfügung sowie eine Vielzahl von Animationen zu den Themen Rechnernetze und Algorithmen und Datenstrukturen.

Erste Versuche mit der Live-Übertragung von Vorlesungen über ISDN waren erfolgreich.

Eigene Forschungsschwerpunkte an der Universität Mannheim im Bereich Teleteaching sind Medienskalierung (IHL-Projekt), verteilte Animationen und Simulationen, synchrone Lehr- und Lernsoftware für Teleteaching (digital lecture board), Lehrmittelbibliotheken (EmuLib-Projekt) und die Aufzeichnung und Wiedergabe von Live-Veranstaltungen (VCRoD-Projekt).

Eine detaillierte Beschreibung der einzelnen Projekte findet sich auf den Teleteaching-Seiten im Internet:
http://www.informatik.uni-mannheim.de/informatik/pi4/projects/teleTeaching/

Als äußerst wichtig und nützlich erwies sich während der gesamten Projektlaufzeit die Betreuung und Evaluierung durch den Lehrstuhl für Erziehungswissenschaften II der Universität Mannheim. Es konnten erste Erkenntnisse über die Effektivität der neuen Lehr- und Lernformen gewonnen werden. Das in den Erziehungswissenschaften vorhandene mediendidaktische Know-How ist sehr wertvoll bei der Erstellung von Lehr-/Lernmaterialien und bei den laufenden Softwareentwicklungen.

Lehr-Erfahrung vermittelt durch Lehr-Muster:
Ein Beitrag zur Didaktik der Informatik

Klaus Quibeldey-Cirkel
Universität Siegen, Technische Informatik, D-57068 Siegen
quibeldey@ti.et-inf.uni-siegen.de

Entwurfsmuster und Mustersprachen werden als neue „literarische Form" in der Softwaretechnik gefeiert; sie machen Wissen, das auf Erfahrung beruht, wiederverwendbar. Von der Lernökonomie und Akzeptanz der *Musterform* profitieren immer mehr Entwurfsdisziplinen, so auch die Didaktik, verstanden als Entwurf und Gestaltung von Unterricht [2, 4, 10]. Hier werden derzeit Lehrmuster („pedagogical design patterns") der objektorientierten Informatik in einem Internet-Projekt gesammelt.[1] Mit einem Beispiel führt der Beitrag in das Konzept der Lehrmuster ein. Er versteht sich zugleich als Aufruf an alle Lehrenden der Informatik, ihre Unterrichtserfahrung in der Musterform weiterzugeben.

Schlüsselwörter: Didaktik der Informatik, Lehrmuster, Erfahrungswissen

1   Wiederverwendbares Wissen

90 Prozent aller jemals forschenden und lehrenden Wissenschaftler leben heute, und so verdoppelt sich das verfügbare Wissen alle sechs Jahre [18]. Die Halbwertszeit des Informatikwissens wird auf wenige Jahre geschätzt, und Stimmen werden laut, die eine Revision der Lehrinhalte alle fünf bis sechs Jahre fordern [12]. Wie bewältigen wir die Wissensexplosion und Wissensflüchtigkeit *fachdidaktisch?* Fakt ist, daß es an Systematiken jenseits der Enzyklopädie und Fachinformationsdienste mangelt: didaktisches Wissen liegt diffus und kaum auffindbar im Literaturbestand unserer Fachgemeinschaft.

    Lehr- und Lernformen der allgemeinen Didaktik werden hinlänglich diskutiert, siehe das „Handbuch Hochschullehre" [8], was Lehrziele und -inhalte unserer Fachdidaktik betrifft, sei auf [3] verwiesen. Im folgenden geht es um die Vermittlung didaktischer *Erfahrungen (Best Practices),* diese liegen bislang nur verstreut in den Tagungsbänden entsprechender Workshops vor [6 und Vorläufer]. Die Binsenweisheit, nach der sich nur wiederverwenden läßt, was man zuvor gefunden hat, macht uns in der Praxis zu schaffen. Hier profitiert der Experte von seinem erprobten Wissen, das er stets bei sich hat. Wünschenswert wäre ein Bestand an didaktischer Literatur, in dem praxisbewährte Lösungen organisiert vorlägen, dazu bedarf es aber einer „literarischen Form", die Erfahrungswissen wiederverwendbar vermittelt.

---

[1]   http://www.cs.unca.edu/~manns/oopsla.html

2 Was ist Erfahrungswissen?

Das Lösen eines Problems setzt Fachwissen voraus, das heißt Fakten- und Methodenwissen. Während sich Faktenwissen auf das Produkt bezieht *(Was*-Information: *Knowing that)*, steht beim Methodenwissen der Prozeß im Vordergrund *(Wie*-Information: *Knowing how)*. Für das Aufgabenlösen ist Fachwissen hinreichend, nicht aber für das Problemlösen; hier kommt eine andere Qualität ins Spiel. Bevor ich diese beschreibe, erläutere ich den Unterschied zwischen Aufgabe und Problem an einem Konzept aus der Denkpsychologie [5]. Nebenstehendes Bild zeigt die Komponenten eines Problems: einen unerwünschten Anfangszustand s_α, den erwünschten Zielzustand s_ω und die kognitive Barriere in der Überführung von s_α in s_ω.

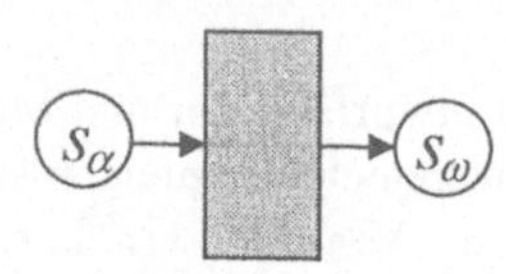

Eine Aufgabe unterscheidet sich von einem Problem durch das Fehlen der Barriere; für die Bewältigung der Aufgabe ist die Methode bekannt, nur reproduktives Denken gefordert. Ob es sich um ein Problem oder um eine Aufgabe handelt, hängt also vom *Vorwissen* des Entwerfers ab. Für den erfahrenen CAD-Konstrukteur zum Beispiel ist der 3D-Entwurf kein Problem, sondern eine Aufgabe – für den unerfahrenen Laien dagegen ein Problem. An der Art der Barriere können wir die Probleme und ihre Überwindung klassifizieren:

- **Interpolationsprobleme**: Man weiß, was man will, und kennt die Mittel, um den erwünschten Zustand zu erreichen. Das Problem liegt in der geeigneten *Kombination* der Mittel, in der Interpolation zwischen Anfangs- und Zielzustand. Die Anzahl der möglichen und jeweils zu überprüfenden Transformationen ist meist sehr groß. Beispiele: Schachspiel und Stundenplanung.

- **Syntheseprobleme**: Man weiß zu Beginn, oder vermutet nach vergeblichen Anstrengungen, daß die bekannten Mittel nicht reichen. Problem des Alchimisten: Wie gewinne ich Gold aus Blei? Anfangs- und Zielzustand sind bekannt, unbekannt oder unbewußt sind wichtige Einzeloperationen, kombiniert mit den bekannten. Das Problem liegt in der Zusammenstellung, der Synthese, geeigneter Operatoren. Gelernte Einstellungen und Denkgewohnheiten können ursächlich für Synthesebarrieren sein; Denksportaufgaben enthalten in der Regel derartige Barrieren. Rechts sehen Sie ein typisches Beispiel: Zwei Streichhölzer sollen so verschoben werden, daß drei gleich grosse Quadrate entstehen.[2]

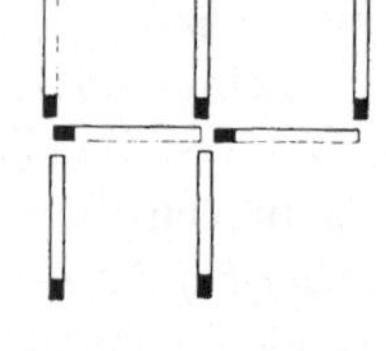

- **Dialektische Probleme**: Man weiß, daß der Anfangszustand verändert werden muß, kennt aber den Zielzustand bloß vage oder gar nicht, allenfalls sind globale Zielkriterien bekannt, Komparative wie „besser" oder „effizienter". Die Lösung kann nur *dialektisch* erreicht werden, das heißt der Entwurf wird fortwährend auf

---

[2] Tip für Verzweifelte: Die Barriere liegt hier in der mentalen Voreinstellung, nur überlappungsfreie Quadrate bilden zu wollen.

Widersprüche geprüft. Je offener das Problem hinsichtlich seines Zielzustandes, desto mehr muß versucht werden, durch zyklisches Erzeugen und Überprüfen von Alternativen die Zielkriterien zu präzisieren. In der Softwaretechnik überwinden wir dialektische Barrieren im *Dialog* mit dem Kunden (exploratorisches Prototyping).

Didaktische Probleme bergen vorwiegend Synthesebarrieren (Lehrpläne in Unterricht umsetzen) und dialektische (Lehre evaluieren). Für ihre Lösung benötigen wir Methoden- und Faktenwissen einerseits, Erfahrung im Überwinden der Barriere anderseits. Wie gesagt, ob es sich um ein Problem oder um eine Aufgabe handelt, hängt vom verfügbaren Vorwissen ab – Vorwissen, das auf Erfahrung beruht, heißt *Erfahrungswissen*.

Wie steht es mit der Kreativität? Das Lösen einer Aufgabe ist unschöpferisch, hier helfen Richtlinien, Regelwerke und Rezepte (normatives Methoden- und Faktenwissen). Dagegen ist das Lösen eines Problems a priori schöpferisch, hier helfen *Entwurfsmuster*, wie sie derzeit in der objektorientierten Softwaretechnik Furore machen [7, 14]. Entwurfsmuster sind praxisbewährte Lösungsstrukturen für stereotype Entwurfsprobleme in einem Kontext konkurrierender Kräfte. Sie sind keine dedizierte Einzellösungen, sondern bewährte Strategien und Taktiken, um eine Problembarriere zu überwinden.

In der Praxis bedeutet Entwerfen das exploratorische Suchen nach einer zufriedenstellenden Lösung, die gewisse Kriterien genügt, selbstbestimmte (Ratio, Intuition) und fremdbestimmte (Zeit- und Finanzvorgaben, technische Machbarkeit). Entwerfen folgt also einer *modalen* Logik: „erlaubt, verboten, geboten". Entwurfsmuster beschreiben die *gebotene* Logik des Entwerfens; sie schränken die kombinatorische Vielfalt auf die praxiserprobten Wege ein. Indem sie Erfahrungswissen vermitteln, reduzieren sie Entwurfsprobleme zu Aufgaben.

Kern aller Entwurfsmuster sind *Heuristiken* (Findeverfahren: *heureka!*), deren Grundprinzip kennt viele Synonyme: „Kybernetisches Prinzip" nach Norbert Wiener, „Vermutungen und Widerlegungen" nach Karl Popper, „Schema und Korrektur" nach Ernst Gombrich oder in den Ingenieurwissenschaften „Versuch und Irrtum" [15]. Die Denkpsychologie bezeichnet das Handlungsmuster einer jeden Heuristik mit dem Akronym TOTE: TEST-OPERATE-TEST-EXIT [11]. Die simple Heuristik für das Einschlagen eines Nagels folgt dem TOTE-Zyklus: TEST: Nagel tief genug? Wenn nein, OPERATE: Hammerschlag und TEST. Wenn ja, EXIT: Nachbehandeln und Aufräumen. Erfahrungswissen gewinnen wir durch iteratives Handeln nach der TOTE-Leitlinie – und Kompetenz erlangen wir, wenn wir auf diese Weise einen Vorrat an *erfolgreichen* Mustern erwerben. Ich komme zur zentralen Frage:

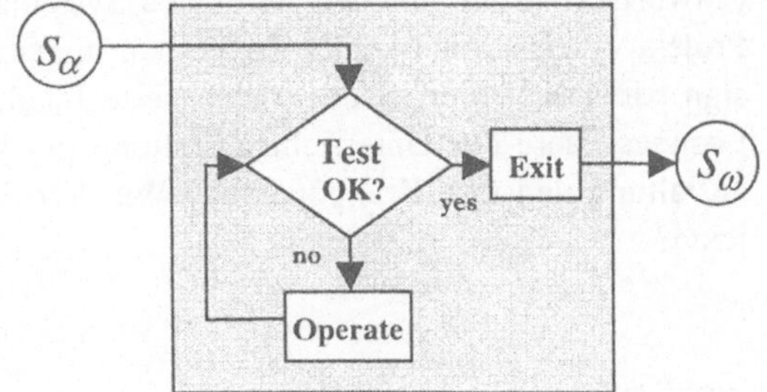

3   Wie ordnen wir Erfahrungswissen?

Entwurfsmuster sind sowohl generisch, die Lösung erzeugend, als auch deskriptiv, die Lösung beschreibend – die *prozessuale* Beschreibung eines Problem-Lösungs-Paars. Durch Lösen der Kräfte in einem Problemkontext s_α entsteht der Lösungskontext s_ω. Ein Muster i beschreibt die notwendigen Überführungsschritte und die daraus resultierenden Strukturänderungen:

$$s_\alpha^i \xrightarrow{\ Muster\,i\ } s_\omega^i.$$

Lose gekoppelte Muster werden in *Katalogen* gesammelt, siehe rechts. Gibt es überlappende Kontexte: $s_\omega^{i-1} \cong s_\alpha^i$, und bilden n Muster eine geschlossene Kontextkette:

$$s_\alpha^1 \xrightarrow{\ Muster1\ } s_\omega^1 \cong s_\alpha^2 \xrightarrow{\ Muster2\ } s_\omega^2 \cong \cdots \cong s_\alpha^n \xrightarrow{\ Muster\,n\ } s_\omega^n,$$

so spricht man von einer *Mustersprache,* siehe folgendes Bild.

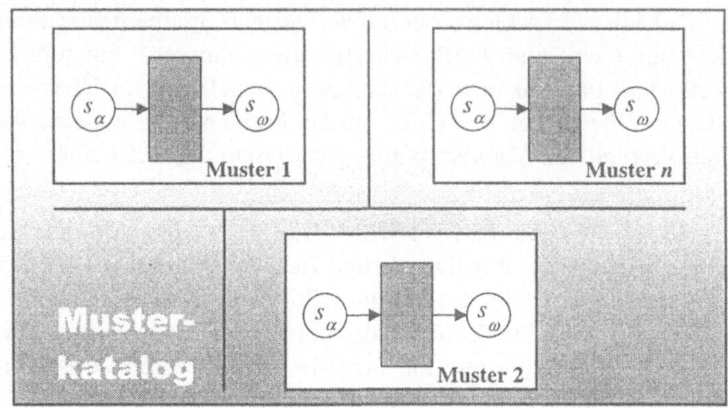

In der Softwaretechnik ist die *alexandrinische* [1] Musterform – Problem, Kontext, Kräfte, Lösung –

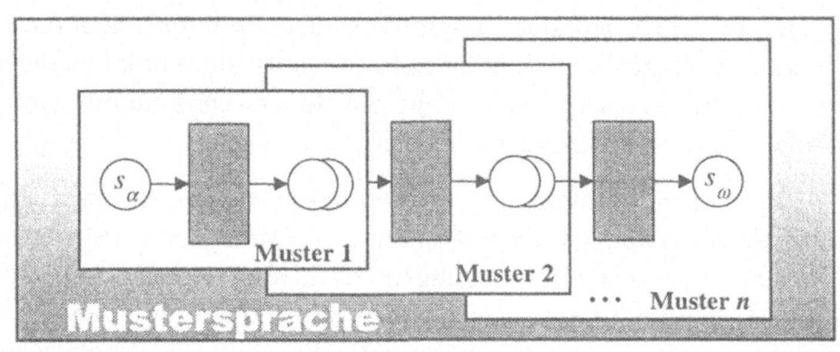

als Erfahrungsvehikel akzeptiert und verbreitet; hier ist der transferierte Lehrinhalt Entwurfserfahrung aus den Bereichen Systemanalyse, Entwurf, Programmierung und Projektorganisation.[3] Analog sucht man in der Didaktik Lehrmuster („pedagogical design patterns"); hier ist der transferierte Inhalt didaktische Erfahrung, also Problem-Lösungs-Paare der Unterrichtsgestaltung [2, 4, 10]: Wie *entwerfe* ich eine Lehrveranstaltung und ihre Komponenten? Wie Vorträge, Übungen, Labore und Studienprojekte?

---

[3] Online-Archiv für Software-Musterkataloge und -Mustersprachen: http://st-www.cs.uiuc.edu/users/patterns/EgPatterns.html

4 Ein Didaktik-Projekt im Internet

Derzeit favorisieren Dozenten und Trainer der objektorientierten Informatik eine spezielle Ausprägung der alexandrinischen Musterform: Name, Zweck, Motivation, Anwendbarkeit, Struktur, Vor- und Nachteile, Praktische Umsetzung, Bekannte Anwendungen, Verwandte Lehrmuster, Ressourcen und Referenzen. Im Gegensatz zu den didaktischen „Prinzipien" und „Leitbildern" der etablierten Literatur [3, 8] ist die literarische Form der Lehrmuster *pragmatisch*, das heißt handlungsorientiert.

Mehrere Dutzend Lehrmuster wurden bereits in einem Internet-Katalog gesammelt: „Pedagogical Patterns: Successes in Teaching Object-Oriented Technologies" (siehe Fußnote 1). Projektziel ist die Publikation der Lehrmuster als Mustersprache. Die folgende Tabelle nennt die Namen einiger Lehrmuster, die sich auf die Strukturplanung einer Veranstaltung beziehen. (Ein vollständiges Beispiel dieser Kategorie gebe ich im Anhang.) Die Musternamen sollten selbstredend sein: Gemeinsame Motivation ist in diesem Fall die Förderung des aktiven Lernprozesses durch Laboraufgaben und Gruppenarbeit.

Lehrmuster zur Strukturplanung einer OOx-Veranstaltung
• Reading, Critique, Lecture, Activity, Presentation with discussion (RCLAP) Pattern (Mary Gorman, Susan Burk, American Management Systems Training Services, USA)
• Lecture-Examples-Activity-Student Presentation-Evaluation (LEASE) Pattern (Martin L. Barrett, East Tennessee State University)
• Lab-Discussion-Lecture-Lab (LDLL) Pattern (Mary Lynn Manns, University of North Carolina at Asheville)
• Lecture-Activity-Student Presentation-Discussion (LASD) Pattern (Helen Sharp, The Open University, England)
• Explore-Present-Interact-Critique (EPIC) Pattern (Jorgen Lindskov Knudsen, Ole Lehrmann, Aarhus University, Denmark)
• Preparation, Industrial Presentation and Roundtable (PIPR) Pattern (Fernando Brito e Abreu, INESC and Lisbon Technical University (ISEG), Portugal)
• Discussion-Activity-Review-Lab-Review (PIPR) Pattern (Gary L. Craig, Superlative Software Solutions, Inc., North Carolina)
• Concept, Glossary, Problem, Analyze, Discuss, Design (CoG-PADD) Pattern (Donald J. Bagert, Texas Tech University)

Aufruf zum Mitmachen

Der Beitrag führt in das Konzept der Lehrmuster ein und versteht sich zugleich als Aufruf zur Diskussion der Musterform als Vehikel für Lehr-Erfahrung. Die Siegener Fachgruppe Technische Informatik unterhält eine Mailing-Liste als Diskussionsforum für Lehrmuster aus dem deutschsprachigen Raum.[4] Diese sollen schließlich mit dem Internet-Projekt abgestimmt und in einem globalen Lehrmuster-Katalog zusammengeführt werden.

---

[4] Interessenten können sich mit dem Text *SUBSCRIBE lehrmuster* unter folgender Adresse in die Mailing-Liste eintragen: lehrmuster-request@ti.et-inf.uni-siegen.de

Literatur

[1] Alexander, Christopher; Angel, Shlomo; Fiksdahl-King, Ingrid; Ishikawa, Sara; Jacobson, Max; Silverstein, Murray: A Pattern Language: Towns, Buildings, Construction. New York: Oxford University Press, 1977.

[2] Anthony, Dana L. G.: Patterns for Classroom Education. In: Pattern Languages of Program Design 2. Reading u. a.: Addison-Wesley 1996.

[3] Baumann, Rüdeger: Didaktik der Informatik. Stuttgart u. a.: Klett, 2. vollständig neu bearbeitete Auflage 1997.

[4] Brito e Abreu, Fernando: Pedagogical Patterns: Picking Up the Design Patterns Approach. In: Object Expert, März-April 1997, S. 37-41.

[5] Dörner, Dietrich: Problemlösen als Informationsverarbeitung. Stuttgart: Kohlhammer 1976.

[6] Forbrig, Peter; Riedewald, Günter (Hrsg.): Software Engineering im Unterricht der Hochschulen SEUH `97. Stuttgart: Teubner 1997.

[7] Gamma, Erich; Helm, Richard; Johnson, Ralph; Vlissides, John: Design Patterns: Elements of Reusable Object-Oriented Software. Reading u. a.: Addison-Wesley, 1995.

[8] Handbuch Hochschullehre: Informationen und Handreichungen aus der Praxis für die Hochschullehre, Bonn: Raabe 1994.

[9] Kuhn, Thomas S.: The Structure of Scientific Revolutions. University of Chicago 1970.

[10] Lilly, Susan: Patterns for Pedagogy. In: Object Magazine, Januar 1996, S. 93-96.

[11] Miller, George A.; Galanter, Eugene; Pribram, Karl H.: Plans and the Structure of Behavior. London u. a.: Holt, Rinehart & Winston 1960.

[12] N. N.: Interview: Professor Peter Lockemann und Dr. Wilhelm Denz zur Situation der Informatik-Ausbildung: Den stabilen Arbeitsplatz wird es nicht mehr geben. In: Informatik-Spektrum, Jg. 18, H. 2, 1995, S. 111-113.

[13] Osterloh, Jürgen: Was tue ich eigentlich, wenn ich lehre – und was kann ich ändern? In: [8, S. A 1.3 ff.].

[14] Quibeldey-Cirkel, Klaus: Das aktuelle Schlagwort: Entwurfsmuster. In: Informatik-Spektrum 19 (1996), H. 6, S. 326-327.

[15] dito: Das Objekt-Paradigma in der Informatik. Stuttgart: Teubner 1994.

[16] dito: Quo vadis, Informatik? Aspekte einer objektorientierten Entwurfslehre. In: Objekt-Spektrum 2 (1995), Heft 1, S. 30-36.

[17] Thiele, Albert: Überzeugend Präsentieren: Präsentationstechnik für Fach- und Führungskräfte. Düsseldorf: VDI 1991.

[18] Warnecke, Hans-Jürgen: Revolution der Unternehmenskultur: Das Fraktale Unternehmen. Berlin u. a.: Springer 1993.

Anhang: Musterbeispiel

Die klassische Musterform „Problem – Kontext – Kräfte – Lösung" hat viele Ausprägungen erfahren, abhängig von der jeweiligen Entwurfsdisziplin. Der Entwurf von Lehrveranstaltungen bedient sich der folgenden Form (Überschriften römisch I bis XI); ich beschreibe mit ihrer Hilfe eine Erfahrung, die ich aus der Strukturplanung meiner Vorlesung „Objektorientierter Systementwurf" gewonnen habe. Wegen seiner besonderen Eignung für softwaretechnische Lehrveranstaltungen wurde das Muster in den Internet-Katalog „Pedagogical Patterns: Successes in Teaching Object Technology" aufgenommen (siehe Fußnote 1).

I   ETHOS

Kurzwort für eine fünfgliedrige Struktur und prägnante Gedächtnisstütze: ETHOS steht für ein universelles Muster zur Vermittlung ingenieurwissenschaftlicher Themen; es hilft, die verschiedenen Facetten eines Themas im Blick zu halten. So hat eine ingenieurwissenschaftliche Problemlösung im allgemeinen ökonomische (economic), technische, menschliche (human), organisatorische und soziale Aspekte [17].

II   Zweck

Das ETHOS-Muster strukturiert einen Vortrag, eine Vortragsreihe (Vorlesung) oder ein Manuskript in übersichtlicher Form. Ziel ist die *facettenreiche*, aber *ganzheitliche* Vermittlung eines Themas.

III   Motivation

Sie wollen eine Lehrveranstaltung konzipieren, zum Beispiel eine Einführungsvorlesung oder ein Industrieseminar über ein ingenieurwissenschaftliches Thema, etwa „Objektorientierte Konzepte und Methoden". Der Lehrstoff soll in seiner *Bandbreite* vermittelt werden; der Versuch aber, auf jede Spektrallinie im thematischen Spektrum einzugehen, führt unweigerlich zu pedantisch und langweilig wirkenden Vorträgen. Entlang eines „Grundgedankengangs" der Lehrveranstaltung müssen Gebiete ausgewählt und festgelegt werden, die Sie in längeren

Phasen detailliert behandeln wollen: Sie suchen nach didaktischen „Scheinwerfern", die Sie ausrichten können, um die verschiedenen Wissensgebiete als Bestandteil des Grundgedankengangs auszuleuchten [13]. Ihr Anspruch läßt sich wie folgt skizzieren:

Sie wollen

!   Abwechslung in Ihre Vorträge bringen;

!   keinen wichtigen Aspekt vergessen;

!   einem *roten Faden* folgen, auf dem Sie Ihre Vorträge reihen können, um ein *vernetztes* Lernen zu fördern;

!   die Perspektive der Teilnehmer erweitern auf die interdisziplinären Bezüge.

IV   Anwendbarkeit

Der Gegenstand sollte *ingenieurwissenschaftlich* sein: zum Beispiel eine durchgängige Methode für Analyse, Design und Programmierung komplexer Systeme. Weniger geeignet sind primär geisteswissenschaftliche und künstlerische Themen, bei denen wirtschaftliche oder technische Aspekte eine untergeordnete Rolle spielen.

Prüfen Sie, ob die folgenden Merkmale auf Ihr Problem zutreffen:

?   das Lehrthema hat *paradigmatische* Breite; Paradigma bedeutet zweierlei: erstens, „Denkmuster", ein übergeordnetes Prinzip, das für eine Teildisziplin typisch, aber nicht klar formulierbar ist, sondern sich in Beispielen manifestiert; und zweitens, „disziplinäre Matrix", die Konstellation von Meinungen und Werten, die eine Fachgemeinschaft (*scientific community*) verbindet [9]; Beispiele für paradigmatische Breitenthemen sind: Entwurfs- und Projektplanungsme-

thoden, Multimedia, Internet und Informationstechnik;

? das Thema umfaßt zahlreiche und vielfältige Aspekte, die Sie in mindestens fünf Kurseinheiten (Vorträgen einer Lehrveranstaltung) vermitteln wollen;

? es handelt sich um eine Einführungsvorlesung oder um ein Einführungsseminar, das heißt die Vermittlung von *Orientierungswissen* im Gegensatz zum Detailwissen steht im Vordergrund.

ETHOS eignet sich weiterhin für die inhaltliche Strukturierung von:

? Einzelvorträgen und Fachbüchern über ein technisches Querschnittsthema;

? universitären Seminaren (Pro- und Hauptseminaren), hier besonders für das Ordnen der Seminarliteratur in Form eines *Readers* (Fachaufsätze, zusammengestellt in einem Ordner als Diskussionsgrundlage für die Referate) oder *Semester-Apparats* (Lehrbücher, zusammengestellt auf einem Regal, reserviert für die Veranstaltung).

V   Struktur

Für die Strukturplanung einer Lehrveranstaltung ist das Akronym ETHOS streng *sequentiell* (somit auch ein Test, ob alle Aspekte beleuchtet werden), als Lese-Anweisung ist es bedingt sequentiell: ETHOS-Kapitel können auch *sporadisch*, das heißt in beliebiger Reihenfolge gelesen werden.

Grundstruktur: Als Initialwort spricht die ETHOS-Struktur für sich selbst:

E: wirtschaftliche *(economic)*,

T: technische *(technical)*,

H: menschliche *(human)*, vor allem lernpsychologische und ergonomische,

O: organisatorische *(organizational)*, vor allem projektorganisatorische,

S: gemeinschaftliche *(social)*, vor allem soziologische, aber auch ökologische Aspekte.

Feinstruktur: Untergliedern und gewichten Sie eventuell die Hauptaspekte durch Indizieren, z. B.: T_1, T_2,..., T_n.

VI   Vor- und Nachteile

👍 ETHOS erlaubt *Kaleidoskop*-Vorträge, das heißt eine bunte Folge in sich abgeschlossener Einzelvorträge in einem facettenreichen Sachgebiet. Die Vorgehensweise ähnelt dem Stil der anglo-amerikanischen *Lecture:* innerhalb eines thematischen Rahmens werden interessante Einzelvorträge angeboten [13];

👍 favorisiert Breite vor Tiefe oder Generalwissen vor Spezialwissen;

👍 fördert vernetztes Lernen, vermittelt Kontextwissen;

👍 erlaubt kontinuierliches Lernen: auch wenn einzelne Vorträge versäumt wurden, verliert der Teilnehmer nicht den Anschluß; mit anderen Worten: ETHOS unterstützt die Kapselung der Vorträge als Lerneinheiten;

👍 ist das Manuskript zur Vorlesung oder zum Seminar gleich strukturiert (in ETHOS-Kapiteln), so bleibt die *Kongruenz* zwischen Vortrag und Manuskript gewahrt, das bedeutet, zeitlich bedingte Schnitte oder willkürliche Übergänge entfallen;

👍 ETHOS bietet ein organisatorisches Schema, in das Sie neue Themen (aktuelle Entwicklungen) leicht einordnen können, ohne die Grundstruktur Ihrer Veranstaltung zu ändern.

☞ ETHOS setzt eine umfangreiche sachlogische und didaktische Analyse des Lehrinhalts voraus;

☞ die Vorplanung ist zeitaufwendig, denn Bedeutung und Zusammenhang der einzelnen ETHOS-Aspekte müssen herausgearbeitet werden.

VII Praktische Umsetzung

Betten Sie die ETHOS-Aspekte in die Gesamtstruktur Ihrer Lehrveranstaltung ein, fallen Sie nicht mit der Tür ins Haus. Als Beispiel folgen die Themenübersicht und das Inhaltsverzeichnis zur Vorlesung „Objektorientierter Systementwurf", wie sie im Studiengang Technische Informatik an der Universität Siegen seit dem Wintersemester 1994/95 gehalten wird.

ETHOS angewandt auf eine Themenübersicht:

OOS Objektorientierter Systementwurf		
		Thema
1.		Überblick: Studienmodell „Informatik-Systemtechnik"
2.		Entwurfsparadigmen in der Informatik
3.		Entwurfskomplexität
4.		Komplexitätsbewältigung
5.	E	Software-Industrialisierung
6.	T_1	OOx: Abstrahieren, Teilen, Kommunizieren
7.	T_2	OOAD: Grundlagen der Analyse- und Designmethoden
8.	T_3	OOP: Definition und Einordnung der Objekt-Sprachen
9.	H_1	Kognitive Aspekte: Entwerfen als Problemlösen
10.	H_2	Vom „Tripel des Objekts": Struktur & Verhalten & Beschränkung
11.	O	Managementaspekte: Techniktransfer und Projektorganisation
12.	S	Von einer Wissenschaft des Entwerfens
13.		Rückblick: Fragenkatalog und Lehr-Evaluation

ETHOS angewandt auf ein Inhaltsverzeichnis:

ETHOS-Aspekte der Objektorientierung

VIII   Bekannte Anwendungen

⇒ OOS-Vorlesung seit dem Wintersemester 1994/95 [16]

⇒ OOS-Manuskript [15]

⇒ Präsentationsfibel [17]

IX   Verwandte Muster

Prinzipiell sind fachdidaktische Ausprägungen der klassischen Musterform „Problem – Kontext – Kräfte – Lösung" allesamt Kandidaten für die Strukturplanung einer Lehrveranstaltung. Erfahrungen mit diesen Formen liegen als Lehrmuster bislang nicht vor.

X   Ressourcen

keine.

XI   Literatur

[9, 13, 15, 16, 17]

Programmieren als Handwerkszeug im ersten Semester

Eva Hornecker
Forschungszentrum artec
Universität Bremen

Ich verfolge in meinem Beitrag zwei Gedankenlinien zur Verbesserung der Lehre. Zum einen stelle ich das Problem der Heterogenität (Programmieranfänger und Studierende mit Vorerfahrung) dar, analysiere die speziellen Schwierigkeiten der **Programmieranfänger** und zeige Wege auf, mit dieser Situation produktiv umzugehen. Zum anderen stelle ich die Möglichkeit vor, mit Hilfe einer **Projektphase** im ersten Semester Motivation zu wecken, Gruppenerlebnisse und Teamfähigkeit zu fördern sowie inhaltliches Lernen in einer konzentrierten Arbeitsphase zu intensivieren.

Dieser Beitrag beruht im wesentlichen auf meiner Diplomarbeit [Ho95], in der ich Inhalte und Ablauf des ersten Semesters an der Technischen Hochschule Darmstadt analysierte und neu konzipierte. Dazu begleitete ich eine Veranstaltung [Kre96] (u.a. Fragebogenaktion, Interviews). Viele Vorschläge orientierten sich zwar an konkreten Gegebenheiten, dennoch läßt sich vieles verallgemeinern. Insbesondere die Idee einer Projektphase wurde umgesetzt und mittlerweile als voller Erfolg gewertet.

1 Programmieren: Implizit verlangtes Vorwissen oder explizit gelehrtes Handwerkszeug?

Entgegen dem allgemeinen Versprechen, daß für das Studium der Informatik nur Interesse an Mathematik und analytisch-logisches Denkvermögen Voraussetzung seien, erleben Programmieranfänger als implizit verlangtes Vorwissen jedoch Programmierkenntnisse. Dies fängt an mit der Fachsprache der Lehrenden, mit den „Fach"gesprächen unter Studierenden, mit Aufgabenstellungen, die erst interpretiert werden müssen, und endet mit objektiv feststellbaren Schwierigkeiten beim Programmieren-Lernen, mit den Aufgaben und damit bei Scheinerwerb und Studienmotivation.

Trotz großen Bemühens der Lehrenden in der von mir begleiteten Veranstaltung gaben die Programmieranfänger in der Fragebogenaktion an, schlechter mit ihrer Zeit auszukommen, fanden, daß der Stoff zu schnell behandelt werde, und zweifelten stärker an ihrer Studienwahl, als dies der Rest tat [Ho95, S. 67 - 69]. Sie stimmten insbesondere der Aussage „Mir fehlt Programmiererfahrung" fast ausnahmslos zu. Die Aussage, „Mir fehlen Grundlagen für die Informatik-Vorlesung", wurde von 15 der 22 Programmieranfänger bejaht, von 121 der 177 Nicht-Anfänger jedoch abgelehnt (die Korrelation betrug -0,4). Dies zeigt deutlich, daß Programmierkenntnis als wichtige Grundlage empfunden wird.

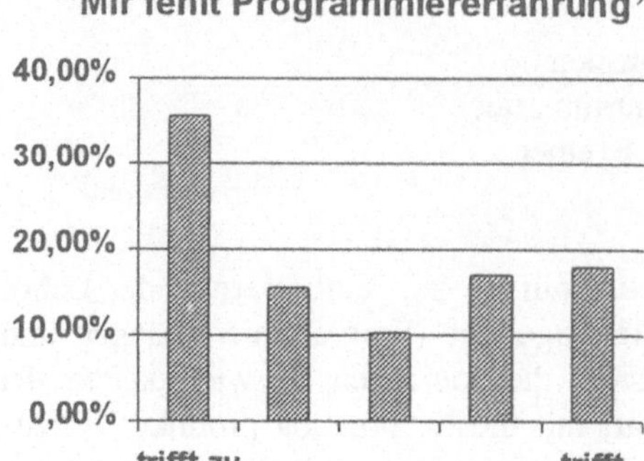

Eine damit einhergehende Schwächung des Selbstvertrauens und Erhöhung der Abbruchquoten konstatieren verschiedene Studien (z.B. [Kay etal 89]). Leider sind die ohnehin wenigen Frauen häufiger in dieser Situation, die ihren Studienerfolg gleich zu Beginn gefährdet. In dem von mir untersuchten Jahrgang befanden sich nur 14 männliche Programmieranfänger, während sechs von 14 befragten Frauen in dieser Situation waren – also beinahe die Hälfte. Auch in Anzahl und Art der bekannten Sprachen gab es deutliche Unterschiede. C oder C++ kannte ein Viertel der männlichen Teilnehmer, aber keine einzige Frau. Die für Programmieranfänger entstehenden Probleme finden sich in dem relativ hohen Anteil an Wiederholerinnen wieder (fünf von 14 Frauen im Vergleich zu 19 von 175 Männern).[1]

Die befragten Tutoren bestätigen die Einschätzung: „die ohne Vorkenntnisse sind hemmungslos überfordert", „manche haben schon bei der Variablendeklaration Probleme", sie bräuchten mehr Zeit [Ho95, S. 52]. Andererseits stellten sie fest, daß Anfänger „sich leichter mit der Objektorientierung tun" als die sog. 'Hacker'. Wurden die Konzepte gut erklärt, fiel ersteren der Entwurf und die Codierung von anspruchsvollen OO-Konzepten überraschend leicht. Die imperativen Anteile jedoch überforderten sie.

Das algorithmische (imperative) Denken ist offenbar schwerer zu verstehen als viele Begriffe und Konzepte, es stellt eine 'fremde Welt' dar. Eine Welt, die aber die Denkweisen und Methoden der Informatik lange geformt hat und uns selbstverständlich geworden ist.

1.1 Vorwissen hilft beim Aufbau mentaler Modelle

Es ist eine gewisse Menge an Vorkenntnis nötig, um das implizit Gesagte zu verstehen und Zusammenhänge erkennen zu können. Das erste Semester wird oft als zusammenhangslos empfunden. Erst im weiteren Verlauf entsteht ein „Prozeß wachsenden Verstehens" [Ho95, S. 100], in dem sich ein Bild entwickelt, in dem auch die Lehrinhalte des ersten Semesters ihren Platz finden. Dies bedeutet zwar, daß

---

[1] Auch wenn die Anzahlen zu klein sind, um nach strenger Statistik als verallgemeinerbar zu gelten, zeigen sie einen deutlichen Trend. Zudem decken sich meine Ergebnisse mit mehreren anderen Studien.

Studierende ohne Vorkenntnisse später nicht schlechter als andere sein werden, fordert ihnen aber größere Frustrationstoleranz, größere Ausdauer und viel Energie ab. Wer diese nicht besitzt, bricht das Studium höchstwahrscheinlich ab, während es anderen (mit evtl. viel schlechteren analytischen Fähigkeiten) gelingt, die Minimalanforderungen zu erfüllen. Zwar scheitern auch sog. 'Hacker' an fehlender Theoriefähigkeit, meist aber erst gegen Ende des Grundstudiums. Zudem können viele dieses Defizit durch ihre Fähigkeit „irgendwie" eine Lösung zu „basteln", kompensieren.

Diese Phänomene lassen sich zum Teil mit dem psychologischen Konstrukt der 'Mentalen Modelle' [Dut94] erklären. Dutke schreibt, daß Erinnern und Wiedergeben ein konstruktiver Prozeß ist. Rekonstruktion erfordere aber eine strukturierte Form des Gedächtnismaterials, sog. Schemata [Dut94, S. 24]. Schematisches Wissen sei daher nötig, um Analogien überhaupt erkennen zu können. Verstehen ist ein Prozeß, in dem Kongruenz zwischen Neuem und bereits organisiertem Wissen hergestellt werde [Dut94, S. 44]. „Die Planung und Durchführung von Handlungen (*erfordert*) die Existenz eines wenigstens bruchstückhaften mentalen Modells vom System." [Dut94, S. 147] Ohne ein solches Modell ist Wiedererkennen und Handeln nur er-schwert möglich. Genau dies ist die Situation von Computeranfängern.

In 1992 durchgeführten Interviews zu einem Repetitorium zur Informatik I sagten die u. a. befragten Programmieranfänger, das Repetitorium habe sie „gerettet", nachdem die eigentliche Vorlesung „unverständlich" war [Ho92]. Auch hier half sicherlich, die Inhalte schon einmal gehört zu haben. Das Interview mit Steffi (ein Semester nach der Informatik I) scheint mir typisch für die Situation von Anfängern und den Prozeß wachsenden Verstehens. Sie sagt: „Einige Dinge konnte ich ziemlich gut lösen, Programmieren war das Problem, Features zu schreiben ist das Schlimmste." Die Theorie verstand sie von Anfang an gut, mit dem Entwurf kam sie gegen Ende des ersten Semesters gut zurecht. Sie war in der Übung immer in der Rolle derjenigen, der alles erklärt wurde, ohne zur Diskussion beitragen zu können. Für die Nachklausur nahm sie Nachhilfe und bestand gut: „ Das war der Durchbruch zum Programmieren. Ich wußte früher immer auf Anhieb: ich kann das nicht, ich finde keinen Ansatz." Mittlerweile kennt sie den Kontext, so daß sie weiß, was (implizit) von ihr verlangt ist und wie sie vorgehen muß. Diesen „Durchbruch" erlebt sie intensiv und berichtet mir begeistert, daß sie „ziemlich schnell" C gelernt habe. [Ho95, S. 77]

Mit funktionalen Programmiersprachen zu beginnen, um die Niveaus anzugleichen, wie es in Hamburg geschieht, mildert das Problem nur zum Teil. Auch hier berichten die Veranstalter [Hamb], daß den Programmieranfängern „vieles detailliert erklärt werden mußte, da diesen das Verständnis für den Programmablauf fehlte". Eine von mir befragte Studentin berichtete, im ersten Semester habe ihr vermutlich ihr mathematisches Vorwissen den Einstieg erleichtert. Dies machte sie selbstbewußter. Als im zweiten Semester imperativ programmiert werden sollte, wurde es aber auch für sie schwierig. Sie beklagt ein „Erfahrungsdefizit", fühlt sich auch im vierten Semester noch unsicher. Ihr Erfahrungsdefizit betreffe vor allem die Fehlersuche, die Systembedienung und den Feinablauf beim imperativen Programmieren. Objektorientierter Entwurf macht ihr deutlich mehr Spaß.

Der Versuch, Vorkenntnisse durch wenig bekannte Paradigmen zu nivellieren, ist abhängig von den aktuellen Moden. Wie obiges Beispiel zeigt, löst jedoch auch das funktionale Vorgehen das Problem nicht zufriedenstellend. Man darf nicht glauben, nur durch den Wechsel der Sprache Programmieranfänger und -erfahrene auf eine Stufe zu bringen. Die Untersuchung von [LGG92] zeigte im Vergleich von Vorwissen und Leistungserfolg von Studierenden, die Smalltalk bzw. C++ Kurse besuchten, daß die Kenntnis von prozeduralen und funktionalen Sprachfamilien positiven Einfluß auf die Leistung hatte; je mehr Sprachfamilien jemand kannte, desto größer der Vorteil (auch wenn es nicht dasselbe Paradigma betraf).

1.2 Programmieranfängern helfen UND Erfahrenen Neues anbieten

Die typischen Anfängerfehler beim Programmieren wurden bisher nur punktuell, isoliert untersucht. Als Hauptursachen werden dort semantische Mißinterpretation von Sprachkonstrukten und Mißverstehen der Plankomposition genannt. Pläne sind dabei Muster bzw. Lösungsraster für Teilziele (Schleifen, typische Befehlsfolgen). Plankomposition bezeichnet die Verschachtelung und Mischung von Plänen. Insbesondere die Schleifenkonstruktion bereite Probleme (Termination und Initialisierung), sowie die Fehlerbehandlung. [Ebra94] Anfänger lesen Programme zudem linear, zeilenweise, ohne Strategie und spekulieren zeilenweise über deren Wirkung, während 'Experten' geistig den Programmablauf simulierten [WieFix93]. 'Experten' treffen dabei explizite Verbindungen zwischen Codestücken und Teilzielen und erkennen typische Muster im Grobablauf, entwickeln eine 'mentale Landkarte'. Davies bescheinigt den Anfängern eher strategische als wissensbasierte Schwierigkeiten [Dav93], sie hätten ein fragmentarisches, fragiles, noch schlecht nutzbares Wissen.

Diese Ergebnisse liefern einige Anregungen für die Unterstützung von Programmieranfängern, denn die nötigen Strategien und Heuristiken könnten explizit gelehrt werden. Alle meine Interviewpartner beklagten z.B. nie Fehlersuchstrategien erlernt zu haben. Die „mentale Simulation" von Programmen als Lesestrategie, Üben der Plankomposition, Entwurf und Strukturierung mit Schnittstellen sind Vorgehensweisen, deren explizite Thematisierung Allen zugute kommen kann, da sie Automatismen reflektieren helfen.

Der Veranstalter besitzt Verantwortung für die Programmieranfänger, aber auch für die Studierenden mit Vorkenntnissen. Lehrkonzeption und -inhalte sollten beiden Gruppen gerecht werden. Auffälliges Phänomen der von mir untersuchten Veranstaltung war, daß den meisten Anfänger die OO-Konzepte leichter fielen als das Programmieren. Eigene Beobachtungen und andere Praxisberichte [BiGr93] zeigen zudem, daß ein Beginnen mit dem imperativen Programmieren i.d.R. dazu führt, daß die Nicht-Anfänger sich langweilen, das Neue regelrecht verpassen, es nicht als wirklich Neu erkennen und schlecht umlernen. Bei den ersten Informatikeinführungen mit objektorientierten Sprachen an der THD war die Konzeption: erst imperativ programmieren lehren, dann im Laufe der Zeit OO einführen.

Das von mir propagierte 'kombinierte Top-Down/Bottom-Up Vorgehen' bedeutet dagegen, die abstrakten Konzepte nacheinander und sauber vorzustellen (Klassen – Teil-von-Hierarchien – Vererbung – Polymorphie), jeweils anschließend in ihre Benutzung (auch programmiertechnisch) einzuführen und das imperative Programmieren von Codeteilen erst im Laufe der Zeit einzuführen. Die Reihenfolge der Lehrinhalte in dieser Weise umzudrehen, wurde nach der weitgehenden Umsetzung von allen begrüßt [HenSch97, S. 1]. Anfänger profitieren dabei von Erfolgserlebnissen und verstärktem Selbstbewußtsein, sammeln Vorwissen und entwickeln ein mentales Modell dessen, was ein Programmsystem ist. Nicht-Anfänger werden durch die Einführung in (moderne) Konzepte und das 'Programmieren im Großen' motiviert und erkennen sie klarer, können dadurch besser umlernen.

2 Programmieren in einer Projektphase

Das Programmieren hat in seinem Stellenwert im Studium eine seltsame Zwitterstellung. Es ist nicht das Ziel des Studiums, aber es ist ein Handwerkszeug, das jeder sauber beherrschen sollte. Wird es in den Mittelpunkt gestellt, dominiert es das Denken. Wird es gar nicht thematisiert, kann der falsche Eindruck entstehen, es sei kein notwendiges 'Handwerk', aber auch der Eindruck, es würde sowieso schon vorausgesetzt! Wird die Einübung zu lange hinausgezögert, wächst die Hemmschwelle immer weiter an.

Auch ein Top-Down orientiertes Verfahren muß also in absehbarer Zeit das Programmieren einüben. In meiner Diplomarbeit schlage ich dazu ein zwei- bis dreiwöchiges Projekt gegen Ende des ersten Semesters oder zu Beginn der vorlesungsfreien Zeit vor. In Kleingruppen soll ein Problem vom Entwurf bis zum Programm bearbeitet werden. Dieses Konzept wurde an der THD mit großem Erfolg erprobt (WS 95/96, WS 96/97) und zur Fortführung empfohlen [HenSch97]. Für das Projekt wurde eine Stunde des dreistündigen Programmierpraktikums 'ausgekoppelt'. Notwendig, bzw. sinnvoll ist dabei eine intensive Betreuung durch Tutoren sowie ein Abschluß mittels Gruppen-Reviews, in denen das Verständnis aller Teilnehmer diskursiv geprüft wird, bzw. mit schriftlichen Projektberichten.

Noch ein weiterer Aspekt spricht für Projekte im Grundstudium. Soziale Kompetenzen werden zunehmend als wichtiges – und bisher vernachlässigtes – Ziel des Informatikstudiums benannt. Die meisten Curricularvorschläge enthalten Veranstaltungen, die solchen Kompetenzen förderlich sein sollen oder sie explizit einüben, jedoch erst im Hauptstudium. Zu diesem Zeitpunkt sind viele Studierende bereits durch ihr Grundstudium geprägt worden. Die im Grundstudium üblichen traditionellen Veranstaltungsformen Vorlesung, (Vorrechen-)Übung und Einzelpraktikum können aber nicht als Vorbereitung auf Teamarbeit bezeichnet werden. Im Gegenteil können sie zur Vereinzelung beitragen und vorhandene Fähigkeiten verkümmern lassen. Soziales Lernen und das Üben von Teamarbeit sollte daher bereits imGrundstudium beginnen. Projektpraktika bieten aus fachdidaktischer Sicht den Vorteil, innerfachliche und extrafunktionale Qualifikation zu verbinden.

2.1 Durchführung und Auswertung der stattgefundenen Projekte

Im WS 95/96 bestand die Aufgabe in der Entwicklung eines Interpreters für ein „Subset" der Sprache EIFFEL in EIFFEL. Jede Gruppe wurde während der drei Wochen insgesamt mindestens 4,5 Stunden individuell betreut. Der Rechnerraum war von 10 bis 18 Uhr betreut. Geprüft wurde von den Veranstaltern in Reviews. Die Projektnote wurde mit der Klausurnote zusammen gerechnet. Die Teilnehmer konnten den Leistungsumfang des Programms selbst bestimmen, was Einfluß auf die mögliche Note hatte [Sto96, HenSch97].

Im WS 96/97 programmierten die Erstsemester in Vierer- oder Sechsergruppen in zwei Wochen einen automatischen Reversi-Spieler, d.h. wahlweise entweder die Komponente 'Spieler', 'Monitor' (Verwaltung, Schiedsrichter) oder die graphische Oberfläche. Für den Test wurden Dummy-Module zur Verfügung gestellt. Die Rechnerräume wurden von 9 bis 18 Uhr betreut. Das Projekt wurde mit einem öffentlichen Turnier abgeschlossen, das als Integrations- und Funktionstest diente. Herausforderung war dabei die Ausgestaltung einer guten Spielstrategie. Jede Gruppe mußte (anstelle Review) einen ca. zehnseitigen Projektbericht erstellen, der oft Tagebuchform annahm. [Gä97, Matt97, Proj96]

Projekte regen soziales Lernen an und konfrontieren mit allen Problemen der Projektarbeit. Sie sind somit eine wichtige Vorbereitung auf die Praxis: Zeitplanung, Koordination, Zusammenarbeit, innere Konflikte, Aufgabenteilung usw. Die Konzentration auf ein Thema für zwei bzw. drei Wochen führte zu einem tieferen Verständnis sowohl für das imperative Programmieren wie für die Objektorientierung [Sto96], bewirkte Routineerwerb und Einschätzung der eigenen Leistungsfähigkeit. Die Teilnehmer im WS 95/96 empfanden die Existenz eines gemeinsamen Ziels trotz der schwierigen Aufgabe als sehr motivierend. Da es möglich war, den Leistungsumfang des Programms selbst zu bestimmen, waren die Teilnehmer nicht überfordert, aber herausgefordert. Es wurden präzisere und konkretere Fragen an die Tutoren gestellt als sonst, deshalb machte auch diesen die Betreuung mehr Spaß. [Sto96]

Die anders geartete Aufgabe und das Finale mit einem Turnier im zweiten Durchlauf des Projekts verstärkten offenbar die gruppen-dynamischen Prozesse und erhöhten Spaß und Motivation. Ca. 250 Studierende nahmen teil. Vom Veranstalter offengelassene Schnittstellenaspekte wurden in Newsgruppen von den Teilnehmern ausgehandelt.

Während des Turniers

Motivation und Einsatz waren hoch: „Als am Vorabend des Turniers abzusehen war, daß einige Spieler mit dem Austesten noch etwas Zeit benötigten, wurden kurzerhand die Pool-Räume die ganze Nacht hindurch für die Arbeit am Projekt offengehalten." [Gä97, S. 11] Noch während des Turniers wurden Strategien (Bewertungsfunktionen) verfeinert und Fehler behoben.

„Inforz: Wann seid ihr fertig geworden?
Gruppe Quark (Spieler): Gerade eben, nachdem wir verloren hatten. Ist ja K.O.-System. Ich teste gerade noch die besten Parameter aus. (...) Wir hoffen noch auf eine Looserrunde." [Gä97, S. 13,14].
Und im Notfall wurde auch selber gerechnet:
„Inforz: Ich denke, ihr habt so ein tolles Programm. Warum notiert ihr das denn hier alles noch per Hand?
Gruppe Verteilte Gehirne (Monitor): Ja das Programm ist augenscheinlich doch noch nicht so gut. Wir setzen auf eine hybride Konfiguration." [Gä97, S. 10].

Es gab sogar Teilnehmer aus dem dritten Semester, die rein aus Interesse am Projekt teil-nahmen. Durch das Turnier wurde das Zusammengehörigkeitsgefühl des Jahrgangs gestärkt, „eine Herausforderung gemeinsam mit Freude und Motivation gemeistert zu haben" [Gä97, S. 15].

Darüber hinaus lernten die Teilnehmer viel über Software-Entwicklung (Auszüge aus Projektberichten nach [Matt97]): „Wir machten zu Anfang des Projekts den Fehler, relativ schnell mit der Implementierung der Methoden zu beginnen. Außerdem hat sich (...) die Anwendung von Kommentaren im Programmtext durchgesetzt, da sonst nach einigen Tagen eigene Methoden nicht mehr verstanden werden.". Die Wichtigkeit von Schnittstellen und ihrer Einhaltung, sowie das Verhältnis zwischen Programmlänge und Fehlerzahl wurden am eigenen Leib erfahren. Der Lerneffekt über Programmieren und Java sei in diesen beiden Wochen höher als im laufenden Semester gewesen.

Probleme entstanden durch langsame Compiler, Rechnermangel, fehlende Stühle, zuwenige Tutoren, unkomfortable Tools. Fast allen gefiel das Projekt, wenn auch der Arbeitsaufwand (für viele zehn- bis zwölfstündig plus Wochenende, etliche Nächte) zum Teil heftig kritisiert wurde. Als problematisch erachte ich zudem, daß die ursprüngliche Konzeption eines Entwurfs- und Programmierprojekts tendenziell zu einem Programmier-Parforce mutierte. Bei ungenügender Betreuung und Vorbereitung ensteht Überforderung. Die Orientierung auf das Endprogramm verdrängt dann das prozeßhafte, reflektierende Lernen. Scheinkriterium sollte kein Endprodukt, sondern der Lernerfolg (und sei er aus Fehlern) sein.

In der Umfrage, die im ersten Durchlauf nach der Projektphase stattfand, war das Projekt (im Vergleich mit Vorlesung, Übung, Praktikum und Sprechstunden) die beliebteste Veranstaltungsform und wurde von 95 aus 107 Befragten als „notwendig" beurteilt. Hier führte es jedoch dazu, daß für die Klausur (deren Note durch das Projekt wesentlich verbessert werden konnte), deutlich weniger als normal gelernt wurde. Da sich das Klausurlernen auch von der Lernweise (mehr auswendig, mehr Pattern-Matching von Standardaufgaben, mehr Fleißaufgaben) vom Projektlernen (handlungsorientiert, diskursiv, individuell) unterscheidet, stellt dies ein Problem dar, wenn schriftliche Klausuren und Vordiplome gestellt werden müssen. Auch hier muß an die Anpassung der geprüften Inhalte gedacht werden, bzw. müssen die Schwerpunkte rechtzeitig bekannt gemacht werden. Ebenfalls überdacht werden sollte der Zeitpunkt von Klausuren, um Prioritätskonflikte zu vermeiden.

Lehrende wünschen sich meist verstehensorientiertes Lernen, fragen in Prüfungen oft aber nur nach Fakten, individuelle Lernergebnisse werden dabei kaum honoriert. [Entw/Entw91]. Wenn ein strategisches Vorgehen ihnen nötig erscheint, lernen Studierende strategisch [Rams87]. Konflikte zwischen Lehrstil und Prüfstil führen also entweder dazu, daß der Lehrstil nicht sein Ziel erreicht oder – wird er ernst genommen – der Lernende die Folgen zu spüren bekommt.

3 Anleitung und Hinleitung zum Projekt

Wird das Programmieren nun, wie ich es vorschlug, erst im Verlauf des Semesters erlernt und am Ende vertieft, so darf man nicht plötzlich Fähigkeiten verlangen, die nicht erlernt wurden. Begleitende Maßnahmen können das Projekt vorbereiten, Einführungskurse in die Rechnernutzung in den ersten Wochen das Praktikum ersetzen (vergl. [AGA96]). Dabei wird in kleinen, nach Vorkenntnissen getrennten Gruppen geübt. Die Anfänger erhalten dabei intensivere und längere Betreuung. Im WS 95/96 in Darmstadt wurde vom Veranstalter ein Stützkurs für Anfänger zum imperativen Programmieren angeboten [HenSch97, S. 2], der anhand aktueller Themenwünsche als Frage/Antwortspiel bzw. Präsenzübung ablief. Auch für den Teil des Praktikums, der weiterhin im Semester stattfindet, gibt es Ideen. Erste Programmieraufgaben können das Programmverstehen üben, indem vorhandene Klassen mit sichtbarer Spezifikation in eigenen, einfachen Klassen verwendet werden, indem Beispielklassen analysiert und modifiziert werden, indem der Programmablauf in Beispielklassen nachvollzogen wird und Fehler gesucht werden. Aufgaben zur Übung der geistigen Simulation, zu Plankomposition und Fehlersuchstrategien können danach im Praktikum am Rechner erprobt werden. (vergl. [Ho95, S. 154]

Wird auf diese Weise zum Programmieren hingeleitet, so sind auch die Anfänger auf das Projekt gut vorbereitet – zusätzlich zur ohnehin helfenden zeitlichen Verlagerung. Mit dieser umfassenden Konzeption (die die Prüfung mit einschließt) läßt sich der Verantwortung für Alle gerecht werden. Für die Erfahrenen stellt das Projekt eine willkommene – und oft lehrsame! – Herausforderung dar, für die Anfänger ist es eine Phase intensiven, aber kommunikativen Übens.

Jedes Projekt wird ein neues Experiment mit neuen Erfahrungen sein. Nur wenn wir uns gegenseitig ernstnehmen, nicht im Trott stehenbleiben, dann wird Lehren und Lernen zum lebendigen Prozeß, der beiden Seiten Spaß bereitet.

[AGA96] AGA AGA Projekt. Http://wwww.bs.cs.tu-berlin.de/studentisch/aga-aga/

[BiGr93] The Challenge of Introducing the Object-Oriented Paradigm, An Empirical Investigation of a Software Engineering Course. In: Structured Programming, (14,49), 1993

[Dav93] Simon Davies. Models and theories of programming stategy. In: International Journal of Man-Machine Studies 39. 1993 (S. 237 - 267)

[Dut94] Stephan Dutke. Mentale Modelle: Konstrukte des Wissens und Verstehens -- kognitionspsychologische Grundlagen für die Software-Ergonomie. Verlag für Angewandte Psychologie, Göttingen, 1994

[Ebra94] Alireza Ebrahimi. Novice programmer errors: language constructs and plan composition. In: International Journal of Human-Computer Studies 41, Sept. 1994 (S. 457 - 480)

[Entw/Entw91] Noel Entwistle, Abigail Entwistle. Contrasting forms of understandign for degree examination: the student experience and its implications. In: Higher Ecucation (22, 3), (S. 205 - 227). Kluwer Academic Publishers 1991

[Gä97] Felix Gärtner und Projektteilnehmer. Reversi meets Java – Ein Live-Bericht vom letzten Tag des Informatik I Projektes. In: Fachschaftszeitung am FB Informatik der THD „Inforz", Mai 97, (S. 9 - 16)

[Hamb] Yvonne Dittrich, Guido Gryczan, Universität Hamburg, E-Mail-Zitate 1994

[HenSch97] Wolfgang Henhapl, Ulrik Schroeder. Erfahrungsbericht über Grundzüge der Informatik I WS 95/96, 2. Überarbeitete Fassung: 11 Juni 1997. Fachbereich Informatik, Technische Hochschule Darmstadt

[Ho92] Eva Hornecker. Neue Wege in die Informatik I – eine Umfrage. in: Fachschaftszeitung am FB Informatik der THD „Inforz", Mai 92

[Ho95] Eva Hornecker. „Grundzüge der Informatik I" Didaktische Analyse des Übungsbetriebs – Anregungen zur Neukonzeption. Diplomarbeit THD 1995

[Kay etal 89] J. Kay, J. Lublin, G. Poiner, M. Prosser. Not even well begun: women in computing courses. In: Higher Education 18 (1989). 1989 (S. 511 - 527)

[Kre96] Christoph Kreitz. Projektaufgaben in Anfängerveranstaltungen: ein Mittel zur Förderung eines objektorientierten Programmierstils. In: Softwaretechnik-Trends 14:4, Dezember 96. (S. 30 - 43)

[LGG92] Ch. Liu, St. Goetze, B. Glynn. What Contributes to Successfull Object-Oriented Learning? In: ACM SIGPLAN Notices (27,10). Oct. '92, OOPSLA 1992 (S. 77 - 85)

[Matt97] Friedemann Mattern, THD, E-Mail vom 2.8.97

[Proj96] http://www.informatik.th-darmstadt.de/VS/Lehre/WS96-97/Info1/: Informationen zum Programmierprojekt – DI 1 (WS 96/97) Verteiltes Reversi-Spiel und: http://www.igd.fhg.de/~girschik/inf/gspord/impressionen1.html Photos von Martin Girschick

[Rams87] Paul Ramsden (Univ. of Melbourne) Improving Teaching and Learning in Higher Education: the case for a relational perspective. In: Studies in Higher Education (12, 3), 1987 (S. 275 - 286)

[Sto96] Julia Stoll. Grundzüge der Informatik I im Wintersemester 95/96 – oder: Was gab es dieses Mal besonderes? .In: Fachschaftszeitung am FB Informatik der THD „Inforz", Juni 96. (S. 25 - 32)

[WieFix93] Susan Wiedenbeck, Vikki Fix. Characteristics of the mental representation of novice and expert programmers: an empirical study. In: International Journal of Man-Machine Studies 38. 1993 (S. 347 - 368), auch: CHI 96

Informatik-Grundausbildung für Ingenieure - Hochschuldidaktische Betrachtung und Erfahrungsbericht

Helmut Ketz
Fachhochschule Reutlingen
Fachbereich Automatisierungstechnik
Alteburgstr. 150, 72762 Reutlingen
Ketz@at.fh-reutlingen.de

Karlheinz Hug
Fachhochschule Reutlingen
Fachbereich Elektronik
Federnseestr. 4, 72764 Reutlingen
Karlheinz.Hug@fh-reutlingen.de

1 Einleitung

Die Informatikausbildung für Elektronik- und Automatisierungsingenieure soll Studenten Grundlagen professioneller Softwareentwicklung vermitteln, um sie zu qualifizierter Berufstätigkeit zu befähigen. In der industriellen Softwarepraxis gewinnt die Objekttechnologie angefangen von Analyse über Entwurf bis hin zur Programmierung zunehmend an Bedeutung. Gleichzeitig werden sozial- und kognitionspsychologische Einflüsse auf die Softwareentwicklung immer mehr erkannt [1, 3]. Um diesen und anderen Entwicklungen in der Ausbildung Rechnung zu tragen, haben wir für unsere Lehrveranstaltungen in den Studiengängen Automatisierungstechnik und Elektronik an der FH Reutlingen Lehrziele und didaktische Konzeption neu durchdacht und überarbeitet.

Ein Kerngedanke ist, daß wir eine umfassende Informatikausbildung anbieten, in deren Mittelpunkt der Umgang mit Strukturen der Informatik steht. Dabei betonen wir besonders die konstruktiven Aspekte. Im Rahmen dieser Überlegungen stellte sich auch die Frage nach einer geeigneten Lehrsprache, die unsere Ziele optimal unterstützt. Wichtig ist uns, daß die Beschäftigung mit der Programmiersprache genug Raum läßt, um programmiersprachenunabhängig immer wieder auf originäre Themen der Informatik einzugehen und unsere Studenten an diese heranzuführen. Nach gründlichen Untersuchungen, die in [4] dargestellt sind, entschieden wir uns für Oberon-2. In diesem Beitrag stellen wir unsere Ausgangssituation, unsere didaktische Konzeption und die Erfahrungen bei der Umsetzung sowohl aus unserer Sicht als auch der unserer Studenten zur Diskussion. Am Ende des Beitrags unterbreiten wir, von unserem Modell ausgehend, Anregungen für die Informatikausbildung im Sekundarbereich. (Bei allen Berufs- und Personenbezeichnungen meinen wir Menschen beiderlei Geschlechts.)

1.1 Vorkenntnisse unserer Studenten

Viele unserer Studenten haben eine einschlägige Lehre absolviert; nicht alle sind darauf vorbereitet, daß Mathematik, Physik und Informatik mit ihren Abstraktions-

und Modellierungstechniken wesentliche Studieninhalte bilden. Die meisten Erstsemester bringen zwar einige Informatikvorkenntnisse mit, meist erschöpfen sich diese jedoch in rudimentärem Wissen über MS-DOS, Windows-Oberflächen und Pascal. Die Vorstellung von Fachliteratur ist stark durch die populären Zeitschriften am Bahnhofskiosk („Kioskliteratur") und durch die fast ausschließlich produktorientierten Ersatzhandbücher geprägt. Gleichzeitig beobachten wir ein erhebliches Qualitätsgefälle von Mathematik und Physik zur Informatik im Sekundarbereich. Wir können also praktisch keine Kenntnisse und kein Vorverständnis für eine solide Informatik-Grundlagenausbildung voraussetzen. Aus dieser Situation heraus müssen und können wir von Grund auf die Inhalte selbst gestalten.

1.2 Tätigkeitsfelder unserer Absolventen

Viele unserer Absolventen werden später in ihren Arbeitsfeldern allein oder gemeinsam mit Informatikern Anwendungsprobleme analysieren, lösen und selbst qualitativ hochwertige und zuverlässige Software entwickeln. Sie werden ihre Informatikkenntnisse beispielsweise in der Konstruktion eingebetteter Systeme anwenden, d.h. in Anwendungssystemen mit kombinierter Hard- und Software.

2 Äußere Einflußfaktoren auf die Lehre

Wir sitzen an einer Fachhochschule nicht im Elfenbeinturm, sondern sind in ständigem Kontakt mit dem aktuellen Wirtschafts- und Marktgeschehen. Wir setzen uns mit vielfachen Einflüssen auseinander: den technischen Innovationen, der wirtschaftlichen Entwicklung der DV-Branche, den Marketingkonzepten und den Werbeaktionen der Anbieter, der Arbeitsmarktentwicklung, den Trends der Freizeitgestaltung und nicht zuletzt den Einflüssen technisch orientierter Subkulturen. Einerseits werden Vorstellungen von Studenten oder der Wirtschaft direkt oder indirekt an uns herangetragen. Andererseits gibt es Zielsetzungen, die aus didaktischer, aber auch aus professioneller Sicht für uns relevant sind. Wir zeigen im folgenden einige sich daraus ergebende Spannungsfelder auf, die für uns bedeutsam sind und nehmen gleichzeitig Stellung.

• **Berufsfähigkeit oder Berufsfertigkeit:** Wir sehen unsere Aufgabe darin, die Ausbildung primär an den langfristigen Anforderungen beruflicher Praxis zu orientieren. Berufsfähigkeit rangiert für uns jedoch als Lehrziel eindeutig vor Berufsfertigkeit. Deswegen meinen wir, daß praxisbezogene Ausbildung unsere Studenten darauf vorbereiten soll, daß sie als Ingenieure neue Entwicklungen verantwortungsvoll mitgestalten können - sie darf nicht zu konzeptionsloser Handwerkelei, willfähriger Anpassung an Branchenmoden oder bloßer Produktschulung verkommen. In dieser Hinsicht sind Stellenausschreibungen, die sofort einsatzfähige Absolventen mit speziellem - teilweise sogar versionsspezifischem (!) - Wissen suchen, nicht hilfreich für unsere Bemühungen.[1] Wenn wir jedoch persönlich mit Entscheidungsträgern über ihre Einstellungskriterien sprechen, so stehen diese im krassen Widerspruch zu den Annoncen: Anforderungen wie Teamfähigkeit, Abstraktionsfähigkeit, methodisches Vorgehen, etc. stehen an vorderster Stelle. Wir folgen diesen Aussagen und konzentrieren uns stark auf das Einüben dieser Fähigkeiten.

- **Theorie und Praxis:** Sobald wir in der Vorlesung halbformale Notationen, Grammatiken, etc. behandeln oder den Umgang mit Strukturen programmiersprachen- und rechnerunabhängig üben, taucht seitens einiger Studenten schnell ein „Theorievorwurf" auf; d.h. daß - leider nicht nur - sie der Meinung sind, nur wenn man direkt am Rechner arbeitet, bildet man „praxisorientiert" aus. Diesem Mißverständnis wollen wir uns stellen. Wir bemühen uns zu vermitteln, daß für uns Methoden nicht Theorie, sondern systematische Anleitungen zu praktischem, konstruktivem Handeln sind.[2] Deswegen möchten wir unseren Studenten ein breit gefächertes Repertoire an Problemlösungsmethoden mitgeben, die weiter tragen als der verbreitete Ansatz „Versuch und Irrtum". Mittel, Methoden und Techniken der Abstraktion und der Modellierung gehören für uns zur Arbeitsweise von Softwareingenieuren - daher ist es uns wichtig, solche bereits im Grundstudium zu behandeln.

- **Marktführerschaft oder Technologieführerschaft:** Die Ausbildung an einer Fachhochschule kann und darf Marktgegebenheiten nicht ignorieren. Das betrifft speziell im Markt verbreitete Technologien und Produkte. Andererseits setzt sich nicht jede innovative Technologie sofort durch. Besonders große Unternehmen im IT-Markt zeigen die Tendenz, den technischen Fortschritt zu hemmen, wenn er nicht in ihre Geschäftsstrategie paßt. Marktführerschaft ist eben selten mit Technologieführerschaft gleichzusetzen. Das bedeutet für uns, daß eine Ausbildung allein auf der Basis der am Markt am weitesten verbreiteten Produkte und Technologien unseren Studenten etwas schuldig bliebe. Hier gilt es aus unserer Sicht, mutig voranzugehen und mit Augenmaß bereits auf kommende Technologien vorzubereiten. Wir bemühen uns um eine konstruktive, vorausschauende, technische Kritikfähigkeit und vermeiden das hektische, unreflektierte Nachvollziehen jedes Marketingmanövers eines Marktführers.

- **Informatik und Ingenieurwissenschaft:** Über „ingenieurmäßiges Arbeiten" sind sich Ingenieure weitgehend einig. Die Informatik arbeitet ausgeprägter mit Semantik, Qualitäten und halbformalen Systemen als klassische Ingenieurwissenschaften. Leider gehört es immer noch zu weitverbreiteten Vorurteilen gegenüber der Informatik, sie als „theoretisch" zu bezeichnen, sobald sie sich - genau wie die Ingenieurwissenschaften - auf formale oder oft nur halbformale Beschreibungssysteme

---

[1] Es gibt wohl keine andere Branche, in der die Stellenanzeigen für Akademiker so stark spezifische Produktkenntnisse als wesentliche Einstellungskriterien herausheben. Wir sind sicher, daß aus einer vergleichenden Untersuchung interessante Schlußfolgerungen über den Reifegrad der IT-Branche gezogen werden könnten.

[2] Bekanntlich gibt es nichts Praktischeres als eine gute Theorie!

abstützt. Wie S. Wendt in [14] aufzeigt, müssen Ingenieure eine lange Grundausbildung durchlaufen, ehe sie zum ersten Mal konstruieren; hingegen ist es „normal", eine solide Grundlegung der Konstruktion im Softwarebereich als hinderliche Theorie abzuwerten. Dagegen plädieren wir dafür, klassische Tugenden der Ingenieure in der Informatik genauso selbstverständlich zu praktizieren.

- **Programmierkurs oder Ausbildung in Softwaretechnik:** In den ersten Jahren der Berufstätigkeit wird das Programmieren bei vielen unserer Absolventen einen erheblichen Anteil ihrer Arbeit ausmachen. Es würde für uns zu kurz greifen, daraus zu schließen, die Informatik-Grundausbildung auf einen Programmierkurs, der lediglich handwerkliches Umgehen mit einer marktgängigen Sprache vermittelt, zu beschränken. Wir wollen die zur Verfügung stehende Zeit umfassend nutzen, indem wir Grundkenntnisse mit langer Halbwertzeit vermitteln. Dazu gehört auch, Fundamente für das Programmieren im Großen zu legen und die Aufmerksamkeit der Studienanfänger darauf zu lenken, wie man Software-Produkte und -Systeme auswählt und entwickelt. Wir wissen um die schwere Vermittelbarkeit der großen Softwareherausforderungen. Gerade deswegen sind rechtzeitig Zugänge zu öffnen, beispielsweise wie Nievergelt sie in [10] anregt. Wir sehen unsere Aufgabe also eingebunden in die Ausbildung von Diplomingenieuren mit Ansprüchen an das ingenieurmäßige Vorgehen, die den klassischen Ingenieurdisziplinen ebenbürtig sind.

- **Methoden und Werkzeuge:** Wir beobachten, daß die Ansicht weit verbreitet ist, daß der Einsatz von „Tools" automatisch die Anwendung von Methoden impliziere. Nichts anderes wird unseren Studenten auf den Aufdrucken der Kartons mit der „Shrinked-Wrapped-Software" und in der Kioskliteratur versprochen. Wir halten das für ein schwerwiegendes Mißverständnis: einerseits ist nicht jedes Werkzeug methodisch fundiert, andererseits kann nur der ein methodenbasiertes Werkzeug sinnvoll einsetzen, der zuvor die zugehörige Methode studiert hat. Wir sehen die Gefahr, daß der Einsatz überdimensionierter Werkzeuge die Studenten überfordert und sie von der Konzentration auf Wesentliches abhält. Unsere Studenten benötigen uns zuallererst beim Erarbeiten von Methoden, die sie sich ansonsten kaum selbständig aneignen können. Die Einarbeitung in die Bedienmechanismen einer exemplarischen Entwicklungsumgebung gelingt ihnen in der Regel auf der Basis von gut aufbereiteten Arbeitsblättern.

- **Kompliziertheit oder Konzentration auf das Wesentliche:** N. Wirth weist in [15] darauf hin, „daß viele Leute von Komplexität fasziniert sind, sie sozusagen als Mehrwert empfinden". Diese Einstellung führt dazu, daß - oft unnötig - komplizierte, schwer durchschaubare Softwaretechniken bzw. Programmiersprachen unkritisch als besonders leistungsfähig angesehen werden. Einfache, klar strukturierte und beherrschbare Techniken können aus dieser Perspektive a priori nichts taugen. Wir hingegen sehen die Reduktion von Komplexität und die Entwicklung möglichst einfacher Lösungen als eine essentielle Aufgabe des Informatikers. Diese Überzeugung leitet uns auch bei der Wahl der Programmiersprache. Zwar werden in der Berufspraxis unserer Absolventen C und C++ oft benutzte Programmiersprachen sein. Wir sind, wie in [4] dargelegt, jedoch überzeugt, daß diese Sprachen im Widerspruch stehen zu einer Informatikausbildung, die sich auf das Wesentliche konzentriert. Sprachen wie Oberon-2 oder Eiffel sind aus didaktischen Gründen bedeutend besser zur Hinführung zur Programmierung geeignet [7, 12].

- **Freaks oder Profis:** Viele unserer Studienanfänger möchten ihr Steckenpferd zum Beruf machen. Im Rahmen einer professionellen Ausbildung kann Technik jedoch nicht Selbstzweck sein. Das bleibt den Subkulturen der Freaks und Hacker vorbehalten bzw. hat im Rahmen des individuellen Freizeitvergnügens seinen Platz. Wir hingegen wollen bei unseren Studenten eine Anwendungs- und Kundenorientierung wecken und fördern. Aus diesen Gründen ermutigen wir dazu, Problemlösungen konsequent von den Anforderungen der Anwendung her zu entwickeln - und danach die eingesetzten Methoden, Techniken und Werkzeuge festzulegen. Gleichzeitig führen wir zu ingenieurmäßigem, wirtschaftlichem Mitteleinsatz und zu einfachen Lösungen hin.

- **Tips und Tricks oder professionelle Kompetenz:** Die Kioskliteratur lebt auch von der Vermittlung von „Tips und Tricks", dem Aufdecken angeblich geheimer Systemaufrufe, etc.. Die häufige Überbetonung dieser Themen in den einschlägigen Zeitschriften und in der Werbung erweckt den Eindruck, daß professionelles Arbeiten allein aus dem Wissen um diese Dinge und ihrer Beherrschung besteht. Die Sprache, die hierbei benutzt wird, enthält vielfach Begriffe aus der magischen, religiösen Welt. Es geht um die „innersten Geheimnisse", „Einweihungen", Anfänger und Gurus auf dem Initiationsweg, etc..[3] Unsere eigene Erfahrung sagt uns, daß professionelle Kompetenz leider immer noch hart erarbeitet werden muß. Wo hingegen Tips und Tricks benötigt werden, weist das in der Regel auf einen mangelhaften Entwurf oder eine fragwürdige Implementierung hin. Also bemühen wir uns, mit unseren Studenten den harten und ehrlichen Weg zu gehen und Verständnis für strukturelle Klarheit zu wecken, anstatt wahllos in die Trickkiste zu greifen.

3 Inhalte und Gestaltung

3.1 Professionelle Kompetenzen

Die Grundausbildung in Informatik soll unsere Ingenieure mit folgenden Kompetenzen ausstatten:

- **Technische Kompetenz** beinhaltet Grundbegriffe der Informatik und deren sachgemäßen Gebrauch, d.h. das Denken in den Strukturen der Informatik. Kenntnisse der imperativen Programmierung sollen Grundlagen schaffen für Fähigkeiten, die für die

---

[3] Eine Analyse der Kioskliteratur und DV-Werbung sowohl unter religionspsychologischen als auch religionssoziologischen Aspekten wäre sicherlich sehr aufschlußreich in Hinblick auf das populäre Verständnis der Informatik.

professionelle, industrielle Entwicklung von Software hoher Qualität für technische Anwendungen und eingebettete Systeme erforderlich sind. Dazu gehören auch Einblicke in Prinzipien, Konzepte, Methoden und Techniken, die ein ingenieurmäßiges Gestalten des Softwareentwicklungsprozesses ermöglichen.

- **Soziale Kompetenz.** Wir wollen die Studenten für kommunikative, soziale und ethische Anforderungen der Informatik an zukünftige Ingenieure sensibilisieren und sie auf eine verantwortungsbewußte, selbständige, kooperative und interdisziplinäre Arbeit im Beruf vorbereiten [2].

- **Transferkompetenz.** Wir wollen die Studenten dazu befähigen, zum Technologietransfer beizutragen, zukünftige Entwicklungen zu antizipieren und das softwaretechnische Niveau in der Praxis zu erhöhen [2]. Das ist von besonderer Bedeutung, da die Informatik immer mehr die Ingenieurwissenschaften durchdringt.

3.2 Konzeption der Lehrveranstaltungen

Unsere didaktische Leitidee der Informatik-Grundausbildung für Ingenieure ist, Studienanfänger früh in die Methoden und Techniken der Informatik, speziell der Objektorientierung, einzuführen und dabei Oberon-2 als Mittel zu benutzen.

Wir gliedern die Informatik-Grundausbildung in drei Säulen:

- **Grundlagen** führen wir in der seminaristisch gehaltenen Vorlesung zunächst programmiersprachenunabhängig ein, um das Denken in informatischen Strukturen zu schulen. Jeder Student erhält damit eine faire Chance, in die Informatik einzusteigen.

- Eine **Programmiersprache** bietet den Kontext, um eingeführte Themen zu vertiefen. Konkrete Aufgabenstellungen, Lösungen und Programme dienen uns dazu, daran allgemeine Konzepte und Methoden zu erklären.

- Im **vorlesungsbegleitenden Praktikum** können die Studenten Gelerntes anhand angemessener Übungsaufgaben - betreut durch Professoren und Assistenten - umsetzen. Gruppenarbeit, die kooperative Fähigkeiten fordert, soll zur Ausbildung der Sozialkompetenz unserer Studenten beitragen.

3.3 Oberon-2 als erste Lehrsprache

Die Anforderungen, denen eine Programmiersprache entsprechen sollte, um unsere Konzeption der Informatik-Grundausbildung für Ingenieure angemessen zu unterstützen, gliedern sich in qualitative, konzeptuelle und didaktische Anforderungen sowie Anforderungen an die Entwicklungsumgebung [5, 13, 17]. Summarisch lauten sie: eine leicht erlernbare, schlanke, saubere, sichere, statisch typisierte, höhere

Programmiersprache, die sich dazu eignet, modulare und objektorientierte Programmierung zu lehren und zu lernen. Wir untersuchten und bewerteten eine Reihe von Programmiersprachen anhand unserer Anforderungen [4]. Als Ergebnis unserer Bewertung entschieden wir uns für Oberon-2. Wir wählten es, weil es als wohlfundierte, schlanke Programmiersprache uns viele Vorteile bietet, die wir in [4] ausführlich darstellen. Auch andere Hochschulen setzen Oberon-2 als Lehrsprache ein [13, 18].

Das von Niklaus Wirth und Jürg Gutknecht gestartete Oberon-Projekt lieferte als Ergebnis das Oberon-System, ein objektorientiert-modulares Betriebssystem mit einer dokumentorientierten Entwicklungsumgebung [11], und die Oberon-Sprache, eine Programmiersprache, in der das Oberon-System selbst geschrieben ist [12]. Die Sprache Oberon übernimmt von Pascal Grundkonzepte strukturierter Programmierung, von Modula-2 Grundkonzepte modularer Programmierung und bietet zusätzlich objektorientierte Konzepte. Oberon-2, eine Erweiterung von Oberon von Wirth und Hanspeter Mössenböck, ist eine universelle, aber einfache Hochsprache, die sich gleichermaßen gut für Systemprogrammierung und Ausbildung eignet [8, 9, 12]. Für Oberon gibt es unentgeltlich verschiedene Entwicklungsumgebungen in portablen Varianten für verbreitete Plattformen [18, 19]. Ein Beispiel ist die Ausbildungsversion Oberon/F von Oberon microsystems [20].

Wir werden oft gefragt, warum wir nicht C++ einsetzen. An dieser Stelle können wir nicht auf Details eingehen, wollen aber kurz erläutern, weshalb C++, das beim Kriterium Verbreitungsgrad vorne lag, als Kandidat ausschied: C++ ist konzeptuell zu schwach fundiert, zu kompliziert und nicht anfängerfreundlich. C++ ist eine mächtige Sprache, die vielen Anforderungen entsprechen soll - leichte Erlernbarkeit war aber weder ein Entwurfsziel noch zählt sie zufällig zu den Eigenschaften von C++. Unserer Erfahrung nach ist C++ als Zweitsprache effektiver lernbar. Einer soliden Informatikausbildung eher abträglich halten wir, von einer Lehrsprache explizit zu fordern, sie müsse unsichere, fehleranfällige Konstrukte bieten, um Studenten an „dunkle Seiten" des Programmierens zu gewöhnen [6]. Im Gegenteil stimmen wir N. Wirth voll zu, wenn er in [12] ausführt: „Da Programmieren inhärent schwierig ist, müssen Studenten davor bewahrt werden, die zusätzliche Bürde einer komplexen Sprache zu tragen."

4 Erfahrungen aus den Lehrveranstaltungen

Hier stellen wir nur einige wenige ausgewählte Aspekte zur Diskussion.

4.1 Sicht der Lehrenden

Es hat sich bewährt, Themen wie beispielsweise strukturierte und modulare Programmierung, Datenkapselung oder Rekursion zunächst programmiersprachenunabhängig einzuführen. Die „Wiederholung" dieser Themen mit dem Schwerpunkt Syntax und Semantik der zugrundeliegenden Sprache führt zu einem vertieften Verständnis bei unseren Studenten.

Grundlagen der objektorientierten Programmierung (OOP) - Datenabstraktion - legen wir bereits im ersten Teil des Curriculums. Wir wählen den Weg über abstrakte Datenstrukturen und -typen hin zu Klassen. Mit Oberon-2 gehen wir ihn leicht - ohne Umwege, ohne Fallgruben.

Die Sprachmerkmale von Oberon-2 sind relativ leicht und schnell erlernbar. Indem sich Oberon-2 auf wesentliche Konzepte beschränkt, bietet es für die Lehre einen unschätzbaren Vorteil: Wir können früh mit dem Vermitteln von Entwurfsmethoden und Modellierungstechniken beginnen. Die Studenten können schon beim Programmieren im Kleinen auch ihr Abstraktions- und Modellierungsvermögen trainieren, sie werden in Arbeitsweisen eingeführt, die eine Grundlage praxisgerechter Softwareentwicklung bilden. Die Beschäftigung mit Fragen, die für einen guten Entwurf relevant sind, tritt in den Vordergrund.

4.2 Sicht der Lernenden

Wir evaluieren alle Lehrveranstaltungen am Ende, indem wir den Studenten einen Fragebogen anbieten. Dabei stellen wir nicht nur Fragen mit Ankreuz-Anworten, sondern ermuntern zu qualitativen, ausführlichen Bemerkungen. Bewertet werden die Lehrveranstaltung und der Einsatz von Oberon-2 als Lehrsprache. Einige Ergebnisse bisheriger Bewertungen fassen wir hier kurz zusammen.

- **Motivation und Akzeptanz:** Die Studenten verstehen und akzeptieren fast ausnahmslos unsere didaktische Intention. Sie halten Oberon-2 als erste Lehrsprache für geeignet. Meistgenannter Grund ist seine einfache, übersichtliche, leicht erlernbare Struktur. Genannt werden auch der Einstieg in und der Überblick über die Möglichkeiten modularer und objektorientierter Programmierung sowie die angenehme, flexible Entwicklungsumgebung.

- **Kenntnisse und Fähigkeiten:** Gut aufgenommen wurden in allen Vorlesungszyklen konventionelle Themen, bei fortgeschrittenen Themen differenzieren sich unsere Erfahrungen. Die meisten Studenten meinen, die Grundbegriffe modularer und objektorientierter Programmierung verstanden zu haben, zwei Drittel trauen sich auch zu, größere Aufgaben mit diesen Programmierstilen zu bewältigen.

- **Aneignung weiterer Programmiersprachen:** Es liegen inzwischen Erfahrungen vor. Sie zeigen, daß Studenten, die die Informatik-Grundausbildung mit Oberon-2 absolviert haben, den Einstieg in OOP mit anderen Sprachen (meist C++, Java oder Smalltalk) relativ leicht bewältigen. Sie wissen, worauf es beim Strukturieren eines Programms in Module und Klassen ankommt und können ihren Programmentwurf direkt in eine andere Syntax umsetzen. In weiterführenden Veranstaltungen zeigt sich, daß die im Rahmen unseres didaktischen Ansatzes Geschulten die Programmiersprache C besser für Aufgabenstellungen einsetzen können als diejenigen, die eine stark auf C++ fixierte Grundausbildung absolviert haben. Auch Studenten, die sich im Praxissemester eine weitere Programmiersprache innerhalb kürzester Zeit aneignen mußten, ermutigen uns noch eindringlicher als nach dem Abschluß des Grundstudiums, weiter unseren didaktischen Ansatz in der Ausbildung zu verfolgen.

5 Fazit

In den letzten Jahren hat sich die Informationstechnik auf der Basis preiswerter Hardware so schnell wie keine andere Technik zuvor ausgebreitet. Das Wissen um die Informatik hielt dabei nicht Schritt. Daher wirken auf die Zielsetzung unserer Informatik-Grundausbildung, wie in Abschnitt 2 dargestellt, viele Einflußfaktoren ein. Sie sind geprägt durch teilweise unausgereifte Vorstellungen, was Informatik ist, wo deren Herausforderungen liegen und welche Themen essentiell für professionelles Arbeiten sind. Das ist nicht verwunderlich, denn die Informatik ist immer noch eine sehr junge Disziplin. Um so wichtiger ist für uns, eine umfassende Übersicht über die Einflußfaktoren zu verschaffen, klug abzuwägen und gegenüber unprofessionellen Forderungen standzuhalten. Nur so können wir eine qualifizierte Informatikausbildung anbieten, die bedeutend mehr als einen Programmierkurs umfaßt und über den Tag hinausweist.

Unsere Leitidee ist, daß wir als wesentlichen Lehrinhalt unserer Vorlesung den Umgang mit den Strukturen der Informatik ansehen. Daraus leiten wir die zu vermittelnden Themen, Methoden, Techniken und Fähigkeiten ab. Die Programmiersprache dient uns als Mittel zum Zweck. Gerade Oberon-2 ist als erste Lehrsprache besonders geeignet, da sie uns als sehr schlanke aber trotzdem effiziente Sprache den Freiraum schafft, eine umfassende Informatikausbildung anzubieten. Auf der anderen Seite unterstützt sie alle wesentlichen Konzepte der Programmierung und bietet unseren Studenten eine akzeptierte und inzwischen in der Praxis bewährte Grundlage, sich andere Hybridsprachen selbständig anzueignen.

Eine partnerschaftliche Auseinandersetzung mit den Studenten über die im Abschnitt 2 aufgeführten Spannungsfelder sowie eine offene und faire Diskussion über den eigenen didaktischen Ansatz ermöglichen uns, eventuell vorhandene Ängste abzubauen und Grundlagen für ein selbstbewußtes, professionelles Arbeiten im Bereich der Softwaretechnik zu legen. Dieses Werben für unser Vorgehen ist heute - leider noch - notwendig und wird deswegen von uns auch intensiv gepflegt. Durch den engen Kontakt zwischen Professoren und Studenten an der Fachhochschule ist dieses hier bedeutend einfacher als an einer Universität, wo oft deutlich mehr als 100 Hörer Informatikvorlesungen besuchen und an den Praktika teilnehmen. Diese Beobachtung bestätigte auch ein Erfahrungsaustausch mit den verantwortlichen Mitarbeitern des Instituts für Nachrichtenübermittlung und Datenverarbeitung an der Universität

Stuttgart, die dort auf der Basis ähnlicher Überlegungen die Informatikausbildung für Elektrotechniker durchführen.

5.1 Folgerungen für den Sekundarbereich

Wir sind sicher, daß viele unserer Überlegungen nicht nur für die Ausbildung an einer Fachhochschule gelten. Deswegen möchten wir ganz besonders alle Lehrer ermutigen, die an den zu uns hinführenden Schulen Verantwortung für eine Informatikausbildung tragen, unsere Vorstellungen kritisch zu prüfen und sie ggf. didaktisch ihren Zielen anzupassen. Auch dort sollte die Informatikausbildung mehr als ein Programmierkurs sein - genauso wie die Mathematik nicht nur numerische Methoden anbietet, sondern auch eine Denkschule ist.

Gerade Außenstehende wie Lehrer sind möglicherweise irritiert von dem - oft nur vermeintlichen - Fortschritt der Branche und finden deswegen manchmal schwer zu essentiellen Lehrinhalten. Berichten unserer Studenten entnehmen wir, daß sich ihre Lehrer gelegentlich zu schnell in eine Konkurrenzsituation mit ihren Schülern begeben haben in Hinblick auf das „Tips- und Tricks"-Wissen oder das tagesaktuelle Produkt-Knowhow. Aus unserer Sicht gilt es hier, mutig standzuhalten und sich konsequent auf das Wesentliche zu konzentrieren - das analytische und planerische Denken in den informatischen Strukturen und das konstruktive und methodische Arbeiten mit diesen.

Vielleicht folgen einige Lehrer auch unserem Weg, Oberon-2 als Lehrsprache einzusetzen. Das ist auf jeden Fall dort sinnvoll, wo heute noch Pascal gelehrt wird. Auch wenn das Thema Objektorientierung vielleicht nur in Leistungskursen vertieft werden kann, bietet Oberon-2 durch die konsequente Unterstützung des Modulkonzepts einen Fortschritt. Die Entwicklungsumgebungen setzen zudem keine Hochleistungsrechner voraus, so daß auch ein Arbeiten mit „betagter" Hardware möglich ist.

Wir freuen uns bereits heute auf Studienanfänger, die gleich qualifizierte Fachkenntnisse in Informatik wie in Physik und Mathematik mitbringen werden. Spätestens dann wird es für uns an der Zeit sein, das hier dargestellte Konzept von Grund auf zu überdenken.

Danksagung

Wir danken unseren Assistenten Klaus Rein und Peter Ott für ihre hilfreiche Mitarbeit.

Literatur / Referenzen

[1] DeMarco, T.; Lister, T.: Wien wartet auf Dich. Der Faktor Mensch im DV-Management. München, Wien: Hanser 1991

[2] Freytag, J.: Empfehlungen der Gesellschaft für Informatik für das Informatikstudium an Fachhochschulen. Informatik-Spektrum 19(1), 20-32 (1996)

[3] Grams, T.: Denkfallen und Programmierfehler. Berlin, Heidelberg: Springer 1990

[4] Hug, K., Ketz, H.: Objektorientierung mit Oberon-2 in der Ingenieur-Grundausbildung. Informatik-Spektrum 20(6), 350-356 (1997)

[5] Klaeren, H.: Programming languages: a framework for comparison and choice. In: [17, S. 7-27]

[6] Liebers, A., Wagner, D., Weihe, K.: C++ im Nebenfachstudium: Konzepte und Erfahrungen. Informatik-Spektrum 19(5), 262-265 (1996). Diskussionsbeiträge dazu in Informatik-Spektrum 19(6), 338-341 (1996); 20(2), 119-121 (1997)

[7] Meyer, B.: Object-oriented Software Construction. Englewood Cliffs, New Jersey: Prentice Hall 1997, 2. ed.

[8] Mössenböck, H: Objektorientierte Programmierung in Oberon-2. Berlin, Heidelberg: Springer 1994, 2. Aufl.

[9] Mühlbacher, J. R., Leisch, B., Kreuzeder, U.: Programmieren mit Oberon-2 unter Windows. München, Wien: Hanser 1995

[10] Nievergelt, J.: Was ist Informatik-Didaktik? Gedanken über die Fachkenntnisse des Informatiklehrers. Informatik-Spektrum 16(1), 3-10 (1993)

[11] Reiser, M. : The Oberon System. User Guide and Programmer's Manual. Wokingham: Addison-Wesley 1991

[12] Reiser, M., Wirth, N.: Programmieren in Oberon. Das neue Pascal. Bonn: Addison-Wesley 1994

[13] Templ, J.: Rationale behind choosing Oberon for programming education at ETH Zürich. In: [17, S. 171-179]

[14] Wendt, S.: Defizite im Software Engineering. Informatik-Spektrum 16(1), 34-38 (1993)

[15] Wirth, N.: Gedanken zur Software-Explosion. Informatik-Spektrum 17(1), 5-10 (1994)

[16] Wirth, N.: A Plea for Lean Software. IEEE Computer 28(2), 64-68 (Feb 1995)

[17] Woodman, M. (Hrsg.): Programming Language Choice. Practice and Experience. London: Thomson 1996

[18] http://www.oberon.ethz.ch/oberon

[19] http://oberon.ssw.uni-linz.ac.at/Oberon.html

[20] http://www.oberon.ch

Praktikum *Elektronisches Publizieren* für Informatiker

Uwe Quasthoff & Christian Wolff
Institut für Informatik
Universität Leipzig
Augustusplatz 10/11
04109 Leipzig
{quasthoff,wolff}@informatik.uni-leipzig.de

1 Einleitung

Die Gestaltung multimedialer Informationssysteme verlangt nach einer Querschnittqualifikation, die von den klassischen Studieninhalten der Informatik nur zum Teil vermittelt wird. Neben technische Aspekte wie Datenformate, Programmiersprachen für Multimediaanwendungen und Algorithmen für Bild- und Audioanwendungen treten Anforderungen wie Medien- und Interaktionsdesign (vgl. DEGEN 1996), Analyse und Planung komplexer multimedialer Strukturen und Projektmanagement (vgl. BURGER 1996). Aufbauend auf einem grundständigen Informatikstudium und eingebettet in den Studienschwerpunkt automatische Sprachverarbeitung wird am Institut für Informatik der Universität Leipzig seit 1996 regelmäßig ein Praktikum *Elektronisches Publizieren* durchgeführt, dessen Ziel es ist, anhand eines umfangreichen aber überschaubaren Projektes die Praxis der Multimediaproduktion zu vermitteln. Dabei geht es weniger um pädagogisch motivierte Fragen des Instruktionsdesigns (vgl. ISSING 1997) bzw. der *Nutzung* von multimedialen Systemen als vielmehr um das Erlernen des Umgangs mit Autorensystemen und die kooperative Durchführung eines Publikationsprojektes. Dabei ist keine klare Abgrenzung zwischen *Elektronischem Publizieren* und *Multimedia* möglich (vgl. NIELSEN 1996, SANDKUHL & KINDT 1996). Die Betonung von Fragen der Konvertierung und Überarbeitung v.a. textuellen Materials für das elektronische Medium gegenüber Fragen der Interaktivität oder der Synchronisation verschiedener Medien legt aber die Bezeichnung elektronisches Publizieren nahe.

2 Elektronisches Publizieren und Automatische Sprachverarbeitung

Automatische Sprachverarbeitung wird án der Universität Leipzig als Studienschwerpunkt im Rahmen des Diplomstudiengangs Informatik gelehrt (Prof. Dr. Gerhard HEYER), wobei enge Beziehungen zur Linguistik und zur Künstlichen Intelligenz existieren. Dabei ist das Inhaltsspektrum bewußt weit gehalten, d.h. es umfaßt sowohl klassische Themenstellungen der Computerlinguistik wie die maschinelle Auswertung natürlicher Sprachen unter Einbeziehung linguistischer und mathematischer Sprachmodelle und den Einsatz von Sprach- und Wissenstechnologien als auch anwendungsbezogene Themenbereiche wie Informationsdarstellung und Suchalgorithmen in multimedialen Datenbeständen (Text, Sprache, Bild, Video), Information Retrieval und das Elektronische Publizieren. Die Lehrveranstaltungen dieses Studienschwerpunkts sind in drei Stränge aufgegliedert:

a)   Computerlinguistische Grundlagen (Lexikon, Syntax, Semantik, Pragmatik),

b)   Text- und Inhaltsverarbeitung (Information Retrieval, Algorithmen für die Text-
analyse, Markupsprachen, Corpusanalayse) und

c)   Anwendungen (Sprachprodukte, Hyper- und Multimediasysteme, Elektronisches
Publizieren, Software-Ergonomie und Evaluation, Maschinelles Übersetzen).

Das Praktikum setzt nicht nur auf einem allgemeinen Grundstudium der Informatik
auf, sondern wendet sich v.a. an Teilnehmer, die bereits über Kenntnisse in den Bereichen Softwareergonomie, Markupsprachen und Sprachtechnologie/Multimedia verfügen.

3 Praktikum elektronisches Publizieren

Der Gegenstandsbereich Multimedia hat im Rahmen der Informatikausbildung typischerweise unterschiedliche Ansatzpunkte:

*   Die technische und theoretische Ausrichtung an der Weiterentwicklung multime-
    dialer Techniken (Datenformate, Netzwerkdienste, Programmierwerkzeuge, vgl.
    STEINMETZ 1995) und den
*   praktischen Einsatz vorhandener Autorensysteme für die Erstellung multimedialer
    Informationssysteme.

Ein Praktikum *Elektronisches Publizieren* betont natürlich die letztere Herangehensweise, setzt aber Grundkenntnisse im ersten Bereich voraus. Zur Abgrenzung gegenüber traditionellen Softwarepraktika sind vor allem die folgenden Punkte von Bedeutung:

*   Multimediamaterial aus unterschiedlichen Quellen muß sowohl technisch aufbe-
    reitet (Konvertierung) als auch *redaktionell* bearbeitet werden.
*   Die eigentliche Programmierung verliert gegenüber dem Umgang mit heterogenen
    Softwarewerkzeugen (Autorensystem, Bild- und Textverarbeitung) an Bedeutung;
    dabei treten andere Problemsituationen auf (eingeschränkte Freiheitsgrade durch
    beschränkte Funktionalität des Werkzeugs; Koordination komplexer Verarbei-
    tungsprozesse bei einer Vielzahl von Beteiligten etc.).

3.1 Lernziele

Die Lernziele für das Praktikum *Elektronisches Publizieren* lassen sich in drei Teilbereiche aufgliedern:

*   Technische Grundlagen,
*   Projektmanagement und
*   Gestaltung von Informationssystemen.

Dabei ist zu beachten, daß diese Teilbereiche nicht gesondert vermittelt und eingeübt werden, sondern vielmehr während der Laufzeit des Praktikums jeweils ineinandergreifen.

3.1.1 Technische Grundlagen

Zu den technischen Grundlagen zählen v.a. das Erlernen des Umgangs mit Multimediaautorensystemen (hier: Asymetrix ToolBook Publisher/Instructor II, Macromedia Director) sowie eine Einführung in eine breite Palette von Werkzeugen im Umfeld des Entwicklungsprozesses:

- Digitale Bildverarbeitung,
- Audio- und Videobearbeitung,
- Datenkonvertierung und
- Integration multimedialer Datenbestände im Autorensystem.

Da aus der technischen, praktischen und angewandten Informatik umfangreiche Vorkenntnisse vorauszusetzen sind, kann den technischen Aspekten eine eher nachrangige Bedeutung beigemessen werden. Flexibilität in der Einarbeitung in neue Programmiersprachen und Entwicklungsumgebungen wird in diesem Sinn als selbstverständliche Anforderung an den angehenden Informatiker betrachtet.

3.1.2 Projektdurchführung und –management

Das Lernziel Projektmanagement soll die Fähigkeit vermitteln, ein umfangreiches Projekt organisatorisch zu bewältigen und Teamarbeit effizient zu koordinieren. Neben der Erstellung eines Projektplans, in dem die Aufgabenbereiche und die für sie jeweils Verantwortlichen festgehalten sind, gehört zu diesem Bereich auch die praktische Abwicklung und Überprüfung des Projektstands. Die klassische Vorgehensweise bei der Softwareplanung (Lastenheft, Pflichtenheft, Datenmodellierung, Programmspezifikation, vgl. BALZERT 1996) wird durch Besonderheiten der Multimediaanwendungsentwicklung wie Medienakquise und –bearbeitung, die Erstellung eines Gestaltungsleitfadens und die Entwicklung eins Master-Storyboards ergänzt (vgl. BURGER 1996). Bei der Projektdurchführung kommen zudem elektronische Kommunikationstechniken zum Einsatz, insb. E-mail(-verteiler) für den moderierten und nicht-moderierten Informationsaustausch zwischen den Beteiligten und ein ftp-Server für den Datenaustausch. Hier bestehen allerdings noch Optimierungspotentiale durch den Einsatz von CSCW- und Workflow-Tools.

3.1.3 Gestaltung von Informationssystemen

Das vielleicht anspruchsvollste Lernziel betrifft die gestalterische Dimension der Entwicklung multimedialer Informationssysteme, u.a. da dieser Bereich nicht unbedingt zu den typischen Lehrinhalten des Informatik-Studiums zählt (vgl. BROWN & UTTING

1992:93). In diesen Bereich fallen die praktische Umsetzung theoretischer Kenntnisse der Software-Ergonomie (Anwendung ergonomischer Normen, vgl. BALZERT 1996:451ff, EBERLEH 1994, HERCZEG 1994), die Gestaltung der Benutzerschnittstelle und die Definition eines für alle Projektteilnehmer verbindlichen Gestaltungsleitfadens, der das primäre Designziel der Konsistenz gewährleisten soll. Zu beachten ist, daß die Standardlehrbücher der Software-Ergonomie bisher nur den mittlerweile „klassischen" Bereich des Entwurfs von Dialogschnittstellen in graphischen Benutzeroberflächen mit einer beschränkten Auswahl an Kontrollelementen behandeln, die weitaus höheren Freiheitsgrade bei der Entwicklung eines multimedialen Informationssystems bisher aber in Forschung und Lehre kaum erfaßt sind (vgl. aber GLOOR 1997, bes. 101ff; HASEBROOK 1995, HEYER & WOLFF 1997). Bei der Präsentation sind die Lesegewohnheiten im elektronischen Medium zu beachten: Bedingt durch die geringe Menge darstellbarer Information (insb. Text) pro Präsentationseinheit (Bildschirmseite) ist eine stärkere Strukturierung der Information erforderlich (vgl. DILLON 1994).

Der Gestaltungsleitfaden darf sich nicht auf Designaspekte beschränken, sondern muß diese anhand der technischen Rahmenbedingungen (Plattform, Möglichkeiten des Autorenwerkzeugs, technische Mindestausrüstung beim Endanwender, Auflösung, Farbtiefe, Leitfarben, Typographie etc.) treffen. Die Definition einer passenden Inhaltsstrukturierung (im wesentlichen eine hierarchische Gliederung) in Verbindung mit einem Navigationsmodell für die verschiedenen Interaktionsmöglichkeiten ergänzt den Gestaltungsleitfaden. Die inhaltliche (Grob-)Struktur und das Navigationsmodell werden durch das Master-Storyboard für das geplante Produkt visualisiert, d.h. eine graphische Übersicht zu allen wesentlichen Bestandteilen des multimedialen Informationssystems sowie seines Interaktionsdesigns.

3.2 Ablauf und Durchführung des Praktikums

Das Praktikum *Elektronisches Publizieren* findet als vierstündige Lehrveranstaltung regelmäßig im Sommersemester statt und richtet sich zunächst an Studenten mit Studienschwerpunkt automatische Sprachverarbeitung im Hauptstudium, darüber hinaus aber auch an interessierte Studenten anderer Teilgebiete und Fachrichtungen.
Im Sinne einer möglichst realitätsnahen Durchführung des Praktikums wurde als Produktziel eine multimediale Informations-CD-ROM über das Leipziger Informatik-Institut sowie die Universität Leipzig im Allgemeinen festgelegt. Mit Hilfe von Sponsoren gelang es in den letzten beiden Jahren, das Endprodukt des Praktikums jeweils in einer Auflage von 3.000 Stück zu vervielfältigen und als Informationsmaterial an unterschiedliche Zielgruppen kostenlos zu distribuieren.
Die Durchführung des Praktikums gliedert sich in zwei Teilbereiche:

a) Gemeinsame Diskussion aller wesentlichen Designentscheidungen (Produktziel, Materialauswahl, Gestaltungsleitfaden, Projektplanung) im *Projektplenum* und
b) Durchführung von Einzelprojekten (z.B. Videodatenerfassung, Materialüberarbeitung, Multimediadatenintegration etc.).

Da das zu erstellende Produkt relativ stark textorientiert ist und zeitabhängige Medien nur eine untergeordnete Rolle spielen, haben wir uns für Asymetrix Toolbook II als

Autorensystem entschieden, da die seitenorientierte Gestaltung dem Material gut gerecht wird und ein leistungsfähiges Indexierungswerkzeug zur Verfügung steht (zu den Auswahlkriterien für Autorensysteme vgl. FREIBICHLER 1997, bes. 227ff).

3.2.1 *Aufgaben des Projektplenums*

Neben der bereits angesprochenen Einführung in ausgewählte Multimediawerkzeuge beinhaltet das Projektplenum auch die Analyse und Diskussion ausgewählter kommerzieller Multimediaprodukte. Da die Gestaltung erfolgreicher Multimediaanwendungen stark erfahrungsgesteuert ist, erscheint es uns sinnvoll, neben der praktischen Arbeit auch gut gestaltete Multimediaprodukte gemeinsam zu diskutieren und deren Stärken und Schwächen herauszuarbeiten. Zu diesem Zweck wurde zu Beginn des Praktikums ein Beispielkorpus (elektronische Bücher, Lexika, multimediale Präsentationen etc.) zusammengestellt, der im Rotationsverfahren von allen Teilnehmern analysiert und im Plenum diskutiert wurde. Die dabei gewonnenen Eindrücke gingen in die Definition von Gestaltungsleitfaden und Storyboard ein.

3.2.2 *Einzelprojekte*

Die Vielfalt der für die Erstellung eines multimedialen Informationssystems benötigten Techniken machen es unmöglich, im Plenum alle Werkzeuge ausführlich einzuführen und mit ihnen zu üben. Insofern liegt es nahe, sowohl nach inhaltlichen (abgeschlossener Materialbereich, z.B. „Museen und Sammlungen der Universität Leipzig") als auch nach technischen Kriterien (Photographie, Digitalisierung und Bildbearbeitung; Film, Digitalisieren und Bearbeiten von Videos etc.; Erstellung und Nutzung eines Volltextindex; Integration und Test) Projekte zu vergeben, die von Einzelteilnehmern oder in Kleingruppen zu realisieren waren.

4 Bewertung

Im Rahmen des Praktikums Elektronisches Publizieren gelang es, sowohl ein abgeschlossenes und umfangreiches Projekt mit einem realen Einsatzbereich zu verwirklichen (s.u. Abb. 1 u. 2 im Anhang) als auch, elementare Kenntnisse der Durchführung von Multimediaprojekten zu vermitteln. Daß dabei Kompromisse zu schließen waren, liegt auf der Hand:

- Besonders zeitintensive Aspekte der Multimediadatenbearbeitung wie Video- und Audiobearbeitung könnten bei längerer Praktikumslaufzeit noch größere Bedeutung erfahren.
- Durch das vorgegebene Projektziel „Informations-CD-ROM", d.h. eine elektronische Publikation, die große Datenmengen adäquat präsentiert und für die Recherche erschließt, bleiben wichtige Themenbereiche der Multimediaentwicklung wie etwa das Instruktionsdesign (vgl. ISSING 1997) ausgeklammert.

- Aufgrund von Termindruck mußte die wichtige Test- und Optimierungsphase jeweils relativ kurz ausfallen (was aber durchaus eine gewisse „Realitätsnähe" ausdrücken mag).

- Die Beschränkung auf *ein* Autorenwerkzeug ist sicherlich ein Defizit, was die Breite der Ausbildung angeht; nur dadurch ist aber die tatsächliche Erstellung eines Produkts möglich, Alternativwerkzeuge (z.B. Macromedia Director) konnten daher nur relativ kurz angesprochen werden.

Einige Erfahrungen aus dem Praktikum erscheinen uns einer abschließenden Betrachtung würdig:

Betonung der Gestaltungsaspekte und des Projektmanagements
Der Anteil der Produkt*planung*, *-definition* und *–spezifikation* wird bei der Softwareentwicklung im Vergleich mit der eigentlichen Implementierung erfahrungsgemäß unterschätzt (vgl. BALZERT 1996:68ff). Dies gilt in gleichem oder gar verstärktem Maß auch für die Multimediaentwicklung. Wesentliches Lernziel war also, die überragende Bedeutung frühzeitiger Planung und Gestaltung herauszuarbeiten, die im positiven Sinn die eigentliche Implementierungsphase erheblich vereinfachen kann, im negativen Sinn nachträgliche Änderungen z.B. des Navigationskonzeptes sehr teuer (Zeitaufwand für Rekodierungen) werden läßt.

Inkrementelle Optimierung
Da das 1996 erstmalig durchgeführte Praktikum auch für die Autoren Neuland bedeutete, mußte die Gestaltung der ersten Auflage notwendigerweise eher „minimalistisch" geraten, d.h. der Designleitfaden war sehr einfach ausgelegt. Erst aufbauend auf den Erfahrungen konnte im zweiten Anlauf ein wesentlich detaillierterer Leitfaden erstellt werden. Neben die gestalterische Optimierung trat aber auch eine erhebliche inhaltliche Erweiterung (von 1996: ca. 400 logischen Seiten auf 1997: ca. 600 logische Seiten).

Verwendbarkeit und Bezugsmaßstab für das Praktikumsergebnis
Das Ziel des Praktikums, ein abgeschlossenes Multimediaprodukts zu realisieren, hat sich als sinnvoll erwiesen. Zum einen bedeutet die Aussicht, das eigene (Teil-)Projekt publizieren und distribuieren zu können, einen Motivationsschub für die Teilnehmer des Praktikums, zum anderen war es auf diese Weise erheblich einfacher, Sponsoren zu finden, die das Projekt unterstützten. Hinzu kommt der Nutzen des Produkts selbst (Verteilung an Gymnasien als Werbung für den Studiengang; Informationsmedium für Studenten mit allen wesentlichen Daten über das Studium). Dabei ist offensichtlich, daß bei der Gestaltung ein gewisser Abstand zu kommerziellen Multimediaprodukten bleibt (bleiben muß?), da man nicht erwarten kann, daß auf Anhieb ein Produkt entsteht, das allen Anforderungen an ein software-ergonomisch optimiertes wie ästhetisch ansprechendes Informationssystem gerecht werden kann.

Teamworking und Einzelprojekte
Auch die Aufgliederung in gemeinsam diskutierte und entwickelte Teilbereiche sowie in Einzelprojekte, die im Projektplenum präsentiert und diskutiert werden müssen, hat sich bewährt. Auf diese Weise kann realitätsnahes kooperatives Arbeiten erprobt wer-

den, durch die Einbindung in ein größeres Team und ein gemeinsames Projekt entsteht für den Einzelnen zusätzliche Motivation zur Erfüllung der gewählten Teilaufgabe.

Auf der Basis bisheriger Erfahrungen liegen u.a. folgende Modifikationen für zukünftige Multimediaproduktionen im Rahmen des Praktikums nahe:

a) Die interdisziplinäre Ausrichtung des Praktikums – die durch die Aufgabenstellung an sich auf der Hand liegt – sollte noch verstärkt werden. Insbesondere erwarten wir von der Zusammenarbeit mit Medien- und Kommunikationswissenschaftlern einerseits, Künstlern und Gestaltern andererseits eine Verbesserung der Informationspräsentation (kommunikativer Aspekt) sowie der Gestaltung. Dies hat sich in früheren Projekten bewährt (vgl. WOLFF & TOUMA 1996).

b) Einige *technische* Aspekte der Entwicklung von Multimediainformationssystemen, die bisher nur am Rande Berücksichtigung finden konnten, sollten stärker ins Zentrum rücken. Dazu gehört insbesondere die Erstellung hybrider Anwendungen, die nicht (nur) an ein physikalisches Trägermedium gebunden sind, sondern flexibel durch online-Dienste (WWW) ergänzt werden können. Erhoffter Nebeneffekt ist dabei die Reduzierung bisher vielfältig anfallender Parallelarbeiten (konkretes Beispiel: Erstellen des Institutsjahresberichts als elektronischer Text und dessen Publikation im Printmedium; seine Überarbeitung in HTML zur Publikation im WWW; Überarbeitung zur Publikation auf der CD-ROM im Praktikum Elektronisches Publizieren).

c) Nach zweimaliger Durchführung des Praktikums ist zu hoffen, daß der Kernbestand wiederverwendbarer Materialien deutlich anwächst und gleichzeitig das grundlegende Mediendesign stabil bleibt, was bedeutet, daß die bisher eher vernachlässigten Bereiche der Multimediaproduktion stärker in den Mittelpunkt rükken können (z.B. systematische Aufnahme von Hyperlinks ins WWW; verstärkte Integration von Filmmaterial; Erstellung interaktiver Animationen und ggf. auch einfacher Lerneinheiten).

5 Ausblick

Die bisher durchgeführten Praktika finden in der Entwicklung einer CD-ROM zur Präsentation der Universität Leipzig als Gesamtheit ihre Fortsetzung (Fertigstellung Sommer 1998).

Im Rahmen des *Sokrates*-Programms der Europäischen Union sind wir seit 1996 in Kooperation mit zahlreichen europäischen Partnerhochschulen an einem CDA-Projekt (Course Development Advanced Level) zur Vorbereitung eines interdisziplinären Telemedienstudienganges beteiligt (vgl. HUTCHISON 1997). Dieser interdisziplinäre Studiengang mit den Schwerpunkten Telematik, Hypermedia und künstliche Intelligenz ist bereits von Grundkonzept her auf die Verschränkung unterschiedlicher Qualifikationsbereiche ausgerichtet und soll aufbauend auf den drei Basisbereichen

* gesellschaftliche und ökonomische Aspekte der Informationsgesellschaft,
* Kommunikationstheoretische Grundlagen; Strukturierung von Information und
* Werkzeuge und Techniken der Gestaltung multimedialer Anwendungen

insbesondere die Bereiche redaktionelle und gestalterische Arbeit sowie Technologien für Multimedia und Internet Publishing vertiefen. Er wird als Aufbaustudiengang für Interessenten mit unterschiedlicher Ausbildung (Informatik, Medien- und Kommunikationswissenschaft, Kunst und Design etc.) offen sein. Die Abteilung ASV wird in diesem Rahmen insbesondere für elektronisches Publizieren zuständig sein und die aus bisherigen EP-Praktika gewonnenen Erfahrungen einbringen.

6 Literatur

ANDRÈ, Jacques; HERSCH, Roger D. (1992). „Teaching Digital Typography." In: Electronic Pubishing 5(2) (1992), 79-89.

BALZERT, Helmut (1996). Lehrbuch der Software-Technik. Teil I. Heideberg et al.: Spektrum.

BROWN, H.; UTTING, I.A. (1992). „Teaching Electronic Publishing to Computer Scentists." In: Electronic Publishing 5(2) (1992), 91-96.

BURGER, Jeffrey (1996). „Aufbauarbeit. Produktion- und Entwicklung von Multimedia." In: Screen Multimedia 1996(1), 16-24.

DEGEN, Helmut (1996). Multimediale Gestaltbereiche als Grundlage für Entwurfswerkzeuge in multimedialen Entwicklungsprozessen. In: KRAUSE, Jürgen et al. (edd.) (1996), 213-226.

DILLON, Andrew (1994). Designing Usable Electronic Text. Ergonomic Aspects of Human Information Usage. London: Taylor & Francis.

EBERLEH, Edmund (1994). „Industrielle Gestaltungsrichtlinien für graphische Benutzeroberflächen." In: EBERLEH, OBERQUELLE & OPPERMANN (1994), 145-195.

EBERLEH, Edmund; OBERQUELLE, Horst; OPPERMANN, Reinhard (edd.) (1994^2). Einführung in die Software-Ergonomie. Berlin/New York: deGruyter.

FREIBICHLER, Hans (1997). „Werkzeuge zur Entwicklung von Multimedia." In: ISSING & KLIMSA (1997), 222-240.

GLOOR, Peter (1997). Elements of Hypermedia Design. Boston et al.: Birkhäuser.

HASEBROOK, Joachim (1995). Multimedia-Psychologie. Heidelberg et al.: Spektrum.

HERCZEG, Michael (1994) Software-Ergonomie. Bonn et al.: Addison-Wesley.

HEYER, Gerhard; WOLFF, Christian (1997). „Relevanz linguistischer Pragmatik bei der Entwicklung von Multimedia-Anwendungen." In: HEYER, Gerhard; WOLFF, Christian (edd.) (1997). Linguistik und neue Medien. Proc. 10. Jahrestagung der Gesellschaft für Linguistische Datenverarbeitung. Wiesbaden: Deutscher Universitätsverlag [erscheint].

HUTCHISON, Chris (1997). Telematics, Hypermedia, Artificial Intelligence. Proposal for a pan-European cross-disciplinary 'Masters' level programme within the framework of the SOCRATES programme. Interner Bericht, Kingston University, Information Systems Dept., Oktober 1997.

ISSING, Ludwig J. (1997). „Instruktionsdesign für Multimedia." In: ISSING & KLIMSA (1997), 195-220.

ISSING, Ludwig J.; KLIMSA, Paul (edd.) (1997^2). Information und Lernen mit Multimedia. Weinheim: Psychologie Verlags Union.

KRAUSE, Jürgen et al. (edd.) (1996). Herausforderungen an die Informationswirtschaft. Proc. 5. Int. Symposium für Informationswissenschaft, Berlin, Oktober 1996. Konstanz: UVK Informationswissenschaft.

NIELSEN, Jakob (1996). Multimedia, Hypertext und Internet. Grundlagen und Praxis des elektronischen Publizierens. Wiesbaden: Vieweg.

QUASTHOFF, Uwe; WOLFF, Christian (edd.) (1996). Informations-CD-ROM des Instituts für Informatik. Universität Leipzig, Institut für Informatik [im Selbstverlag].

— (edd.) (1997) Informations-CD-ROM 1997/98 des Instituts für Informatik. Universität Leipzig, Institut für Informatik [im Selbstverlag, kostenloser Bezug über die Autoren].

SANDKUHL, Kurt; KINDT, Andreas (1996). Telepublishing. Berlin et al.: Springer.

SCHULMEISTER, Rolf (1996). Grundlagen hypermedialer Lernsysteme. Bonn et al.: Addison-Wesley.

STEINMETZ, Ralf (1995). Multimedia-Technologie. Berlin et al.: Springer.

WOLFF, Christian; TOUMA, Michael (1996). „Ort ohne Raum - eine interaktive Galerie im WorldWideWeb" In: KRAUSE, Jürgen et al. (edd.) (1996), 259-270.

7 Anhang: Exemplarische Abbildungen

Abbildung 1: Einstiegsbildschirm der CD-ROM 1997/98

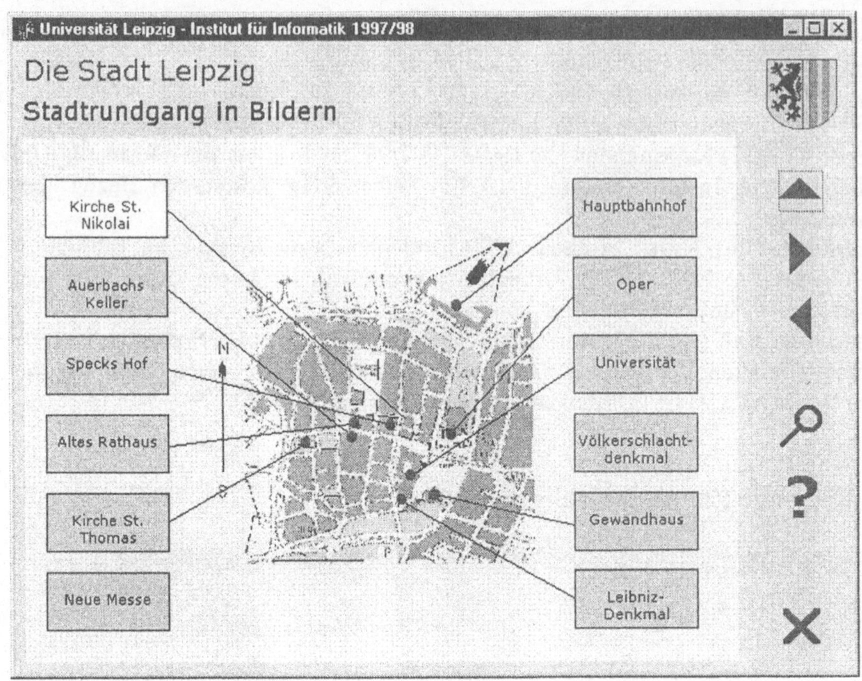

Abbildung 2: Beispielseite aus dem interaktiven Stadtführer Leipzig

Kooperation für Software für Kooperation

Erfahrungen aus einem partizipativen Softwaretechnikprojekt

Ingrid Wetzel, Ralf Klischewski, Anita Krabbel, Carola Lilienthal

Universität Hamburg
Fachbereich Informatik
Arbeitsbereich Softwaretechnik
Vogt-Kölln-Straße 30
22527 Hamburg

Welche Methoden und Kenntnisse zum „Kern" der Informatik gehören, wird – einhergehend mit der rapiden Entwicklung der Informationstechnik und ihrer Nutzung – immer wieder neu diskutiert.[1] Direkt damit zusammen hängt die Frage: „Welches sind die Aufgaben und Ziele der Informatik-Ausbildung?"

Dieser Beitrag beleuchtet einleitend, wie die Orientierung von Softwareentwicklung auf Kooperationsunterstützung den Hintergrund der aktuellen Diskussion um Informatik-Ausbildung verändert. Der zweite Abschnitt schildert die Erfahrungen aus einem einjährigen Partizipationsprojekt, das mit Studierenden der Softwaretechnik in Kooperation mit einem Universitätskrankenhaus durchgeführt wurde. Die Evaluation des Projekts wird genutzt, um abschließend Schlußfolgerungen zur Weiterentwicklung der Informatik-Ausbildung im Spannungsfeld zwischen Software- und Organisationsentwicklung zu präsentieren.

1 Softwareentwicklung für Kooperation – Grundlage oder Spezialgebiet?

Die Forderung nach sogenannten außerfachlichen Kompetenzen als Teil der Ausbildung wurde bereits bei der Gründung der deutschsprachigen Hochschulinformatik thematisiert (z.B. Zemanek 1971). In den 70er Jahren wurden Ausbildungsangebote – wenn überhaupt – durch das Studium von Ergänzungsfächern realisiert. Dies konnte der Vertiefung von Grundlagen dienen (z.B. Mathematik). Im Vordergrund stand aber meist das Interesse, Kenntnisse über (mögliche) künftige Anwendungsdomänen zu erwerben, um dadurch später einfacher kommunizieren und angemessenere Technikentwicklung- bzw. -einführung betreiben zu können. In den 80er Jahren wurde die Partizipation in der Technikentwicklung bzw. -einführung auch für die Informatik

---

[1] Zur Diskussion in den USA vgl. z.B. Denning u.a. 1989, in Deutschland vgl. Coy u.a. 1992.

entdeckt (vgl. z.B. Mambrey u.a. 1986, Floyd 1987/a), entsprechend erfuhren kommunikative bzw. soziale Kompetenzen eine höhere Bewertung in der Diskussion um eine angemessene Informatik-Ausbildung. Systematische Konsequenzen für die Hochschulausbildung waren daraufhin allerdings kaum zu erkennen: Prototyping und neue Vorgehensmodelle wurden zwar auch in die Lehre eingebracht, eine praktische Einübung blieb jedoch die Ausnahme.[2]

Die Informationstechniknutzung der 90er Jahre ist gekennzeichnet durch eine zunehmende Vernetzung der Arbeitsplätze innerhalb und zwischen Unternehmen, durch eine Reorientierung vom Einzelarbeitsplatz hin zu Kooperationunterstützung[3]. Mit der einhergehenden Thematisierung von z.B. Computer Supported Cooperative Work (CSCW) oder Workflow Management Systems in Wissenschaft und Praxis ist in den letzten zehn Jahren auch in der Informatik-Ausbildung eine gewisse Bewegung entstanden. Interdisziplinäre Aktivitäten versuchen, den Bereich als Forschungsgegenstand zu strukturieren und abzugrenzen, und auf dem Markt finden sich zunehmend Produkte, die genau diesen Bereich adressieren. Programme, die explizit Kooperation und Arbeitsorganisation unterstützen bzw. teilautomatisieren sollen, sind nicht mehr nur als unternehmensspezifische Einzelentwicklungen, sondern zunehmend als Standardsoftware auf dem Markt zu finden (vgl. Grudin 1994).

Forschungssystematisch ist allerdings noch unklar, ob durch diese Abstraktion von Unternehmensspezifika eine neue Art von spezieller Anwendungsdomäne entstanden ist oder ob es sich hierbei nicht vielmehr um einen Grundlagenbereich handelt – schließlich sind Kooperation und Arbeitsorganisation soziale Phänomene, die in allen Anwendungsbereichen zu beobachten sind.[4] Man könnte sogar behaupten, jede betriebliche (auch technisch unvernetzte) Computeranwendung steht in einem Kooperationszusammenhang und sollte deshalb als solche entwickelt werden.

Computerunterstützung für Kooperation steht also im Spannungsfeld zwischen spezialisierter und grundlegender Anwendungsorientierung. Im Gegensatz zu Forschung und Entwicklung (in der ein munteres Nebeneinander möglich ist) muß die Informatik-Ausbildung (aufgrund der begrenzten Studiendauer) sich explizit in diesem Spannungsfeld verorten: Welche Form der Lehre ist in welchem Umfang notwendig bzw. angemessen, um die angehenden Informatikerinnen und Informatiker auf künftige Anforderungen in diesem Themenfeld (in Praxis und Wissenschaft!) vorzubereiten?

Eine differenzierte Antwort soll im folgenden anhand der Auseinandersetzung mit einem durchgeführten partizipativen[5] Softwaretechnikprojekt versucht werden.

---

[2] Nur in wenigen Informatik-Studiengängen in Deutschland sind praxisorientierte Lehr- bzw. Lernformen (z.B. Projekte) als Schwerpunkt fest verankert.

[3] Zum Begriff Kooperation siehe z.B. Malone/Crowston 1994, Bannon/Schmidt 1991.

[4] Eine entsprechende Betrachtung ließe sich z.B. auch hinsichtlich Management oder Produktionsplanung anstellen.

[5] Unter Partizipation verstehen wir die kontinuierliche Einbeziehung von zukünftigen Systemanwendern, die die Anforderungsermittlung, aber auch Systementwürfe

2 Das Hippo⁶-Projekt - ein Partizipationsprojekt zum Design eines Pflegeplanungs- und Dokumentationssystems für den Gruppenarbeitsplatz Station

Das Projekt wurde im Rahmen einer turnusmäßig veranstalteten zweisemestrigen Lehrveranstaltung durchgeführt, die als Vertiefungslehrangebot in der Softwaretechnik für Informatikstudierende des Hauptstudiums konzipiert ist. Hierbei sollen die in der Kernvorlesung und in Vertiefungsvorlesungen erlernten Inhalte selbständig angewendet und ausgewertet werden. Normalerweise ist die evolutionäre Entwicklung eines Softwaresystems mit Anforderungsermittlung, Bestimmung eines Soll-Konzeptes sowie der Teilimplementierung eines Anwendungssystems in Teams vorgesehen.

Die Besonderheit der durchgeführten Lehrveranstaltung lag in den folgenden Bereichen:

- *Erfahrung von Partizipation in der Softwareentwicklung* bei gleichzeitiger

- *Annäherung an einen innovativen forschungsrelevanten Anwendungskontext,*

- *Kontakt zur Marktsituation und zu Firmen,*

- *Unterstützung und Auswertung von Teamarbeit und deren Koordination.*

Projektverlauf

Im *ersten Semester* führten die 30 teilnehmenden Studierenden in Dreierteams jeweils zwei Interviews mit Pflegekräften verschiedener Stationen eines Universitätskrankenhauses. Die Pflegeplanung und -dokumentation wurde in diesem Krankenhaus zum Zeitpunkt der Interviews ohne jegliche Rechnerunterstützung durchgeführt. Für die verschiedenen Planungs- und Dokumentationsschritte des Pflegepersonals wurden eine Vielzahl von Dokumenten verwendet, die teilweise von Station zu Station unterschiedlich gestaltet und auch unterschiedlich eingesetzt wurden. Die Interviews wurden möglichst am Arbeitsplatz gehalten, so daß die Studierenden Einblick in die gesamte Arbeitssituation, die Räume und die verwendeten Dokumente gewinnen konnten. Hierzu wurden als Vorbereitung Probeinterviews gehalten und deren Ausarbeitung geübt. Die im Krankenhaus durchgeführten Interviews wurden gemäß der erarbeiteten Techniken in Szenarien und Glossaren in der Fachsprache der Anwender ausgearbeitet und mit den jeweiligen Interviewpartnern bei einem erneuten

---

mitgestalten oder bewerten. Nur durch die Anwender erlangen Systementwickler das notwendige Wissen der zu unterstützenden Arbeitsabläufe (vgl. Krabbel u.a. 1996). Partizipation gehört daher zur gelehrten Methodik am Hamburger Arbeitsbereich Softwaretechnik – ihre Notwendigkeit wird allerdings im Rahmen von Lehrveranstaltungen wegen der fehlenden unmittelbaren und längerfristigen Begegnung mit Arbeitssituationen von Anwendern bisher wenig erfahrbar.

⁶ *Hilfe in Pflegeplanung und -organisation.*

Termin rückgekoppelt. Daneben wurden auch die Interviewdurchführung, die vorgefundenen Interviewsituationen und die Zusammenarbeit in den Dreierteams pro Gruppe im Plenum vorgestellt und besprochen. Die erstellten Dokumente, die z.T. mit eingescannten Arbeitsformularen des Krankenhauses ergänzt wurden, wurden in einem in der Lehrveranstaltung aufgebauten paßwortgeschützten Intranet allen Projektmitgliedern zur Verfügung gestellt.

Es erfolgte eine Charakterisierung der Arbeitssituationen und vorgefundenen Kooperationsarten sowie der Gründe, die zu der auf Station notwendigen Kooperation führen. Dies mündete in eine Anforderungsermittlung, wobei sich auf den Aufgabenbereich Pflegeplanung und -dokumentation beschränkt wurde. Themen, die die technischen Aspekte der Softwarekonstruktion betrafen, wurden parallel zu dem Erschließen der fachlichen Anforderungen in Sonderterminen behandelt (so die Einführung in C++ und in ein am Arbeitsbereich entwickeltes Rahmenwerk zur Werkzeugkonstruktion).

Im *zweiten Semester* wurden eine Neuaufteilung in Teams vorgenommen, wobei Arbeitsgruppen mit unterschiedlichen Schwerpunkten und Verantwortlichkeiten gebildet wurden. Ein konzipierter Projektplan wurde etabliert und konnte bis auf kleine Ausnahmen eingehalten werden. Jede Gruppe hatte zu vorgegebenen Terminen ihre Ergebnisse der Gesamtgruppe vorzustellen, um Teilergebnisse rechtzeitig an andere Gruppen weiterzuleiten. Es wurde eine Analyse- und Rückkopplungsgruppe gebildet, die intern als Anlaufpunkt für fachliche Rückfragen während des Designs und der Konstruktion diente und in regelmäßigen Abständen diese Fragen mit den Anwendern klärte. Im besonderen bezogen sich die durchgeführten Rückkopplungen auf die Unterschiede der Stationen. Dies kam dem Interesse von im Krankenhaus existierenden Gruppen zur Standardisierung in der Pflege entgegen. So konnten Sitzungen mit Vertretern mehrerer Stationen durchgeführt werden und neue, in der Lehrveranstaltung eigens erarbeitete Techniken angewendet und evaluiert werden

Daneben war eine Oberflächenprototypgruppe für den Systementwurf des Gruppenarbeitsplatzes mit den entsprechenden Werkzeugen und Materialien verantwortlich. Auch diese Gruppe arbeitete in kontinuierlicher Rücksprache mit Anwendern, wobei die Vorbereitung dieser Sitzungen zu erlernen war. Fragekataloge zur Prototyprückkopplung wurden erarbeitet, die Auswertung der Rückkopplungen mündete in neue Prototypversionen. Eine weitere Gruppe befaßte sich mit der Konstruktion funktionaler Prototypen, die ausgewählte Werkzeuge und Materialien in C++ implementierte und sich im Design, sofern technisch möglich, an die Vorgaben der Oberflächenprototypgruppe hielt. Hierzu waren Erweiterungen des C++-Rahmenwerks notwendig, die eine weitere spezialisierte Gruppe übernahm. Insgesamt wurde das Projekt durch eine von Studierenden gebildete Projektleitungsgruppe koordiniert, die die Moderation der Projektsitzungen übernahm, für den Austausch der Gruppen untereinander sorgte und bei Konflikten aktiv wurde. Ihr ist die Idee zu verdanken, gegen Ende des zweiten Semesters als Extratermin einen Projekttag einzuführen, an dem alle Gruppen ihre Ergebnisse der Gesamtprojektgruppe vorstellten.

Sowohl im ersten als auch im zweiten Semester der Veranstaltung wurden ganztägige *Exkursionen*, zu den Flensburger Krankenhaustagen und der Interhospital in Hannover, veranstaltet. Hierbei wurde zur Vorbereitung in Ansätzen das Vorgehen bei Marktanalysen im Rahmen von Messen mit Fragebögen und Drehbüchern vermittelt (vgl. Krabbel, Wetzel 1997). (Bei zunehmendem Einsatz von Standardprodukten erhält die Systemevaluation und -auswahl immer größere Bedeutung in der Berufstätigkeit und erforderte ebenfalls ein entsprechendes Lehrangebot in der Ausbildung!) Die Exkursionen wurden dahingehend genutzt, daß die Studierenden in Teams zunächst einmal herauszufinden hatten, welche Hersteller bereits Pflegeplanungs- und Dokumentationssystemen anbieten. In einem zweiten Schritt wurden diese Systeme dann in Demonstrationen und Herstellergesprächen näher betrachtet und eingeschätzt. Die Exkursionen wurden jeweils im Plenum ausgewertet. Aufgrund der durchgeführten Interviews wurde den Studierenden deutlich, wie wenig die derzeit angebotenen Systeme in den Anwendungskontext passen. Bei den Gesprächen und Demonstrationen während der Messe ergaben sich Kontakte zu Firmen, die Interesse an der Präsentation der Projektergebnisse zeigten. Ferner wurden Studierende aufgrund ihrer genauen Kenntnis des Anwendungsbereichs (aufgrund zweier Interviews!) bereits als zukünftige Mitarbeiter der Softwarehäuser geworben. Daneben führten die Exkursionen wie auch weitere Social Events zu einer Identifikation mit dem Projekt, auf der ersten Exkursion wurde im Zug der Name des Projektes geboren.

An dem abgehaltenen internen Projekttag war eine für alle überraschende große Begeisterung zu spüren, die aufgrund der guten Ergebnisse aller Gruppen, des Teamgeistes insgesamt und besonders der erarbeiteten Prototypen aufkam. Die Studierenden waren aufgrund der Einsicht in die Marktsituation der Überzeugung, daß die erarbeiteten Prototypen besser seien als viele angebotene Systeme.

Am Ende des Projekts standen zwei fertige Prototypen zur Verfügung. Einerseits ein mit Delphi unter Windows 95 entwickelter Prototyp, der den Gruppenarbeitsplatz auf einer Station graphisch sehr anschaulich darstellt, und andererseits ein unter dem Betriebssystem Unix in C++ und unter Verwendung des C++-Rahmenwerks entwickelter Prototyp. Von der softwaretechnischen Seite betrachtet, stellt der mit Delphi entwickelte Prototyp eine Oberfläche zur Verfügung, die für Analyse und Design des zukünftigen System hervorragend geeignet ist, für die Konstruktion eines größeren Systems hingegen ist die darunter liegende Architektur in Delphi kaum verwendbar. Um die Architektur eines entsprechenden Systems zu überprüfen und zu planen, eignet sich vielmehr der mit C++ entwickelte Prototyp. Bei der Konstruktion des C++-Prototyp wurde das Augenmerk insbesondere auf softwaretechnische Prinzipien, wie Kapselung, Geheimnisprinzip, Modularisierung bzw. Objektorientierung, Entwurfsmuster, Rahmenwerkentwicklung und Skalierbarkeit von Systemen gerichtet.

Auswertung

Die *Projektpräsentation*, zu der alle Interviewpartner und Mitarbeitende der Krankenhausprojektgruppen, die EDV-Abteilung des Krankenhauses sowie Studierende und Mitarbeitende mehrerer Arbeitsbereiche des Fachbereiches Informatik eingeladen waren, wurde in mehreren Sitzungen vorbereitet. (Auch Projektpräsentationen, die vor Anwendern stattfinden, sind Bestandteil jedes größeren Anwendungsentwicklungsprojektes und sollten ebenfalls zum Gegenstand von Lehrveranstaltungen werden!)

Jede Gruppe präsentierte ihre Ergebnisse. Viel Kreativität wurde bei der Vorstellung des Oberflächentyps deutlich, der im Rahmen eines Rollenspiels erläutert wurde. Die Projektpräsentation wurde von allen in ihrer Professionalität geschätzt und ist als voller Erfolg zu werten. Es kamen sogar Vertreter von Firmen, die auf den Messen mit den Studierenden ins Gespräch gekommen waren.

In dem durchgeführten Projekt konnten die Teilnehmenden deutlich erfahren, wie notwendig *Partizipation* ist zur Entwicklung von Systemen, die im Einsatzkontext tauglich sind.[7] Die in Veröffentlichungen bzw. auf Tagungen konstatierte arbeitsorganisatorische „Unempfindlichkeit"[8] stand als kontinuierlich zu bearbeitendes Thema während des ganzen Projektverlaufs im Zentrum: Partizipation wurde bewußt und erfolgreich zur Entwicklung von kooperationsunterstützender Software genutzt. Dieser Erkenntnisgewinn der Studierenden steht im Gegensatz zu Lehrerfahrungen in anderen Veranstaltungen, in denen – überspitzt ausgedrückt – Partizipation dahingehend mißverstanden wurde, daß Informatikerinnen und Informatiker den Anwendern zeigen, daß sie auch ganz nette Menschen seien.

Der Kontakt zu Anwendern bewirkte zudem eine eigene Projektdynamik. Die Projektteilnehmenden waren während des gesamten Projektes hochmotiviert, so daß 90 % der Teilnehmenden mit hohem Arbeitsaufwand an dem Projekt durchgängig mitarbeiteten und zur Veranstaltungsform ein äußert positives Feedback gaben. Aus dem Projektkontext entstanden bzw. entstehen eine Reihe von Studien- und Diplomarbeiten.

Abschließend ist zu erwähnen, daß mit der ausgewählten Domäne äußerst forschungsrelevante Fragen im Bereich CSCW verbunden sind und zu interessanten Lösungen im Design geführt haben. Weiter ist hervorzuheben, daß vorhandene Softwarekomponenten gelehrt und eingesetzt wurden und im Rahmen des Projektes eine Erweiterung vorgenommen wurde.

3 Kooperation erfahren – Software entwickeln

Das Projekt hat gezeigt, daß auch Lehrformen praktisch durchführbar sind und erfolgreich sein können, die die Partizipation bei der Entwicklung von Computerunterstützung für Kooperation ins Zentrum stellen. Wie keine andere Lehrform trägt diese Art von Veranstaltung dazu bei, die Kooperation von Softwareentwicklern und -

---

[7] Dies wird auch zunehmend in der Krankenhausdomäne (die sich als eigene Schwerpunktbildung im Bereich der Informatik herauszubilden scheint) erkannt und auf dem Hintergrund bereits jahrelanger Projekterfahrungen thematisiert (aktuell z.B. Wolf/Karat 1997).

[8] Heath u.a. 1993 z.B. fassen zusammen, daß der ausbleibende Erfolg von CSCW-Systemen auf ihre „insensitivity" gegenüber Arbeitsorganisation und Kommunikation in realen Arbeitskontexten zurückzuführen seien.

anwendern *erfahrbar* zu machen: die Studierenden lernen selbst, die Grenzen ihrer eigenen Fähigkeiten sowie die Kompetenz der Anwender einzuschätzen, die Probleme durch Nichtbehandlung von Organisationsaspekten zu benennen bzw. situationsangemessene Lösungen dafür zu suchen und so ein wesentlich besseres Design und Konzeption von Softwaresystemen zu erzielen.

Darüber hinaus motiviert diese Veranstaltungsform in hohem Maß, ein Anwendungssystem in *Kooperation* zu konzipieren und zu bauen. Die Begegnung mit Nichtinformatikern und der Einblick in deren Arbeitssituation bedeutet eine Herausforderung, im Gegenzug den kennengelernten Anwendern über die Projektergebnisse und entstehenden Systeme und damit die Arbeitsweise und die Profession von Informatikern vorzustellen. Gegenüber „Spiel"projekten, deren Ergebnisse kaum Beachtung finden und die nie auf ihre Einsatztauglichkeit hin überprüft werden, führt der direkte Kontakt zu der Anwendungswelt und die mehrfachen Rückkopplungen mit „echten" Anwendern zu dem Wunsch, möglichst gute Ergebnisse zu erzielen.[9] Dies führt soweit, daß Studierende wissenschaftliche Ansätze, Ergebnisse und Veröffentlichungen dahingehend beurteilen, inwieweit sie zu der Lösung erkannter Probleme tatsächlich beitragen.

Diese Erfahrung von Partizipation in der Lehre ist somit u.E. die wichtigste Grundlage für die Entwicklung und Einführung angemessener Computerunterstützung für Kooperation. Diese Gelegenheit zu bieten, ist daher wichtige Aufgabe einer Informatik-Ausbildung. Allerdings sollte dies nicht unvorbereitet erfolgen, weder im Studium noch in der Berufstätigkeit: Notwendig ist die vorherige bzw. begleitende Vermittlung von Methoden der partizipativen Softwareentwicklung und der Kooperationsanalyse an die Studierenden und darüber hinaus – was nicht zu unterschätzen ist – der Hintergrund eigener Erfahrungen mit diesen Methoden (möglichst aus Praxisprojekten) bei den Lehrenden.

Die Auswahl geeigneter Anwendungsdomänen und möglichst die Vertrautheit der Lehrenden mit dem jeweiligen Bereich bildet eine weitere Voraussetzung. Unterstützend für die Ausbildung ist dabei die systematische Auseinandersetzung mit am Markt angebotenen Software-Produkten, z.B. durch kriteriengeleitete Evaluation oder auch Nutzung zur Lösung von Test-Aufgaben. Daneben braucht es, das sollte keinesfalls verschwiegen werden, viel zusätzlichen Organisationsaufwand und Kommunikation mit den externen Organisationen, die eine Bereitschaft zur Kooperation signalisieren.

Die zeitliche Vorarbeit für solch eine Lehrveranstaltung, die z.B. evtl. Genehmigungen durch Betriebsräte einschließen (da Interviewausarbeitungen als Arbeitsplatzbeschreibungen angesehen werden können), und auch der Aufwand einer kontinuierlichen projektbegleitenden Rücksprache darf in keinem Fall unterschätzt werden. Dieser Mehraufwand – gepaart mit fehlender universitätsinterner Infrastruktur zu

---

[9] Vgl. dazu z.B. auch Kubicek/Höller 1991: Erst die Konfrontation mit nichtinformatischen Domänen ermöglicht die Auseinandersetzung mit den Anforderungen der Anwendungswelt.

seiner Unterstützung sowie angemeldete Zweifel an der wissenschaftlichen Relevanz – führt neben der Begeisterung über diese Lehrveranstaltungsform auch zu der sehr ernstzunehmende Frage, inwiefern sich derartige Lehrveranstaltungen in Zukunft etablieren können.

Die Antwort darauf wird einhergehen mit dem Leidensdruck der Praxis und der Bereitschaft, hierfür Abhilfe schaffen zu wollen. Die allermeisten Projekte zur Softwareeinführung in Unternehmen zeigen, daß die durch die Technikeinführung zwangsläufig zu behandelnden Aspekte der Arbeitsgestaltung und Organisationsentwicklung nicht angemessen im Projekt bzw. Projektumfeld thematisiert werden (und daher oft auch zum Scheitern verurteilt sind).[10] Informatikerinnen und Informatiker finden sich hierbei häufig in der Überforderung wieder, ohne Auftrag, ohne Ausbildung und ohne verfügbare Ressourcen mit diesen häufig nur latenten Gestaltungsfragen umzugehen. Angesichts dieser realen Überforderung könnte man konsequent eine entsprechend veränderte Ausbildung oder zumindest Studienprofile mit Schwerpunktbildungen im Bereich des Informatikstudiums fordern:[11] Sollten nicht Arbeitsgestaltung und Organisationsentwicklung als Teile der Informatik-Profession und auch der - Wissenschaft behandelt werden? Müßte die Ausbildung dies nicht mit entsprechend hohem Anteil berücksichtigen?

Daß die Einbindung von Informatikerinnen und Informatikern in ihre Arbeitsfelder gelingt und für die Beteiligten produktiv ist, liegt im gemeinsamen Interesse aller – das gilt auch und gerade für den Bereich computergestützte Kooperation. Aus der bereits etablierten Arbeitsteilung zwischen Sozialwissenschaften und Informatik z.B. hinsichtlich der Technikfolgenabschätzung[12] läßt sich aber auch lernen, daß die Informatik nicht versuchen sollte, Themenfelder zu besetzen, bei denen die methodische Kompetenz bereits woanders entwickelt und gelehrt wird. Das noch weitgehend ungeklärte Verhältnis zwischen Informatik und Wirtschaftsinformatik gibt zudem ebenfalls Anlaß, sich mit weitgehenden Forderungen nach neuen Ausbildungsschwerpunkten zunächst zurückzuhalten.

Die an dieser Stelle notwendige Arbeitsteilung und Prioritätensetzung muß der weiteren Diskussion vorbehalten bleiben. Aber sie findet unter dem Vorzeichen statt, daß in der Informatik-Ausbildung praxisorientierte Lernformen zur Softwareentwicklung für Kooperation möglich und sinnvoll sind.

---

[10] Vgl. z.B. Weltz/Ortmann 1992, Kling 1994, Klischewski 1996.

[11] Der Fachbereich Informatik der Universität Hamburg bereitet derzeit eine Studienreform vor, die eine diesbezügliche Ausweitung beinhalten wird.

[12] Technikfolgenabschätzung wird in der Informatik soweit betrieben, wie sie der Aufklärung und Verbesserung von Informationstechnikgestaltung dient (nur in diesem Rahmen werden sinnvollerweise auch Methodenfragen diskutiert).

Literatur

Coy, W., Nake, F., Pflüger, J.-M., Rolf, A., Seetzen, J., Siefkes, D., Stransfeld, R. (Hg.) (1992): Sichtweisen der Informatik. Braunschweig/Wiesbaden: Vieweg

Denning, P., Comer, D., Gries, D., Mulder, M., Tucker, A., Turner, J., Young, P. (1989): Computing as a Discipline. In: Communications of the ACM, Vol. 32, Jan. 1989, S. 9-23

Floyd, C. (1987): Outline of a Paradigm Change in Software Engineering. In: Bjerknes u.a. 1987, S. 191-210

Floyd, C. (1987a): STEPS – eine Orientierung der Softwaretechnik auf sozialverträgliche Gestaltung. In: Informatik Forum, Vol. 2, 2/1987, S. 40-45

Grudin, J. (1994): Groupware and Social Dynamics: Eight Challenges for Developers. CACM Vol. 37, No 1, S. 92-105

Heath, C., Jirotka, M., Luff, P., Hindmarch, J. (1993): Unpacking Collaboration: The Interactional Organisation of Trading in a City Dealing Room. Proceedings ECSCW 93, Mailand

Kling, R. (1994): Organizational Analysis in Computer Science. In: Huff, C., Finholt, T. (Hg.): Social Issues in Computing. Ney York, S. 18-37

Klischewsi, R. (1996): Anarchie – ein Leitbild für die Informatik. Von den Grundlagen der Beherrschbarkeit zur selbstbestimmten Systementwicklung. Frankfurt/M.: Peter Lang

Krabbel, A., Wetzel, I.: Vorgehensweise bei der Auswahl eines integrierten Krankenhausinformationssystems. In: Köhler, C.O., Ellsässer, K.-H. (Hrsg.): Medizinische Dokumentation und Information - Handbuch für Klinik und Praxis. Loseblattsammlung, ecomed, Landsberg, 1997, I-5

Krabbel, A., Wetzel, I., Ratuski, I. (1996): Participation of Heterogeneous User Groups: Providing an Intergrated Hospital Information System. In: Blomberg, J. u.a. (Hg.): PDC 96, Proceedings of the Participatory Design Conference, Cambridge (MA), S. 241-249

Kubicek, H., Höller, H. (1991): Das Organisationskonzept teilautonomer Arbeitsgruppen als Leitbild für die Gestaltung von Groupware-Systemen. In: Oberquelle, H. (Hg.): Kooperative Arbeit und Computerunterstützung. Göttingen: Angewandte Psychologie, S. 149-174

Malone, T.W., Crowston, K. (1994): The Interdisciplinary Study of Coordination. ACM Computing Surveys, Vol. 26, No. 1, S. 87-119

Mambrey, P., Oppermann, R., Tepper, A. (1986): Computer und Partizipation. Ergebnisse zu Handlungs- und Gestaltungspotentialen. Opladen: Westdeutscher Verlag

Weltz, F., Ortmann, F. (1992): Projektmanagement in der Praxis. Frankfurt/M.: Campus

Wolf, C.G., Karat, J. (1997): Capturing What is Needed in Multi-User System Design: Observations from the Design of Three Healthcare Systems. Designing Interactive Systems, DIS 97, Amsterdam

Zemanek, H. (1971): Was ist Informatik? In: Rektorat der Technischen Hochschule Wien (Hg.): Informatik – Aspekte und Studienmodelle. Wien/New York: Springer, S. 5-18

Wissensvermittlung durch Studierende für Studierende

Stärken und Schwächen einer spezifischen Lehrveranstaltungsform im Fachgebiet Informatik und Gesellschaft

Thomas Herrmann, Marcel Hoffmann und Andrea Misch

Fachgebiet Informatik & Gesellschaft,
Universität Dortmund, FB 4, LS VI, 44221 Dortmund
email: {herrmann, hoffmann, misch}@iug.informatik.uni-dortmund.de

1   Einleitung

Mit der beschleunigten Entwicklung hin zur Informationsgesellschaft gewinnt auch das Thema „Informatik und Gesellschaft" zunehmend an Bedeutung. Dies spiegelt sich nur in wenigen Lehrveranstaltungen der Informatik wider und dort, wo „Informatik und Gesellschaft" explizit gelehrt wird, steht man meistens vor der Herausforderung, nicht nur die Inhalte, sondern auch die Relevanz dieser Thematik für die Informatikausbildung vermitteln zu müssen. Nach unseren Erfahrungen fehlt es Studierenden der Informatik häufig an Vorstellungen über die Anforderungen ihres kommenden Berufslebens und dessen Vielschichtigkeit, es mangelt an Kenntnissen über die Einsatzformen der Informationstechnik und vor allem über die - meist nicht technischen - Erfolgsfaktoren des Einsatzes. Das mangelnde Denken in Zusammenhängen impliziert mangelndes Problembewußtsein [Klafki 1996, S. 64] und in Folge dessen Unverständnis hinsichtlich der Relevanz einer Integration gesellschaftsorientierter Reflektion in den Methodenkanon der Informatik. Darüber hinaus richten Studierende sehr unterschiedliche, häufig unklare und in vielen Fällen wenige positive Erwartungen an das Fach Informatik und Gesellschaft. Vor diesem Hintergrund ist die Frage zu beantworten, welche Lehrveranstaltungsform für das Fachgebiet „Informatik und Gesellschaft" zu wählen ist, wobei wir uns im folgenden auf eine Grundstudiums-Veranstaltung mit Pflichtcharakter beschränken (für eine breiter angelegte Diskussion siehe [Domeyer et. al. 1995] und [GI 1997]). Dabei kombinieren wir mittels besonderer organisatorischer Maßnahmen Eigenschaften und Vorteile verschiedener Veranstaltungsformen, wie Vorlesung, Übung, Seminar sowie fall- und empirie-orientierte Kurse. Das daraus resultierende Konzept wird hier vor dem Hintergrund von vier Jahren Erfahrung und kontinuierlicher Verbesserung dargestellt.

In Abschnitt 2 präsentieren wir die inhaltlichen Ziele der Veranstaltung und führen anschließend in Abschnitt 3 vier Themengebiete ein, die die inhaltliche Basis unseres

Konzepts bilden. Die in diesen beiden Kapiteln begründete Orientierung auf die Arbeitswelt halten wir für die Lehre sozialer und gesellschaftlicher Auswirkungen von Informations- und Kommunikationstechniken aufgrund ihrer Berufsrelevanz für maßgeblich.

In Abschnitt 4 stellen wir Aufgabenstellungen vor, die nach unserer Meinung Bestandteil der Lehre von Informatik und Gesellschaft sein sollten. Dabei wird im Einzelnen erläutert, inwiefern die Aufgabenstellung die Erarbeitung der in Abschnitt 3 eingeführten Themengebiete unterstützt. Wir konzentrieren uns auf Darstellungsmethoden und auf die Befähigung der Studierenden, sich aktiv mit praktischen Problemen auseinanderzusetzen und dabei Kritik- und Argumentationsfähigkeit [Klafki 1996, S. 63] zu entwickeln.

In Abschnitt 5 werden dann verschiedene Veranstaltungsformen für die Lehre von Informatik und Gesellschaft vorgestellt und zu einem integrierten organisatorischen Konzept verbunden. Abschließend wird im Ausblick auf die drängendsten Probleme eingegangen.

2   Ziele der Lehrveranstaltung

Mit der Veranstaltung verfolgen wir eine Reihe von Zielen, aus denen sich sowohl die Inhalte als auch die eingesetzten Methoden und die Organisation der Veranstaltung ableiten lassen. Die Veranstaltung soll Studierende in die Lage versetzen, bei Diskussionen zur gesellschaftlichen Bedeutung der Informatik detailliert und vertiefend argumentieren zu können und sie befähigen, die gesellschaftliche Relevanz des im Studium vermittelten Stoffes zu beurteilen. Weiterhin soll das Bewußtsein für Problemkonstellationen geschult werden, die in unterschiedlichen Bereichen des Berufslebens auftreten können, und die Studierenden sollen lernen, Handlungsmöglichkeiten für auftretende Probleme zu identifizieren. Dabei geht es insbesondere darum zu erkennen, welche Wirkungen bzw. Folgen die Einführung und der Einsatz von Informations- und Kommunikations-Technologie (IuK-Technologien) haben kann und mit welchen Gestaltungskonzepten man auf unerwünschte Wirkungen reagieren kann. Besonders wichtig erscheint die Identifizierung von Belastungen der Benutzer sowie das Wissen um gesamtgesellschaftliche Risiken und Auswirkungen. Zusätzlich darf die Betrachtung der Veränderungen von Organisation, Kommunikation und Qualifikationsanforderungen in Betrieben nicht vernachlässigt werden. Es werden also sowohl die individuell als auch die gesellschaftlich und organisatorisch orientierten Sichtweisen gelehrt.

Die Studenten sollen in die Lage versetzt werden, eine Auswahl an Methoden und Maßnahmen treffen zu können, die in der Praxis zur Vermeidung von Problemen eingesetzt werden. Dabei ist es von besonderem Interesse, durch geeignete Konzepte und Methoden auf die spätere Kooperation und Kommunikation mit den Anwendern der IuK-Technologien vorzubereiten. So werden die Studenten befähigt, IuK-Technologien den humanen, sozialen und gesellschaftlichen Anforderungen entsprechend zu gestalten.

In der Praxis haben wir festgestellt, daß die Studierenden die Relevanz des Faches für ihre berufliche Ausbildung als gering einschätzen. Da wir jedoch der Meinung sind, daß die Studenten für die angesprochenen Probleme sensibilisiert werden müssen, liegt ein weiteres Ziel der Veranstaltung darin, den Studenten zu vermitteln, daß es sich bei den im Rahmen der Veranstaltung anzusprechenden Themen und Problemen nicht um überflüssiges Beiwerk, sondern um Themen und Fragestellungen handelt, die für Informatiker in der beruflichen Praxis unvermeidbar und wichtig sind.

3 Inhaltliches Konzept

Bereits bei der Beschreibung der Ziele wurde herausgestellt, daß bei den Aufgabenstellungen von den Anforderungen der späteren Berufspraxis ausgegangen werden muß [Friedrich 1981, S. 14]. Aus diesem Grunde werden verschiedene Anwendungsfelder von IuK-Technologie herausgegriffen, die jeweils hinsichtlich unterschiedlicher Fragestellungen behandelt werden. Dabei werden Anwendungsfelder behandelt, bei denen die Einführungen von IuK-Technologien aktuell Veränderungen zeigt. In jedem Jahr werden die Anwendungsfelder auf ihre Aktualität geprüft und ggf. ersetzt. So wurde beispielsweise im vergangenen Jahr das Anwendungsfeld mobiler Kommunikation zugunsten der Betrachtung des Einsatzes neuer Medien in Informationsdiensten gestrichen. Neben diesem Feld wird in der Veranstaltung im WS 97/98 der Einsatz von IuK-Technologien im Bereich der Aus- und Weiterbildung, im Produktionsbereich und im Gesundheitswesen beleuchtet.

Die Anwendungsfelder werden unter verschiedenen Fragestellungen behandelt, die zu unterschiedlichen Themengebieten zusammengefaßt werden. Um einen Überblick

	Aus- und Weiterbildung	Dienstleistung und Handel
I: Anwendungen von Informations- und Kommunikationstechnik	Vom CBT zum virtual classroom: Welche Rolle spielen unterschiedliche Computersysteme in der Aus- und Weiterbildung? Welche Einsatzformen und Organisationskonzepte zum computerunterstützten lernen können unterschieden werden?	Technotrends und Anwendungen im Handel: Welche Anwendungstypen werden eingesetzt, und welche neuen Technologien sind gerade aktuell?
II: Veränderungen von Organisation, Kommunikation und Qualifikation	Lernen im Wandel: Wie verändern sich Lernformen und Lerninhalte in der Informationsgesellschaft?	Versicherungsgewerbe im Umbruch: Welche Veränderungen der Ablauf- und Aufbauorganisation, sowie der betrieblichen Kommunikation ergeben sich in Versicherungen bspw. durch die Einführung von Telearbeit und Workflow-Management?
III: Belastungen und Software-Ergonomie	Interaktivität und Ergonomie von Lernprogrammen: Welche besonderen Anforderungen werden an die ergonomische und didaktische Gestaltung von Computersystemen für Aus- und Weiterbildung gerichtet?	Belastungen durch Telearbeit: Welche psychologischen und sozialen Belastungen können bei Telearbeiten auftreten?
IV: Datenschutz	Datenschutz in der Schule und Hochschule: Welche Gesetze und Verordnungen regeln die Speicherung und Verarbeitung von Daten über Schüler und Lehrer?	Datenschutz beim elektronischen Zahlungsverkehr: Welche Risiken ergeben sich bei verschiedenen Zahlungssystemen z.B. für Kunden und Händler?

Tabelle 1: Themen und Fragestellungen

über das jeweilige Anwendungsfeld zu bekommen, werden zunächst Fragestellungen behandelt, die aktuelle Anwendungen und Risiken beschreiben. Darauf wird auf die durch die eingeführte Technologie beobachteten Veränderungen von Organisation, Kommunikation und Qualifikation eingegangen. Anschließend werden zwei Themengebiete behandelt, in deren Rahmen Mißstände aufgedeckt und Verfahren erarbeitet werden, wie diese Mißstände in Zukunft bereits im Vorfeld umgangen werden können. Dabei wird einerseits auf die Belastung durch Computerarbeit und Anforderungen an benutzerfreundliche Software-Gestaltung eingegangen. Andererseits werden wesentliche Aspekte von Problemen des Datenschutzes und der Datensicherheit behandelt. Wie nachfolgend erläutert wird, liegt der Schwerpunkt der Themengebiete und ihrer Fragestellungen dabei weniger auf den Artefakten der IuK-Technik selbst als vielmehr auf der Betrachtung ihres Anwendungskontextes [vgl. dazu Dahlbom&Mathiassen 1997, S. 86]. Als Beispiel zeigt Tabelle 1 einige Fragestellungen, mit denen Themengebiete auf dem Anwendungsfeld der Aus- und Weiterbildung bzw. im Bereich Dienstleistungen und Handel diskutiert wurden.

3.1 Beschreibungsmöglichkeiten für Anwendungen und Risiken

Um Wirkungen oder Folgen von IuK-Technologien diskutieren zu können, aber auch um Vor- und Nachteile unterschiedlicher Gestaltungsvarianten zu beurteilen, werden modellhafte Beschreibungen von IuK-Technologien benötigt (vgl. Kap. 4.1). Mit Hilfe der Modellierungsmethoden sollen Studierende erlernen, eine Anwendung von Informations- und Kommunikationstechnik aus verschiedenen Blickwinkeln zu betrachten. Dabei üben sie im Einzelnen,

- eingesetzte Hard- und Software zu differenzieren und die Architektur der Anwendung mit Hilfe von Architekturmodellen zu beschreiben,
- den Zweck des Systems mit den Interessen der Beteiligten zu vergleichen, indem man versucht, soziotechnische Systeme zu modellieren,
- mit Ablaufdiagrammen sowie Daten- und Organisationsmodellen den Einsatz des Systems in Arbeitsprozessen und den Beitrag zur Verarbeitung von Informationen und Daten in einer Organisation darzustellen sowie
- die dahinter stehende Art und Weise der Entwicklung und Einführung von Software anhand von Vorgehensmodellen zu hinterfragen.

Die Beschreibung von Anwendungen und Risiken bildet die Grundlage für die Untersuchung des Einsatzes von IuK-Technologie unter speziellen Fragestellungen, die in den folgenden drei Abschnitten erläutert werden.

3.2 Veränderung der Organisation, Kommunikation und Qualifikation

Als zweites Themengebiet behandelt die Veranstaltung Veränderungen von Organisation, Kommunikation und Qualifikation als Folge des Einsatzes von Informations- und Kommunikationstechnik. Dabei geht es insbesondere darum, die wechselseitigen Einflüsse neuer Techniken und innovativer Organisationsformen sowie der Kommunikation und der Qualifikation der Benutzer hervorzuheben. Die Fragestellungen lauten beispielsweise: Wie verändern sich Unternehmensformen und die Aufbau- und Ablauforganisation? Wie verändern sich Kommunikationsinhalte und -stile? Welche neuen Qualifikationen erfordert der Umgang mit Informations- und Kommunikationstechnik?

3.3 Belastung durch Computerarbeit und Anforderungen an benutzerfreundliche Software-Gestaltung

Belastungen der Benutzer sind in der Praxis oft eine wesentliches Hindernis für die Akzeptanz und den Erfolg neuer Technologien. Dabei verstehen wir unter Belastungen Hindernisse oder Erschwerungen des (Arbeits-) Handelns, die mit dem Arbeitsmittel oder der Organisation seines Einsatzes verbunden sind [s. z.B.: Frese&Brodbeck 1989], z.B. durch mangelnde Software-Ergonomie oder durch technisch bedingte Einschränkungen von Handlungs- und Gestaltungsspielräumen. Solche Belastungen können Beeinträchtigungen oder Schädigungen der Benutzer hervorrufen oder der Entfaltung und Weiterentwicklung von Fähigkeiten entgegenstehen. Das Thema Software-Ergonomie gibt Gelegenheit, auf derzeit aktuelle Normierungsfragen auf diesem Gebiet einzugehen, Mißstände aufzudecken und ihre Relevanz für das spätere berufliche Wirken von Informatikern zu verdeutlichen.

3.4 Wesentliche Aspekte von Problemen des Datenschutzes und der Datensicherheit

Neben der Software-Ergonomie stellt der Datenschutz ein weiteres klassisches Thema von Informatik und Gesellschaft dar. Dabei geht es um Regelungen und Konfliktpotentiale, die bei der Gestaltung von Informations- und Kommunikationssystemen berücksichtigt werden müssen. Die Bearbeitung dieses Themengebiets führt die Teilnehmer in wesentliche Prinzipien des Datenschutzes und rechtliche Rahmenbedingungen ein. Außerdem lernen die Teilnehmer Konfliktpotentiale an konkreten Beispielen für Verstöße gegen die Gesetzgebung, für Mißbrauch personenbezogener Daten und für Regelungen von Streitfällen im betrieblichen Kontext kennen. Ferner wird unter dem Aspekt Datensicherheit auf Risiken des Einsatzes von Informationssystemen eingegangen [Roßnagel 1989]. Insgesamt wird mit dieser Themenkombination das Ziel verfolgt, daß Studierende zwischen unerwünschtem und gewünschtem sowie zwischen mißbräuchlichem und regelgerechtem Gebrauch von Informationssystemen unterscheiden lernen.

4 Aufgabenstellungen und Methoden zur Vermittlung der Inhalte

Wie bereits erwähnt fordert der klassische Vorlesungsbetrieb die Studierenden nach unserer Einschätzung nicht ausreichend zur aktiven Mitarbeit heraus. Statt dessen sollten die Studierenden unterschiedliche Aufgabenstellungen bearbeiten, die im Folgenden erläutert werden.

4.1 Modellierung

Es fällt auf, daß die in der Informatik verbreiteten Beschreibungsmethoden wie der Entity-Relationship Ansatz, die Strukturierte Analyse oder Petri-Netze keine ausreichenden Möglichkeiten zur Modellierung sozial und gesellschaftlich relevanter Dimensionen beinhalten. Viele Modellierungsmethoden beschränken sich auf die Modellierung technischer Aspekte wie Datenflüsse oder Schnittstellenoperationen. Für die Abschätzung von Risiken werden jedoch Modellierungsmethoden benötigt, mit denen beispielsweise auch Belastungen der Benutzer, Qualitäten von Arbeitsaufgaben oder der Mißbrauch personenbezogener Daten modelliert werden können [zu Anforderungen an entsprechende Modellierungsmethoden siehe Herrmann et al. 1997].

Im Rahmen der Grundveranstaltung werden daher verschiedene Modellierungsmethoden kombiniert sowie deren Einsatz für die Identifikation und Darstellung von Problem- und Konfliktfeldern geübt. Dabei dient die Modellierung verschiedener Anwendungen von IuK-Technologie als Einstieg in die Betrachtung der Arbeitswelt und dem Kennenlernen besonders relevanter Anwendungsfelder (vgl. Kapitel 3).

4.2 Empirie

Damit die Studenten spätere Problemkonstellationen im Berufsleben erkennen und einschätzen können, scheint es sinnvoll, die Lehrveranstaltungen mit starkem Praxisbezug zu versehen. Um dies zu gewährleisten, werden die Studenten angehalten, in dem ihnen zugeteilten Anwendungsfeld empirisch zu arbeiten und so konkret Wirkungen und Folgen des Einsatzes von IuK-Technologien zu beobachten. Durch Gespräche mit Mitarbeitern können beispielsweise konkrete Belastungen von Nutzern oder die Veränderung der Organisation, Kommunikation oder Qualifikationsanforderungen kennengelernt werden. Da vielen Teilnehmern der Veranstaltung bei den Gesprächen in den besuchten Firmen erstmals Probleme des Einsatzes von IuK-Technologien bewußt werden, liefert die Empirie einen großen Beitrag, um die Relevanz der Themen und Fragestellungen herauszustellen. Dabei scheint es sinnvoll, daß Studierende ihr empirisches Vorgehen im Sinne einer Fallstudie betreiben, bei der es auch darum geht, Verbesserungspotentiale auszuloten und entsprechende Verbesserungsvorschläge zu skizzieren.

4.3 Literatur

Zu den verschiedenen Themen existieren wissenschaftliche Arbeiten und weitere Literatur, die Hintergrundwissen vermitteln (s. z.B. zum Thema Anwendung bei Aus- und Weiterbildung [Schulz-Zander 1995]) und die zur umfassenden Betrachtung der Themen notwendig scheinen. So ist es beispielsweise besonders für den Bereich Datenschutz unerläßlich, sich zunächst mit den speziellen Gesetzen vertraut zu machen, bevor man für einen konkret beobachteten Fall Mißbrauch identifizieren und Handlungsmaßnahmen vorgeschlagen werden können.

Die Betrachtung der Literatur empfiehlt sich überdies, um Grenzen der Empirie entgegenzuwirken. Bei ausschließlich empirischen Arbeiten würde die Forschung auf dem Gebiet von Informatik und Gesellschaft vernachlässigt werden und Entwicklungen in anderen Ländern nur schwerlich Beachtung finden. Auch scheint die Beachtung gesamtgesellschaftlicher Risiken und Auswirkungen für empirische Untersuchungen seitens der Studenten unmöglich, da Zeit und Mittel unzureichend sind. Die Betrachtung aktueller Forschungsberichte und internationaler Studien scheint deshalb ebenso unerläßlich wie das Beachten von Langzeitstudien oder Feldversuchen zu gesamtgesellschaftlichen Risiken und Auswirkungen. Dabei ist es ein wichtiges Lernziel, daß Studierende zwischen wissenschaftlicher Literatur und der Analyse und Auswertung von Dokumenten unterscheiden lernen, wobei letztere keine wissenschaftlichen Erkenntnisse, sondern eher Meinungsäußerungen enthalten. Die Vermischung von beidem ist gerade im Fachgebiet Informatik und Gesellschaft naheliegend. Die Schulung entsprechender Differenzierungsfähigkeiten ist zur Zeit um so wichtiger, da viele Studierende beginnen, recht unkritisch Informationen aus dem WWW zu übernehmen und als Referenzen in ihren Seminararbeiten verwenden, ohne den unterschiedlichen Stellenwert ihrer Quellen zu verdeutlichen.

4.4 Vorträge

Die Inhalte aller vier Themen, die durch Empirie, Literaturrecherche und Modellierung erarbeitet wurden, werden von den Studierenden mittels foliengestütztem Vortrag mit zugehörigem Thesenpapier an die anderen Studenten weitergegeben. So wird gewährleistet, daß sie sich als Vortragende durch Vorbereitung des Vortrags aktiv mit dem Thema auseinandersetzen. Zudem lernen sie, selbst Zusammenhänge darzustellen und vor anderen zu präsentieren. Referate werden zu Übungszwecken in kleinen Gruppen gehalten und nach einer Überarbeitung in großen Gruppen präsentiert (s. Kap. 5). Hierdurch haben die Studenten als Hörer Gelegenheit, auch andere Anwendungsfelder als das selbst Erarbeitete kennenzulernen.

4.5 Diskussion

Auf Grundlage der studentischen Vorträge und der ausgearbeiteten Thesenpapiere folgen Diskussionen, die von einem Tutor (Übungsgruppenleiter) oder dem Dozenten selbst geleitet werden. Dabei lernen die Studenten, den eigenen Standpunkt darzustellen und zu vertreten sowie andere Standpunkte aufzunehmen und darauf einzugehen. Diese Diskussionen schulen insbesondere die Fähigkeit, über Probleme zu sprechen und bereiten so auf die spätere Kommunikation mit Benutzern vor. Außerdem dienen die Diskussionen der Schulung detaillierter und vertiefender Argumentation und Reflektion, die bei späteren Diskussionen zur gesellschaftlichen Bedeutung der Informatik benötigt werden. Die Moderation der Diskussion verfolgt das Ziel, Sachaussagen der Vortragenden notfalls zu korrigieren bzw. zu ergänzen, Argumentationslinien und ihre Interessenhintergründe transparent zu machen, die Vertiefung der Argumentation herauszufordern und damit auch Wege aufzuzeigen, wie die systematische Auseinandersetzung mit einem Thema strukturiert werden kann.

5   Organisatorisches Konzept

Die bisherige Erfahrung zeigt, daß sich die klassische Kombination von Vorlesungseinheiten und parallel zu bearbeitenden Übungsaufgaben zur Erreichung der dargestellten Ziele der Veranstaltung wenig eignet. Vielversprechender erscheint es, wenn sich Studierende aktiv mit dem Stoff auseinandersetzen, indem sie selbst Thesen ausarbeiten und diese durch Kurzreferate zur Diskussion stellen. Aufbauend auf der Annahme, daß Grundlagen am besten per Vorlesung, Anwendungen jedoch als komplexe Beispiele in Diskussionen vermittelt werden sollten, wurde ein Organisationskonzept entwickelt, das den klassischen Vorlesungsbetrieb mit seminarähnlichen Übungsgruppen verbindet und als zusätzliche Veranstaltungsform regelmäßig stattfindende große Übungsgruppe sogenannte *Plena* integriert, die ab der 10. Woche die Vorträge des Dozenten ersetzen. Im folgenden werden die Bestandteile des Organisationskonzeptes einzeln vorgestellt und begründet. Abbildung 1 gibt einen Überblick über das Organisationskonzept . Die Teilnehmerzahlen beziehen sich auf das WS 1997/98:

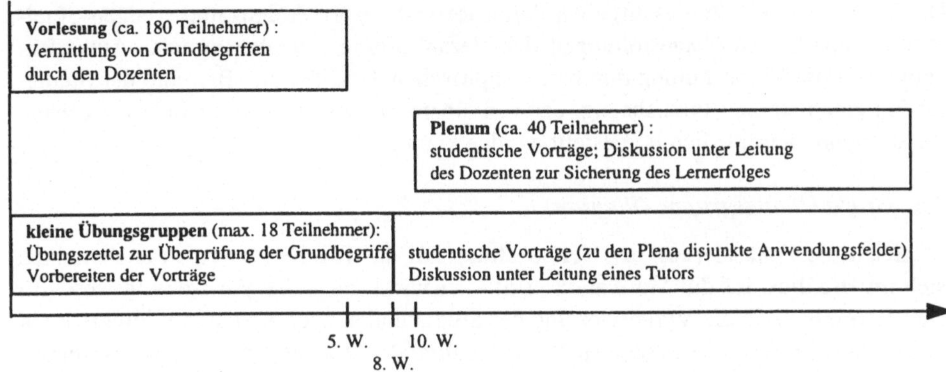

Abbildung 1: Das Organisationskonzept

5.1 Vorlesung, Kompendium und Übungsaufgaben

Zu Beginn der Veranstaltung werden in 5 Vorlesungseinheiten Grundlagenkenntnisse über die Fragestellungen und die Methoden des Fachgebietes Informatik und Gesellschaft vermittelt. Diese Einheiten befassen sich jeweils mit den in Abschnitt 3 vorgestellten Themengebieten. Begleitet werden die Vorträge durch Übungsaufgaben, die von den Leitern der Übungsgruppen korrigiert und in den Übungsgruppen besprochen werden. Die Bearbeitung der Übungsaufgaben wird durch Hinweise auf ein Lehrbuch [Friedrich et al. 1995] und ein die Veranstaltung begleitendes Kompendium unterstützt. Vorträge, begleitendes Material und Übungsaufgaben erlauben es den Studierenden, sich in grundlegende Fragestellung einzuarbeiten und sich in empirischen Methoden und Techniken der Modellierung und Gestaltung von Anwendungen von IuK-Technologien zu üben.

5.2 Kleine Übungsgruppen mit Seminarcharakter

Parallel zu den letzten Vorträgen des Dozenten beginnen Studierende, Fragestellungen aus einem Anwendungsfeld und einem Themengebiet (vgl. Abschnitt 3) zu bearbeiten. Dabei werden sämtliche in Abschnitt 4 erläuterten Aufgabenstellungen abgedeckt. Insbesondere sind die Studierenden gefordert, empirisch zu arbeiten, indem sie beispielsweise Interviews mit Firmenvertretern führen oder konkrete Softwaresysteme erproben und bewerten, und ihre Ergebnisse in Modellen systematisch darzustellen. Parallel dazu bereiten sie ihre Fragestellung durch Literaturrecherche auch von der theoretischen Seite auf. Ein Handapparat erleichtert den Einstieg in die Literaturrecherche. Besonders beauftragte Ansprechpartner beraten die Studierenden bei der Vorbereitung und Durchführung der empirischen Arbeit.

Ab der 8. Woche werden in den Übungsgruppen keine Übungsaufgaben mehr besprochen, sondern nur noch Vorträge gehalten und moderierte Diskussionen geführt. Dabei behandelt jede Übungsgruppe schwerpunktmäßig zwei bis drei Anwendungsfelder. Die Referate werden als Gruppenarbeit von zwei bis drei Studierenden vorbereitet, die Diskussion der Vorträge wird vom Übungsgruppenleiter moderiert. Die Übungsgruppe

gewinnt dadurch den Charakter einer Seminarveranstaltung. Im Laufe des Semesters referieren alle Teilnehmer in den Übungsgruppen. Einige übernehmen zwei Themen andere vertiefen ein Thema und referieren später noch einmal in einem Plenum.
Die Ersetzung der Übungsaufgaben durch Referate eröffnet den Studierenden Spielräume, Inhalte und Fragestellungen der Veranstaltung mitzubestimmen. Außerdem entwickelt die Veranstaltung durch die empirischen Arbeiten und Berichte der Studierenden einen starken Praxisbezug, der von einem Dozenten allein nicht entsprechend vielseitig und anschaulich hergestellt werden könnte.

5.3 *Große Übungsgruppe (Plenum)*

Obgleich die Fokussierung der Veranstaltung auf das Erarbeiten von Praxisberichten sich im Hinblick auf die Motivation positiv auswirkt, birgt die Verlagerung wesentlicher Lehrinhalte in die Verantwortung der Studierenden auch Risiken im Hinblick auf das Lernergebnis. Insbesondere spielt die Qualität der Vorträge in den Übungsgruppen eine ganz wesentliche Rolle für den Erfolg der Veranstaltung insgesamt.

Um zu vermeiden, daß in weniger guten Vorträgen wesentliche Lerninhalte unzureichend dargestellt werden und dadurch Ziele der Veranstaltung verfehlt werden, wird der im vorangegangenen Abschnitt erläuterte Übungsbetrieb ab der 10. Veranstaltungswoche durch große Übungsgruppen, sogenannten *Plena* ergänzt, die dann an Stelle der Vorlesung treten. Zu einem Plenum treffen sich einmal pro Woche Studierende aus zwei bis drei Übungsgruppen und hören Referate, die zuvor in anderen Übungsgruppen geprobt wurden. In diesen Plena übernimmt der Dozent die Rolle des Diskussionsleiters und versucht, durch seine fachlichen Kommentare verschiedene Perspektiven und wissenschaftliche Aspekte in die Diskussion einzubringen. Die Kombination großer und kleiner Übungsgruppen ermöglicht den Studierenden das Kennenlernen vieler Anwendungsfelder und sichert gleichzeitig den Lernerfolg insgesamt.

6   Zusammenfassung und Ausblick

Trotz der stärkeren Praxisorientierung der Veranstaltung und der in vielen Fallstudien offenkundig werdenden Probleme, Konflikte und Ungereimtheiten des Informationstechnikeinsatzes, ist die Diskussionsbereitschaft der Studierenden im Durchschnitt relativ gering und konzentriert sich auf eine kleine Zahl (ca. 20 - 25%) aktiver Teilnehmer. Grund hierfür ist nach unserer Vermutung zum einen, daß Studierende sich nicht auf die Vorstellung einlassen, daß die von ihnen untersuchten Themen und Fälle zu einem großen Teil Aspekte ihres künftigen Berufslebens präsentieren. Dies mag darauf beruhen, daß ihre Ansprechpartner in den empirischen Feldern häufig Nicht-Informatiker sind. Hier kann es eine Abhilfe sein, künftig zu fordern, daß pro empirischer Untersuchung die Sichtweise eines Informatikers mit der eines Nicht-Informatikers verglichen wird.

Weiterhin erweist es sich als Problem, daß es nahezu unmöglich ist, den Zugewinn von Diskussions- und Argumentationsvermögen zum Gegenstand üblicher Leistungsüberprüfungen zu machen. Diese sind aber für viele Studierende ein verständlicher Hintergrund ihrer Prioritätensetzung, da auch sie versuchen, mit den Ressourcen ihrer

Leistungsfähigkeiten wirtschaftlich umzugehen. Es sind geeignete Aufgabenstellungen zu finden, die argumentativstrukturiertes Reflektieren fordern und fördern.

Drittens scheinen viele Informatiker ein systematisches Defizit bzgl. der argumentativen Durchdringung von Sachverhalten zu haben - dies zeigt sich auch, wenn es darum geht, rein technische Sachverhalte zu ergründen. Es besteht die Tendenz, allzu vorschnell mit der erst besten Erklärung bzw. Lösung oder eben mit dem erst besten Argument zufrieden zu sein. Hier bedarf es einer gemeinsamen Anstrengung aller Fachvertreter der Informatik, um ein tiefergreifendes Analyse- und Reflektionsvermögen der Studierenden zu fördern.

Literatur

[Dahlbom&Mathiassen 1997]
Dahlbom, Bo; Mathiassen, Lars (1997): The Future of Our Profession. There´s more to being a good engineer than a high level of technical competence. In: Communications of the ACM Vol. 40, No. 6, June 1997. S. 80-89.

[Domeyer et al.]
Domeyer, Volker; Grusdat, Matthias; Schmidthalks, Fiedemann; Wildt, Johannes: Didaktik von „Informatik und Gesellschaft" in [Friedrich et al. 1995]. S. 315-321.

[Frese&Brodbeck 1989]
Frese, Michael; Brodbeck, Felix C.: Computer in Büro und Verwaltung. Heidelberg et al.: Springer Verlag. 1989.

[Friedrich 1981]
Friedrich, Jürgen: "Informatik und Gesellschaft" als Gegenstand des Informatik-Studiums. 1981.

[Friedrich et al. 1995]
Friedrich, Jürgen; Herrmann, Thomas; Peschke, Max; Rolf, Arno (Hrsg.): Informatik und Gesellschaft. Heidelberg, Spektrum Akademischer Verlag. 1995.

[GI 1997]
Arbeitskreis „Neue Lehrinhalte und Veranstaltungsformen im Informatikstudium" im Fachausschuß 7.1 der Gesellschaft für Informatik e.V. (GI): Ergänzende Empfehlung der Gesellschaft für Informatik Lehrinhalte und Veranstaltungsformen im Informatikstudium. In: Informatik Spektrum Vol 20. Heft 5/1997. S. 302-306.

[Herrmann et al. 1997]
Herrmann, Th.; Hoffmann, M.; Loser, K.-U.: Modellierungsnotationen für prospektive, gestaltungsorientierte Technikfolgenforschung. In: Paul, H.: Modellierung von Aufbau- und Ablauforganisation: von der Technozentrik zur Anthropozentrik. Projektbericht des Instituts Arbeit und Technik. 02-97. S. 33-46.

[Klafki 1996]
Klafki, W.: Neue Studien zur Bildungstheorie und Didaktik. 5. Auflage. Weinheim, Basel: Beltz Verlag. 1996.

[Roßnagel 1989]: Roßnagel, Alexander; Wedde, Peter; Hammer, Volker; Pordesch, Ulrich: Die Verletzlichkeit der Informationsgesellschaft. Opladen: Westdeutscher Verlag. 1989.

[Schulz-Zander 1995]: Schulz-Zander, Renate: Informationstechnologien im Bildungsbereich. In: [Friedrich et al. 1995]. S. 114-122.

Theoretische Informatik mit SCHEME* – Ein Erfahrungsbericht

Prof.Dr. Christian Wagenknecht

HTWS Görlitz/Zittau (FH)
Fachbereich Informatik
Brückenstr. 1
02826 Görlitz

Zusammenfassung Lehrveranstaltungen zur Theoretischen Informatik, kurz: TI, können nach Auffassung des Autors einen beachtlichen Beitrag zur Entwicklung allgemeiner Denktechniken leisten. Dazu gehören insbesondere die Fähigkeit zum Abstrahieren, Konkretisieren, Spezifizieren, Denken in verschiedenen Abstraktionsebenen, strukturbezogenes Arbeiten u.v.m. Diese sog. Metaqualifikationen werden von Vertretern der beruflichen Praxis immer stärker betont und von den Hochschulabsolventen abgefordert.
Die Vermittlung fachspezifischer Inhalte soll neben dem Wissenszuwachs im Fachgebiet einen signifikanten Beitrag zu diesen allgemein geistigen Qualifikationen leisten. Dafür hat der Autor Ideen für eine Didaktik der TI entwickelt und erprobt.
Kern dieses pädagogischen Konzepts ist die aktive Auseinandersetzung mit der Begrifflichkeit, mit zentralen Beweistechniken, Aussagen und abstrakten Objekten der TI durch adäquate programmiersprachliche Repräsentationen. Neben Vorlesungen und Übungen (Diskussionen, Konsultationen oder Seminaren) ist Computerarbeit organischer Ausbildungsbestandteil in TI.
Zur sprachlichen Repräsentation verwenden wir SCHEME, eine funktionsorientierte Sprache, die über sehr leistungsfähige programmiersprachliche Konzepte verfügt, um auf hinreichend abstraktem Niveau begrifflich arbeiten zu können.

1 Motivation

Theoretische Informatik ist weltweit ein unumstrittener Bestandteil eines modernen Informatikstudiums.

Umso auffälliger ist es, daß es an vielen deutschen Fachhochschulen, kurz: FH, keine derartige Lehrveranstaltung gibt. Dieser Befund mag auch dadurch entstehen, daß TI integrativer Bestandteil projektorientiert angelegter Lehrfächer ist und daher nicht mehr explizit auftritt. Historisch bedingt hat sich Informatik vor allem an westdeutschen FH im Schoße anderer Wissensgebiete, z.B. der Elektrotechnik, entwickelt. Die Abnabelung erfolgt(e) größtenteils weder inhaltlich noch personell mit gebotener Konsequenz.

---

* SCHEME ist eine Programmiersprache aus der Lisp-Familie. Gemeint ist außerdem eine Unix-basierte Arbeitsumgebung mit web-Integration.

Das dominierende praxisorientierte Ausbildungsprofil an FH und die damit verbundene Erwartungshaltung FH-Studierender bergen die Gefahr praktizistischer Ausbildung. Hinzu kommt, daß nach Beobachtungen des Autors FH-Studierende verstärkt konstruktiv konkret arbeiten wollen. Sie sind im allgemeinen nicht bereit, abstrakte Begriffe und geistige Techniken anzunehmen, wenn sie konzeptionell vermittelt werden. Sie brauchen eine Form des damit "Herumspielens" auf konkret operationaler Ebene. Die Suche nach einem solchen didaktischen Vehikel ist der Kern der Motivation dieses Beitrags.

Ein weiterer Befund besteht darin, daß auf die Informatikausbildung (auch an Universitäten) ein gewisser "Praxisdruck" wirkt. In Form projektorientierter Lehre und Forschung ergeben sich daraus einerseits äußerst wünschenswerte Effekte und Potenzen. Andererseits gerät der Lehrende ggf. in einen Konflikt zwischen der allgemeinen Lehrmeinung und den mitunter stark abweichenden Geflogenheiten der beruflichen Praxis. *Die didaktische Beurteilung bestimmter Phänomene kann also durchaus von der Bewertung deren aktueller praktischer Bedeutsamkeit abweichen.* Die folgenden drei Beispiele, mit deren salopper Formulierung der Erfahrungshintergrund des Lesers angesprochen werden soll, mögen dies untermauern.

- C – Keiner mag es, alle tun es.
- Windows-Clickering vs. sprachbasierte Kommunikation
- CASE vs. traditionelles Hacken von Code

Die Wirkung von Technologiebremsen der Praxis darf nicht den Ausbildungsinhalt dominieren. Dies würde schließlich sehr schnell zu der These führen, daß TI und diverse mathematische Grundlagen eigentlich überhaupt nicht gebraucht würden. In einer vergleichbaren Situation befindet sich derzeit der Compilerbau, der von vielen Studierenden/Absolventen nach einer Befragung als unnötig empfunden wird. Entfernt man ihn deshalb aus dem Ausbildungskanon, so reduziert man das Wissen über automatisierte Sprachverarbeitung mit Computern.

Schließlich betonen die meisten Unternehmensvertreter, insbesondere größerer Betriebe, die zunehmende Bedeutung von Schlüsselqualifikationen der Hochschulabsolventen: Geistige Arbeitstechniken, Arbeit im team, interdisziplinäres Engagement, kommunikative Qualifikation, Fähigkeit zur Evaluation, Selbstevaluation und Entscheidungsfindung bzw. -vorbereitung.

Dazu kann das Studium der TI, deren Wurzeln in der Mathematik liegen, einen wesentlichen Beitrag leisten. Die in deutschen Schulen erzeugte mathematische Qualifikation wird, insbesondere im Vergleich zu Japan, eher als mangelhaft eingeschätzt, s. [2]. Dies betrifft nicht die vermittelten Inhalte und Lehrziele, sondern die Entfaltung von geistigen Arbeitstechniken, wie etwa das Formulieren und Lösen von (echten) Aufgaben bzw. Problemen, das Abstrahieren, Generalisieren, Spezifizieren, Konkretisieren usw. ebenso wie die Fähigkeit, sich mit divergenten Aufgaben auseinanderzusetzen und Lösungen bzw. Teillösungen in Gruppenarbeit zu erzeugen. Selbstreflektionen über den Lösungsweg und dessen verallgemeinerte Beschreibung kommen viel zu kurz.

Demgegenüber ist die Schulmathematik eher auf die Beherrschung formelorientierter Arbeitsformen konzentriert. Dies wird vor dem Hintergrund allgemein verfügbarer numerischer als auch symbolverarbeitender Software sowie entsprechender Simulations- und Visualisierungsmittel sowie Geometriesoftware immer fragwürdiger.

Wir werden also nach neuen didaktischen Wegen suchen müssen, um die Ausbildung weg von kalkülbezogenem Nachmachen von Musterlösungen hin zu begrifflichem Arbeiten und zur gezielten Entwicklung geistiger Arbeitstechniken zu wandeln. Dies gilt für die Schulmathematik ebenso wie für die TI. *In diesem Beitrag wird gezeigt, wie eine handlungsorientierte Vermittlung abstrakter Inhalte durch eine Mensch-Maschine-Kommunikation und laborähnliche Arbeitsformen erreicht werden kann.*

2 Beschreibung des didaktischen Konzepts

2.1 Gliederung des Kurses Theoretische Informatik

Seit dem Sommersemesters 1993 gibt es im Informatik-Grundstudium an der HTWS Zittau/Görlitz(FH) eine Lehrveranstaltung "Theoretische Informatik", die von der aktiven Auseinandersetzung der Studierenden mit fundamentalen Begriffen, Aussagen und Beweistechniken der TI lebt. Dies geschieht nicht nur in den traditionellen Übungsveranstaltungen oder Diskussionen, sondern vor allem am Computer. Die beteiligten Veranstaltungsformen sind zeitlich und inhaltlich aufeinander abgestimmt.

Der gesamte Kurs umfaßt 3 Semester und gliedert sich in 2 SWS Vorlesung, 2 SWS Übung und 2 SWS Computerübung (in Halbgruppen). Auf die einzelnen Semester verteilt werden die folgenden (traditionellen) Themen behandelt:

1. Formale Sprachen und Automaten
2. Sprachübersetzer; Berechenbarkeitstheorie
3. Komplexitätstheorie

Einige Grundlagen der automatisierten Sprachübersetzung (Praktische Informatik) werden im ersten Drittel des zweiten TI-Semesters geboten, um das bereitgestellte theoretische Handwerkszeug zu vertiefen und projektbezogen mit viel studentischer Selbsttätigkeit anzuwenden. Am Ende dieses Ausbildungsabschnitts verfassen je 2-6 Studierende einen thematisch angepaßten Gruppenbeleg, der in der Selbststudienzeit und mit LaTeX hergestellt wird.

2.2 Didaktische Grundidee und Ablaufskizze

Wir benutzen SCHEME, um Begriffe, begriffliche Instanzen, Beweistechniken und Verfahren aus der TI sprachlich zu repräsentieren, um abstrakte Inhalte zu verbalisieren und zu konkretisieren, d.h. handhabbar zu machen.

SCHEME ist eine Lisp-Version, die ursprünglich für Ausbildungszwecke am MIT Boston entwickelt wurde und derzeit an über 250^2 Schulen, Hochschulen und Universitäten – auch in Deutschland – verwendet wird.

---

[2] http://www.schemers.com/schools.html

SCHEME ermöglicht und unterstützt die Repräsentation von Abstraktionen, insbesondere die Funktions- und Datenabstraktion. Damit werden die Studierenden zu Beginn des ersten TI-Semesters vertraut gemacht. Die syntaktische und strukturelle Nähe von SCHEME zur natürlichen Sprache bzw. zur mathematischen Fachsprache sind weitere Gründe für die getroffene Entscheidung, gerade diese Programmiersprache zu verwenden. Der mit SCHEME bzw. funktionsorientierter Programmierung wenig vertraute Leser findet z.B. in [6] und [4] eine ausführliche Einführung. In [1] wurde SCHEME erstmalig, in überzeugender und allgemein anerkannter Weise für eine Einführung in die Informatik verwendet. Das dort dokumentierte Vorgehen soll hier für TI erschlossen und ausgeweitet werden.

Schon bei einfachen Programmierübungen mit SCHEME , trifft der Studierende zwangsläufig und intuitiv auf Fragestellungen, die für die spätere Behandlung in der TI von besonderer Bedeutung sind. Einige Beispiele:

- Unterscheide "Funktion" und "Definitionstext einer Funktion"!
- Endständige, echte, einfache, mehrfache rekursive Funktion und Zyklen
- Findet man für jedes Problem eine Lösungsfunktion?
- Müssen (rekursive) Funktionen einen Namen haben?

Da SCHEME auf dem λ-Kalkül basiert, und damit ein theoretisches Modell für Berechenbares realisiert, ist es nicht überraschend, daß praktische Arbeit mit SCHEME-Prozeduren eine Untersuchung der genannten und weiterer Themen der TI von der Praxis her motiviert.

Alle SCHEME-Objekte sind sog. first-class-Objekte, die als Argumente übergeben oder als Werte zurückgegeben werden können. Beispielsweise formulieren die Studierenden, was sie unter einem Minimalautomat verstehen, mit einer SCHEME-Prozedur, die einen mit SCHEME repräsentierten endlichen Automat als Input erwartet und einen entsprechend modifizierten Automat zurück gibt.

Obwohl SCHEME eine funktionsorientierte Programmiersprache ist, sind objektorientierte Implementationen, hier für abstrakte Automaten, unmittelbar möglich. Ein Automat, ist eine SCHEME-Prozedur, die das für das Methodendispatching erforderliche Botschaftsinterface als Prozedur bei der Generierung einer entsprechenden Instanz zurück gibt. Näheres findet sich in [7]. Dies wird hier für alle Automatentypen, einschl. der universellen Turingmaschine, in verallgemeinerter Form praktiziert, s. [8].

Datenabstraktion wird über 4 Schichten als representation independence vermittelt und eingeübt: Wird die gewählte Repräsentation der Daten geändert, z.B. von Listen zu Vektoren, so verändert sich naturgemäß die Menge der dafür eingebauten Sprachelemente (1. Schicht). Aber nur die erste darauf aufbauende 2. Schicht (Konstruktoren, Selektoren, Prädikate) ist davon betroffen. Die komplexeren Operationen (3. Schicht) bzw. die Prozeduren (4. Schicht), die diese benutzen, bleiben vom Repräsentationswechsel völlig unbetroffen.

Zu Beginn der Behandlung des Sprachbegriffes aus der TI werden Struktur und Interpretation von Computerprogrammen thematisiert. Genau dies ist es, was später im Gebiet der Sprachübersetzung vertieft wird. Im Zentrum stehen

die Begriffe Syntaxabstraktion, konkrete und abstrakte Syntax sowie die syntaxgesteuerte Generierung abstrakter Syntaxbäume.

Das folgende Beispiel soll andeuten, wie letzteres mit SCHEME-Records realisiert werden kann. Die für die spätere Einführung formaler Grammatiken wichtigen Begriffe, wie Terminal und Nichtterminal, werden genau dann mitgeteilt,
wenn sie gebraucht werden. Der eingebaute SCHEME-reader übernimmt das To-
kenizing, so daß dies zu diesem Zeitpunkt nicht thematisiert werden muß. Wichtig ist aber die Unterscheidung zwischen Symbol und Zeichenkette. Als zu definierende Sprache wird eine Untermenge von SCHEME genommen. Das hier knapp
skizzierte Vorgehen wird in [3] ausführlich besprochen und in bemerkenswerter
Tiefe und Breite fortgeführt. Ein darauf aufbauender semantik-orientierter Zugang zum Thema "Compiling" findet sich in [5]. Aufgrund der strengen Infixno-
tation entstehen quasi Operatorbäume.

Konkrete Syntax	*Abstrakte Syntax (Record)*
Ausdruck → Zahl	`literal(datum)`
	Variable	`varref(var)`
	(λ (Parameter) Ausdruck)	`lambda(param body)`
	(Ausdruck Ausdruck)	`applic(operator operand)`

In diesem Beispiel braucht man offensichtlich vier Records. Bei deren Definition
werden automatisch die weiter unten verwendeten Konstruktoren, Selektoren
und Prädikate bereitgestellt.

```
(define-record literal (datum))
(define-record varref (var))
(define-record lambda (param body))
(define-record applic (operator operand))
```

Die syntaxgesteuerte Erzeugung des jeweils zugehörigen abstrakten Syntaxbau-
mes erledigt die SCHEME-Prozedur `exp->ast`, die für Erweiterungen der zu de-
finierenden Sprache leicht ausgebaut werden kann.

```
(define exp->ast
  (lambda (input)
    (cond
      ((number? input) (make-literal input))
      ((symbol? input) (make-varref input))
      ((pair? input)
       (if (eq? (car input) 'lambda)
         (make-lambda (caadr input)(exp->ast (caddr input)))
         (make-applic
           (exp->ast (car input))
           (exp->ast (cadr input)))))
      (else
        (error "exp->ast: Syntaxfehler in " input)))))
```

Für das Beispiel: (λ (x) (f (f x))) erzeugt der Aufruf

```
(exp->ast '(lambda (x) (f (f x))))
```

einen abstrakten Syntaxbaum, der intern als Record-Struktur verwaltet und wie
folgt visualisiert wird.

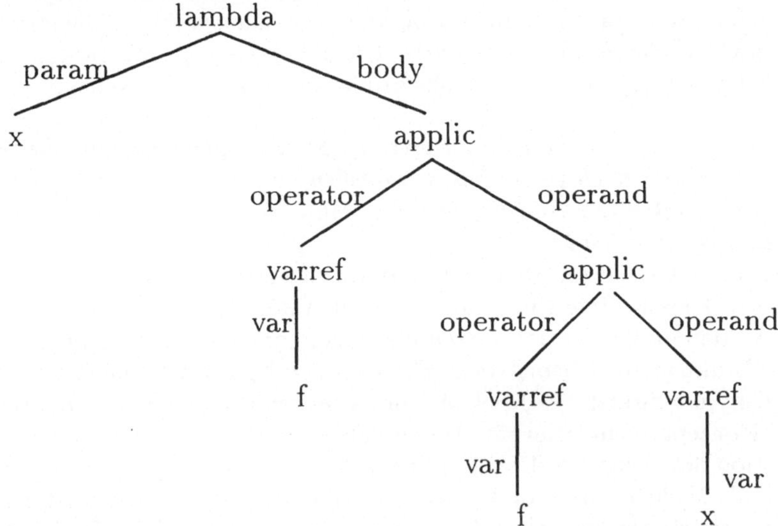

Man kann sich eine (versionsabhängige) externe Darstellung des zugehörigen
Records anzeigen lassen.

```
#3(lambda
   x
   #3(applic
       #2(varref f)
       #3(applic
           #2(varref f)
           #2(varref x))))
```

Eine Prozedur, die die umgekehrte Transformation, vom Syntaxbaum zum konkreten Ausdruck, beschreibt, erhält man ebenso zwangsläufig aus der verbalen
Beschreibung. Die beiden Prozeduren können später für Umwandlungen von einer konkreten Syntax in eine andere, deren parsing und Evaluation benutzt bzw.
ausgebaut werden.

Damit hat der Studierende die Möglichkeit, die genannten Begriffe anzuwenden und einen Interpreter für eine Minisprache herzustellen, ohne daß er über
die dafür erforderlichen theoretischen Kenntnisse verfügt. Die dabei auftretenden
Fragen motivieren die Theorievermittlung.

Nach Abstraktion von der Semantik symbolischer Ausdrücke bei Programm-
miersprachen wird der Begriff der formalen Sprache eingeführt. Die dabei nötigen Grundbegriffe (Zeichen, Alphabet, Wort, Wortmenge, Wortlänge, formale
Grammatik) werden mit SCHEME instanziiert. *Generative Begriffe eignen sich
sehr gut, um deren Definition möglichst direkt in SCHEME zu übertragen und anzuwenden. Die begrifflichen Kenntnisse werden durch den Zwang zum präzisen*

Beschreiben/Definieren und im praktischen Umgang mit entsprechenden Instanzen im Gedächtnis verankert.

In der TI gibt es eine Reihe von Sätzen, die die Definitionsumfänge zweier formaler Grammatiken verschiedenen CHOMSKY-Typs miteinander vergleichen bzw. Beschreibungsäquivalenzen mit Automatenklassen ausdrücken. Die Beweise dieser "klassischen" Sätze sind konstruktiv. Formuliert man sie mit SCHEME, so fällt die jeweilige Erzeugungs- bzw. Transformationsprozedur als Nebenprodukt ab.

Bei der Arbeit am Computer diskutieren die Studierenden intensiv über den eigentlichen Lehrstoff, auch wenn dieses Vorgehen anfangs durch noch schwach entwickelte Fähigkeiten im Umgang mit der dabei benutzen Sprache, nämlich SCHEME, *beeinträchtigt wird.*

Didaktisch wertvoll ist es, wenn dort, wo üblicherweise Existenzbeweise verwendet werden, konstruktive Elemente hinzutreten können.

Es ist klar, daß im Gebiet der Sprachübersetzer entsprechende Softwaretools zum Einsatz kommen, die beispielsweise das $LL(1)$– oder LR–parsing leisten und teilweise selbst in SCHEME geschrieben sind. Dies ist für das hier vorgestellte didaktische Konzept nicht relevant. Hervorzuheben ist, daß sich SCHEME zur Implementation des recursive descent parsing hervorragend eignet: Jedes links von $\rightarrow$ stehende Nichtterminal bildet den Namen einer 0-stelligen Prozedur, die rechts stehenden Nichtterminale führen zu entsprechenden Prozeduraufrufen. Auftretende Terminale werden mit eingelesenen Zeichen(folgen) verglichen.

In der Theorie der Berechenbarkeit ist das CANTORsche Diagonalisierungsverfahren (2. Art) die zentrale Beweistechnik. Es kann in SCHEME mit streams auf hohem Abstraktionsniveau formuliert werden.

"Engine" steht für ein abstraktes Konzept zur Beschreibung von Prozessen mit Zeitbeschränkung. Damit kann beispielsweise dovetailing implementiert werden, ein "Trick", der zum Beweis des Satzes "Eine Sprache ist aufzählbar genau dann, wenn sie semientscheidbar ist." verwendet wird. *Die Formulierung des zugehörigen Beweises mit* SCHEME *erschließt einen Konkretheitsgrad, der mit mathematischen Mitteln oder der natürlichen Sprache nicht erreichbar ist.*

Geeignete SCHEME-Prozeduren sind auch Träger des Beweises der Nichtentscheidbarkeit des Halteproblems. Es gibt eine Reihe weiterer Beispiele, die diverse Facetten der entwickelten Didaktik beleuchten.

3   Ergebnisse und Befunde

Als im Sommersemester 1993 das vorgestellte Konzept erstmals in der Lehrveranstaltung "Formale Sprachen und Automaten" umgesetzt wurde, entstanden **einige Schwierigkeiten**:

Die Vorlesung, inkl. Übungsaufgaben und Computerübungen, mußte in kürzester Zeit vorbereitet werden. Die dabei zu entwickelnden SCHEME-Prozeduren waren teilweise didaktisch wenig überzeugend. Auch programmtechnische Defizite mußten später schrittweise behoben werden, bis schließlich die zu vermittelnden Denkweisen in den Programmen optisch klar erkennbar wurden.

Es gab weder ein Vorlesungsskript noch passende Literatur, erst recht nicht solche, die die beschriebene SCHEME-Integration verwendet. Erschwerend kommt hinzu, daß es für FH-Studierende kaum geeignete deutschsprachige Titel zur TI gibt. Ferner existieren keine zwei (nicht identische) Lehrtexte, die die gleiche Begrifflichkeit und Symbolik benutzten.

Die Studierenden besitzen keinerlei Vorerfahrung in der Arbeit mit nichtprozeduralen Sprachen.

Eine Infrastuktur für web-Präsentationen, wie wir sie heute haben, entwickelte sich erst in den letzten Jahren. Diese Möglichkeit stand also für die Bereitstellung begleitender Materialien anfangs nicht zur Verfügung.

Die Situation verbessert(e) sich schrittweise:

Mit Erscheinen des Buches [7] stand ein Material zur Verfügung, das die Benutzung von SCHEME mit Blick auf die Entfaltung geistiger Techniken thematisiert. Allerdings verwenden wir die dort beschriebene SCHEME-Version heute nicht mehr.

Bücher zur TI und solche, die SCHEME als Vehikel oder Formulierungsmittel für andere Inhalte verwenden, sind nun in angemessener Stückzahl in unserer Fachbereichsbibliothek vorhanden und für Studierende unmittelbar zugänglich.

Die Hard- und Softwarebasis stabilierte sich: Unix (SUN, DEC), SCM, Chez Scheme, web, Fernzugriff.

Das web hat sich inzwischen zur zentralen Plattform für eine permanente Informationsbereitstellung entwickelt: Annotiertes Vorlesungsverzeichnis, mit Übungsaufgaben und Empfehlungen für die Computerübung, Scheme-Dokumentationen, Veröffentlichung studentischer Beiträge (Herstellung studentischer web-Beiträge als Referat etc.) u.v.a. Die Abstimmung zwischen den Bestandteilen dieser web-Präsentationen hat sich verbessert.

Die Aufgabenstellungen wurden nach studentischen Hinweisen in der Formulierung mehrfach überarbeitet. Lösungshinweise wurden aufgenommen.

Die Gestaltung der Computerübungen konnte stabilisiert werden, insbesondere die SCHEME-Integration erfolgt nun mit Rückgriff auf Lehrerfahrungen. Auch hier wurden Hinweise durch Vorgabe von Hilfsprozeduren oder mittels Vorstrukturierungen eingearbeitet.

Demonstrationsmöglichkeiten in der Vorlesung ermöglichen es, die entsprechenden SCHEME-Formulierungen praktisch vorzuführen und ggf. zu modifizieren. *Schon bei der Einführung entsprechender Begriffe in der Vorlesung muß eine adäquate SCHEME-Repräsentation mitvermittelt werden. Ein formales Nebeneinander oder Nacheinander ist unzureichend!*

Ein Großteil der Studierenden besitzt einen eigenen PC, so daß zusätzliche Arbeit am Computer in der Selbststudienzeit hochschulfern stattfinden kann. Für die Einrichtung der inzwischen favorisierten Arbeitsumgebung Linux–SCM–xemacs–LaTeX beanspruchen die Studierenden keinerlei Hilfe durch das Laborpersonal.

Besonders anfangs aber auch später sind differenzierte Aufgabenstellungen nötig. Zu unserer Überraschung geraten sehr viele unserer Studierender in Beklemmung, wenn sie aus einer Aufgabenangebotsliste auswählen sollen. Hier spiegelt sich wahrscheinlich eine abzubauende Hausaufgabenmentalität wider.

SCHEME-Repräsentationen lassen sich im allgemeinen unmittelbar versprachlichen, so daß die in Zweiergruppen stattfindenden Diskussionen genau die zu vermittelnden TI-Inhalte betreffen.

Als Nebeneffekt wurde beobachtet, daß die Studierenden das Programmieren mit anweisungsorientierten Sprachen zunehmend kritisch beurteilten und das Paradigma imperativer Programmierung präziser zu charakterisieren versuchen.

Die Studierenden erlernen Grundzüge funktionsorientierter Programmierung und machen Erfahrungen mit rekursiven Datenstrukturen, die rekursive Programmstrukturen zu deren Bearbeitung in natürlicher Weise implizieren. *Der traditionelle Weg des Algorithmusentwurfs und dessen anschließende Codierung verliert an Bedeutung.*

Ein wichtiges Ergebnis besteht in dem Befund, daß diese Form der Computerintegration sehr stark polarisierend wirkt. Dies bedeutet, daß Studierende, die sich in allen Lehrveranstaltungen aktiv beteiligen und besonders anfängliche Schwierigkeiten überwunden haben, von diesem didaktischen Vorgehen profitieren und frühzeitig den lehrfachübergreifenden Gewinn erkennen.

Höchstens 10% der Teilnehmer bringen aus verschiedenen Gründen die erforderliche "geistige Zusatzmühe" nicht auf, so daß sich permanente Probleme einstellen und aufschaukeln. Bei allen teilnehmenden Studierenden werden die genannten geistige Arbeitstechniken so überzeugend verbessert, daß sie sich selbst beeindruckt darüber äußern.

Die ständige Bereithaltung von Kursinformationen im web wird von fast allen Studierenden vorbehaltlos begrüßt. Damit ist auch die Verzahnung von Vorlesung, Übung und Computerübung wesentlich besser geworden. Leider verfügen wir derzeit noch nicht über eine ausreichende Anzahl stabil arbeitender SLIP- bzw. PPP-Zugänge.

Es zeichnet sich ab, daß die verbesserten häuslichen Arbeitsbedingungen der Studierenden zu einer reduzierten Teilnahme an den geplanten Computerübungen führen wird, so daß sich der Charakter dieser Veranstaltungsart durchaus zum individuellen Beratungstreff wandeln könnte.

Entgegen meinen Beobachtungen an amerikanischen Universitäten wurde der newsgroup-Betrieb von den Studierenden nahezu überhaupt nicht angenommen. Dies mag daran liegen, daß die Integration der Internet-Dienste ins geistige und soziale Leben deutscher Studierender derzeit noch relativ gering ausfällt. Wir reagieren durch entsprechende Einweisungen zum Studienbeginn und hoffen mittelfristig auf entsprechende Vorprägungen am Gymnasium.

4 Ausblick

Ab Sommersemester 1998 wird ein Tutorial als interaktives web-Dokument zur Verfügung stehen. Die web-Lehrtexte enthalten Fenster für editierbare SCHEME-Prozeduren und Aufrufe. Sie sind zunächst zur Vorlesungsdemonstration und zur selbstbestimmten Nutzung gedacht. Damit sollen vor allem die hohen Anforderungen in der Anfangsphase der TI-Veranstaltungen abgefedert werden. Das web-Tutorial ist so strukturiert, daß die jeweilige SCHEME-Anwort im unteren Rahmen des Browser-Fensters unmittelbar angezeigt wird (dynamische HTML-Datei).

Beim Einüben der rekursiver Beschreibungstechnik ist ein *deskriptives Vorgehen* unverzichtbar. Die rekursive Struktur grafischer Objekte kann sehr anschaulich beschrieben werden. Wird diese Beschreibung von einem Zeichenroboter ausgeführt, so bekommt der Studierende eine unmittelbare optische Rückkopplung über die Qualität der Beschreibung (ohne Rechnen zu müssen). In das Tutorial soll daher eine grafische Komponente integriert werden, die der bekannten turtle geometry von Logo entspricht. Die Kommunikation muß natürlich mit SCHEME erfolgen.

Auch das Problem der Bewertung von Computerarbeit wird durch die Entwicklung eines automatischen Bewerters, der für eingesandte Lösungen elektronische Punkte ermittelt, angegangen.

Außerdem ist geplant, das Lehrfach Programmierparadigmen aus dem Hauptstudium (derzeit) ins erste Semester des Grundstudiums vorzuziehen und SCHEME als sprachlichen Träger einzusetzen. Durch einige wenige Erweiterungen, die selbst in SCHEME geschrieben sind, können damit die Programmiergrundtypen (funktions-, anweisungs-, objektorientiert und logisch) im bekannten Arbeitskontext bereitgestellt werden. Die mit den unterschiedlichen Berechnungsmodellen verbundenen Denkweisen können dadurch bereits am Anfang des Studiums vermittelt werden. Synergien zwischen den einzelnen Paradigmen werden auf natürliche Weise einbezogen. Selbstverständlich erwarten wir von diesem Vorgehen auch bessere Voraussetzungen für das Studium der TI.

Literatur

1. Abelson, Harold; Sussman, Gerald Jay: Structure and Interpretation of Computer Programs. The MIT Press, Cambridge, 1985.
2. Baumert, Jürgen; Lehmann, Rainer u.a.: TIMSS – Mathematisch-naturwissenschaftlicher Unterricht im internationalen Vergleich: Deskriptive Befunde. Leske+Budrich, Opladen, 1997.
3. Friedman, Daniel P.; Wand, Mitchell; Haynes, Christipher T.: Essentials of Programming Languages. The MIT Press, Cambridge, 1992.
4. Harvey, Brian; Wright, Matthiew: Simply Scheme. The MIT Press, Cambridge, 1994.
5. Haynes, Christopher T.: Compiling: A High-level Introduction Using Scheme, in: The proceedings of the Twenty-eighth SIGCSE Technical Symposium on Computer Science Education, San Jose, Feb. 27 – March 1, 1997, p. 253-257.
6. Springer, George; Friedman, Daniel P.: Scheme and the Art of Programming. The MIT Press, Cambridge, 1989.
7. Wagenknecht, Christian: Rekursion: Ein didaktischer Zugang mit Funktionen. Dümmler, Bonn, 1994.
8. Wagenknecht, Christian; Friedman, Daniel P.: Teaching Nondeterministic and Universal Automata using Scheme. (accepted paper)

Interaktive Visualisierungen in der Lehre der Theoretische Informatik

Christian Pape und Peter Schmitt

Universität Karlsruhe,
Institut für Logik, Komplexität und Deduktionssysteme,
76128 Karlsruhe
{pape,pschmitt}@ira.uka.de

Zusammenfassung Wir berichten über unsere Erfahrungen, die wir mit der Entwicklung eines interaktiven Hypertextes zur Einführung in die Theoretische Informatik gemacht haben. Wir legen kurz unsere Ansätze dar, Simulationen in diesen Hypertext zu integrieren und gehen ausführlicher auf eine Visualisierung des in der Grundausbildung vermittelten Cocke-Kasami-Younger Algorithmus ein.

Abstract. We report on our experiences with the development of an interactive hypertext for teaching theoretical computer science. We briefly expose the integration of simulations into the hypertext and demonstrate more elaborately a visualization of the Cocke-Kasami-Younger algorithm that is part of our undergraduate curriculum.

1   Einleitung

Die Lehre der Theoretischen Informatik an Universitäten und Hochschulen orientiert sich stark an den Methoden der Mathematikausbildung, dessen Darstellung oftmals dem Schema „Definition, Satz, Beweis" folgt. Auch wenn einführende Lehrbücher dieses Schema durch häufige Motivierungen und Beispiele durchbrechen, bereitet die abstrakte Darstellung den Studenten erfahrungsgemäß größere Verständisschwierigkeiten, als z.B. das Studium der Praktischen Informatik.

Im folgenden möchten wir zeigen, daß die Theoretische Informatik mit wesentlich mehr Anschauung vermittelt werden kann, als es bisher bei den meisten Autoren und Dozenten üblich ist, vor allem, wenn man die Möglichkeiten der heutigen Rechner ausnutzt, Graphiken, Animationen und interaktive Lernsoftware einzusetzen. Dieses Potential ist für Teile der Theoretischen Informatik mittlerweile von einigen Hochschullehrern erkannt worden: In [9] wird z.B. über den Einsatz solcher Software in einem Kurs zur Automatentheorie und Formalen Sprachen berichtet. Im Gegensatz zu derem direkten Einsatz während der Vorlesung, entwickeln wir für eine einsemestrige Einführungsvorlesung in die Theoretische Informatik einen Hypertext, der zusätzlich zu den Lehrveranstaltungen angeboten wird. Ziel ist es, die neuen Medien möglichst optimal zur Wissenvermittlung und Veranschaulichung einzusetzen. Wir berichten hier über unsere Erfahrungen bei der Entwicklung und den Möglichkeiten, die solch ein Hypertext für die Lehre der Theoretischen Informatik bietet.

Im folgenden Abschnitt gehen wir kurz auf die Eigenschaften und die Gestaltung unseres Hypertextes ein. In Abschnitt 3.1 zeigen wir anhand eines Beispiels, wie Algorithmenanimationen sinnvoll für die Lehre genutzt werden kann und welches Potential Simulationen für die Ausbildung der Theoretischen Informatik besitzen (Abschnitt 3.2), insbesondere wenn sie benutzt werden, um Teile von einigen in der Vorlesung präsentierten Beweisen beispielhaft zu veranschaulichen (Abschnitt 3.3). Wir schließen unseren Erfahrungsbericht mit einer kurzen Beschreibung, wie diese Methoden in den Übungsbetrieb zu unserer Vorlesung integriert werden.

2 Gestaltung und Inhalt des Hypertextes

Unser Hypertext[1] deckt im wesentlichen den mittlerweile kanonischen Stoff einer Einführungsvorlesung in die Theoretische Informatik ab: Eine kurze aber grundlegende Darstellung der Berechenbarkeits- und Komplexitätstheorie sowie einen ausführlicheren Teil, der endliche Automaten und Formale Sprachen behandelt.

Der Hypertext ist mit dem Textsatzsystem LaTeX erstellt und wird automatisch mit LaTeX2HTML nach HTML konvertiert. Durch das Quellformat LaTeX ist parallel zum Hypertext auch eine herkömmliche Papierversion verfügbar, die sich zum längeren Lesen meist besser eignet.[2]

Der Hypertext besitzt eine hierarchische Gliederung, besteht aber im Gegensatz zu einem Buch aus wesentlich mehr und dafür kleineren Abschnitten, die sich auf einmal am Bildschirm darstellen lassen und deswegen leichter zu lesen sind. Aufgrund der nicht mehr rein kontinuierlichen Darstellung des Textes, ergeben sich allerdings auch einige Schwierigkeiten: Eine Überleitung zum nächsten Abschnitt, bzw. der Rückgriff auf den vorangehenden, gestaltet sich im Hypertext anders als in einem linearen Text. Ein Verweis auf „das, was wir oben besprochen haben" macht wenig Sinn, wenn der Leser die vorgegangene Stelle noch gar nicht gesehen hat, sondern direkt von anderer Stelle in den gerade sichtbaren Abschnitt gesprungen ist. Hilfreich ist hier die Unterstützung von LaTeX2HTML, im Quelltext zwischen unterschiedliche Formulierungen für die Buchversion und den Hypertext unterscheiden zu können.

In Zukunft soll der Hypertext neben der hierarchischen und traditionellen linearen Aneinanderreihung der Seiten, auch vermehrt Hyperlinks enthalten, die auf weiter entfernte Textstellen verweisen. Dadurch kann der Zusammenhang zwischen den verschiedenen Themenbereichen viel direkter gestaltet werden, als es mit einem Buch möglich ist. So soll es z.B. möglich sein, zwischen den Erklärungen der Konzepte der Berechenbarkeit und Unentscheidbarkeit und deren Anwendungen in Formalen Sprachen hin und her zu wechseln. Wenn diese Verweise in Bereiche hineinführen, deren Verständnis vom aktuellen Abschnitt (und

---

[1] http://i12www.ira.uka.de/~info3/skript/companion/companion.html

[2] Im Gegensatz zum elektronischen Text, läßt sich die Papierversion auch mit in die Vorlesung nehmen und mit Anmerkungen versehen.

der linearen Darstellung) noch nicht gesichert ist, so werden sie farblich markiert. Um die Suche im Hypertext zu erleichtern, gibt es neben dem üblichen Index auch eine Volltextsuche, mit der sich schnell Seiten mit gewünschten Informationen finden lassen.

Der größte Mehrwert des Hypertextes gegenüber dem Buch liegt unserer Meinung nach aber weniger in der nichtlinearen Verknüpfung der Inhalte und den umfangreicheren Navigationshilfen, sondern in der Visualisierung von Inhalten mit Hilfe kleiner interaktiver Lerneinheiten, wie Simulationen oder Animationen, die ein aktiveres und angepaßteres Lernen unterstützen. Wie diese Einheiten aussehen und geeignet in der Lehre der Theoretischen Informatik eingesetzt werden können, legen wir in den nächsten Abschnitten beispielhaft dar.

3 Interaktive Visualisierungen

Es gibt viele verschiedene Arten von Visualisierungen (siehe z.B. [2] für eine einfache Taxonomie). Für die (Theoretische) Informatik bieten sich unserer Meinung nach zwei Arten besonders an: Algorithmenanimationen und Simulationen.

3.1 Animation von Algorithmen

Die Animation von Algorithmen ist eine Methode, das dynamische Verhalten von Algorithmen durch verschiedene graphische Sichten darzustellen. Dies soll Eigenschaften des Algorithmus aufdecken, „that might otherwise be difficult to understand or even remain unnoticed." [4].

In Abschnitt 3.1 zeigen wir, wie der in Formale Sprachen behandelte Cocke-Kasami-Younger Algorithmus sinnvoll mit einer Algorithmenanimation vermittelt werden kann.

Es wird zwar stark vermutet ist aber noch nicht empirisch belegt, ob die Präsentation von Algorithmenanimationen in der Ausbildung das Verständnis der behandelten Algorithmen fördert: In [10] wird berichtet, daß unerfahrene Studenten mit Hilfe einer Animation in einem anschließenden Test nicht signifikant besser abschnitten (aber auch nicht schlechter) als eine entsprechende Vergleichsgruppe, der diese Animation nicht zur Verfügung stand. Es wird dort vermutet, daß eine aktivere Auseinandersetzung „by actually constructing an algorithm animation rather than viewing a predefinded one", sich weitaus positiver auf das Lernen auswirkt. In Abschnitt 3.4 erläutern wir deswegen kurz, wie wir die Lerneinheiten in den Übungen zur Vorlesung einbetten, um die Studenten noch stärker zu eigenverantwortlichem Lernen zu motivieren.

Cocke-Kasami-Younger Algorithmus Mit dem Cocke-Kasami-Younger (CKY) Algorithmus wird üblicherweise in die Parseralgorithmen eingeführt. Der CKY Algorithmus hat gegenüber den im Übersetzerbau eingesetzen Verfahren den Vorteil, noch sehr einfach und für beliebige kontextfreie Grammatiken in Chomsky Normalform anwendbar zu sein. Er eignet sich deswegen besonders gut, in die Begriffe und Konzepte des Parsing einzuführen. In der folgende Darstellung des CKY Algorithmus setzen wir die Vertrautheit mit einigen Begriffen der Formalen Sprachen, wie sie etwa in [5] vermittelt werden, voraus.

Der CKY Algorithmus entscheidet zu gegebener kontextfreier Grammatik G in Chomsky Normalform[3] und Wort w, ob w in der von G erzeugten Sprache $L(G)$ enthalten ist. Es wird dabei folgende „bottom-up" Strategie verfolgt: Ausgehend von w werden in einem ersten Schritt alle Nichtterminalzeichen bestimmt aus denen alle Teilwörter der Länge 1 von w ableitbar sind. Mit Hilfe der gefundenen Nichtterminalzeichen, bestimmt man alle Nichtterminalzeichen aus denen alle Teilwörter der Länge 2 von w ableitbar sind, usw., bis die Menge M aller Nichtterminalzeichen bestimmt worden ist, aus denen w selbst ableitbar ist. Es gilt folgender Satz:

Theorem 1. *Es gilt $w \in L(G)$ genau dann, wenn das Startsymbol in M liegt.*

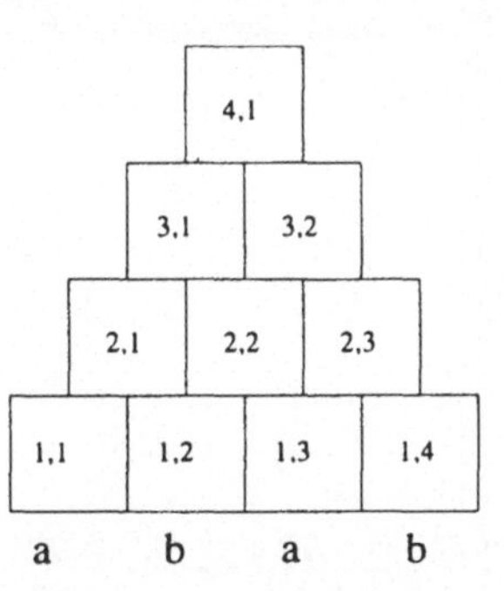

Die dem Algorithmus zugrundeliegende Datenstruktur hat Ähnlichkeit mit einer Pyramide. Die einzelnen Zellen der Pyramide korrespondieren zu bestimmten Teilwörtern von w und enthalten am Ende jeweils alle Nichtterminalzeichen aus denen das zugehörige Wort ableitbar ist. Für die Formulierung des Algorithmus numeriert man die Zellen systematisch mit Paaren von Zahlen. Für das Wort *abab* ergibt sich zum Beispiel eine Pyramide mit numerierten Zellen, wie sie die Abbildung links zeigt. In Pseudocode läßt sich der Algorithmus zum Markieren der Zellen dann wie folgt formulieren:

```
for j:=1 to n do
    forall Produktionen X→w[j] do zelle[1,j] := zelle[1,j] ∪ {X};
for i:= 2 to n do
    for j := 1 to n-i+1 do
        for k := 1 to i-1 do
            forall Produktionen X→AB do
                if A ∈ zelle[k,i] and B ∈ zelle[i-k,j+k] then
                    zelle[i,j] := zelle[i,j] ∪ {X};
```

Offensichtlich ist diese Darstellung für das Verständnis des Verfahrens nicht besonders geeignet. Deswegen wird der CKY Algorithmus üblicherweise in fast allen Lehrbüchern mit ein oder zwei Beispielen veranschaulicht. Aber schon bei kleinen Beispielen kann nicht jeder Zustand des Algorithmus dargestellt werden.

Glücklicherweise eignet sich die Pyramidendarstellung sehr gut zur Visualisierung. Wir haben den Algorithmus in Perl implementiert und via CGI in unseren Hypertext eingefügt. Zu einer beliebigen Grammatik in Chomsky Normalform und einem Wort erzeugt das Programm ein Skript für das Algorithmen-

---

[3] Jede Produktion hat die Form $X \to a$ bzw. $X \to YZ$.

animationsprogramm Samba[4], welches vom entsprechend konfigurierten Browser gestartet wird. Abbildung 1 zeigt einen Ausschnitt aus der Animation für eine Beispielsgrammatik:

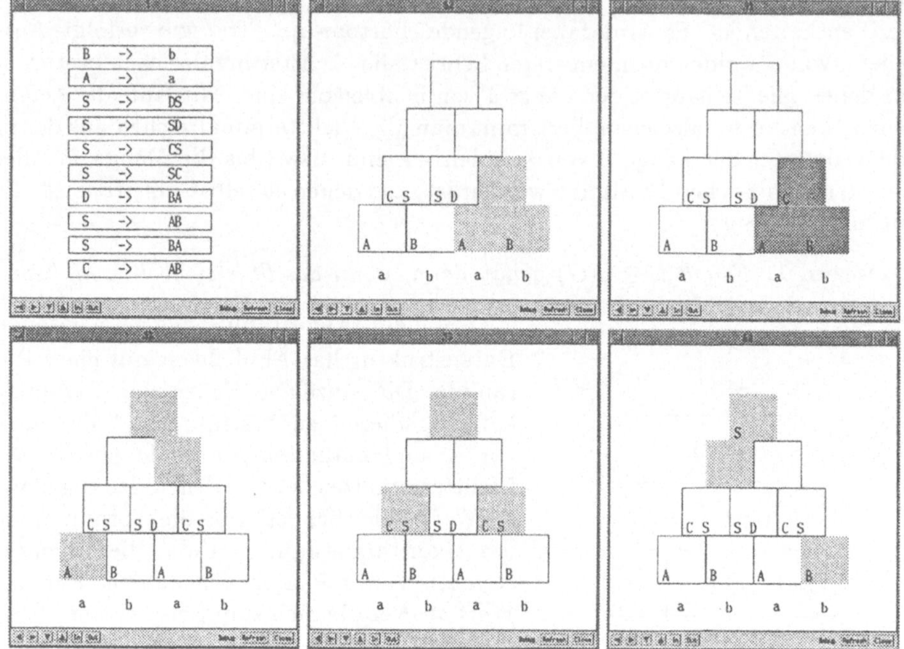

Abbildung 1. Animation des Cocke-Kasami-Younger Algorithmus

Parallel zur Pyramide werden die Produktionen der Grammatik angezeigt (linkes oberes Drittel). Die gerade aktuellen Zellen der Pyramide und die aktuelle Produktion werden mit den Farben Gelb, Rot und Grün markiert. Die Farbe Gelb zeigt einen Test an (hellgraue Zellen in Pyramide oben Mitte); Grün, wenn dieser Test erfolgreich war (dunkelgraue Zellen oben rechts, ein neues Symbol ist eingetragen worden) und Rot, wenn der Test negativ ausfiel. Die untere Reihe zeigt alle drei Kombinationen für das obere Kästchen.

Neben einigen animierten Beispielen aus der Vorlesung, kann das Programm auch für eigene Beispiele genutzt werden. Dadurch können bestimmte Fälle im Algorithmus, die nicht richtig verstanden wurden, vom Studierenden besser ergründet werden. Zum Beispiel, zeigte sich bei einer Klausuraufgabe, daß ein großer Teil der Studenten den Algorithmus nicht korrekt durchführen konnten, wenn eine Ebene (wie im obigen Beispiel) keine Einträge enthält. Dies läßt den Schluß zu, daß viele die Zuordnung der Kästchen zu den Teilwörtern nicht richtig

---

[4] http://www.gvu.gatech.edu

begriffen haben. Mit der Animation des CKY Algorithmus bekommt man durch Ausprobieren von Aufgaben oder Beispielen, eine sofortige Rückmeldung, ob die eigene (Papier)Lösung und Vorstellung vom Algorithmus korrekt ist.

3.2 Simulationen

In der Theoretischen Informatik gibt es eine Reihe abstrakter Maschinen und Problemstellungen, an deren Simulation der Lernenden sein Wissen und Verständnis über diese Konzepte erproben kann. Die Vorteile von Simulationen liegen unter anderem in der sofortigen Rückmeldungen bei Eingaben (insbesondere von Fehleingaben) und der dynamischen Veranschaulichung der Konzepte. Der Nutzen solcher Simulationen in Theoretischen Informatik ist schon länger bekannt und hat seinen Niederschlag in Implementierungen von Turingmaschinen [1] und endlichen Automaten [3] gefunden.

In unserem Hypertext integrieren wir zusätzlich zu dieser schon bekannten Software selbst entwickelte Simulationen zu einem generischen NP-Vollständigkeitsbeweises eines Puzzle-Problems, einen Parser, mit dem interaktiv Ableitungen von Wörtern einer Grammatik gebildet werden können, und eine Simulationen des Postschen Korrespondenzproblems.

Simulation des Postschen Korrespondenzproblems Beim Postschen Korrespondenzproblem (PKP) [8] handelt es sich um ein Wortproblem, welches in fast jeder in die Theoretische Informatik einführende Vorlesung behandelt wird. Das PKP dient als Ausgangspunkt für viele wichtige Resultate in der Informatik: zum Beispiel der Unterscheidbarkeit der Prädikatenlogik erster Stufe.

Definition 2 (Postsches Korrespondenzproblem).
Eine Instanz des Postschen Korrespondenzproblems ist eine Folge von Wortpaaren $\langle (x_1, y_1), \ldots, (x_k, y_k) \rangle$, $x_i, y_i \in \Sigma^*$ über einem Alphabet Σ.

Eine *Lösung* einer Instanz des Postschen Korrespondenzproblems ist eine Folge $\langle i_1, \ldots, i_n \rangle$ von Indizes mit $n > 0$, so daß $x_{i_1} x_{i_2} \ldots x_{i_n} = y_{i_1} y_{i_2} \ldots y_{i_n}$ gilt.

Zum Beispiel besitzt die Instanz $\langle (0, 01), (10, 0) \rangle$ die Lösung $\langle 1, 2 \rangle$ (bzw. 010 als Lösungswort), während die Instanz $\langle (0, 1) \rangle$ keine Lösung besitzt. Nicht immer sind diese Beispiele und deren Lösungen — sofern sie existieren — derart einfach: die kürzeste Lösungfolge der „harmlos" aussehend Instanz $\langle (001, 0), (01, 011), (01, 101), (10, 001) \rangle$ besteht aus 66 Indizes. Solche Beispiele lassen sich nur noch sehr schwer mit Papier und Bleistift nachvollziehen. Deswegen habe wir ein Java-Programm entwickelt mit dem das PKP simuliert werden kann und mit dem unsere Studenten auch komplexere Instanzen ausprobieren können, um eine bessere Vorstellung von der Schwierigkeit des PKPs zu bekommen (siehe Abbildung 2).

Die Benutzungsschnittstelle der Simulation besteht aus drei Teilen: Die Menüleiste enthält alle wichtigen Kontrollfunktionen, wie Laden, Speichern und Eingabe von Instanzen sowie einer unbegrenzten Undo-Funktion. Unterhalb der Menüleiste werden die Wortpaare der Instanz eines PKPs aufgelistet, und zwar

Abbildung 2. Simulation einer Instanz des Postschen Korrespondenzproblems

in einer für das Ausprobieren anschaulicheren Form: Das linke Wort eines Paars steht direkt über dem rechten Wort des Paars. Unterhalb dieser Wortpaare befindet sich eine partielle Lösung, wobei anstatt der Indizes der Wortpaare die Wortpaare selbst angegeben werden. Stimmen die beiden so gebildeten Wörter überein, so hat man eine Lösung gefunden. Der übereinstimmenden Präfix der Wörter wird durch einen grünen Hintergrund hervorgehoben (dunkelgrau in der Abbildung). Der Studierende kann durch einfache Direktmanipulationen aus den Wortpaaren versuchen eine Lösung zu konstruieren. Dazu muß mit der Maus ein Wortpaar ausgesucht und an die Stelle in der partiellen Lösung verschoben werden, in der es dann automatisch eingefügt wird. Jeder dieser Schritte kann durch die Undo-Funktion wieder rückgängig gemacht werden.

Mit Hilfe dieser Simulation können die Studierenden anhand von umfangreicheren Instanzen des PKPs ein besseres Verständnis der Komplexität des PKPs gewinnen. Dieses allerdings noch unbestimmte Gefühl wird dann präzisiert, indem in der Vorlesung vom PKP gezeigt wird, daß es unentscheidbar ist, d.h. es gibt keinen Algorithmus der bei Eingabe einer beliebigen Instanz des PKPs entscheidet, ob eine Lösung existiert oder nicht. Man sagt dazu, daß das PKP *unentscheidbar* ist.

3.3 Visualisierungen zur Verbesserung der Beweisepräsentation

Simulationen können in vielen Situation sehr gut zur visuellen Unterstützung der Beweispräsentation benutzt werden [7], wie wir im folgenden am Beispiel des Beweises zur Unentscheidbarkeit einer modifizieren Variante des PKPs darlegen wollen. Eine Instanz des modifizierten PKPs (MPKP), ist eine Instanz des PKPs, bei der eine Lösung mit dem ersten Wortpaar (statt eines beliebigen) beginnen muß. Der Beweis basiert auf einer Reduktion von einem anderen bekannten unentscheidbaren Problem, dem allgemeinen Halteproblem für Turingmaschinen, auf das MPKP.

Das allgemeine Halteproblem für Turingmaschinen Eine Turingmaschine [11] ist eine abstrakte Maschine, um den Begriff der Berechenbarkeit einer Funktion zu formalisieren. Eine Turingmaschine besteht aus:

1. Einem zweiseitig unendlichen Band, das in einzelne Zellen aufgeteilt ist. Jede Zelle enthält ein Symbol aus einer endlichen Menge Γ. Γ enthalte immer ein spezielles Symbol B.
2. Einem Schreib-/Lesekopf, der sich immer genau über eine Zelle des Bandes befindet und in der Lage ist, nach links und nach rechts über das Band zu wandern.
3. Einer Kontrolleinheit, die sich zu jeder Zeit in einem internen Zustand befindet, der aus einer endlichen Zustandsmenge Q entnommen ist.

Das Verhalten einer TM wird wie folgt durch eine Zustandsübergangsfunktion $\delta : Q \times \Gamma \rightarrow Q \times \Gamma \times \{L, R\}$ beschrieben: Wenn $q \in Q$ der aktuelle Zustand der TM ist, $a \in \Gamma$ das Symbol der Zelle unterhalb des Schreib-/Lesekopfs und $\delta(q, a) = \langle r, b, L \rangle$ $(\delta(q, a) = \langle r, b, R \rangle)$ gilt, dann überschreibt die TM das Symbol in der Zelle unterhalb des Schreib-/Lesekopfs mit b, der Kopf bewegt sich eine Zelle weiter nach links (rechts) über das Band und die TM geht in den internen Zustand r über. Eine TM *hält*, falls der interne Zustand in einen ausgezeichneten Endzustand $q_f \in Q$ übergeht.

Eine *Konfiguration* einer TM besteht aus der Position des Schreib-/Lesekopfs, dem Band und dem Zustand der TM. Eine Konfiguration wird abkürzend durch den relevanten Teil des Bandes, gegeben als Zeichenkette, und dem aktuellen Zustand, geschrieben vor dem Zeichen der Zelle unter dem Schreib-/Lesekopf, notiert. Zum Beispiel beschreibt $B00q_1 1B$ eine Konfiguration einer TM, die sich im Zustand q_1 befindet, mit einem Band, das die Symbole $0, 0, 1$ enthält, wobei sich links und rechts davon unendlich viele Leerzeichen B befinden und der Schreib-/Lesekopf über der Zelle mit dem Symbol 1 steht.

Turingmaschinen stellen ein elegantes und einfaches Modell dar, um den Begriff einer Berechnung und eines Algorithmus zu formalisieren. Mit Hilfe diese Modells, läßt sich auf elementare Weise nachweisen, daß es Funktionen gibt, die nicht berechenbar sind. Normalerweise wird dies in einer Anfängervorlesung vom *allgemeinen Halteproblem* für TM gezeigt, d.h. es gibt keinen Algorithmus (keine TM), der bei Eingabe einer TM und einer Anfangskonfiguration entscheidet, ob die TM hält oder nicht.

Visualisierung im Beweis zur Unentscheidbarkeit des MPKPs Der Beweis zur Unentscheidbarkeit des MPKPs basiert auf einer Reduktion des Halteproblems auf das MPKP. Dazu wird eine Transformation angegeben, die eine TM mit Anfangskonfiguration so in eine Instanz des MPKPs abbildet, daß die TM genau dann hält, wenn das zugehörige MPKP lösbar ist. Die grundlegende Idee dabei ist, das MPKP so anzulegen, daß das Lösungswort die durch # getrennten Konfigurationen der TM ergibt. Die Einzelheiten sind zu aufwendig, um sie hier ausführlich darzustellen. Wir beschränken uns deswegen auf die ersten beiden Schritte des folgenden Beispiels (siehe Abbildung 3).

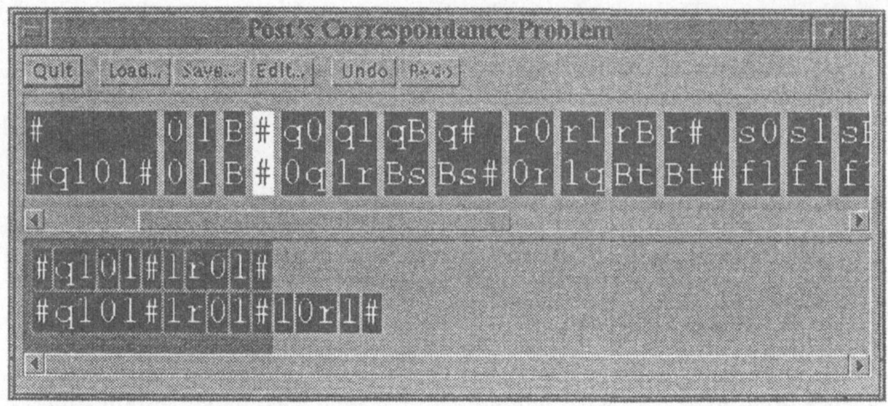

Abbildung 3. Simulation einer Turingmaschine mit einer Instanz des Postschen Korrespondenzproblems

Das erste Wortpaar $\langle \#, q101\# \rangle$ zeigt die Kodierung einer Anfangskonfiguration $Bq101B$. Mit diesem Wortpaar muß begonnen werden. Das Symbol $\#$ dient zur Trennung der verschiedenen Konfigurationen. Der Zustandsübergang $\delta(q, 1) = (r, 0, R)$ wird durch das Wortpaar $\langle q1, 0r \rangle$ dargestellt. Da kein anderes Wortpaar paßt, muß die partielle Lösung damit erweitert werden. Danach werden die restlichen Bandzeichen mit Hilfe der Wortpaare $\langle 0, 0 \rangle, \langle 1, 1 \rangle, \langle B, B \rangle$ und zum Schluß mit $\langle \#, \# \rangle$ „kopiert". Das Resultat ist eine partielle Lösung $\langle \#q101\#, \#q101\#0r01\# \rangle$, bei der die zweite Hälfte des unteren Wortes die Folgekonfiguration der TM beschreibt. Nach einer weiteren Anwendung von $\langle 1, 1 \rangle$, einem Zustandsübergang und mehreren „Kopierregeln" bekommt man die dritte Konfiguration, wie sie in obiger Abbildung dargestellt ist. Wird ein Finalzustand der TM erreicht, dann sorgen entsprechende MPKP-Paare dafür, daß das obere Wort das untere „einholt".

Mit Hilfe dieses Beispiels, können die Studierenden die Transformation von TM in Instanzen des MPKPs, ausprobieren und dabei beispielhaft erfahren. Gebenüber einer traditionelle Darstellung des Beispiels in der Vorlesung (es nimmt unter Auslassung vieler Zwischenschritte 2 volle Folien in Anspruch), hat diese Form der Darstellung den Vorteil, die schrittweise Simulation der TM mit dem MPKP sehr viel deutlicher zu machen.

3.4 Einbettung der Visualisierungen in den Übungsbetrieb

Parallel zur Vorlesung finden Übungen statt, in denen die Studenten zu vorgegebenen Aufgaben Lösungen erarbeiten können, die von studentischen Hilfskräften korrigiert werden. In diesen Übungsaufgaben werden einige der Simulationen mit einbezogen: Mit der Simulation des Puzzle-Problems sollen die Studenten einen generischen NP-Vollständigkeitsbeweis erarbeiten, dessen Korrektheit sie sofort anhand von Beispielen testen können, bevor sie ihn formal zu Papier bringen [6].

Zusätzlich finden Rechnerübungen statt, in denen die Studenten selbst eine Algorithmenanimation erstellen sollen. Unser Hauptaugenmerk liegt hier auf Visualisierung abstrakter Konzepte. Konkret handelt es sich um eine Kongurenzrelation zwischen Zuständen eines Automaten, die einem Algorithmus zum Minimieren von Automaten zugrunde liegt. Diese Relation ist zentral für das Verständnis des Algorithmus und unsere bisherigen Erfahrungen mit der Vorlesung zeigen, daß die Studenten an dieser Stelle grundlegende Verständnisprobleme besitzen. Deswegen sollen sie hier die Gelegenheit bekommen, selbst geeignete Darstellungen dieser Relation zu finden und mit Hilfe einer Algorithmenanimation zu präsentieren. Die Studierenden sollen dabei lernen, sich selbst visuelle Modelle und Vorstellungen abstrakter Sachverhalte zu bilden.

Literatur

1. BARWISE, J. und J. ETCHEMENDY: *Turing's World 3.0. Windows Version.* CSLI Lecture Notes. Cambridge University Press, 1997.
2. BERGIN, J., K. BRODILIE, M. GOLDWEBER, R. JIMÉNEZ-PERIS, S. KHURI, M. PATIÑO-MATÍNEZ, M. MCNALLY, T. NAPS, S. RODGER und J. WILSON: *An overview of visualization: its use and design. Report of the Working Group on Visualization.* SIGCSE Bulletin, 28:192–200, 1996.
3. BILSKA, A. O., K. H. LEIDER, M. PROCOPIUC, O. PROCOPIUC, S. RODGER, J. R. SALEMME und E. TSANG: *A Collection of Tools for Making Automata Theory and Formal Languages Come Alive.* In: *SIGCSE'97*, S. 15–19, 1997.
4. BROWN, M. H.: *Algorithm Animation.* MIT Press, Cambridge, 1988.
5. MOLL, R. A., A. J. KFOURY und M. A. ARBIB: *An Introduction to Formal Language Theory.* Texts and Monographs in Computer Science. Springer-Verlag, 1988.
6. PAPE, C.: *Using Interactive Visualization for Teaching the Theory of NP-completeness.* Techn. Ber. 30, Universität Karlsruhe, 1997.
7. PAPE, C. und P.H.SCHMITT: *Visualizations for Proof Presentation in Theoretical Computer Science Education.* In: HALIM, Z., T. OTTMANN und Z. RAZAK (Hrsg.): *Proceedings of International Conference on Computers in Education, Kuching, Sarawak, Malaysia, December 2–6*, S. 229–236. Association for the Advancement of Computing in Education, 1997.
8. POST, E.: *A variant of a recursivley unsolvable problem.* Bulletin of the American Mathematical Society, 53:264–268, 1946.
9. RODGER, S.: *An Interactive Lecture Approach to Teaching Computer Science.* In: *SIGCSE'95*, S. 278–282, 1995.
10. STASKO, J., A. BADRE und C. LEWIS: *Do Algorithm Animations Assist Learning? An Empirical Study and Analysis.* In: *Proceedings of ACM Int. Conference on Human Factors in Computing Systems*, Understanding Programming, S. 61–66, 1993.
11. TURING, A. M.: *On computable numbers, with an application to the Entscheidungsproblem.* Proc. London Mathematical Society, 42:230–265, 1936.

Boote in der Sintflut
Heuristiken, dargestellt an einer Aufgabe des Bundeswettbewerbs Informatik

Gabriele Reich

Bundeswettbewerb Informatik
Ahrstraße 45
D-53175 Bonn
email: bwinf@gmd.de

Zusammenfassung

Eine Zweitrunden-Aufgabe des Bundeswettbewerbs Informatik aus dem Bereich der Kombinatorischen Optimierung wird zusammen mit für Schülerinnen und Schüler typischen Lösungsideen vorgestellt. Anschließend werden verschiedene Heuristiken beschrieben, die sich allgemein für Probleme der Kombinatorischen Optimierung einsetzen lassen.

1 Einleitung

Die Aufgaben des Bundeswettbewerbs Informatik sind bei Lehrkräften als Unterrichtsmaterial recht beliebt. Sie werden zur Illustration bestimmter Problemtypen oder von Programmiersprachen und deren Konzepten verwendet. Aber sie werden auch für Projekt- und Hausarbeiten benutzt. Allerdings gilt dies nur für die Aufgaben der 1. Runde; die Aufgaben der 2. Runde werden allgemein als zu umfangreich und zu schwierig für den Schulunterricht angesehen.

Wir wollen im folgenden zeigen, daß dies durchaus nicht immer der Fall ist, und für eine Aufgabe aus der Kombinatorischen Optimierung, die in der 2. Runde des 14. Wettbewerbs 1995/96 gestellt wurde, beschreiben, wie sie im Informatikunterricht in der Oberstufe eingesetzt werden kann. Wir werden allerdings nicht im Detail angeben, welche Fragen zu welchem Zeitpunkt den Schülerinnen und Schülern gestellt werden können, dies sollte aus dem Kontext hervorgehen und kein Problem für eine didaktisch geschulte Lehrkraft[1] darstellen.

---

[1] Welche Form im folgenden auch gewählt wird, es sind immer Mädchen und Jungen bzw. Lehrerinnen und Lehrer gemeint.

Im folgenden Kapitel drucken wir den Aufgabentext ab. Dann beschreiben wir in Kapitel 3 Lösungsansätze und in Kapitel 4 Tests. In Kapitel 5 geben wir schließlich einen Überblick über verschiedene heuristische Verfahren, die sich auf zahlreiche Probleme der Kombinatorischen Optimierung anwenden lassen.

2   Die Aufgabe

Ein Bootsverleiher hat n gleiche Boote und nimmt für jeden Tag Reservierungswünsche für Gruppen von Booten (≥ 1) entgegen. Zu einer Reservierung gehören:

- Name des Reservierenden

- Anzahl der benötigten Boote

- Frühestmögliche Anfangszeit

- Spätestmögliche Endzeit

- Ausleihdauer in Minuten

Aufgabe:

Schreiben Sie ein Programm, welches aus den Reservierungen einen Zeitplan erstellt, so daß der Bootsbesitzer möglichst viel verdient. Dabei müssen natürlich alle Boote eines Reservierungswunsches zur gleichen Zeit verliehen werden. Zeigen Sie die Leistungsfähigkeit Ihres Programmes anhand von Beispielen, darunter auch das unten angeführte. (*entfällt aus Platzgründen*)

Erweiterungsmöglichkeiten:

- Der Bootsverleiher will möglichst früh Feierabend machen.

- Am Bootssteg können nur m Boote, $m < n$, gleichzeitig anlegen. Usw.

3   Lösungsansätze

Bei der Aufgabe handelt es sich um ein Scheduling-Problem, das NP-vollständig ist. Das heißt, man kennt derzeit keinen Algorithmus, der in polynomieller Zeit die optimale Lösung findet (und wahrscheinlich wird man auch in Zukunft keinen finden). Dies haben wir bei der Aufgabenstellung natürlich nicht angegeben und das ist im Unterricht ebenfalls nicht nötig. Zunächst sollen sich die Schülerinnen und Schüler überlegen, wie sie glauben, zur optimalen Lösung kommen zu können. Es wird wohl niemand andere Ideen haben als das Durchprobieren aller Möglichkeiten, d. h. Wahl jeder beliebigen Teilmenge von Reservierungswünschen, Versuch, alle innerhalb der vorgegebenen Anfangs- und Endzeiten zu erfüllen und — falls das möglich war — Berechnung des Gewinns.

Eine einfache Analyse der Anzahl Teilmengen, die betrachtet werden müssen (bei k Reservierungswünschen 2^k Teilmengen ohne Berücksichtigung der unterschiedlichen Anfangszeiten), dürfte schnell die Aussichtslosigkeit dieses Unterfangens klarmachen. An dieser Stelle beeindruckt immer wieder eine Tabelle, wie sie z. B. in [3] abgedruckt ist, die zeigt, daß hier auch schnelle Rechner nicht helfen.

Bekanntermaßen befindet sich unser Problem in der Klasse der NP-vollständigen Probleme in guter Gesellschaft. Den Schülern vielleicht bekannte oder jedenfalls einfach zu erläuternde Probleme dieser Klasse sind beispielsweise *Traveling Salesperson*, *Erfüllbarkeit*, *Clique* und das *Rucksackproblem*, vielleicht auch noch *Partition*. Diese und viele weitere Probleme findet man wiederum beispielsweise in [3].

An einem der angegebenen Probleme kann nun ausprobiert werden, bis zu welcher Problemgröße man noch in vernünftiger Zeit die optimale Lösung berechnen kann. Für das Bootsverleiherproblem mit 20 Booten benötigt ein rekursives Programm auf einem Pentium 166 für 10 Wünsche etwa 10 Sekunden, für 12 Wünsche bereits 4 Minuten und für 22 Wünsche würde es etwa 70 Jahre brauchen.

Nun können wir dem Bootsverleiher also mitteilen, daß sein Problem praktisch unlösbar ist. Nur leider wird ihn das nur mäßig interessieren, er will dennoch wissen, wie er seine Boote verleihen soll.[2] Wir müssen unserem Bootsbesitzer also eine Heuristik vorschlagen. In der Regel wird er damit nicht den maximalen Gewinn erzielen, aber dafür weiß er vor dem Abend, wie er nachmittags seine Boote zu verleihen hat.

Wir nehmen im folgenden an, daß der Gewinn immer direkt proportional zum Umsatz ist, daß also beispielsweise keine Grundgebühr für jede Reservierung, unabhängig von der Anzahl der Boote und der Ausleihdauer, erhoben wird.

Sammeln wir zunächst einmal Ideen für verschiedene Heuristiken.

1. *Wer zuerst kommt ...* Die Reservierungswünsche werden in der Reihenfolge ihres Eingangs erfüllt oder auch übergangen, wenn nicht mehr genug Boote zur Verfügung stehen.

2. *Wer am meisten bringt ...* Für jeden Wunsch wird berechnet, wieviel Umsatz er bringen würde. Die in diesem Sinne besten Wünsche werden zuerst erfüllt.

---

[2]Strenggenommen handelt es sich um eine Bootsver*mietung*, keinen Verleih, denn nur bei Vermietung ist nach dem Bürgerlichen Gesetzbuch eine Gebühr zu zahlen. Wir haben uns aber in Anlehnung an den allgemeinen Sprachgebrauch für die etwas gefälligere Bezeichnung Bootsverleih entschieden.

3. *Wer am unflexibelsten ist* ... Solche Wünsche, bei denen der Zeitraum zwischen frühestem Beginn und spätestem Ende gerade der gewünschten Ausleihdauer entspricht, werden zuerst erfüllt.

4. *Wo sich am meisten tut* ... Zunächst kümmert man sich um solche Zeitspannen, die häufig gewünscht werden. Das führt direkt zu

5. *Wo sich am wenigsten tut* ... Man versucht zunächst, möglichst viele Wünsche auf schwach nachgefragte Zeiträume zu verschieben.

Bei 1. und 2. ist allerdings noch offen, wann innerhalb des gewünschten Zeitraums die Boote nun tatsächlich ausgeliehen werden sollen.

Man kann sich mit den so berechneten Lösungen zufriedengeben, man kann sie aber auch als noch zu verbessernde Ausgangslösungen betrachten.

Die Verbesserung einer Ausgangslösung erfolgt meist mittels Nachbarschaftssuche, d.h. ausgehend von der zuletzt gefundenen Lösung L werden bessere (teils auch schlechtere) Lösungen in der Nachbarschaft von L gesucht. Was als Nachbarschaft bezeichnet wird, hängt natürlich stark vom gegebenen Problem ab; in der Regel bezieht man sich dabei aber auf Lösungen, die sich durch geringe Änderungen aus L ergeben, in unserem Fall also beispielsweise durch den Austausch eines erfüllten gegen einen bis dahin unerfüllten Wunsch.

Die zuvor verwendete Formulierung "Verbesserung" deutet schon darauf hin, daß man mit der neuen Lösung nur dann weiterarbeitet, wenn sie besser ist als die vorherige. Wenn man das Finden der besten Lösung mit dem Besteigen des höchsten Berges in der Landschaft gleichsetzt, hieße das ungefähr "Laufe durch die Gegend, aber nur bergauf.". Dieses Vorgehen führt in der Regel aber nicht besonders hoch hinauf. In [2] heißt es dazu sehr plastisch: "Wenn wir ... mit diesem Algorithmus in Heidelberg am Neckarufer beginnen würden, kämen wir vielleicht bis auf den Gipfel des Königsstuhls — aber der Mount Everest wäre noch weit." Ebenfalls in [2] ist ausführlich erläutert worden, daß es häufig besser sein kann, zunächst auch Verschlechterungen in bestimmtem Umfang zuzulassen, und erst im Laufe des Verfahrens die erlaubten Verschlechterungen immer weiter einzuschränken.

In Kapitel 5 werden wir einen Überblick über verschiedene heuristische Verfahren geben, die neue Lösungen auf unterschiedliche Weise erzeugen und sie nach unterschiedlichen Kriterien akzeptieren. Zuvor wollen wir aber noch kurz darauf eingehen, daß der Entwurf und die Implementierung eines Verfahrens alleine noch nicht genügen.

4   Tests

Nachdem wir Algorithmen entwickelt haben, die Lösungen liefern, müssen wir nun auch die Güte dieser Lösungen betrachten.

Natürlich werden Schüler keine exakten Abschätzungen liefern können, um wieviel Prozent die errechnete Lösung höchstens vom Optimum abweicht, aber darum geht es auch gar nicht. Viel wichtiger ist, daß sie sich überlegen, an welchen Beispielen sie ihre Algorithmen ausprobieren. Auch der Vergleich der Lösungen, die mit unterschiedlichen Heuristiken berechnet wurden, ist sinnvoll. Im BWINF ist es häufig so, daß zusätzlich zu den geforderten Beispielen noch einige kleine und völlig belanglose Beispiele abgeliefert werden, die keinerlei Charakteristiken des verwendeten Algorithmus deutlich machen. Gerade dafür sollten die Beispiele aber verwendet werden. Es sollte also gefragt werden, welche Konstellation ist besonders günstig, welche besonders ungünstig für die gewählte Heuristik und warum ist das so? Dafür sind keine großen theoretischen Analysen der verwendeten Heuristiken nötig, sondern einfache Überlegungen, wie eine bestimmte Heuristik arbeitet, genügen meist, um auf Ideen für interessante Beispiele zu kommen.

Aus Platzgründen verzichten wir hier auf die Angabe besonders günstiger oder ungünstiger Fälle für die zuvor angegebenen Heuristiken zur Ermittlung einer Ausgangslösung; sie lassen sich aus den unterschiedlichen Vorgehensweisen bei den Heuristiken leicht konstruieren.

Gute Heuristiken zeichnen sich dadurch aus, daß sie für alle (oder wenigstens die meisten) realistischen Eingaben etwa gleichgut funktionieren. Mindestens sollte man abgrenzen können, für welche Klassen von Eingaben sie keine guten Lösungen liefern.

5   Heuristiken

Wie in Kapitel 3 angekündigt, wollen wir nun kurz einige wichtige heuristische Verfahren beschreiben, Details dazu finden sich jeweils in der angegebenen Literatur. Dies soll keine erschöpfende Darstellung sein, sondern wir wollen lediglich das Prinzip einiger Heuristiken erläutern, deren Namen oft als Schlagwörter verwendet werden. Dabei verzichten wir auch auf die Analyse und Konvergenzbeweise der beschriebenen Verfahren; diese können beispielsweise in [5] und [6] nachgelesen werden. Zahlreiche Anwendungsbeispiele, Vergleiche der Verfahren und Möglichkeiten, sie zu kombinieren, finden sich insbesondere in [7]. Die Ergebnisse, die wir bei Anwendung der im folgenden beschriebenen Heuristiken auf das Bootsverleiherproblem erhielten, sind in Anhang 6 aufgeführt.

Im folgenden nehmen wir jeweils an, daß die Zielfunktion f maximiert werden soll.

5.1 Toleranzschwelle (Threshold accepting)

Das Verfahren ist so verständlich, daß wir es gleich etwas formaler darstellen.

1. Wähle Toleranzschwelle T.

2. Wähle Ausgangslösung x der gegebenen Aufgabenstellung.

3. Wiederhole:

   (a) Suche Nachbarlösung y, die durch lokale Veränderung aus x hervorgeht.

   (b) Vergleiche die Zielfunktionswerte $f(x)$ und $f(y)$:
   $f(x) - f(y) > T$: verwirf y und wähle neue Nachbarlösung
   $f(x) - f(y) \leq T$: wähle y als neue Lösung, gehe zu 3.

   bis längere Zeit keine Verbesserungen auftraten.

4. Senke T langsam auf 0;
   gehe zu 3.

Tests zeigen, daß man von sanft ansteigenden Hügeln, die man irrtümlich erklommen hat, wieder herunterkommt. Auf dem Zuckerhut bleibt man allerdings hängen, da man hier zu große lokale Verschlechterungen akzeptieren müßte, um wieder herunterzukommen. Aber es hat sich gezeigt, daß es in realistischen Anwendungen nur sehr selten Zuckerhüte gibt.

5.2 Sintflut-Algorithmus

Die Vorgehensweise ist ähnlich wie bei dem Verfahren mit Toleranzschwelle. Nur gibt es nun statt der Toleranzschwelle, über die hinweg man sich von der aktuellen Lösung aus gesehen nicht bewegen darf, einen globalen Wasserstand, der langsam, aber beständig ansteigt. Etwas formaler:

1. Wasserstand := 0.

2. Wähle Ausgangslösung x der gegebenen Aufgabenstellung.

3. Wiederhole:

   (a) Suche Nachbarlösung y, die durch lokale Veränderung aus x hervorgeht.

   (b) Vergleiche den Zielfunktionswert $f(y)$ mit dem aktuellen Wasserstand:
   $f(y) \leq$ Wasserstand: verwirf y und wähle neue Nachbarlösung
   $f(y) >$ Wasserstand: wähle y als neue Lösung, erhöhe Wasserstand

bis für alle Nachbarlösungen y zu x gilt:
$f(y) \leq$ Wasserstand $\rightarrow$ Verfahren endet mit Lösung x.

Nach [2] ist der Sintflut-Algorithmus nicht ganz so stabil in der Qualität der Lösungen wie der Toleranzschwellen-Algorithmus, dafür aber etwas schneller.

5.3 Simuliertes Ausglühen (Simulated annealing)

Die Idee zu dem Verfahren kommt aus der Metallurgie. Zunächst erhitztes Material wird langsam abgekühlt. Im heißen Material können sich die Atome relativ frei im Kristallgitter bewegen, mit sinkender Temperatur immer weniger. (Je nach Geschwindigkeit des Abkühlens bilden sich unterschiedliche Kristalle.) Im Simulierten Ausglühen entspricht der größeren Bewegungsfreiheit der Atome das Akzeptieren auch deutlich schlechterer Lösungen; bei sinkenden Temperaturen werden dann nicht mehr beliebige Verschlechterungen akzeptiert. Allerdings werden Verschlechterungen nicht immer automatisch akzeptiert, sondern etwas detaillierter ist die Vorgehensweise folgende, siehe [6, Kap. 2]:

1. Wähle Anfangstemperatur $t_0 > 0$.

2. Wähle zur Temperaturreduktion Funktion α, z. B. at, $a \in [0.8, .., 0.99]$, eher zu größeren Werten hin.

3. Wähle Ausgangslösung x der gegebenen Aufgabenstellung.

4. Wiederhole:

   (a) Wähle zufällig eine Nachbarlösung y, die durch lokale Veränderung aus x hervorgeht.

   (b) Vergleiche die Zielfunktionswerte $f(x)$ und $f(y)$:
   $f(x) - f(y) < 0$: wähle y als neue Lösung
   $f(x) - f(y) \geq 0$: wähle Zufallszahl r in $(0,1)$
   Wenn $r < \exp(-(f(x) - f(y))/t)$: wähle y als neue Lösung

   bis Iterationszähler $=$ vorher festgelegte Anzahl Wiederholungen (geometrisch oder arithmetisch wachsen lassen).

5. $t := \alpha(t)$.

6. Wiederhole 4. – 5. bis Abbruchbedingung erfüllt $(t \approx 0)$.

Auf jeder Temperaturstufe werden also mehrmals neue Lösungen gesucht. Günstig ist dabei, die Zahl der Wiederholungen mit sinkender Temperatur zu vergrößern. Es hat sich bewährt, ziemlich schnell abzukühlen.

Die Vorzüge des Simulierten Ausglühens sind, daß es einfach zu implementieren ist, daß es anwendbar auf praktisch alle Probleme der Kombinatorischen Optimierung ist und dafür auch brauchbare Ergebnisse liefert. Insbesondere läßt sich Simuliertes Ausglühen gut anwenden, wenn nicht erlaubte Lösungen (in unserer Aufgabe: mehr Boote ausgeliehen als tatsächlich vorhanden) durch Strafkosten modelliert werden können. In der Regel ist Simuliertes Ausglühen allerdings schlechter für Daten geeignet, die in irgendeiner Form geclustert sind, als für gleichmäßig verteilte Daten. Zwei Anwendungen des Simulierten Ausglühens auf Scheduling-Probleme sind in [7] beschrieben.

5.4 Tabu-Suche (Tabu-Search)

Auch bei der Tabu-Suche (eine präzisere Bezeichnung wäre "Nachbarschaftssuche mit verbotenen Bereichen") wird in der Nachbarschaft der aktuellen Lösung nach einer neuen Lösung gesucht. Die Lösung, die die größte Verbesserung bringt, wird gewählt. Ganz frei ist man bei der Wahl der Nachbarlösungen jedoch nicht, denn manche Lösungen sind "tabu", d. h. sie dürfen nicht gewählt werden, auch wenn sie die größte Verbesserung brächten. Tabu sind Lösungen aber nicht auf Dauer, sondern nur für einige Verbesserungsschritte. Es handelt sich dabei in der Regel um Lösungen, die gerade erst betrachtet wurden.

1. Lege maximale Dauer der Tabuzeit fest (z. B. $t = 3$).

2. Wähle Ausgangslösung x der gegebenen Aufgabenstellung.

3. $max := f(x)$

4. Wiederhole:

   (a) Wähle beste Nachbarlösung y, die durch lokale Veränderung aus x hervorgeht.

      i. y ist tabu:
         $f(y) > max$: weiter bei ii.
         $f(y) \leq max$: verwirf y, weiter bei 4.(a)
      ii. y ist nicht tabu:
         wähle y als neue Lösung
         $max := \max(max, f(y))$
         markiere Änderungen, durch die sich y ergab, für t Schritte als tabu
         erniedrige übrige Tabudauern um 1

   bis zufriedenstellende Lösung erreicht.

Wir verdeutlichen die Vorgehensweise kurz an unserer Bootsaufgabe:
Sei eine Lösung x gegeben. Durch Austausch des (erfüllten) Wunsches w_i gegen

den (bisher unerfüllten) Wunsch w_j erhalten wir die Lösung y. Nun ist das Paar (w_i, w_j) für die nächsten Verbesserungsschritte, beispielsweise für drei Schritte, tabu, d. h. w_i und w_j dürfen nicht wieder gegeneinander ausgetauscht werden. Alternativ kann auch jeder Wunsch einzeln tabuisiert werden, d. h. es sind keine Austausche (w_i, w_k) und (w_j, w_k) für einen beliebigen Wunsch w_k möglich.

In bestimmten Ausnahmefällen darf die Tabuzone aber doch betreten werden, nämlich dann, wenn die sich ergebende neue Lösung besser ist als alle bisher gefundenen Lösungen.

Im Unterschied zum Simulierten Ausglühen ist die Tabu-Suche ein Verfahren mit Gedächtnis; außerdem wird jeweils die beste Nachbarlösung gewählt, während beim Simulierten Ausglühen irgendeine Nachbarlösung gewählt werden kann. Für Scheduling-Probleme liefert die Tabu-Suche nach [6, S. 127ff.] gute Ergebnisse.

5.5 Genetische Algorithmen

Wie aus dem Namen schon hervorgeht, versucht man bei den genetischen Algorithmen Konzepte aus der Biologie auszunutzen. Man beginnt nicht mit einer einzelnen Ausgangslösung, sondern mit einer Population von Lösungen, die hier als *Chromosomen* bezeichnet werden. Daraus werden nun mittels *Kreuzung* und *Mutation* neue Lösungen bzw. Chromosomen erzeugt.

Chromosomen sind Komponentenvektoren, wobei die einzelnen Komponenten häufig nur die Werte 0 und 1 annehmen. Für jedes Chromosom läßt sich seine *Fitneß* berechnen (die Güte der Lösung, für die das Chromosom steht). Bevor neue Chromosomen erzeugt werden können, müssen ihre Eltern ausgewählt werden. Dazu gibt es verschiedene Möglichkeiten, beispielsweise kann ein Elternteil nach seiner Fitneß ausgewählt werden (je größer die Fitneß, desto größer ist die Chance, gewählt zu werden), das zweite Elternteil wird zufällig gewählt. Man kann aber auch beide Elternteile nur in Abhängigkeit von ihrer Fitneß auswählen.

Nun wird zufällig eine Stelle i im Komponentenvektor gewählt, und an dieser Stelle werden die beiden Eltern-Chromosomen gekreuzt. Seien $(1,1,1,1,1,1)$ und $(0,0,0,0,0,0)$ die beiden Elternteile, die ab der 3. Komponente gekreuzt werden sollen. Dann entstehen zwei Nachkommen $(1,1,0,0,0,0)$ und $(0,0,1,1,1,1)$.

Bei einer Mutation wird nur ein Elternteil ausgewählt (wiederum nach Fitneß oder zufällig) und in einer zufällig gewählten Komponente verändert.

Auch für den Austausch der Population gibt es mehrere Möglichkeiten. Direkt nach einer Kreuzung kann ein Chromosom der Population zufällig ausgewählt und durch einen der beiden neuen Nachkommen ersetzt werden. Oder man kreuzt und mutiert zunächst m-mal, wenn die Population m Chromosomen enthält, und ersetzt dann die gesamte Population. Man kann dabei aber auch stets das Chromosom mit größter Fitneß beibehalten.

Für genetische Algorithmen sind fast beliebige Kombinationen und Erweiterungen vorstellbar, aber in der Regel sind bereits einfache genetischen Algorithmen ziemlich mächtig. Eine Populationsgröße von 30 oder zwischen n und $2n$ (für n Komponenten im Chromosom) genügt meist.

1. Wähle Population M von m Chromosomen (Ausgangslösungen).

2. Berechne Fitneß für jedes Chromosom.

3. Wiederhole:

   kreuze:
      wähle ein Elternteil chr_1 nach Fitneß;
      wähle ein Elternteil chr_2 zufällig;
      wähle i, $0 < i \leq n$:
      kreuze chr_1 und chr_2 ab Komponente i,
      es entstehen chr_3 und chr_4;
      wähle zufälliges Chromosom chr aus M;
      ersetze in M chr zufällig durch chr_3 oder chr_4;

   oder *mutiere:* ...

   bis befriedigende Lösung gefunden.

Je nach dem zugrundeliegenden Problem kann es geschehen, daß eine Kreuzung, wie sie eben beschrieben wurde, zu ungültigen Lösungen führt. Hat man beim Traveling Salesperson Problem etwa zwei gültige Touren, die durch die Chromosomen $a = (1,2,3,4,5,6)$ und $b = (3,4,1,5,6,2)$ repräsentiert werden, so führt eine Kreuzung ab der 4. Stelle zu zwei ungültigen Touren, da sie nicht mehr alle Städte enthalten. Man muß das Kreuzen zweier Chromosomen hier also etwas umdefinieren. So kann man etwa — statt die 4 aus Chromosom a mit der 5 aus Chromosom b zu vertauschen — 4 und 5 innerhalb von a bzw. innerhalb von b vertauschen. Entsprechend geht man mit den Paaren 5 und 6 und 6 und 2 um. Dies führt zu zwei neuen Chromosomen $(1,6,3,2,4,5)$ und $(3,2,1,4,5,6)$, die beide gültige Touren repräsentieren.

5.6 Neuronale Netze

Auch neuronale Netze werden natürlich zur Berechnung möglichst guter Näherungslösungen für komplexe Probleme eingesetzt. Sie hier auch noch zu erläutern, würde jedoch etwas zu weit führen, da sie sich nicht so kurz zusammenfassen lassen, wie die zuvor beschriebenen Verfahren. Vielleicht gibt es ja im Wettbewerb einmal eine Aufgabe dazu ...

6 Die Heuristiken im Vergleich

Die fünf in Kapitel 5 beschriebenen Heuristiken wurden in Turbo Pascal 7.0 implementiert.[3] Jede Heuristik lief 100mal mit einer Testdatei mit 40 Reservierungswünschen bei 20 vorhandenen Booten. Die Ergebnisse sind in der folgenden Tabelle dargestellt. Dabei ist die Güte der Lösung als *Boote × ausgeliehene Zeit* angegeben, σ steht für die Standardabweichung. Die Tabu-Suche ist deterministisch, daher erhält man hier immer die gleiche Lösung.[4]

Verfahren	Lösung				Laufzeit (in ms)		
	beste	schlechteste	Ø	σ	schnellste	langsamste	Ø
Toleranzschwelle	328	272	303	11	93	1005	980
Sintflut	306	228	268	15	16	928	219
Ausglühen	322	48	288	43	32	944	409
Tabu	316	316	316	0	1086	2974	2003
Genetisch	304	244	275	11	1075	2958	1799

Literatur

[1] *T. H. Cormen, C. E. Leiserson, R. L. Rivest:* Introduction to Algorithms, MIT Press, 1990.

[2] *G. Dueck, T. Scheuer, H.-M. Wallmeier:* Toleranzschwelle und Sintflut: neue Ideen zur Optimierung, Spektrum der Wissenschaft, März 1993, 42 – 51.

[3] *M. R. Garey, D. S. Johnson:* Computers and Intractability – A Guide to the Theory of NP-Completeness, Freeman, New York, 1979.

[4] *E.L. Lawler, J.K. Lenstra, A.H.G. Rinnoy Khan, D.B. Shmoys (Hrsg.):* The travelling salesman problem: a guided tour through combinatorial optimization, Wiley, New York, 1986.

[5] *J. Pearl:* Heuristics – Intelligent Search Strategies for Computer Problem Solving, Addison-Wesley, 1984.

[6] *C. R. Reeves (Hrsg.):* Modern Heuristic Techniques for Combinatorial Problems, Blackwell Scientific Publications, Oxford, 1993.

[7] *V. J. Rayward-Smith (Hrsg.):* Applications of Modern Heuristic Methods, Alfred Waller Limited, Henley-on-Thames, 1995.

---

[3]Die Programme wurden von Michael Schneider geschrieben, dem an dieser Stelle dafür herzlich gedankt sei!

[4]Gegen Einsendung einer formatierten 3,5"-Diskette und eines adressierten und frankierten Rückumschlages können die Programme beim Wettbewerb angefordert werden.

Gegenständliche Modelle
mit dem Datenhandschuh begreifen

Eine Lernumgebung für den Technikunterricht

Bernd Robben, Eva Hornecker
Universität Bremen
Forschungszentrum Arbeit und Technik (artec)
Bibliotheksstraße (MZH)
28334 Bremen

Wir arbeiten an der Entwicklung einer computer- und mediengestützten Lernumgebung besonderer Art für den Aufbau und die Simulation pneumatischer Schaltungen. Anders als bei herkömmlichen Multi- und Hypermedia-Systemen oder Simulationsprogrammen geht es nicht in erster Linie um die mehr oder minder logische Darbietung von Lernstoff oder die Visualisierung von abstrakten Zusammenhängen. Unser Hauptanliegen ist die *Kopplung* des Arbeitens in einer realen stofflichen Lernumgebung mit dem Experimentieren an computergenerierten Modellen. In einem entdeckenden Lernen soll es möglich sein, fließend zwischen materiellen Gegenständen und symbolischen Repräsentationen hin- und herzugehen. Für die berufliche Bildung scheint dieses Vorgehen besonders sinnvoll, da es Übersetzungen zwischen — für BerufsschülerInnen oft schwer verständlichen — abstrakten Sichten und konkreten *beGreifbaren* Modellen ermöglicht. Diese ungewöhnliche Art der Mediennutzung, schließt außer audiovisuellen Sinnen *ausdrücklich* taktile und kinästhetische Wahrnehmung mit ein. Durch seinen ganzheitlichen Ansatz eignet sich die von uns konzipierte Lernumgebung besonders für einen erfahrungs- und handlungsorientierten Unterricht.

Voraussetzungen

Unser Konzept gründet auf Erfahrungen aus einem mehrjährigen Modellversuch an Bremer Berufsschulen [HYSIM97] über Entwicklung und Einsatz von Hypermedia-Systemen für den Unterricht. Ziel des Modellversuchs war, zu erkunden, inwieweit Hypermedia-Systeme für entdeckendes Lernen und einen handlungsorientierten Unterricht geeignet sind. Die Ergebnisse sind recht unterschiedlich und differenziert, etwa nach genauen Qualifikationsanforderungen eines Lehrberufs oder verschiedenen Softwarepaketen. Insgesamt läßt sich das Fazit ziehen, daß Simulationsprogramme und Hypermedien so gestaltet und eingesetzt werden *können,* daß sie ein experimentierendes Lernen ermöglichen und fördern. Jedoch bleiben eine Reihe offener Einzelfragen und zwei unseres Erachtens zentrale Problemfelder:

- Der Einsatz von Hypermedia tendiert dazu, den bisher üblichen Umgang mit physikalisch gegenständlichen Modellen ganz zu ersetzen. Dies mag aus Kostengründen vielleicht wünschenswert sein, läßt sich pädagogisch aber keineswegs rechtfertigen. Folge ist die Reduzierung der Wahrnehmung auf den audiovisuellen Bereich, was nicht nur eine problematische Reduzierung sinnlicher Erfahrung bedeutet, sondern auch dazu führt, daß eine Reihe von im Realen auftretenden Problemen im Unterricht verschwinden, weil sie — da stofflicher Art — auf dem Bildschirm nicht erscheinen können.

- Für BerufschülerInnen ist es oft schwierig, abstrakte Modelle — seien sie herkömmlich auf Papier oder Wandtafel, seien sie durch Computermedien dargestellt — wieder auf real-stoffliche Anlagen zu beziehen. Simulationsprogramme ermöglichen zwar anders als Zeichnungen oder Beschreibungen in Lehrbüchern einen experimentellen Umgang mit dem Unterrichtsgegenstand, aber die Übersetzung der durch den Computer dargestellten Modelle auf reale Probleme bleibt für viele schwierig.

Um diese Mängel zu überwinden, entwickeln wir eine Lernumgebung, die ganzheitlicher ist, nicht nur Gesichts- und Hörsinn anspricht und Übersetzungen zwischen gegenständlichen Modellen und abstrakten Repräsentationen ermöglicht. Dabei stützen wir uns auf ein neues Konzept zur Gestaltung von Mensch-Computer-Schnittstellen, das in unserem Forschungsinstitut entstanden ist [Bru93]. Ähnlich wie beim Ansatz der „Virtual Reality" werden andere Ein- und Ausgabemedien als Tastatur, Maus und Bildschirm verwendet. Virtual Reality Systeme wollen neue Wahrnehmungsmöglichkeiten erschließen, indem Sie die BenutzerInnen in künstliche computergenerierte dreidimensionale Bild-Welten eintauchen lassen.

Im Gegensatz dazu interagieren bei unserem Ansatz die BenutzerInnen in der gewohnten natürlichen real-stofflichen Umgebung. Über eine entsprechende Sensorik werden ihre Handlungen erfaßt und an Modellwelten im Rechner gekoppelt. In Absetzung und bewußter Ironisierung des Begriffs „Virtual Reality" nennen wir unseren Ansatz „Real Reality". Im Folgenden beschreiben wir die Lernumgebung für Pneumatik-Schaltungen, die wir derzeit prototypisch entwickeln. Im Anschluß diskutieren wir deren Relevanz für die berufliche Bildung.

Eine rechnergestützte Lernumgebung
mit stofflichen Pneumatik-Schaltungen

Wir verwenden industrieübliche Modellbaukästen, wie sie auch im bisherigen Berufsschulunterricht üblich sind, sowie vorhandene Simulationsprogramme zur Erstellung und Erprobung von pneumatischen Schaltungen und koppeln diese. Die SchülerInnen experimentieren zunächst mit den stofflichen Bauelementen (Zylinder, Ventile,

Schläuche etc.) und bauen damit auf einer Stecktafel eine Schaltung auf. Der Rechner bleibt in dieser Phase im Hintergrund; die Lernenden operieren im Realen. Ohne daß sie ihre Aufmerksamkeit darauf lenken müssen, baut parallel zu ihren Aktionen der Rechner intern die entsprechende ‚virtuelle' Schaltung auf. Konkret heißt das zweierlei: Erstens stellen wir eine 3-D-Visualisierung zur Verfügung, die zu jedem realen Objekt ein imaginäres Zwillingsobjekt am Bildschirm visualiert. Zweitens koppeln wir das reale Modell mit einem Simulationsprogramm. Das Design der Schaltung, welche die Schüler im Realen aufgebaut haben, wird mit ihrer Funktionalität durch das Simulationsprogramm am Bildschirm nachgebildet.

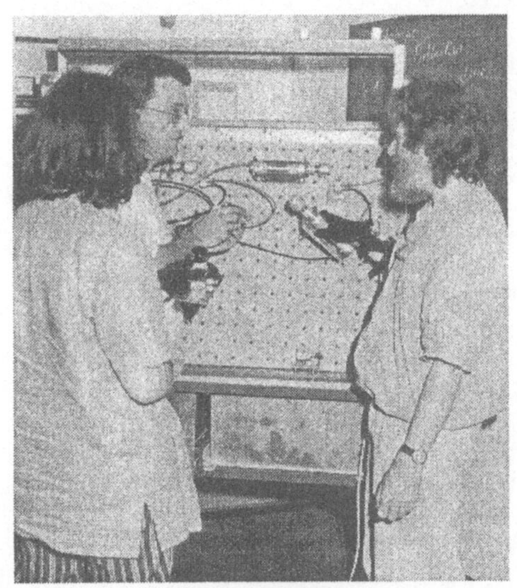

Gruppenarbeit an der Pneumatikschalttafel

(Tafel von FESTO©)

Damit dies funktionieren kann, bedarf es einer Sensorik, die dem Computer die für seine interne Repräsentation notwendigen Daten liefert. Prinzipiell gibt es mehrere Möglichkeiten: Die Bauelemente könnten mit Sensoren ausgestattet werden, eine Kamera könnte die Aktionen der NutzerInnen aufzeichnen. Auf der Informatik-Ebene entstehen dabei immer schwierige und rechenintensive Mustererkennungsprobleme. Um diese für unseren Prototyp zu minimieren, arbeiten wir mit einem Datenhandschuh. Unter Verwendung von Gestenerkennungs-Algorithmen können wir so die notwendigen Daten extrahieren.

Die Lernenden hantieren an der realen Schaltung und erstellen dabei indirekt das virtuelle Modell. Wenn Zweifel über die Funktionsfähigkeit der Schaltung oder die Funktionsweise eines Schaltelementes auftauchen, können sie sich Informationen dazu aus dem Computermodell holen. Aber auch in dieser Phase bleiben sie den stofflichen Modellen zugewandt, formulieren ihre Anfragen durch Gesten. Etwa führt eine Zeigegeste dazu, daß der Computer Informationen über ein bestimmtes Schaltelement bereitstellt, eine andere dazu, daß die Simulation der Schaltung beginnt.

Damit der Medienbruch beim Übergang vom real-stofflichen Modell zum virtuellen Computermodell gering bleibt, sollen Anfragen an das Computermodell möglichst durch Handgesten und nicht über die Tastatur erfolgen. Denkbar ist auch eine sprachliche Eingabe über wenige Kommandos. Statt des kleinen Bildschirms werden wir Wandprojektionen zu verwenden, mit denen die Gruppe von Experimentierenden arbeiten kann. Einfaches Testen der Schaltung sowie Hilfestellung zu Name und Funktion von Schaltelementen durch das Simulationsprogramm sind somit möglich, ohne sich vom realen System abzuwenden. Denkbar, aber bisher nicht realisiert, sind auch Projektionen auf die Schalttafel im Sinne von Augmented Reality

Wir müssen hier jedoch betonen, daß unser System sich noch in einem wissenschaftlichen Experimentierstadium befindet. Technisch bereitet das Trackingsystem, das die Ortskoordinaten der Hand erfaßt, noch große Schwierigkeiten. Da die bisher verfügbaren erschwinglichen Systeme von Metall erheblich gestört werden, können wir bisher nur an einem von uns nachgebauten Holzmodell die prinzipielle Machbarkeit unseres Konzepts nachweisen.

| Pneumatik-Schalttafel | Datenhandschuhe bzw. Kameras | Projektionsfläche | Rechner zur Gestenerkennung und Simulation |

Die Bedeutung von sinnlichem Erfahrungslernen

Ausgangspunkt des „Real Reality"-Ansatzes ist: Ganzheitliche sinnliche Erfahrungen mit anfaßbaren real-stofflichen Wirklichkeiten sind fundamental für die menschliche Bildung. Angeregt wurden wir von arbeitspsychologischen Untersuchungen, die auf die grundlegende „Rolle der sinnlichen Erfahrung und eines gefühlsmäßig geleiteten Handelns im Arbeitsprozeß" verweisen [BöMi88, S.10]. Böhle/Milkau setzen ihr Konzept des subjektivierenden Arbeitshandelns gegen die Vorstellung, die zunehmende Rationalisierung und Automatisierung des Produktionsprozesses erfordere beim Facharbeiter im Wesentlichen ein objektivierbares, kognitives technisches Wissen. Auch moderne computergesteuerte Maschinen verlangen vom Facharbeiter über intellektuell-analytische Fähigkeiten hinaus ein Gefühl für das Material, einen „sechsten Sinn" für das Funktionieren von Produktionsanlagen, eine offene und breite Wahrnehmung und plastisches Vorstellungsvermögen. Erfahrungs- und Prozeßwissen kann nur im Umgang mit Materialien, Werkzeugen und technischen Systemen erworben werden. Die Berufsschule sollte die Fähigkeit, Erfahrungen zu machen, fördern; sie sollte Gelegenheiten zum Ausprobieren und Austesten der Eigenschaften und Grenzen von Materialien und Arbeitsgegenständen bieten [Bö91].

Deshalb versuchen wir eine Lernumgebung zu entwickeln, die die Sinne der SchülerInnen nicht auf den audiovisuellen Bereich reduziert, sie nicht zwingt, nach einer Computerlogik am Bildschirm zu arbeiten. Stattdessen soll es möglich sein, in einer alle Sinne umfassenden Umgebung möglichst natürlich experimentieren zu können. Die Lernenden sollen die Schwere pneumatischer Schaltelemente in der Hand fühlen können. Nur durch Arbeit mit realen stofflichen Bauteilen läßt sich die Widerständigkeit des Materials erfahren. Erst wer die Kraft von Druckluft spürt, erhält ein Gefühl dafür, wie sorgfältig die Elemente befestigt werden müssen. Reale Schläuche verheddern sich ganz anders als ihre auf dem Bildschirm visualisierten schematischen Pendants. Unser Ziel ist, daß diese stoffliche Welt nicht als eine von der logischen Welt von Schaltplänen und Weg-Schritt-Diagrammen völlig getrennte erscheint. Stattdessen wollen wir Hilfen für die Übersetzung zwischen beiden Anschauungs- und Erkenntnisebenen zur Verfügung stellen.

„Real Reality" und
erfahrungs- und handlungsorientierter Unterricht

SchülerInnen lernen intensiver, wenn Lernen mit konkretem Erleben und Erfahrung in einem vertrauten Kontext verbunden ist. Begriffe und Konzepte werden besser verstanden, wenn sie in praktischen Tätigkeiten entdeckt und erprobt worden sind. Diese Einsicht gilt nicht nur für die berufliche Ausbildung im Betrieb, sondern entspricht auch der Erfahrung von LehrerInnen in der Berufsschule. Deshalb ist „Handlungsorientierung" eine jener pädagogischen Leitideen, über die spontanes Einverständnis hergestellt werden kann — auch bei ansonsten sehr unterschiedlichen Vorstellungen von Bildung (siehe [HoSch95, Arn90, JaMe91]). „Handlungsorientierung" hat verschiedene Dimensionen. Es beinhaltet ein experimentelles und entdeckendes Lernen, das wir mit unserem System auf doppelte Weise unterstützen: Zum einen durch die Möglichkeit des Probierens am stofflichen Modell, zum anderen indem Übergänge zwischen praktischen und theoretisch abstrakten Lernphasen fließend möglich sind. Für das technische Lernsystem bedeutet dies, daß es modular aus verschiedenen Komponenten aufgebaut sein muß, die in einer einheitlich zu bedienenden Umgebung integriert sind. Im Vordergrund sollten die entsprechenden Lerninhalte stehen. Dagegen dürfen sich Fragen der Bedienung des Lernmediums nicht in den Vordergrund schieben. In einer solchen Forderung sehen wir eine wichtige Anforderung an die Informatik.

Hypermedia-Lernsysteme ermöglichen meist nur isoliertes individuelles Lernen. Wenn LehrerInnen Visualisierungen auf eine Leinwand projizieren, erzeugt der Einsatz von Neuen Medien nur moderne Formen von passivem Frontalunterricht. Wir möchten dagegen ein kooperatives handlungsorientiertes Erfahrungslernen mit unserer Lernumgebung fördern. Mit ihr soll eine Gruppe von SchülerInnen arbeiten können. Diese experimentieren gemeinsam am realen Modell und diskutieren und reflektieren Probleme mit Unterstützung durch die im Computer gespeicherten Modelle und Informationen. Erleichtert wird dies schon dadurch, daß bei der Arbeit an traditionellen Schalttafeln und Experimentiertischen ein gemeinsamer Interaktions- und Kommunikationsraum entsteht. Ein vorrangiges Ziel ist, daß mehrere SchülerInnen *gleichzeitig* am Modell hantieren können. Für unser System heißt das, daß es imstande sein muß, mehrere Datenhandschuhe gleichzeitig zu verwalten, eine Forderung an die Hard- und Softwaregestaltung, die uns weit wichtiger erscheint, als die Verbesserung dieser oder jener Grafik.

Rechnergestütztes Erfahrungslernen — ein Widerspruch?

Wenn wir so sehr die Notwendigkeit des Lernens in real-stofflichen, mit allen Sinnen erfahrbaren Umgebungen betonen, so erscheint es zunächst als Widerspruch, rechnergestützte Lernumgebungen zu entwickeln. Wäre es nicht logischer auf den Computer ganz zu verzichten? Diesen Einwand nehmen wir sehr ernst. Wann Computer im Unterricht eingesetzt werden sollten und wann besser nicht, sollte immer eine offene Frage sein, die LehrerInnen und SchülerInnen jeweils ihrer Situation angemessen entscheiden. Eine Forderung des völligen Verzichts des Einsatzes von Computern übersähe aber, daß die „natürlichen" Arbeitsumgebungen der FacharbeiterInnen (zunehmend) computerisiert und mediatisiert sind. Diese Arbeitswirklichkeit sollte sich auch in den Lernmedien der beruflichen Bildung finden, was wir mit unserer Lernumgebung umzusetzen versuchen: Übergänge zwischen der realen physischen Welt der Arbeitsstätte, ihrer Anlagen und ihren computergesteuerten Repräsentationen ermöglichen.

In vielen Fällen mag im Unterricht das real-stoffliche Modell ausreichen, oder es ist effektiver, allein mit Lehrbuch, Wandtafel und Papier zu arbeiten. Unsere Lernumgebung verstehen wir als weiteres Hilfsmittel und Medium, das den bisherigen Unterricht nicht ersetzen, sondern bereichern will, und zwar um Möglichkeiten, die sich nur computergestützt erreichen lassen.

„Real-Reality" und Hypermedia

Wir verwirklichen unseren Ansatz, indem wir Eingabemedien, die eine Ankopplung an real-stoffliche Modelle ermöglichen, mit Simulationsprogrammen und Hypermedia-Tools verbinden. Eine Verbindung ist nur möglich mit solchen Systemen, die ein experimentelles Arbeiten unterstützen. Sinnvoll kann ein hypertextartiges kontextsensitives Nachschlage- und Hilfesystem, können auch Simulationsprogramme sein, die sonst unsichtbare Zusammenhänge sichtbar machen oder Programme, mit denen die Funktionsfähigkeit von Schaltungen überprüft werden. Ungeeignet erscheinen uns solche Ansätze des Computer Based Trainings, die früheren Versuchen programmierten Lernens gleichen. Solche Pakete mögen zum individuellen Training oder Selbstlernen geeignet sein, für einen Einsatz im Unterricht scheinen sie uns ungeeignet. (Einzelfallstudien in [HySim97])

Nur zustimmen können wir Hasebrook [Ha95, S. 58 - 60], daß die Kombination möglichst vieler unterschiedlicher Medien nicht an sich schon ein Wert ist, wie es die Versprechungen der Anbieter mancher Multimedia-Software unterstellen. Es kommt immer darauf an, ob ein bestimmtes Medium das jeweiligen Lerngebiet adäquat darstellt. Wann ist das aber der Fall? Bei neuen Medien ist das eine überaus komplexe Gestaltungsfrage. Anders etwa als bei der Konzipierung eines Lehrbuchs gibt es dafür kein gewachsenes Erfahrungswissen, das sich konsultieren ließe. Hypermedia sind etwas völlig Anderes als auf dem Computer-Bildschirm dargestellte Lehrbücher. Sie konstituieren einen neuen „Schreibraum", der nicht wie die Schrift des Buches an die menschliche Stimme gebunden ist [Bo91]. Für die Gestaltung einer Schnittstelle zu diesem „Schreibraum" scheint es konsequent, nicht nur die Tastatur und Maus als Eingabegeräte zu verwenden. Als Gestaltungsprinzipien versuchen wir uns zu orientieren an den Ergebnissen der Forschung zur Mensch-Computer-Interaktion. Als vorbildlich können immer noch die Macintosh Human Interface Guidelines angesehen werden, mit Prinzipien wie Metaphernbildung, Konsistenz, Benutzer- statt Computerkontrolle, Fehlertoleranz usw. Diese für graphische Benutzungsschnittstellen entwickelten Prinzipien versuchen wir auf unser Konzept zu übertragen. Dabei formulieren wir folgendes Prinzip: BenutzerInnen sollen unsere Umgebung so handhaben können, daß sie mit dem realen Modell auf natürliche Weise, so wie sie es gewohnt sind, umgehen können.

Das Problem „Natürlichkeit"

Zunächst ist es uns wichtig, uns gegen ein mögliches Mißverständnis abzugrenzen. Unsere rechnergestützte Lernumgebung realisiert *kein* detailgetreues Abbild der Realität. Es ist auch nicht Ziel, die reale Szene der SchülerInnen und ihrer Aktivitäten vollständig im Rechner zu repräsentieren. Als InformatikerInnen möchten wir betonen, daß Computer dazu auch prinzipiell nicht in der Lage sind. Mit Hilfe von Computern läßt sich nie unmittelbar die reale Welt selbst, sondern lassen sich immer nur schon aus der Welt abstrahierte Symbolsysteme in digitalen Code transformieren. Die so zu Daten geronnenen Informationen kann der Computer manipulieren und in neue Symbolsysteme rückübersetzen, die medial für Menschen erfahrbar werden. Das heißt, wir wollen mit unserer Lernumgebung eine Übersetzung, einen Übergang zum Arbeiten mit real-stofflichen Modellen ermöglichen, mit denen BenutzerInnen möglichst „natürlich" arbeiten können. Das bedeutet aber nur, daß die Umgebung leicht handhabbar sein soll, ohne daß sich die SchülerInnen ihren Umgang mit dem System durch eine Computerlogik bestimmen lassen. Und nur sehr eingeschränkt bedeutet das, daß sie sich völlig „natürlich" verhalten können. Was sich „natürlich verhalten" heißt, kann nur kontextabhängig gesagt werden und verändert sich durch das Medium selbst. Ein neues Konzept wie der Real Reality Ansatz muß dabei seine „natürliche" Form erst in einem Gestaltungsprozeß finden.

In unserem Beispiel müssen die Gesten der SchülerInnen vom System in Daten übersetzt werden, die dann mit Hilfe des Computers in Bezug auf ein virtuelles Modell von Pneumatik-Schaltungen interpretiert werden. Dadurch ist ein enger Kontext festgelegt, in welchem definiert werden kann, was möglichst „natürliches" Verhalten sein soll.

Da in unserem Modell Anfragen an den Computer über Handgesten erfolgen, ist für uns die Frage wichtig, was in unserem Kontext natürliche Gesten sind. Aus dem bisher Gesagten wird schon deutlich, daß das *nicht* einfach *alle* menschlichen Gesten sein können. Deren oft wechselnde Bedeutung zu erfassen wäre für den Computer unmöglich und wird von uns auch nicht angestrebt. Die Lernumgebung soll ein möglichst gut handhabbares Werkzeug oder Medium für Experimente an pneumatischen Schaltungen sein. Zur Verdeutlichung: Wenn jemand eine vorgegebene Eingabegeste benutzt, um jemandem einen Vogel zu zeigen, so wird das System diese Geste nicht als „jemandem den Vogel zeigen" interpretieren. Das begreifen wir nicht als Mangel des Systems sondern als seine Kontextadäquatheit. Dieses Beispiel soll schlaglichtartig verdeutlichen, wie wichtig die Festlegung und Gestaltung eines handhabbaren und für den Computer berechenbaren Kontextes beim Design der Lernumgebung ist und wo die Grenzen eines Computersystems liegen und auch liegen sollten.

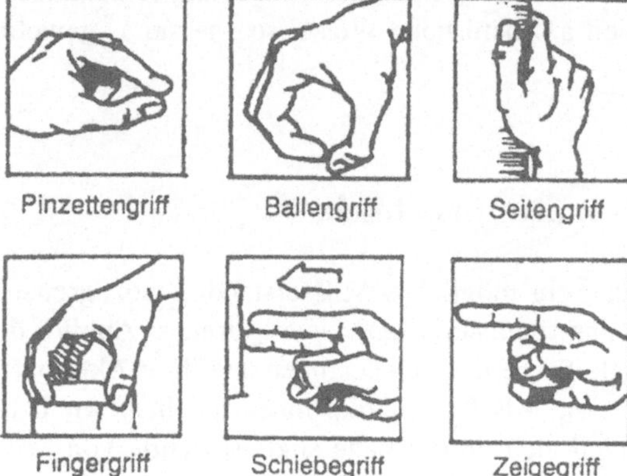

Aber kommen wir zurück zu den Fragen: Welche Eingabegesten sollen zulässig sein? Welche Gesten erlauben ein „natürliches" Handhaben des Systems? Wir arbeiten bisher mit sehr wenigen „einsichtigen" Gesten wie Greifen, Loslassen, Bewegen, Zeigen.

Was weitere „eingängige" Gesten sein könnten, ist uns noch relativ unklar. Möglich wären Greifen von bestimmten Richtungen aus, Entlangfahren an Gegenständen, besondere Zeigegesten. Prinzipiell sind Menschen zum Erlernen von relativ vielen komplexen Gesten fähig, wie die Gestensprachen von Gehörlosen zeigen. Für eine Lernumgebung in der Schule erscheint uns eine Beschränkung auf wenige leicht lernbare Gesten aber richtiger.

Noch an einem anderen Beispiel möchten wir deutlich machen, daß unser Ansatz keine Eins-zu-Eins-Übersetzung zwischen real-stofflichem und virtuellem Modell meint. Es geht nicht darum, die Schaltelemente immer als möglichst detailgenaue 3-D-Bilder im virtuellen Modell präsent zu halten; technische Zeichnungen, Schaltzeichen sind meist viel informativer. Ein 3-D-Modell wäre nur interessant, wenn es Sichten ins Innere der Schaltelemente erlaubt, die im stofflichen Schaltelement nicht sichtbar sind, welche aber Einsichten in die Funktionsweise des Elementes erlauben. Eine gute rechnergestützte Visualisierung macht also meist etwas Unsichtbares sichtbar und versucht nicht, ein möglichst detailgenaues Abbild eines stofflichen Gegenstandes zu geben.

„Real Reality" als Grundlage für weitere Lernumgebungen

Das Lernthema pneumatischer Schaltungen ist ein exemplarisches Anwendungsgebiet von „Real Reality", das nur einen Teil der Möglichkeiten des Ansatzes zeigt. In einem weiteren Projekt [SchBrBru97] wird u.a. die Erweiterung des Modells durch gegenständliches Vormachen erforscht. Der Benutzer baut mit Fischertechnikmodulen ein Förderbandmodell auf, demonstriert manuell Regeln für den Transport von Paletten und kann anschließend die Simulation des erstellten Szenarios mit den so definierten Regeln analysieren.

Im Bereich der Pneumatik läßt sich das Vormachen nur in Spezialbereichen didaktisch verwenden, beispielsweise beim Erstellen eines Schrittplans durch manuelles Ziehen der Kolben. Ähnliche Anwendungen wie das oben beschriebene Förderbandszenario lassen sich jedoch auch für den Unterricht denken. Das gegenständliche Vormachen erfordert keinerlei Programmierkenntnisse und reduziert somit die nötigen Vorkenntnisse für Experimente.

Eine interessante Anwendung ganz anderer Art wäre der Fahrschulunterricht. Die SchülerInnen bauen mit Modellampeln, -schildern, -straßenstücken etc. Örtlichkeiten auf und spielen mit Modellautos Verkehrssituationen nach. Der Computer überprüft, ob die Verkehrsregeln eingehalten werden. Auf einer Leinwand kann die Innenperspektive aus einem der Autos gezeigt werden. Wird die Szene aufgezeichnet, kann im Replay die Perspektive gewechselt werden. Ein großer Vorteil dieser Übungsform wäre, daß sie sprachunabhängig und handlungsrelevant ist. Dieses Beispiel verdeutlicht, daß unser Konzept eine Integration von spielerischem und analytischem Lernen unterstützt und vielfältig einsetzbar ist.

Resümee

Die von uns vorgestellte neue Lernumgebung für Aufbau und Simulation pneumatischer Schaltungen ermöglicht fließende Übergänge zwischen real-stofflichen Welten und Modellen, die im Computer repräsentiert und gespeichert sind. Im Umgang mit ihnen bleiben die Lernenden immer die Handelnden. Der Computer ist nicht programmiert als allwissender Automat, der auch automatisch Schaltungen erzeugen könnte. Stattdessen wollen wir ein handhabbares Medium gestalten, das Lernende unterstützt, Schaltungen aufzubauen und ihre Wirkungsweise zu verstehen.

[Arn90] Rolf Arnold. Berufspädagogik – Lehren und Lernen in der beruflichen Bildung. Verlag für Berufsbildung Sauerländer 1990

[Bo91] Jay David Bolter. Writing Space – The Computer, Hypertext, and the History of Writing. Hillsdale, New Jersey, Erlbaum 1991

[BöMi88] Fritz Böhle, Brigitte Milkau. Vom Handrad zum Bildschirm – Eine Untersuchung zur sinnlichen Erfahrung im Arbeitsprozeß. München, Campus Verlag 1988

[Bö91] Fritz Böhle. Kompetenzen für ‚erfahrungsgeleitete Arbeit' – Neue Anforderungen an die berufliche Bildung bei fortschreitender Technisierung. In: Gerd Hurrle, Franz.-Josef Jelich, Jürgen Seitz (Hrsg.). Wie bedingen sich Arbeit, Technik und Beruf im industriellen Prozess? Schüren, Hans-Böckler-Stiftung 1991

[Bru93] Friedrich Wilhelm Bruns. Zur Rückgewinnung von Sinnlichkeit – Eine neue Form des Umgangs mit Rechnern. In: Technische Rundschau Heft 29/30. Zürich 1993

[Fi96] Martin Fischer. Überlegungen zu einem arbeitspädagogischen und -psychologischen Erfahrungsbegriff. In: Zeitschrift für Berufs- und Wirtschaftspädagogik Band 92, Heft 3. Stuttgart, Franz Steiner Verlag 1996

[Ha95] Joachim Hasebrook. Multimedia-Psychologie. Heidelberg - Berlin - Oxford. Spektrum Akademischer Verlag 1995

[HoSch95] Manfred Hoppe, Heinz-Dieter Schulz. Handlungslernen – ein sinnstiftendes, lernorganisierendes Konzept. In: berufsbildung Heft 31, Feb. 1995

[HYSIM97] Willi Bruns, Achim Heimbucher, Dieter Müller u.a. Modellversuch: Hypermediagestützte Simulationssysteme für berufliche Schulen (HYSIM), Abschlußbericht. Universität Bremen – Forschungszentrum Arbeit und Technik (artec). Bremen 1997

[JaMe91] Werner Jank, Hilbert Meyer. Didaktische Modelle. Frankfurt/M., Cornelsen Scriptor 1991

[SchBrBru97] Kai Schäfer, Volker Brauer, Willi Bruns. A new Approach to Human-Computer Interaction – Synchronous Modelling in Real and Virtual Spaces. In: Proceedings of DIS '97. Designing Interactive Systems, Amsterdam, August 1997

Informatik AG für Schülerinnen - Konzepte und Erfahrungen

Cora Burger, Kerstin Schneider *

Fakultät Informatik,
Institut für Parallele und Verteilte Höchstleistungsrechner (IPVR),
Universität Stuttgart, Breitwiesenstraße 20-22, D-70565 Stuttgart,
{caburger, keschnei}@informatik.uni-stuttgart.de

Zusammenfassung Einem wachsenden Interesse an weiblichen Absolventen von seiten der Industrie steht eine seit einiger Zeit besonders niedrige Zahl an Informatikstudentinnen gegenüber. Diesem Mißverhältnis kann durch vermehrte Information über das Studienfach begegnet werden. Aus diesem Grund wurde im ersten Halbjahr 1997 an der Universität Stuttgart eine Informatik AG für Schülerinnen durchgeführt. Den Schwerpunkt dieser Veranstaltung bildeten Vorträge durch Wissenschaftlerinnen sowie praktische Aufgaben an den Rechnern. Die Aufgaben wurden in Übungsgruppen vorbereitet, die von Studentinnen betreut wurden. Im folgenden werden die zugrundeliegenden Konzepte und die unter anderem aus Fragebögen gewonnenen Erfahrungen dieses Projektes geschildert.

1   Einleitung

Der Übergang von der Schule zur Universität ist häufig noch ein Schritt ins Ungewisse. Die verfügbaren Informationen über Studienfächer und zugehörige Berufsbilder sind schwer zu erlangen und teilweise unzureichend. Die angehenden Studierenden können also nicht ohne weiteres abschätzen, inwieweit die einzelnen Fächer ihren Fähigkeiten und Neigungen entsprechen, und können somit auch keine fundierte Wahl treffen. Eine Folge davon sind hohe Abbruch- und Durchfallquoten sowie ein vom Herdendrang unterstützter Zulauf zu bestimmten Fächern, der immer öfter in der Arbeitslosigkeit endet.

Diese Bevorzugung der Fächer scheint geschlechterspezifisch aufgeteilt zu sein: Frauen entscheiden sich eher für geisteswissenschaftliche Disziplinen, während sie in naturwissenschaftlichen und technischen Fächern schwach vertreten sind. Hier ist aus mehreren Gründen ein Ausgleich erforderlich. Abgesehen davon, daß sich eine gesunde Mischung beider Geschlechter bereits in den Lernteams im Studium positiv auswirkt, wächst zur Zeit das Interesse an weiblichen Absolventen in allen und damit auch den technischen Fächern [G. Hermani, 1997]. Außerdem sind die von technischen Entwicklungen ausgehenden Veränderungen

---

* Die Autorinnen bedanken sich bei allen Mitwirkenden der Informatik AG: Dem Dekan, Professoren, Mitarbeiterinnen und Mitarbeitern sowie Studierenden der Fakultät Informatik

von derart starker Relevanz für die gesamte Gesellschaft, daß auf eine angemessene Mitsprache von Frauen nicht verzichtet werden darf.

In der Informatik ergibt sich insofern ein besonderes trauriges Bild, als der Anteil weiblicher Studierender rückläufig ist. Während vor zehn Jahren noch 15% der Neueinschreibungen von Frauen stammten, ist dieser Anteil inzwischen auf 9,15% zurückgegangen (siehe [GI]). Ähnlich verhält es sich mit dem Anteil aller Informatik-Studentinnen, der in diesem Zeitraum von 13% auf 7,5% gesunken ist. Dieser Umstand gewinnt noch dadurch an Gewicht, daß die Zahlen der gesamten Studienanfänger in der Informatik sich von ihrem starken Einbruch vor einigen Jahren noch immer nicht erholt haben. Insgesamt interessieren sich also erschreckend wenig Schülerinnen für das zukunftsträchtige Fach Informatik.

Um dieser negativen Entwicklung entgegenzuwirken, beschloß der zur Universität Stuttgart gehörige Arbeitskreis für frauenspezifische Fragen in der Informatik, eine speziell auf Schülerinnen der Oberstufe zugeschnittene Einführung in die Informatik zu veranstalten.

2 Andere Projekte

Neben den bereits schon länger existierenden Einrichtungen wie „Tag der offenen Tür" und speziellen Schülertagen, bieten einige Universitäten zusätzliche Veranstaltungen mit dem Ziel, über Studiengänge umfassender zu informieren, an.

Diese lassen sich nach den folgenden Kriterien unterscheiden, die im folgenden an einigen Beispielen kurz beschrieben werden:

- Mit oder ohne Geschlechterbegrenzung,
- Häufigkeit und Dauer,
- Inhalte (informatikspezifisch oder fachübergreifend),
- didaktisches Konzept (Vorträge, Gruppenarbeiten, etc.).

Beim Sommercamp in Passau (vgl. [Sommercamp, 1997]) handelt es sich um eine Veranstaltung für Schülerinnen und Schüler. Das Sommercamp wird seit 1996 einmal im Jahr abgehalten und geht über einen Zeitraum von acht Tagen. Es wird ein breites Spektrum an Themen aus der Informatik angeboten. Die Teilnehmer arbeiten in Projektgruppen an jeweils einem Thema. 1997 war von den 130 Teilnehmern ca. ein Drittel weiblich.

Auch der speziell für Schülerinnen eingerichtete Tag „Technik und Naturwissenschaften" an der Universität Kaiserslautern (siehe [TuN 1996/1997]) wird 1997 zum zweiten Mal abgehalten, umfaßt aber jeweils nur einen einzigen Tag. Es wird über das gesamte Studienangebot dieser Universität informiert, wobei sich die Schülerinnen einzelne Themen aussuchen und in Workshops vertiefen können.

Weitere Beispiele sind die zweitägige Schnupper-Uni [Schnupper] in Dortmund mit einem Überblick über Informatik und Berufsbilder sowie der von der Fakultät Informatik der Universität Karlsruhe im Internet zur Verfügung gestellte Treffpunkt für Gymnasiasten [GTI], auf dem unter anderem eigene Homepages erstellt werden können. In diesem Fall überwiegen die Homepages von Schülern diejenigen von Schülerinnen bei weitem.

Insgesamt sind die Maßnahmen zur Behebung des Informationsdefizites beim Übergang von der Schule zur Universität noch nicht sehr zahlreich. Sofern keine Geschlechtertrennung stattfindet, werden hauptsächlich Schüler angesprochen.

Einen anderen Schwerpunkt legt die Informatica feminale [Inf. Feminale, 1997], die darauf abzielt, das Curriculum des Informatik-Studiums dahingehend zu ändern, daß es sowohl für Studentinnen als auch für Studenten besser geeignet ist. Zur Erprobung der dabei erarbeiteten Konzepte soll in Bremen eine Sommeruni für Studentinnen veranstaltet werden.

3   Ziele und Konzepte der Informatik AG

Bei der Planung der Informatik AG an der Universität Stuttgart wurden die oben genannten Kriterien zugrunde gelegt. Da die bisherigen Maßnahmen ohne eine Trennung der Geschlechter die niedrigen Studentinnenzahlen nicht verbessern konnten, sollte die Veranstaltung zunächst nur auf Schülerinnen ausgerichtet sein. Im Vordergrund stand also, Schülerinnen für ein Studium der Informatik zu motivieren oder ihnen zumindest die Hemmschwelle vor den entsprechenden Technologien zu nehmen. Dazu sollte ihr Selbstbewußtsein besonders in Bezug auf den Umgang mit Rechnern gestärkt werden.

Als erstes stellte sich die Frage nach der Kontaktaufnahme, die entweder durch Besuch der Schulen oder direkte Einladung von Schülerinnen an die Universität erfolgen kann. Zwar bietet die erste dieser beiden Möglichkeiten die Chance, praktisch alle Schülerinnen zu erreichen, während eine Einladung an die Universität lediglich von denjenigen wahrgenommen wird, bei denen bereits ein gewisses Interesse und eine Grundmotivation vorhanden sind. Für eine komplexere Veranstaltung ist es jedoch notwendig, die Infrastruktur der Fakultät Informatik, wie beispielsweise die Rechnerumgebung, zu nutzen. Informationsbesuche an den Schulen führt die Fakultät Informatik unabhängig von der Informatik AG weiterhin durch.

Zudem bewirkt der Besuch der Universität noch eine Reihe von günstigen Nebeneffekten. Das „Schnuppern von Uniluft" macht bereits mit der an der Universität zu erwartenden Umgebung einschließlich der Anreise dorthin vertraut und bringt dadurch einen Erfahrungsvorsprung. Schülerinnen unterschiedlicher Schulen treffen sich und können Kontakte knüpfen. Und nicht zuletzt tritt die Vorbildfunktion stärker in Kraft, wenn Studentinnen und Wissenschaftlerinnen in ihrem Arbeitsumfeld erlebt werden können, als dies durch eine in die Schule geschickte Abordnung möglich wäre. Aus diesen Gründen wurden alle Gymnasien im Großraum Stuttgart angeschrieben und auf die Veranstaltung aufmerksam gemacht. Außerdem wurde über die Presse über Teilnahmemöglichkeiten an der Informatik AG informiert.

Die Häufigkeit und Dauer einer solchen Veranstaltung stehen in direktem Zusammenhang zur Breite und Tiefe der vermittelten Information. Hier stand eine ausgewogene Mischung im Vordergrund, die nur durch eine längerdauernde

Veranstaltung gewährleistet werden kann. Dementsprechend wurden zwei Zyklen mit jeweils fünf bis zehn Terminen zu je drei bis vier Stunden geplant, die im wöchentlichem bzw. im vierzehntägigen Rhythmus stattfanden. Durch die Kombination aus

- Vorträgen über ausgewählte Themen der Informatik,
- praktische Übungen am Rechner sowie
- ein Rahmenprogramm mit zusätzlichen Informationen über Studium und Beruf

sollte sowohl ein Überblick über dieses Fach als auch ein tieferes Verständnis über Zusammenhänge vermittelt werden.

3.1 Vorträge

Die Auswahl der Vortragsthemen und Übungsaufgaben orientierte sich an dem Ziel, eine große Bandbreite abzudecken und trotzdem viele Querbezüge zu haben. Das Zusammenspiel von Vorträgen und dazu passenden praktischen Aufgaben erleichtern durch ihre komplexen Wechselwirkungen das Verständnis. Gleichzeitig konnten durch die Wahl der Themen die momentan durch die gesellschaftliche Entwicklung stark im Vordergrund stehenden Schlagworte, wie z. B. Internet und Multimedia, erklärt werden. Insgesamt sollte dadurch erreicht werden, daß Schülerinnen im Hinblick auf die Informatik nicht abgehängt und in die Rolle von Analphabeten gedrängt werden, sondern mitreden und -handeln können. Neben diesem Wissens- und Erfahrungsvorsprung sollte natürlich auch eine Entscheidungsgrundlage für die Wahl des Studiums geschaffen werden.

In den ersten beiden Vorträgen wurden die Grundlagen des Internet und seine Dienste, insbesondere das WWW und elektronische Post erläutert. Um einen Eindruck von der Programmierung zu geben, hatte der folgende Vortrag die objektorientierte Programmierung zum Inhalt. Die objektorientierte Programmierung eignet sich ausgezeichnet, um die Bedeutung der Abstraktion in der Informatik darzustellen. Die Aufgaben und Probleme, die bei der Konzeption komplexer Systeme in großen Software-Projekten zu lösen sind, sowie die vielfältigen Tätigkeitsfelder und Fähigkeiten von InformatikerInnen in diesem Zusammenhang konnten durch die Darstellung des Software Engineering im nächsten Vortrag gut beschrieben werden. Als Anwendung aller dieser Themen wurde ein Vortrag über synchrone und asynchrone Telekooperation, speziell Workflow-Management-Systeme, gehalten. In diesem konnten die Komplexität heutiger Anwendungen und der Einfluß der Informatik auf die gesellschaftlichen Prozesse, wie zum Beispiel die Gestaltung der Arbeit, gut gezeigt werden.

Diese Reihe wurde in der zweiten Informatik AG mit Vorträgen zu Hardware, Multimedia, Turingmaschinen, Kryptographie, Datenbanken und Informationssystemen fortgesetzt. Es gelang somit, durch die Vorträge eine recht große Bandbreite zu erfassen.

3.2 Übungen

Die Schülerinnen kommen aus unterschiedlichen Jahrgangsstufen und mit verschiedenen Vorkenntnissen. Sie haben beispielsweise einen Informatik-Grundkurs besucht oder besitzen einen eigenen PC. Die Zeitdauer, welche die Schülerinnen mit der Vorbereitung der Aufgaben zu Hause verbringen können oder wollen, ist sehr verschieden. Dementsprechend wurden die Aufgaben so konzipiert, daß sie von den Teilnehmerinnen durchaus mit individueller Geschwindigkeit durchgeführt werden können, ohne den Anschluß zu verlieren. Die Reihenfolge der Aufgaben kann zum Teil geändert werden, und jedes Aufgabenblatt bietet Möglichkeiten, sich beliebig intensiv mit der jeweiligen Thematik zu befassen

Als Aufgabenziel wurde die Erstellung einer eigenen Homepage gewählt. Die einzelnen Aufgaben vermitteln dafür die grundlegenden Techniken. Der Zugang zum selbstständigen Herausfinden und Erlernen weiterer Techniken wird zusätzlich gefördert. Der Aufbau und das Aussehen ihrer eigenen Seiten bleibt den Schülerinnen überlassen. Sie können diese ihren Vorlieben entsprechend individuell gestalten. Die Seite wird im Laufe der Zeit während der Informatik AG sukzessive weiterentwickelt. Um dies zu unterstützen wird auch Zeit für das Kennenlernen des WWW durch Surfen und gezieltes Suchen im WWW vorgesehen. Die Schülerinnen werden dadurch mit den vielfältigen Ausdrucksformen und Darstellungsarten vertraut und lernen das WWW als riesige weltweite Informationsquelle kennen und nutzen.

Zunächst war es notwendig, die Schülerinnen mit der Rechnerumgebung vertraut zu machen. Als Grundlage zum Erstellen der WWW-Seiten wurde ihnen dann HTML sowie Techniken zur Integration von Bildern (Video-Snapshots der Schülerinnen), Hyperlinks, E-mail, von JavaScript-Anweisungen sowie von Java-Applets vermittelt. Schließlich wurden sie an die Programmierung von Applets herangeführt, indem sie zunächst bestehende Applets erweiterten. Vereinzelt entwickelten die Schülerinnen dann sogar eigene Applets.

Es war nicht das Ziel eine Programmiersprache zu lernen, sondern die Zusammenhänge und Wechselwirkungen der Komponenten und Systeme so kennenzulernen, das ein grundlegendes Verständnis geschaffen wird. Den Schülerinnen wird es möglich, sich selbständig tiefer mit den einzelnen Aspekten zu beschäftigen. Sie können neugierig werden und sich für weitere Zusammenhänge interessieren. Sie haben Zugang zu der Informationstechnologie und können sie studieren, entweder in ihrem Alltag im kleinen, oder als Studierende, falls sie sich dafür entscheiden, im großen.

3.3 Rahmenprogramm

Das Rahmenprogramm diente zur Abrundung der gesamten Veranstaltung. Durch den Besuch des Computermuseums der Fakultät Informatik konnte den Schülerinnen auf eindrucksvolle Weise gezeigt werden, wie rasant die Entwicklung auf diesem Gebiet fortschreitet und wie in zunehmendem Maße Einfluß auf die Gesellschaft genommen wird. Gemäß [B. Schinzel, 1991] ist dieser Umstand Frauen weniger bewußt als Männern, so daß diesbezüglich Aufklärungsbedarf besteht.

In einer gemeinsamen Abschlußveranstaltung für alle Teilnehmerinnen wurde der konkrete Ablauf des Studiums der Informatik erklärt. Außerdem wurden typische Vorgehensweisen beim Studieren im allgemeinen erläutert und das studentische Leben beschrieben. Betont wurde dabei die Bedeutung von selbständigem Einholen von Information und die Arbeit im Team.

Den Abschluß dieser Veranstaltung bildete eine Podiumsdiskussion mit erfolgreichen Frauen aus der Praxis. Diese diente zum Vermitteln möglicher Berufsbilder sowie der Darstellung der interessanten und abwechslungsreichen Tätigkeitsfelder dieser Frauen in ihrem täglichen Einsatz.

4 Auswertung

An der ersten Informatik AG, die von Januar bis April 1997 stattfand, haben 163 Schülerinnen teilgenommen. Der zweite Zyklus von April bis Juli 1997 konnte unabhängig von der Teilnahme an der ersten Veranstaltung besucht werden. An beiden Veranstaltungen haben insgesamt über 200 Schülerinnen teilgenommen. Um Rückmeldungen zu bekommen, wurden Fragebögen verteilt, von denen 26% beantwortet wurden. Einige bemerkenswerte Ergebnisse werden im folgenden Abschnitt beschrieben, ehe auf die Erfahrungen der BetreuerInnen eingegangen wird, die in einer Abschlußbesprechung gesammelt wurden.

4.1 Auswertung der Fragebögen

Die meisten Schülerinnen besuchen die 12. Jahrgangstufe (51%), gefolgt von der Jahrgangsstufe 11 mit 31%.

90% der Schülerinnen haben Zugang zu einem PC, beispielsweise zu dem PC der Eltern. Über 70% besitzen einen eigenen PC und 23% haben sogar einen Netzzugang. Nach den Angaben des statistischen Bundesamts gab es im Jahr 1995 36,9 Mio. Haushalte in Deutschland. Zur gleichen Zeit gab es laut der Initiative Informationsgesellschaft Deutschland 7 Mio. PCs in Haushalten. Das bedeutet, höchstens 20% aller Haushalte in Deutschland hatten Ende 1995 einen PC. Die Ausstattung der Schülerinnen kann dementsprechend als überdurchschnittlich gut angesehen werden.

Ungefähr die Hälfte der Schülerinnen besucht einen Leistungskurs Mathematik. Die mathematisch-orientierten Schülerinnen sind also sehr stark repräsentiert. Und 43,4% bezeichneten Mathematik als ihr Lieblingsfach.

86.6% der Schülerinnen gaben an, Vorkenntnisse zu haben. Die Hälfte der Schülerinnen besucht, besuchte oder wird einen Informatik Grundkurs besuchen. Auffallend war in diesem Zusammenhang die Tendenz der Schülerinnen, ihre Vorkenntnisse als geringer einzustufen, als sie tatsächlich waren. Es wurde auch im Vorfeld sehr häufig die Frage gestellt, ob Vorkenntnisse notwendig sind bzw. ausreichen. Dies bestärkt die Beobachtungen von [B. Schinzel, 1991], nach denen sich lediglich 29% der Mädchen ohne Vorkenntnisse ein Informatik-Studium zutrauen im Gegensatz zu 50% der Jungen.

Insgesamt zeigen diese Zahlen bisher, daß die Teilnehmerinnen der Informatik AG in der Regel schon vorher einen relativ starken Zugang zur Informatik bzw. zur Technik, zur Mathematik oder den Naturwissenschaften hatten. Ihre Hemmschwelle an der AG teilzunehmen, war dementsprechend gering.

Nach [B. Schinzel, 1993] werden Frauen häufig durch die Väter an ein ingenieurwissenschaftliches Studium herangeführt und sind auffallend oft älteste Kinder oder sogar Einzelkinder. Das familiäre Umfeld der Schülerinnen kann, bezüglich der Berufe der Eltern, als überdurchschnittlich förderlich für ein Studium im technisch-naturwissenschaftlichen Bereich bezeichnet werden. Die Väter haben zum überwiegenden Teil einen akademischen oder technischen Beruf. Auch die Mütter haben zum größten Teil akademische oder technische Berufausbildungen bzw. Berufe, in denen typischerweise Computer eingesetzt werden.

64,15% der Befragten haben keine oder keine älteren Geschwister.

Bemerkenswert ist auch der Umstand, daß mehr als ein Viertel der Befragten auf die allgemeine Frage, ob ihnen schon einmal Vorurteile gegenüber Frauen und Technik begegnet sind, angaben, ihnen seien im Zusammenhang mit dem Physikunterricht in der Schule Vorurteile begegnet.

Auf die Frage, ob die Teilnahme an der Informatik AG die Berufswahl beeinflußt hat, antworteten etwas mehr als die Hälfte mit „ja". Im folgenden einige ausgewählte Zitate:
- *Ich tendiere jetzt mehr zum Informatik-Studium.*
- *Vielleicht traue ich mich doch an so ein Studium ran.*
- *Mir ist klar geworden, daß Informatik zwar nicht leicht, aber doch das richtige Studienfach für mich ist.*
- *Ich überlege mir, ob ich Informatik studieren soll, da ich 3,5 Stunden vor dem Rechner sitzen kann, ohne mich zu langweilen.*
- *Denn ich weiß jetzt, daß ich Informatik studieren werde.*
- *Noch weniger Angst vor Informatik.*
- *Ich habe Vorkenntnisse, die mir allgemein helfen.*
Einige Schülerinnen wurden durch ihre Teilnahme überzeugt, auf jeden Fall zu studieren und vereinzelt wurde auch eine Entscheidung gegen ein Studium der Informatik getroffen.

Über 6% der Anmeldungen kamen von den Schülerinnen des einzigen Mädchengymnasiums der Umgebung, das weniger als 1% der angeschriebenen Schulen repräsentiert. Die Befürwortung der Beschränkung der Teilnahme an der Informatik AG auf das weibliche Geschlecht war eindeutig, denn 95% der Schülerinnen fanden dies gut so. Als Grund wurde häufig die Dominanz der Jungen in gemischten Gruppen angegeben.

Extrem häufig lassen die Antworten der Schülerinnen Ängste bzw. Hemmungen erkennen, die dem interessierten Umgang mit der Informationstechnologie im Wege stehen. Ein Beispiel ist das wichtigste Erlebnis einer Schülerin: *Wenn man etwas falsch macht, wird man nicht gleich erschossen.* Dies ist besonders bemerkenswert, wenn man bedenkt, daß die befragten Schülerinnen allein durch ihre Teilnahme an der Informatik AG eine im Vergleich geringe Technikdistanz zeigen.

4.2 Erfahrungen der Betreuerinnen

Das Vorhaben der Informatik AG wurde von den Fachlehrern durchgehend als sehr positiv bewertet. Trotzdem reichte es nicht aus an die Schulen Einladungen zu versenden, da auf diesem Weg die Schülerinnen nicht immer erreicht wurden. Dies konnte durch die zusätzlichen Ankündigungen über die Presse jedoch wieder ausgeglichen werden. Die Teilnahme von insgesamt über 200 Schülerinnen zeigt den Erfolg dieser Maßnahmen.

Entsprechend der Struktur der Informatik AG wurden während der Vorträge, Übungen und der Rahmenveranstaltung unterschiedliche Erfahrungen gemacht. Bei den Vorträgen fielen vor allem die Aufmerksamkeit und Konzentration auf, mit der die Schülerinnen den Ausführungen folgten. In den von Studentinnen und einem Studenten betreuten Übungsstunden zur Vorbereitung der praktischen Aufgaben an den Rechnern arbeiteten die Schülerinnen interessiert mit.

Zu Beginn der Übungen am Rechner waren die unterschiedlichen Vorkenntnisse recht deutlich zu spüren. Während einige der Schülerinnen relativ hilflos wirkten, gingen andere sehr souverän an ihre Aufgaben heran. Mit der Zeit relativierten sich diese Unterschiede, wobei das Arbeitstempo trotzdem immer noch differierte. Die Tatsache, daß auch bei Schülerinnen ohne Vorkenntnisse die anfängliche Angst und Hemmschwelle vor dem Rechner überwunden werden konnte, war deutlich sichtbar und manifestiert sich in den folgenden Zitaten:
- *Computer schrecken mich nicht mehr so ab, wie noch am Anfang. Ich habe meine totale Abneigung gegen sie abgelegt und probiere eher einfach mal etwas aus, ohne zu wissen was passiert/ was bestimmte Tasten - bewirken.*
- *Es muß unbedingt noch mehr solche Veranstaltungen geben, weil ich finde, daß viele Leute Computer doof finden, weil sie wahrscheinlich selber keine Ahnung davon haben, weil sie sich selber nicht an so ein Gerät herantrauen. Ich finde, sie sollten wenigstens einmal sehen, was sie verpassen!*

Zu einem großen Erfolg entwickelte sich die Entdeckung von Surfen und elektronischer Post. Mit Begeisterung wurde im WWW nach allem gesucht, was Schülerinnen interessieren kann, von den Lieblingsmusikern über das geklonte Schaf sowie mathematische Kurven und Information für ein Schulreferat bis hin zu Spielen. Außerdem wurde eifrig an bekannte und unbekannte Personen gemailt und direkt nach dem Einloggen nach neu eingetroffenen E-Mails geschaut.

Im Laufe der Veranstaltung verloren die Teilnehmerinnen, die für Frauen sonst übliche, zurückhaltende Herangehensweise und fingen an, spielerisch neue Welten zu entdecken. Dieser neue Lernstil und das dadurch gestärkte Selbstwertgefühl sind eindeutig höher einzuschätzen als die Tatsache, daß es vereinzelt Fälle gab, in denen die Übungsaufgaben über dem Surfen vernachlässigt wurden. Insgesamt wurde von dem Großteil der Schülerinnen die vorgestellten technischen Möglichkeiten vielfältig eingesetzt um ihre WWW-Seiten sehr ansprechend zu gestalten. Durch eine Wahl bestimmten die Teilnehmerinnen die zehn besten Homepages und ihre stolzen Entwicklerinnen wurden mit einer Urkunde belohnt.

Die hohe Motivation und das große Interesse der Teilnehmerinnen zeigte sich auch an der regen Nutzung der Rechnerumgebung der Fakultät über die eigentlichen Rechnerzeiten der Informatik AG hinaus.

Auffallend war die häufige Entstehung von neuen Freundschaften. Dies beruht wahrscheinlich darauf, daß die Teilnehmerinnen auf den richtigen Gebieten die gleichen Interessen haben und daher sehr schnell Kontakt untereinander finden. Damit wurde also auch das Ziel zum Ermöglichen von Kontakten zwischen unterschiedlichen Schulen erreicht.

In Übereinstimmung mit den Ergebnissen aus [B. Schinzel, 1991], wonach Schülerinnen sich bei ihrer Studienwahl eher an den Inhalten eines Faches als an den damit verbundenen beruflichen Chancen orientieren, stieß die Vorstellung der Berufsbilder auf weniger Interesse als die Vorstellung der Informatik im allgemeinen.

5 Diskussion und Ausblick

Die Informatik AG für Schülerinnen der Oberstufe zielte darauf ab, die häufig existierende Hemmschwelle zu beseitigen und mehr Frauen zum Studium der Informatik zu bewegen. Wie die Äußerungen der Schülerinnen und die Fragebogenaktion zeigen, ist dies bei den über 200 Teilnehmerinnen der AG gelungen. Dies beweist einmal mehr, daß Frauen Technik nicht einfach ablehnen, sondern daß ihnen häufig nur nicht die Gelegenheit gegeben wird, sich damit angstfrei auseinanderzusetzen. Das Konzept der Geschlechtertrennung hat sich also auf jeden Fall bewährt.

Die Informatik AG wurde von den Schülerinnen und der Öffentlichkeit so gut aufgenommen und beurteilt, daß die Universität Stuttgart Anfang 1998 diese Veranstaltung nun für alle ingenieur- und naturwissenschaftlichen Fächer anbietet.

Damit diese Maßnahme trotzdem nicht ein Tropfen auf den heißen Stein bleibt, ist sie in drei Richtungen auszuweiten:

- Größerer Kreis von Schülerinnen,
- innerhalb der Informatik,
- zu anderen Fächern hin.

Mit Hilfe der Fragebogenaktion wurde bestätigt, daß nur diejenigen Schülerinnen teilnahmen, bei denen eine Grundmotivation in Richtung Technik gegeben war. Um auch den Schülerinnen den Zugang zur Informationstechnologie zu eröffnen, deren Hemmschwelle noch besonders groß ist, und sie mit einer Basisinformation auszustatten, sind zusätzliche Maßnahmen erforderlich, die zum Teil schon früher ansetzen müssen und den allein von den Universitäten erbringbaren Beitrag sprengen.

Darüberhinaus sollte es möglich sein, die bereits verfügbaren Aktivitäten von Informatik-Fakultäten untereinander abzustimmen, so daß sie sich gegenseitig ergänzen. Hierbei können durchaus auch die bereits verfügbaren Techniken von Telekonferenzen und Teleteaching mit eingesetzt werden. Dadurch kann z.B. der Vortrag einer Expertin in einem bestimmten Gebiet nicht nur an deren Universität sondern per Videokonferenz auch an anderen gehalten werden.

Gemäß [O. Drobnik, 1997] wird nicht nur die Vernetzung innerhalb eines Forschungsbereiches sondern auch die Interdisziplinarität immer wichtiger. Um Schülerinnen auf diese Situation angemessen vorzubereiten, müssen ihnen neben den fachlichen Inhalten der Informatik auch solche aus anderen Fächern vermittelt werden, die sie dann als Nebenfächer wählen können. Dies wird im Rahmen der kommenden Veranstaltung der Universität Stuttgart erreicht, indem die Termine der unterschiedlichen Fachbereiche so koordiniert werden, daß es beispielsweise Schülerinnen, die vorrangig an Informatik interessiert sind, möglich ist, auch Vorträge zu Informatikanwendungen beispielsweise aus der Luft- und Raumfahrttechnik oder der Elektrotechnik zu hören.

Durch Bündelung aller dieser Maßnahmen muß erreicht werden, daß Frauen trotz der durch technische Entwicklungen bewirkten Umbrüche, durch die sie momentan noch ausgegrenzt werden, stärker in die Gesellschaft mit eingebunden werden und die ihnen spezifischen Fähigkeiten zum Wohle aller mit einbringen können.

References

[O. Drobnik, 1997] *Drobnik, O.*, Vernetzung als Wettbewerbsfaktor. Geleitwort zu PIK Praxis der Informationsverarbeitung und Kommunikation 3/97, S. 126-127

[GI] *GI* http://www.gi-ev.de

[GTI] Gymnasiasten Treff Informatik, Universität Karslruhe, http://mmschule.ira.uka.de

[G. Hermani, 1997] *Hermani, G.*, Das Ende der Quoten-Mitarbeiterin - Unternehmen erkennen den wirtschaftlichen Wert der weiblichen Stärken - Frauen-Netzwerke. Frankfurter Allgemeine Zeitung, 9. August 1997, Nr. 183, S. 41

[Inf. Feminale, 1997] Informatica Feminale, Sommeruniversität für Frauen, Bremen, http://www.informatik.uni-bremen.de/ karla/informatica_feminale/home.html

[A. Pearl, 1995] *Pearl, A.* (Ed.), Women in Computing, Communications of the ACM, January 1995, Vol. 48, No 1, pages 26-82.

[B. Schinzel, 1991] *Schinzel, B.*, Frauen in Informatik, Mathematik und Technik. Informatik-Spektrum Band 14 Heft 1 Februar 1991, S. 1-14.

[B. Schinzel, 1993] *Schinzel, B.*, Frauenforschung in Naturwissenschaft und Technik. In: Realitäten, Sigrid Philipps (Hrsg.), Silberburg Verlag, 1993, S. 31-61.

[K. Schneider, 1997] *Schneider, K.*, Die Informatik AG für Oberstufenschülerinnen, http://www.informatik.uni-stuttgart.de/ipvr/as/projekte/frauen/seminar.html

[Schnupper] Schnupper-Uni Dortmund für Frauen, http://zuse.informatik.uni-dortmund.de/Veranstaltungen/Schnupper.html

[Sommercamp, 1997] Sommercamp Universität Passau, http://www.db.fmi.uni-passau.de/Sommercamp97

[E. Spertus, 1991] *Spertus, E.*, Why are There so Few Female Computer Scientists?, Technical Report, MIT Artificial Intelligence Laboratory.

[TuN 1996/1997] Technik und Naturwissenschaften für Schülerinnen, 1996 und 1997, Universität Kaiserslautern, http://www.rhrk.uni-kl.de/ frauenb/technik-tag/techtag.html

Informatica Feminale – das Informatikstudium anders gestalten

Veronika Oechtering, Ingrid Rügge, Karin Vosseberg
Universität Bremen, Fachbereich Mathematik/Informatik,
Postfach 330440, 28334 Bremen
E-Mail: oechteri, ruegge, karla@informatik.uni-bremen.de
http://www.informatik.uni-bremen.de/grp/informatica_feminale

Die Informatikausbildung an Universitäten und Fachhochschulen ist derzeit im Umbruch. Von verschiedenen Seiten werden Fragen an die Ziele eines Studiums und an die konkrete Umsetzung eines Curriculums gestellt. Im Mai 1997 startete am Studiengang Informatik der Universität Bremen das Projekt *Informatica Feminale*. Das bundesweit ausgerichtete Projekt will Studentinnen und Wissenschaftlerinnen aller Informatikstudiengänge zusammenbringen. Es sollen konkrete Vorstellungen von Frauen zum Informatik-Curriculum entwickelt und kleine Umsetzungsbeispiele zur Erprobung gebracht werden. Nachfolgend sind die Motivation, Ziele und Vorarbeiten des Projekts beschrieben. Auf der Tagung 'Informatik und Ausbildung' werden erste Umsetzungsschritte vorgestellt.

1 Motivation

Die Motivation für Veränderungen des Informatikstudiums hat im Projekt *Informatica Feminale – Sommeruniversität für Frauen in der Informatik*[1] zwei Wurzeln. Zum einen werden in dem Maße, wie Informationstechnik in fast alle Lebensbereiche eindringt, die Frauen aus der Informatik als Wissenschaftsdisziplin zurückgedrängt. Wir sehen die Studien- bzw. Forschungsinhalte sowie die Struktur und Kultur des Studiums als zentrale Ausgrenzungsfaktoren an. Zum anderen wird nach wie vor die Selbstverständnisdiskussion in der Informatik geführt (Coy 1992, Schinzel 1996, Mahn/Brauer 1997), mit dem Ziel, Informatik-Curricula an technische, gesellschaftliche und wirtschaftliche Anforderungen anzupassen. Informatikerinnen beteiligen sich an diesen Diskussionen, haben aber aufgrund ihres Minderheitenstatus bisher wenig Chancen, ihre Sichtweisen durchzusetzen.

---

[1] Das Projekt wird unter der Leitung von Prof. Dr. Hans-Jörg Kreowski am Bremer Studiengang Informatik durchgeführt und von der Universität Bremen im Rahmen des Hochschulsonderprogramms (HSP III) gefördert.

1.1 Die Zurückdrängung von Frauen im Zuge der Etablierung der Informatik

Als zu Beginn der siebziger Jahre an den westdeutschen Hochschulen die ersten Informatikstudiengänge entstanden, entwickelte sich die Teilhabe von Frauen daran zunächst recht erfreulich. Beispielsweise stiegen die Zahlen der Studentinnen im Zeitraum von 1971 bis 1979 stetig von 10,0% auf 18,8% und Studentinnen waren bis Mitte der achtziger Jahre mit einem entsprechend hohen Anteil bei den Diplomprüfungen vertreten (Roloff 1989). Nicht zuletzt ließ die im Vergleich zu anderen Technikwissenschaften hohe Beteiligung im Erwerbsbereich (ca. 19% im Jahre 1989) die Informatik als geeignetes Berufsfeld für Frauen erscheinen, das ihnen Zugang zu hochqualifizierten Tätigkeiten erlaubte und Chancen für ihre Berücksichtigung beim beruflichen Aufstieg bot (Schmitt 1993). Auch heute noch werden die Möglichkeiten für Frauen in einem Informatikstudium und einer anschließenden Berufstätigkeit als gut eingeschätzt.
Mit der Etablierung der Informatik hat sich während der letzten Jahre trotz allem die Sicht von Mädchen und Frauen gewandelt (Schinzel 1997). Seit 1983 sind die Anteile der Frauen unter den Studierenden der Informatik rückläufig, so ergeben sich aus den Statistiken des Fakultätentags Informatik für das WS 1994/95 nur noch 7,7% Studentinnen in den universitären Studiengängen. Der Anteil der Studienanfängerinnen in der Informatik sank an ostdeutschen Universitäten mit ca. 4% im Jahre 1995 sogar deutlich unter den Bundesdurchschnitt. Untersuchungen zur Studiensituation in der Informatik weisen zudem auf einen überproportionalen Studienabbruch von Frauen hin. Für den übrigen Wissenschaftsbereich konnten in Forschung wie Lehre ebenfalls Strukturen nachgewiesen werden, die eine Zurückdrängung bzw. kategorische Blockierung von Informatikerinnen bewirken (Funken 1992). In der Informatik ist die allgemein bekannte Marginalität der Wissenschaftlerinnen in den Hochschulen noch stärker ausgeprägt; so waren trotz des massiven Ausbaus des Fachs im Jahre 1988 12,5% der Nicht-Planstellen sowie lediglich 6% der Planstellen für wissenschaftliche Mitarbeitende mit Frauen besetzt und gar nur knapp 2 % der Professuren. Laut Fakultätentag Informatik hat sich hieran in den letzten zehn Jahren nichts geändert.
Die in Ostdeutschland bis zur Vereinigung wesentlich höheren Frauenanteile in der Informatik im Hochschulbereich und in Betrieben bzw. Verwaltungen (ca. 30%), insbesondere auch in höherqualifizierten Positionen, sind im Laufe der letzten Jahre zunichte gemacht worden (Oechtering/Behnke

1995). Vor allem aufgrund unzureichender technischer Weiterbildungsange-
bote auf hohem Qualifikationsniveau war und ist für Frauen eine Rückkehr
in vergleichbare Positionen unmöglich.

Im Zuge von Abgrenzungen und Institutionalisierung der vielfältigen um
die Informationstechnik gruppierten Themen haben Frauen offenbar nur
selten die neuen Felder besetzen können und werden ihre Stellung ohne
tiefgreifende Veränderungen in Zukunft kaum behaupten. Von den zuständ-
digen Stellen wird diese Situation seit Jahren verkannt. Immer noch werden
die Probleme lediglich in Unterbrechungen und zeitreduzierten Arbeitsformen gesehen (beispielsweise Dostal 1997).

Gleichzeitig befindet sich die Informatik mit der skizzierten Entwicklung
unter den Technik- und Ingenieurwissenschaften jedoch in einer einzig-
artigen Situation: immerhin gibt es überhaupt ein weibliches Potential auf
allen Qualifikationsstufen. Weiterhin sind bereits zahlreiche Themen der
Frauenforschung wie auch der Frauenförderung gerade am Beispiel der
Informatik sehr intensiv untersucht worden. Damit liegen einerseits wichtige Erkenntnisse über spezifische Problembereiche vor, andererseits hat ein
großer Teil der Informatikerinnen, vor allem im Wissenschaftsbereich,
diese Projekte begleitet oder aktiv getragen.

1.2 Debatte um die Informatikausbildung

Erfreulicherweise werden in den letzten Jahren die Wurzeln der Informatik
intensiver beleuchtet. Wo steht die Informatik als Wissenschaftsdisziplin?
Was sind die Grundlagen der Ausbildung? Welche Ziele sind sinnvoll,
angemessen und erreichbar? Wer setzt diese Ziele? Wie erfolgt ihre Umsetzung? Ende der achtziger, Anfang der neunziger Jahre haben bekannte Wissenschaftler wie Dijkstra und Parnas die Selbstverständnisdiskussion neu
entfacht (Dijkstra 1989, Parnas 1990). Von verschiedenen Seiten liegen
neue Einordnungen der Informatik als Wissenschaftsdiziplin vor: als
„moderne" Mathematik, als Ingenieur- oder Technikwissenschaft sowie als
Sozialwissenschaft (vgl. beispielsweise die Ergebnisse des Arbeitskreises
„Theorie der Informatik" (Coy 1992)). Bei der Vielfalt der Positionen
bleibt bisher meist offen, welche Konsequenzen diese Diskussion für die
Informatikausbildung in der Vermittlung von Grundlagen- und Spezialwissen, Modellen und Methoden hat. Mit der ständigen Ausweitung der
Informationstechnik werden aber auch aus der Praxis immer neue
Anforderungen an Informatikerinnen und Informatiker gestellt. Neben
aktuellem Fachwissen werden zunehmend Eigenschaften wie Teamfähigkeit, Kommunikationsfähigkeit, Verantwortungsbewußtsein usw. eingefordert (am deutlichsten in VDE 1994, VDI 1995).

Eine moderne Informatikausbildung muß eine Balance finden zwischen den verschiedenen wissenschaftlichen Einflüssen und den Anforderungen aus der Praxis (Schelhowe 1997). Dabei ist der Frage nachzugehen, ob es wirklich notwendig ist, wie Anne Mahn es fordert (Mahn 1997), den Widerstreit zwischen dem Erlangen wissenschaftlicher Erkenntnisse und dem Erwerb von Berufsfähigkeiten in der universitären Ausbildung zugunsten der Berufsfähigkeiten zu entscheiden.

Uns erscheint es notwendiger, in der wissenschaftlichen Begründung technischer Fächer einen Weg zu finden, um das „erschütterte Selbstverständnis" der Technikwissenschaften produktiv in neuen Ausbildungswegen an Hochschulen aufzugreifen. Das Ziel muß sein, gesellschaftliche Grundwerte bei allen Schritten wissenschaftlicher Erkenntnis, bei der Nutzung informatischen Wissens und beim Einsatz informatischer Fertigkeiten und Fähigkeiten anzuerkennen. Um eine neue Qualität in der technischen Hochschulausbildung zu erreichen, die Erkenntnisinteressen sowie Anwendungsziele von Frauen *und* Männern respektiert, sind curriculare und methodische Änderungen notwendig. Auf der curricularen Ebene hat sich unseres Erachtens die Strukturierung des Informatikstudiums in inhaltlich unabhängige Einzelveranstaltungen vor allem im Hauptstudium nicht bewährt, um den genannten Anforderungen gerecht zu werden. Gerade auch von Frauen wird die Herstellung von inhaltlichen Bezügen immer wieder eingefordert. Könnte eine themenorientierte Herangehensweise da ein anderer Weg zur Gestaltung eines Informatik-Curriculums sein? Themen wie Vernetzung, Grenzen der Informatik, Qualitätssicherung oder ähnliche würden einen Rahmen bilden, um Zusammenhänge zwischen einzelnen Aspekten aus den verschiedenen Bereichen Theoretische, Technische, Praktische und Angewandte Informatik herzustellen. Der Zusammenhang zwischen inhaltlichen Fragestellungen und verwendeten Methoden ist in einem so komplexen Feld wie beispielsweise der Softwareentwicklung nicht pauschal zu beantworten. Es ergibt sich für die Ausbildung vielmehr die Aufforderung, eine Methodenvielfalt zu lehren, aber zugleich in der Ausübung einzelner Methoden hinreichend tief zu bleiben. Diskursive Methoden der Geistes- und Sozialwissenschaften sind dabei gleichwertig neben formale und ingenieurwissenschaftliche Methoden zu setzen.

An verschiedenen Informatikstandorten ist derzeit eine Bewegung in Richtung Projektstudium zu erkennen, aber nur wenige verankern es verpflichtend in ihrer Studienordnung. In Form von themenorientierten Projekten kann einerseits Grundlagenwissen aber auch aktuelles Spezialwissen vermittelt werden. Andererseits können Studierende in einem relativ geschütztem Raum Berufsfähigkeiten einüben. Projekte bieten aber auch den in der universitären Ausbildung notwendigen Spielraum für die Erlangung wissenschaftlicher Erkenntnisse. Unter frauenspezifischen Aspekten ist allerdings unbedingt der Frage nachzugehen, ob projektähnliche Studienformen wirklich besonders den Interessen von Frauen entsprechen und welche Voraussetzungen dazu gegeben sein müssen (vgl. entsprechende Reformen an schwedischen Hochschulen (Salminen-Karlsson 1997)). Ein projektorientiertes Studium fordert nämlich, wie beispielsweise die Erfahrungen im Bremer Projektstudium zeigen, ein hohes Engagement aller Beteiligten (Vosseberg/Spillner 1993).

Nicht zuletzt haben aktuelle Diskussionen um die Effizienzsteigerung der Lehre vielerorts eine offenere Atmosphäre für die Erprobung neuer Studienformen geschaffen, so daß die *Informatica Feminale* ein Beitrag ist, die allgemeine Diskussion über Informatikausbildung nicht nur aus Sicht der Frauen voranzubringen.

2 Sommeruniversität für Frauen in der Informatik

Seit 1993 verfolgen einige Informatikerinnen im Umfeld des Bremer Informatikstudiengangs die Idee, eine Sommeruniversität für Frauen in der Informatik unter dem Stichwort *Informatica Feminale* einzurichten[2]. Das Konzept enthält im wesentlichen drei Teile:

– *Das Sommerstudium.* Es werden jährlich stattfindende Lehrveranstaltungen von Dozentinnen (Hochschullehrerinnen, qualifizierten Lehrbeauftragten aus Wissenschaft und Praxis) für Informatikstudentinnen aus dem gesamten Bundesgebiet angeboten.

– *Curriculare Diskussionen.* Zur Vorbereitung der Sommerkurse werden Foren geschaffen, um veränderte Konzepte für das Informatikstudium in Diskursen unter Frauen zu entwickeln und ansatzweise in den Sommerkursen umzusetzen und zu erproben.

– *Fortbildungsveranstaltungen für Wissenschaftlerinnen.* Für Frauen auf den unterschiedlichen Stufen wissenschaftlicher Laufbahnen sollen Veranstaltungen angeboten werden, die beispielsweise Strukturwissen über den Hochschulbetrieb bzw. Charakteristika der Wissenschaftskultur vermitteln, hochschuldidaktische Angebote machen oder den Aufbau hochschulexterner Kooperationen behandeln.

---

[2] Das Konzept diente als Basis für einen Modellversuchsantrag, den das Land Bremen zum 1.7.1995 bei der Bund-Länder-Kommission für Bildungsplanung und Forschungsförderung eingereicht hatte (Erb et al. 1997). Finanzielle Engpässe bei der Mittelzuteilung verhinderten jedoch trotz positiver Begutachtung eine Realisierung des Projekts auf dieser Ebene.

Mit den drei beschriebenen Elementen des Projekts sollen Frauen auf verschiedenen universitären oder wissenschaftlichen Handlungsebenen verstärkt Einflußmöglichkeiten erhalten. Neuartige Maßnahmen zur Frauengleichstellung im Wissenschaftsbereich dürfen nicht bei der Frage nach Vermittlung von fachlichen Inhalten stehen bleiben, sondern müssen eine veränderte Studienkultur im Sinne von geänderter Studienatmosphäre und veränderte Schwerpunkte in der Ausgestaltung des Hochschul- und Forschungsalltags hervorbringen (vgl. Metz-Göckel/Steck 1997).

2.1 Ziele des Projekts *Informatica Feminale*

Der Schwerpunkt des Projekts liegt darauf, der Ambivalenz von Frauen gegenüber einem technischen Fach *zugleich* mit Veränderungen der formalen Studienkonzeption *und* des fachlich-inhaltlichen Studienangebots zu begegnen *sowie* der Dominanz männlicher Lehrender in diesem Bereich entgegenzuwirken. Im einzelnen ergeben sich folgende Zielbereiche:

1. Entwicklung eines differenzierten Studienangebots
Den Kern der *Informatica Feminale* bildet ein jährlich wiederkehrendes Informatik-spezifisches Lehr- und Lernangebot, das von Frauen für Frauen gestaltet wird. Die von Wissenschaftlerinnen, Praktikerinnen und Didaktikerinnen durchgeführte Lehre wird sich zunächst an den allgemeinen Curricula-Empfehlungen für Informatik an Universitäten und Fachhochschulen orientieren. Darüber hinaus werden international renommierte Wissenschaftlerinnen eingeladen. Das Angebot wird bezogen auf die Teilnehmerinnen wie die Dozentinnen *bundesweit* angelegt sein. Die Zielgruppe des Sommerstudiums sind vor allem *Informatikstudentinnen* an Universitäten und Fachhochschulen. Daneben wendet es sich an Studentinnen anderer Disziplinen mit Informatikanteilen sowie an Studentinnen von Lehramtsstudiengängen in Informatik.
Die Veranstaltungen der Sommerstudienblöcke werden am Bremer Studiengang Informatik angesiedelt sein und eine Gesamtdauer von jeweils zwei Wochen haben. Eine Vielfalt von Angebotsformen sollen realisiert werden: Grund- und Spezialkurse im Umfang von max. 14 Doppelstunden, Programmierkurse, Praktika, Planspiele, Exkursionen in Anwendungsfelder, Präsentationen spezieller Anwendungen aus der Industrie, Zukunftswerkstätten, Plenumsvorträge und Diskussionen zu aktuellen Themen usw. Außerdem werden hochschulbezogene Didaktikkenntnisse und Erfahrungen für die Informatik vermittelt.

Die inhaltliche Fortentwicklung einer Disziplin wird auch durch soziale Ausgrenzungsmechanismen beeinflußt. Daher soll gezielt an die aktuelle Selbstverständnisdiskussion in der Informatik angeknüpft werden, um Anregungen für die disziplinäre Weiterentwicklung zu erhalten oder curriculare Vorschläge für das Informatikstudium aus der Perspektive von Frauen zu entwickeln. Zugleich sollen die Auswirkungen des Geschlechterverhältnisses auf die Technik selbst so thematisiert werden, daß sie vom vielerorts üblichen Alltagsniveau auf eine wissenschaftliche Gesprächsebene gebracht werden.

2. *Erprobung und Analyse einer neuen Studienorganisation im Hinblick auf eine Verbesserung der strukturellen Rahmenbedingungen für Frauen*

Für das Sommerstudienangebot wird die Anerkennung der erbrachten Leistungen im Bremer Informatikstudium sowie andernorts in den Studiengängen angestrebt. Studentinnen können damit einige Studienleistungen in Form eines *Fernstudiums* erbringen. Im Rahmen des Projekts ist zu untersuchen, inwieweit derartige Angebote die Studiensituationen verbessern oder dem Lebenszusammenhang von Frauen angepaßt sind.

3. *Entwicklung und Erprobung neuer überregionaler Maßnahmen zur Verbesserung der Studienmotivation weiblicher Studierender*

Im Projekt wird eine verstärkte Auseinandersetzung mit den Ursachen des stark überproportionalen Studienabbruchs von weiblichen Studierenden der Informatik stattfinden und im Sinne neuerer *Mentoring-Programme* begegnet werden (Pfleeger/Mertz 1995). Neben dem Vorbild- und Beratungscharakter in konkreten Lernsituationen spielt das Kennenlernen der beruflichen und privaten Lebenswege der Dozentinnen eine zentrale Rolle (Rügge/Oechtering 1997). Die durch die Teilnehmerinnen und Dozentinnen zu erwartende Vielfalt von Problemen und Lösungswegen soll dabei vor allem zur Thematisierung eigener Gestaltungsspielräume anregen.

Gleichzeitig werden über Austauschforen der Lehrenden mit den Lernenden zu curricularen Themen und zu ihren Studien-, Arbeits- und Lebenssituationen Vernetzungen gefördert, die beispielsweise in der Berufsfindungsphase zum Ende des Studiums hilfreich sein können. Außerdem ermöglichen die Foren eine Öffnung der Universität insbesondere für an Weiterbildung interessierte Frauen und machen die verschiedenen Fachsichten auf die Informatik transparent.

4. *Entwicklung und modellhafte Erprobung fachspezifischer Konzepte zur Nachwuchs- bzw. Aufstiegsförderung für Technikwissenschaftlerinnen*

Generell gilt es in Förderstrategien, positive Identifikationsangebote für Frauen zu schaffen, welche die eigene Studien- bzw. Berufsentscheidung bestätigen und Handlungsfelder erweitern. Neben der Studienmotivation wird immer wieder die Studienendphase als kritische Zeit gesehen, in der Studentinnen eine deutlich verringerte Karriereorientierung entwickeln. Im Hochschulbereich verschiebt sich dieser Bruch in der Berufsfindungsphase häufig in die ersten Jahre wissenschaftlicher Tätigkeit (Promotionsphase). Die Aachener Studie zur Lage des weiblichen wissenschaftlichen Nachwuchses[3] benennt zahlreiche *hochschulstrukturelle Bedingungen* und *die informelle Wissenschaftskultur* als zentrale Barrieren. Auf *fachinhaltliche Bezüge* weisen daneben die Ergebnisse der Untersuchung von Ulrike Erb zu den Forschungsschwerpunkten von Informatikerinnen hin, wobei Spezifika technischer Fächer relevant werden (Erb 1996).

Im Rahmen des Bremer Projekts werden parallel zum zweiwöchigen Studienangebot wie auch zeitlich unabhängig davon Foren eingerichtet, die derartige Barrieren offenlegen und spezielle Angebote für Nachwuchswissenschaftlerinnen aus der Informatik enthalten. Beispielsweise können hochschuldidaktische Kenntnisse oder Strukturwissen über den Wissenschaftsbereich vermittelt und Themen wie Personalführung, Aufbau hochschulexterner Kooperationen u.ä. behandelt werden.

5. Darstellung der analysierten Strukturen und der neu entwickelten bzw. erprobten Angebote in verschiedenen Informationsmaterialien

In vielen Untersuchungen wird immer wieder darauf hingewiesen, daß sich die Bedenken der Schülerinnen gegen die Studienaufnahme mit den Motiven der Studentinnen für einen Studienabbruch decken. Daher sind innerhalb des zweiwöchigen Sommerstudiums neben dem Programm für die studentischen Teilnehmerinnen einige Kontaktveranstaltungen für Schülerinnen vorgesehen, die vor allem auf die Darstellung des Berufsfeldes Informatik eingehen: z.B. durch Selbstdarstellungen der Forschungsthemen und des beruflichen Werdegangs einzelner Dozentinnen sowie Erfahrungsberichte von Studentinnen. Damit knüpft das Projekt an Ergebnisse aus dem 'Pilotprojekt zur Information und Motivation von Mädchen und Frauen für das Informatikstudium' an (Kreowski et al. 1997).

Die analysierten Strukturen und die neuen Studienangebote, die sich aus dem Projekt ergeben, werden als aufbereitete Informationsmaterialien zugänglich gemacht. Adressatinnen sind Studentinnen und Schülerinnen sowie verschiedene Multiplikatorengruppen (u.a. LehrerInnen, BerufsberaterInnen). Doch nicht nur im Hochschulbereich, sondern auch in den Unter-

---

[3] Britta Schinzel. Christiane Funken: Aachener Studie zur Lage des weiblichen wissenschaftlichen Nachwuchses am Beispiel der Informatik. Studie im Auftrag des BMBW, 1991 (unveröffentlicht).

nehmen werden Geschlechtervorstellungen tradiert, die in Planungsprozesse einfließen und das herrschende Geschlechterverhältnis reproduzieren. Intensive Öffentlichkeitsarbeit des Projekts wird auf die fachinhaltlichen Leistungen von Frauen verbunden mit ihrer Teilhabe an hochqualifizierter Lehre hinweisen und so zur Reflexion der alltäglich vermittelten Technikbilder anregen.

2.2 Erste Umsetzungsschritte

Das Interesse der weiblichen Lehrenden der Informatik an der Beteiligung in unserem Projekt ist sehr hoch, wie eine im Herbst 1995 durchgeführte Befragung von Universitäts- und Fachhochschulprofessorinnen sowie habilitierten und promovierten Informatikerinnen in universitären Studiengängen eindrucksvoll gezeigt hat (Rügge 1997). Allein aufgrund einer kurzen informellen Beschreibung unseres Vorhabens waren acht Professorinnen an der Durchführung von Veranstaltungen während des Sommerstudienblocks und neun Professorinnen an der Teilnahme an Fortbildungsveranstaltungen interessiert.

Im November 1995 fand an der Universität Bremen ein eintägiger Workshop 'Informatik-Curricula im Wandel - eine Diskussion unter Frauen' statt, der das Interesse von Informatikerinnen wie von Frauenforscherinnen an der Thematik bestätigte. Im Workshop wurde ein Überblick über den Stand der Selbstverständnisdiskussion in der Informatik gegeben und mit Ergebnissen aus Studienreformprojekten in technischen Fächern verknüpft. Unter der Leitfrage *Wohin soll sich die Fachdisziplin Informatik verändern?* wurde von den Teilnehmerinnen aller universitären Qualifikationsstufen das Potential einer Sommeruniversität für Frauen in der Informatik beleuchtet. Die thematische Ausgestaltung des Sommerstudiums wurde dabei kontrovers diskutiert. Einerseits wurde eine enge Anlehnung des Studienangebots an existierende Informatik-Curricula und entsprechende curriculare Empfehlungen erwogen; andererseits wurde die explizite Einbeziehung feministischer Fragestellungen eingefordert. In diesem Zusammenhang steht auch das Für und Wider der Vergabe von Leistungsnachweisen. Die *Informatica Feminale* soll keine Lückenbüßerfunktion für existierende Informatikstudiengänge einnehmen und eine „Jagd nach Scheinen" unterstützen. Es muß jedoch sowohl für die Studentinnen als auch für die Dozentinnen ein Weg gefunden werden, eine Anerkennung der erbrachten Leistungen zu erhalten. Einen eng mit den Inhalten verknüpfter Diskussionspunkt bildete das Experimentieren mit Veranstaltungsformen. Form und Inhalt sollten sich gegenseitig befruchten und können nicht unabhängig voneinander betrachtet werden. Es wurde ein hohes Engagement der Dozentinnen eingefordert, insbesondere die Bereitschaft ihre Veranstaltungsinhalte und -formen zu hinterfragen. Eine Evaluation des Sommerstudienblocks sollte aus einem hochschuldidaktischen und einem feministischen Blickwinkel erfolgen.

Die Erfahrungen aus anderen Projekten zeigten, daß spezielle Strategien zur Motivation von Studentinnen für die *Informatica Feminale* entworfen werden müssen. Geschlechtshomogene Kurse haben an Hochschulen eine geringere Akzeptanz als an Schulen. Die Studentinnen lehnen spezielle Frauentutorien oft ab, da sie ihnen Nachhilfecharakter zuschreiben. Fachlich bezogene Angebote jedoch, die ein aktuelles Thema widerspiegeln und als ein Bonus betrachtet werden, erhöhen die Motivation der Studentinnen enorm. Für die Sommeruniversität heißt dies, daß die angebotenen Veranstaltungen aktuelle Themen der Informatik aufgreifen müssen. Zusätzliche Reaktionen von Studentinnen, die sich vor allem an den Sommerkursen, aber unbedingt auch an den curricularen Diskursen beteiligen sollen, konnten bisher nur sporadisch gesammelt werden (Rügge 1996).

Als weiteres wurden auf dem Workshop Wünsche an die Themenpalette der Fortbildungen formuliert: Projekt- und Zeitmanagement, Hochschuldidaktik, Supervision, Selbsterfahrung, Lehre als Entertainment oder Verfahren zur Entspannung und Körpererfahrung.

Die Ergebnisse dieser Diskussionen sind in die Planung des ersten curricularen Workshops im Rahmen des Projekts *Informatica Feminale* eingeflossen, der im Dezember 1997 unter dem Motto 'Das Informatikstudium: Zwischen wissenschaftlicher Erkenntnis und Erwerb von Berufsfähigkeiten' stattfindet. Ziel dieses Workshops ist es, ein konkretes Konzept für das Sommerstudium 1998 zu erarbeiten. Das Programm für das Sommerstudium vom 21.9.-2.10.1998 erscheint voraussichtlich im März 1998.

3 Ausblick

Zur Analyse des Geschlechterverhältnisses existiert bisher nur in Ansätzen ein fachinternes methodisches Instrumentarium, dieser Themenbereich wird im allgemeinen auf Alltagsniveau abgehandelt. Frauen, die sich für die Auswirkungen des Geschlechterverhältnisses auf die Technik interessieren, müssen sich dieses für sie überaus relevante Thema zusätzlich und allzu oft allein erarbeiten und werden durch negative Resonanz ihrer Umgebung verunsichert. Curriculare Veränderungsanforderungen benötigen aber Methoden wissenschaftlicher Selbstreflektion. Eine weitere Aufgabe ist daher, Inhalte und Ergebnisse der Sommeruniversität im Hinblick auf Beiträge zur *Frauenforschung in der Informatik* auszuwerten. Vor allem das Sommerstudium als zentrale Begegnungsstätte und Diskussionsforum für an der Informatik interessierte Frauen bietet vielversprechende Ausgangspunkte zur Weiterführung der Frauenforschung.

Wir sind sehr interessiert an weiteren, insbesondere auch internationalen Kontakten. Alle Personen, die sich als Dozentinnen oder Teilnehmerinnen an dem Projekt *Informatica Feminale* beteiligen möchten oder die Vorschläge und Ideen einbringen wollen, sind herzlich eingeladen, sich mit den Autorinnen in Verbindung zu setzen.

Literatur

W. Coy et al. (Hrsg.): Sichtweisen der Informatik. Braunschweig: Vieweg 1992.

E. W. Dijkstra: On the Cruelity of Really Teaching Computing Science. In: Communication of the ACM, Bd. 32, 1989, S. 1398-1404.

W. Dostal: Informatik-Qualifikationen im Arbeitsmarkt. In: Informatik Spektrum, Bd. 20, Nr. 2, April 1997, S. 73-78.

U. Erb: Frauenperspektiven auf die Informatik. Informatikerinnen im Spannungsfeld zwischen Distanz und N_he der Technik. MŸnster: Westf_lisches Dampfboot 1996.

U. Erb, H.-J. Kreowski, V. Oechtering, I. Rügge: INFORMATICA FEMINALE - Summer University for Women in Computer Science. In: EATCS-Bulletin of the European Association for Theoretical Computer Science, Nr. 61, Februar 1997, S. 93-99.

C. Funken: Wissenschaftlerinnen in der Informatik. In: G. Müller u.a. (Hrsg.): Bericht des Instituts für Informatik und Gesellschaft der Universität Freiburg, Nr. 6-92, 1992, S. 3-24.

H.-J. Kreowski, V. Oechtering, I. Rügge: Das Informatikstudium ist anders! Abschlußbericht des Pilotprojekts zur Information und Motivation von Frauen und Mädchen für das Informatikstudium. Universität Bremen 1997.

A. Mahn: Informatische Berufsfähigkeiten. In: Informatik Spektrum, Bd. 20, Nr. 2, April 1997, S. 88-94.

A. Mahn, W. Brauer: Schwerpunktheft zum Thema „Informatik: Selbstverständnis - Anwendungsbezüge - Curricula". In: Informatik-Spektrum, Bd. 20, Nr. 2, April 1997.

S. Metz-Göckel, F. Steck (Hrsg): Frauenuniversitäten: Ein Reform-Projekt im internationalen Vergleich. Opladen: Leske+Buderich 1997.

V. Oechtering, R. Behnke: Situations and Advancement Measures in Germany. In: Communications of the ACM, Bd. 38, Nr. 1, Januar 1995, S. 75-82.

D. L. Parnas: Education for Computing Professionals. In: IEEE Computer, Bd. 23, Nr. 1, Januar 1990, S. 17-22.

S. L. Pfleeger, N. Mertz: Executive Mentoring. What makes it work? In: Communications of the ACM, Bd. 38, Nr. 1, Januar 1995, S. 63-73.

C. Roloff: Von der Schmiegsamkeit zur Einmischung. Professionalisierung der Chemikerinnen und Informatikerinnen. Pfaffenweiler: Centaurus 1989.

I. Rügge: Informatik – Eine Reise in die Zukunft. In: Dokumentation des 22. Kongreß Frauen in Naturwissenschaft und Technik. Darmstadt: FIT 1996, S. 365-366.

I. Rügge: Hätten Sie Interesse? In: Frauenarbeit und Informatik, Nr. 15, 1997, S. 63-67.

I. Rügge, V. Oechtering: Persönliche Kontakte und zwischenmenschliche Beziehungen. In: Frauenarbeit und Informatik, Nr. 15, 1997, S. 50-54.

M. Salminen-Karlsson: Why do they never talk about the girls? In: R. Lander, A. Adam (eds.): Women in Computing. Exeter: Intellect 1997, S. 160-172.

H. Schelhowe: Informatik – Innovative Forschung und Lehre für Frauen. In: S. Metz-Göckel, F. Steck (Hrsg): Frauenuniversitäten: Ein Reform-Projekt im internationalen Vergleich. Opladen: Leske+Buderich, 1997.

B. Schinzel (Hrsg.): Schnittstellen. Zum Verhältnis von Informatik und Gesellschaft. Braunschweig: Vieweg 1996.

B. Schinzel: Why has Female Participation in German Informatics Decreased? In: A. Grundy et al. (eds.): Women, Work, and Computerization. Berlin: Springer 1997, S. 365-378.

B. Schmitt: Neue Wege - alte Barrieren. Beteiligungschancen von Frauen in der Informatik. Berlin: Ed. Sigma 1993.

VDE-Verband Deutscher Elektrotechniker: Auswirkungen des Strukturwandels der Elektroindustrie auf die Ingenieurausbildung. Frankfurt/Main 1994.

VDI-Verein Deutscher Ingenieure: Ingenieur-Ausbildung im Umbruch. Empfehlung des VDI für eine zukunftsorientierte Ingenieurqualifikation. Düsseldorf 1995.

K. Vosseberg, A. Spillner: Das KOKS-Projekt - das Bremer Projektstudium am Beispiel vorgestellt. In: J. Raasch et al. (Hrsg.): Software Engineering im Unterricht der Hochschulen SEUH'93. Stuttgart: Teubner 1993, S. 83-93.

Das Viskosy–Projekt:
Ein Erfahrungsbericht

Michael Danner and Roland Weber

Universität Karlsruhe, Fakultät für Informatik
Lehrstuhl für Betriebssysteme
{danner,roweber}@informatik.uni-karlsruhe.de

1 Einleitung

Ziel der Systemarchitektur[1] ist die Vermittlung von Verfahren und Prinzipien, die der Gestaltung von informationstechnischen Systemen, zum Beispiel Betriebssystemen, zugrunde liegen. Das Verständnis der meist relativ einfach gestalteten Bausteine eines solchen Systems wird vor allem durch die Komplexität des Gesamtsystems erschwert. Deshalb beschäftigt sich das Projekt VisKoSy (**Vis**ualisierung von **Ko**nzepten der **Sy**stemarchitektur, [2, 6]) mit der Entwicklung von Versuchssystemen, die isolierte Teilbereiche aus der Systemarchitektur simulieren und die auftretenden Phänomene graphisch visualisieren. Die dabei ermittelten Leistungsmaße lassen sich in Form von Meßkurven und Histogrammen graphisch darstellen. Die Versuche werden sowohl begleitend zu Lehrveranstaltungen als auch im Rahmen von Praktika zum selbständigen Erarbeiten der Konzepte eingesetzt. Die bestehenden Versuche wurden zum Großteil im Rahmen von Studien- und Diplomarbeiten sowie von wissenschaftliche Hilfskräften erstellt. Somit kommt die Arbeit von Studierenden höherer Semester denen in tieferen Semestern zugute.

Der folgende Abschnitt 2 beschreibt zunächst die Architektur der ersten Versuche am Beispiel der Simulation eines Plattenlaufwerks. Abschnitt 3 behandelt Erweiterungen dieser Architektur, die den im Laufe der Zeit gestiegenen Anforderungen Rechnung tragen. Beobachtungen während der Entwicklung der Versuche und die Resonanz der Studenten auf das neue Angebot sind in den Abschnitten 4 und 5 aufgeführt. Zum Abschluß gibt Abschnitt 6 einen Ausblick auf die weitere Entwicklung des VisKoSy–Projekts.

2 Architektur

Der erste Versuch im Rahmen des VisKoSy–Projekts behandelt die Speicherverwaltung. Danach entstanden Versuche zur Simulation von Zwischenspeichern (Cache) und Plattenspeicherlaufwerken. Letzterer, im folgenden kurz Plattenversuch genannt, soll nun als Beispiel zur Erläuterung der in Abbildung 1 dargestellten, allen Versuchen gemeinsamen Architektur dienen.

Die *Bedienung* steht an oberster Stelle jedes Versuchs. Über eine graphische Schnittstelle[3] erlaubt sie dem Benutzer die Parametrisierung und Steuerung

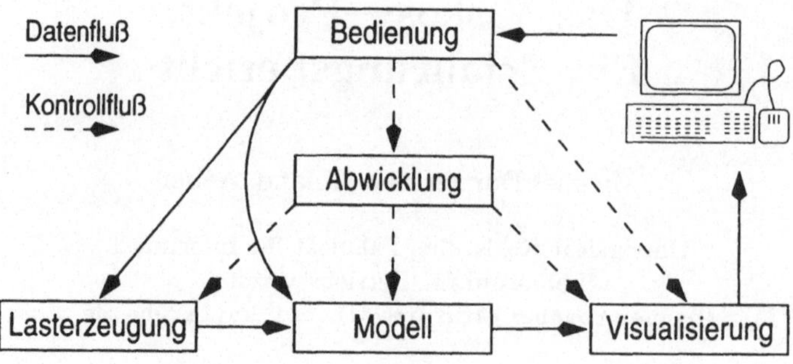

Abbildung 1. Architektur eines Versuchs

der Simulation. Die Simulation setzt sich aus den beiden Komponenten *Lasterzeugung* und *Modell* zusammen, die weiter unten beschrieben werden.

Die *Abwicklung* ist für die Steuerung des Simulationsablaufs zuständig. Die Bedienung leitet Benutzereingaben wie „Start", „Stopp" oder „Einzelschritt" an die Abwicklung weiter, wo sie ausgeführt werden. Die Abwicklung koordiniert die Abläufe im restlichen System. Dazu gehört die Generierung von Aufträgen in der Lasterzeugung, deren simulative Bearbeitung im Modell und die Darstellung des Modellzustands oder der Meßergebnisse in der *Visualisierung*.

Die *Lasterzeugung* kann auf unterschiedliche Arten Aufträge erzeugen, die vom Simulationsmodell zu bearbeiten sind. Im Fall des Plattenversuchs sind dies Aufträge zum Lesen oder Schreiben eines oder mehrerer Sektoren auf der Platte. Es stehen zwei zufallsgesteuerte Verfahren zur Verfügung, in denen jeweils der Zielort auf der Platte und die Ankunftsrate der Aufträge über Zufallsverteilungen parametrisiert werden können. Zusätzlich wurde eine Lasterzeugung implementiert, die die Aufträge aus einer Datei ausliest. Mit Hilfe solcher Trace–Dateien können spezielle Effekte für Demonstrationen vorbereitet werden.

Das *Modell* ist der Hauptbestandteil der Simulation. Hier werden die eingehenden Aufträge verwaltet, aufgegriffen und bearbeitet. Die Bedienung erlaubt die Parametrisierung des Modells durch das Einstellen bestimmter Kenngrößen. Bei einem Plattenlaufwerk sind dies unter anderem die Anzahl der Spuren und die Umdrehungsgeschwindigkeit der Platte. Auch die zu simulierende Strategie ist Teil des Modells und kann aus einer vorgegebenen Lösungspalette ausgewählt werden. Der Plattenversuch bietet unter anderem die reihenfolgetreue Strategie (*first come, first served*) und verschiedene Schwenkstrategien an.

Abbildung 2 zeigt das Haupt- oder Parameterfenster des Plattenversuchs. Im oberen Bereich enthält es Bedienelemente zur Steuerung der unten beschriebenen Visualisierung und zum Umschalten zwischen den beiden Betriebsmodi, die jeder Versuch anbietet: einem *Visualisierungsmodus* zur graphischen Darstellung von Phänomenen und einem *Meßmodus* zur Ermittlung und Darstellung von Meßreihen. Darunter befindet sich ein großer Bereich, in dem die Kenngrößen des Modells eingestellt werden können, sowie ein kleinerer Bereich zur Parametrisierung der Lasterzeugung. Ganz unten sind Kontrollelemente zur Steuerung der

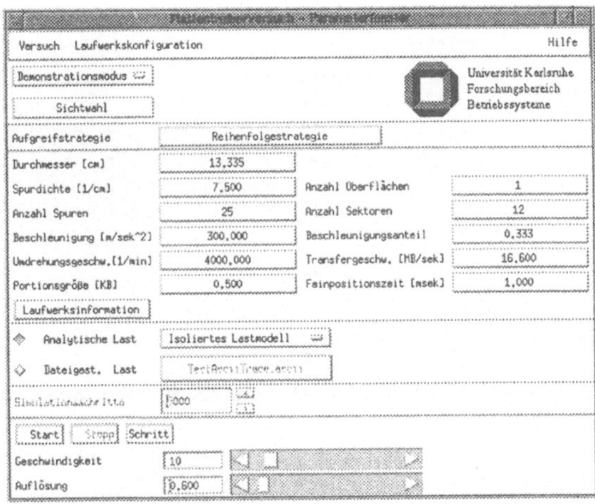

Abbildung 2. Parameterfenster des Plattenversuchs

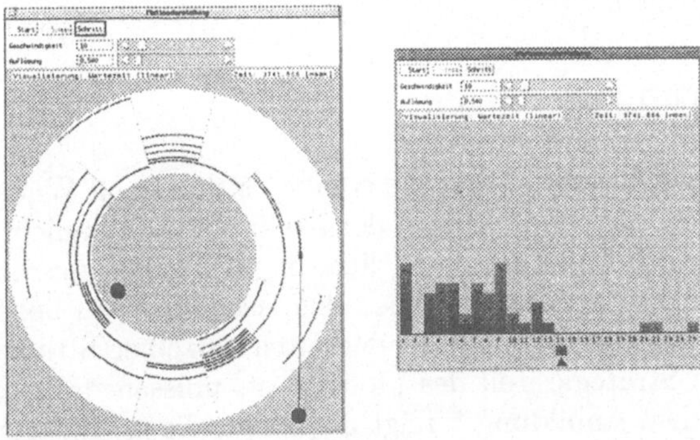

Abbildung 3. Graphische Sichten des Plattenversuchs

Simulation vorhanden, also zum Starten und Unterbrechen eines Simulationslaufs und zur Einstellung von Geschwindigkeit und Auflösung der Simulation.

Die *Visualisierung* bietet verschiedene *Sichten* auf das Modell, in denen unterschiedliche Merkmale der Simulation verdeutlicht werden. Abbildung 3 zeigt die beiden graphischen Sichten auf das Modell des Plattenversuchs. Die linke Sicht stellt eine Plattenoberfläche dar. Vorliegende Lese- und Schreibaufträge werden durch Einfärbung der betroffenen Sektoren visualisiert, wobei die Farbe wahlweise vom Alter oder der Anzahl der Aufträge abhängt.

Die rechte Sicht zeigt den Warteraum, also eine Sicht auf das Auftragsbuch. Für jede Spur ist eine Spalte vorgesehen, in der die Aufträge für diese Spur einzeln eingezeichnet werden. Die Farbe hängt vom Alter der Aufträge ab. Während die Warteraumsicht deutlich zeigt, auf welchen Spuren sich Aufträge sammeln, erlaubt die Oberflächendarstellung das Beobachten von Effekten, die innerhalb einer Spur auftreten, etwa das Warten auf den Anfang eines Sektors nach dem

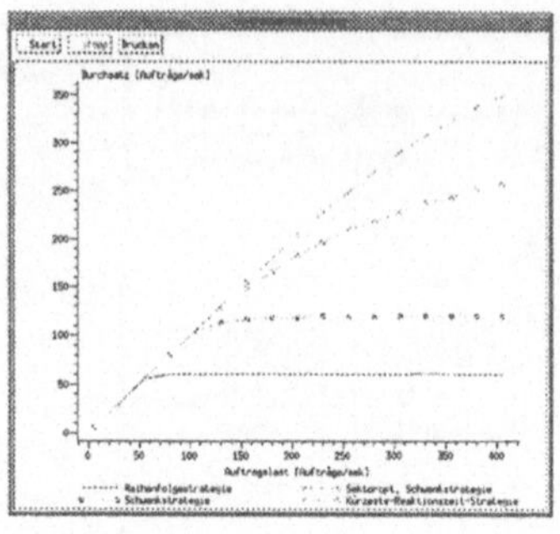 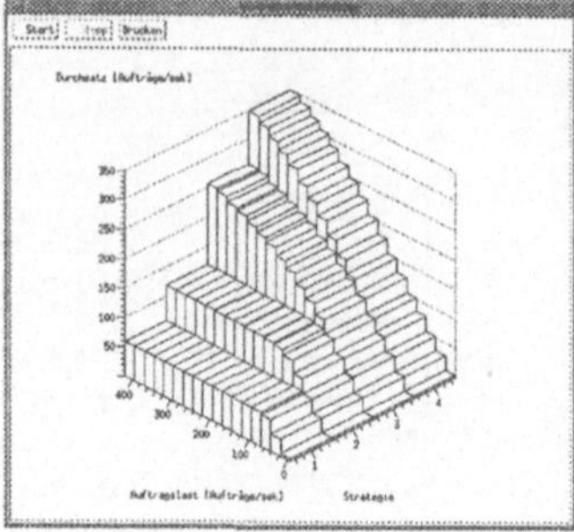

Abbildung 4. Darstellung der Leistungsmaße als Kurvenschar oder Histogramm

Erreichen der Spur. Im Meßmodus steht nur eine Sicht zur Verfügung, in der jeweils ein Leistungsmaß als Kurvenschar oder Histogramm dargestellt wird. Abbildung 4 zeigt die zwei Darstellungsarten des Leistungsmaßes Durchsatz im Beispiel des Plattenversuchs.

3 Erweiterungen

Mit dem Einsatz der ersten Versuche ergaben sich schnell Wünsche nach weiteren Möglichkeiten, die beim Entwurf der Architektur noch nicht vorgesehen waren. So ist es zum Beispiel nicht möglich, im Visualisierungsmodus gleichzeitig das Verhalten mehrerer Strategien bei identischer Last zu beobachten. Gerade dies wäre aber dazu geeignet, Besonderheiten einzelner Strategien deutlich zu machen. Da die Strategie Teil des Modells ist, müssen dazu mehrere Modelle instanziiert werden. Abbildung 5 zeigt die notwendigen Änderungen an der Architektur. Alle Modelle erhalten die gleichen Aufträge von der Lasterzeugung, bearbeiten diese jedoch autonom. Die Visualisierung erfolgt für jedes Modell getrennt.

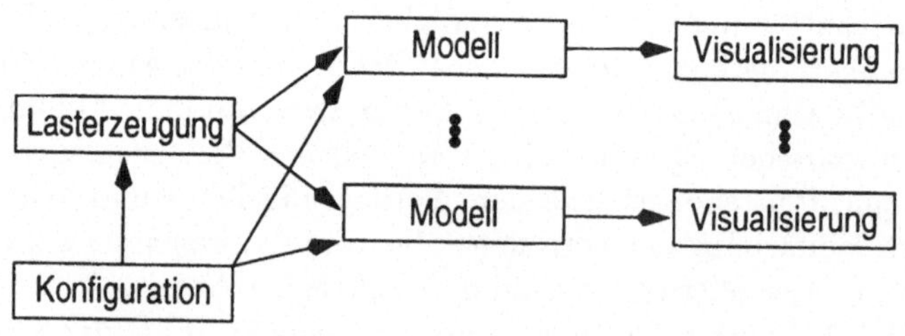

Abbildung 5. Simulation mit mehreren Modellen

Um die Möglichkeiten dieser Erweiterung voll auszuschöpfen, sollten sich die Modelle nicht nur in der Strategie, sondern auch in bestimmten Kenngrößen unterscheiden können. So ließen sich im Fall des Plattenversuchs Modelle mit verschiedenen Umdrehungsgeschwindigkeiten vergleichen. Allerdings müssen die generierten Aufträge von allen Modellen bearbeitet werden. Parameter wie etwa die Anzahl der Spuren und Sektoren müssen deshalb in allen Modellen gleich sein. Die in Abbildung 5 neu eingeführte *Konfiguration* dient als Sammelbehälter für diese globalen Parameter.

Die Unterstützung mehrerer Modelle macht weitere Änderungen an der Architektur der Versuche notwendig. Abbildung 6 zeigt eine erweiterte Architektur, in der die Schichten *Bedienung* und *Abwicklung* feiner gegliedert sind. Die Bedienung besteht aus der Parametrisierung und der Steuerung. Die Parametrisierung beschränkt sich auf den Datenfluß vom Benutzer zur Simulation, also auf das Einstellen von Parametern der Lasterzeugung und der Simulationsmodelle. Die Steuerung beinhaltet den Kontrollfluß, zum Beispiel das Starten und Anhalten einer Simulation. Steuereingaben werden zur Interpretation an Instanzen in der nächsten Schicht weitergegeben.

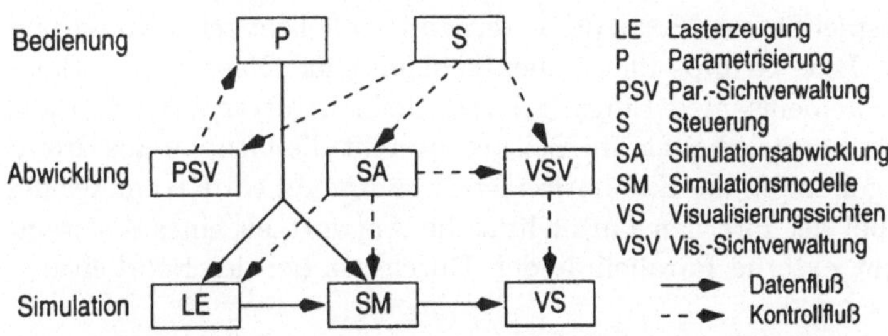

Abbildung 6. Erweiterte Architektur eines Versuchs

In der zweiten Schicht befindet sich, wie in der ursprünglichen Architektur, die Simulationsabwicklung. Zusätzlich sind zwei Verwaltungsinstanzen hinzugekommen. Die Visualisierung in der Ausgangsarchitektur teilt sich nun in die Visualisierungssichten sowie eine Verwaltung dieser Sichten auf. Neu ist die Verwaltung der Parametrisierungssichten. In den ersten Versuchen wurde nur jeweils ein Modell verwendet, das problemlos über das Hauptfenster eines Versuchs zu parametrisieren ist. Die Parametrisierung einer dynamischen Anzahl von Modellen erfordert jedoch eine dynamische Benutzerschnittstelle, die wiederum verwaltet werden muß. In der dritten Schicht befinden sich wie zuvor die Lasterzeugung, die Simulationsmodelle sowie die Visualisierung, nun reduziert auf die darstellenden Sichten ohne deren Verwaltung. Die beim Einsatz mehrerer Modelle notwendige Konfiguration ist in Abbildung 6 nicht eingezeichnet.

Weitere Probleme traten bei der Entwicklung eines Versuchs zur Simulation von Parallelitätsformen[1] auf. Abbildung 7 zeigt als Beispiel die *einfache interne Parallelität*. Der im oberen Bereich dargestellte parallelisierte Dienstgeber bearbeitet Aufträge zunächst einmal sequentiell. Dann erfolgt die Beauftragung eines sequentiellen Dienstgebers, der parallel zur zweiten Rechenphase des paralleli-

sierten Dienstgebers arbeitet. Im dritten Schritt wird die Antwort des sequentiellen Dienstgebers mit den selbst durchgeführten Berechnungen kombiniert und
die Bearbeitung des Auftrags abgeschlossen.

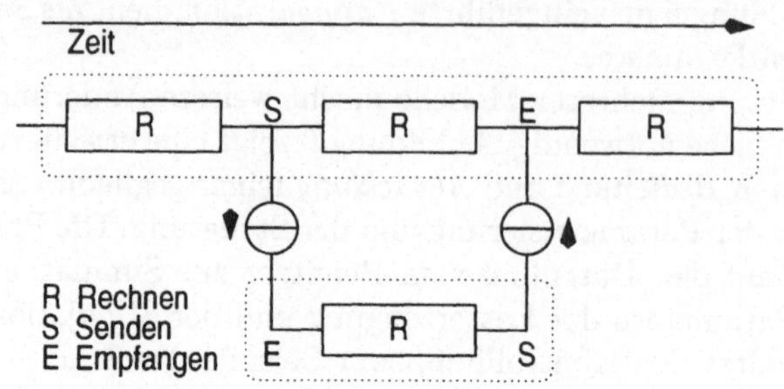

Abbildung 7. Prinzip der einfachen internen Parallelität

Als Beispiel für eine Form der externen Parallelität zeigt Abbildung 8 die *Reproduktion*. Eine Gruppe identischer, sequentieller Dienstgeber erhält Aufträge
über einen gemeinsamen Eingangskanal. Jeder Auftrag wird von genau einem
der Dienstgeber bearbeitet. Im Beispiel besteht die Gruppe aus drei Replikaten
des Dienstgebers, in der Simulation ist diese Anzahl ein Parameter des Modells.
Während bei der internen Parallelität die Antwortzeit eines Auftrags reduziert
wird, erhöht externe Parallelität den Durchsatz bei der Bearbeitung mehrerer
Aufträge.

In Abbildung 8 ist nur ein einziger, gemeinsamer Antwortkanal dargestellt.
Dies ist eine Vereinfachung gegenüber den Gegebenheiten in einem realen System, wo der zu verwendende Antwortkanal im Auftrag vermerkt ist. Für die
Simulation ist die Zuordnung von Aufträgen zu Auftraggebern jedoch nicht relevant.

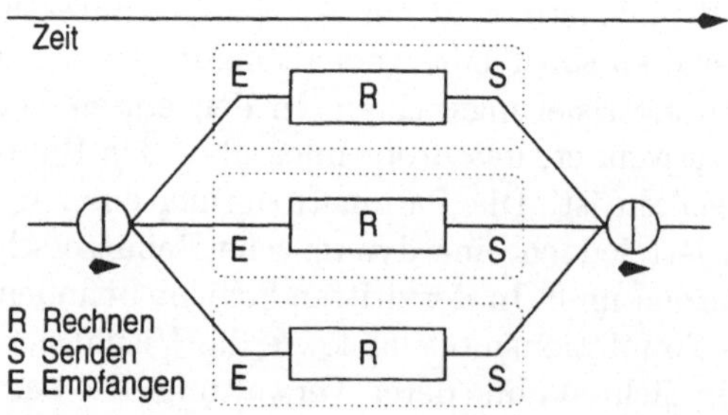

Abbildung 8. Prinzip der Reproduktion

Gemäß der bisher vorgestellten Architektur erhält das parallelisierte System
in beiden Fällen Aufträge von der außerhalb des Modells angesiedelten Laster-

zeugung. Im Fall der einfachen internen Parallelität muß zur Beauftragung des sequentiellen Dienstgebers jedoch auch im Modell ein Auftrag erzeugt werden. Diese Situation führt zu einem unbefriedigenden Softwareentwurf. Entweder werden gleichartige Aufträge in zwei verschiedenen Komponenten des Programms erzeugt, oder man unterscheidet zwischen externen und internen Aufträgen. Die erste Variante führt zu Problemen bei der Speicherfreigabe, die zweite erfordert zusätzlichen Entwicklungsaufwand, wenn Dienstgeber beide Arten von Aufträgen zu bearbeiten haben.

Probleme dieser Art sind meist ein Hinweis auf einen Entwurfsfehler, so auch in diesem Fall. In allen bisher erstellten Versuchen wurden *Strategien* simuliert. Das monolithische Modell hat eine genau spezifizierte Aufgabe, die auf unterschiedliche Arten gelöst werden kann. Die Implementierungen der Strategien verwenden zwar unterschiedliche Datenstrukturen, jedoch werden im Rahmen der Simulation werden nur die Ergebnisse der durchgeführten Berechnungen beobachtet. Das Interaktionsmuster ist statisch, Aufträge werden ausschließlich von der Lasterzeugung an das Modell geschickt. Bei der Simulation der Parallelitäts*formen* dagegen besteht das Modell aus mehreren Komponenten ohne eine klar spezifizierte Aufgabe. Die Modellkomponenten sind nur mit der Dauer der Rechenphasen parametrisiert, die Ergebnisse der dabei durchgeführten Berechnungen irrelevant und bei der Simulation nicht zu beobachten. Von Interesse sind statt dessen die Interaktionsmuster, die sich zwischen den Modellkomponenten ergeben, also die bisher internen Abläufe bei der Bearbeitung eines Auftrags. Diese Möglichkeit war in der ursprünglichen Architektur nicht vorgesehen.

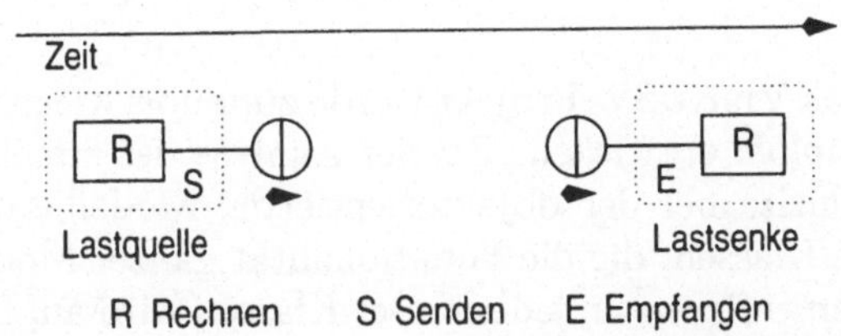

Abbildung 9. Lasterzeugung im geschlossenen Modell

Da das Simulationsmodell bereits aus mehreren Komponenten aufgebaut ist und zwischen Lasterzeugung und Simulationsmodell eine ähnliche Beziehung besteht, wie sie auch zwischen Modellkomponenten zu finden ist, liegt es nahe, die Lasterzeugung direkt im Modell zu implementieren. Abbildung 9 zeigt die entsprechenden Komponenten. Neben der Lastquelle wird auch eine Lastsenke eingeführt. Beide Komponenten kooperieren auf einem Objekt, in dem die erzeugten Aufträge gespeichert sind. Damit stellt die Speicherfreigabe kein Problem mehr dar. Zwischen Auftrags- und Antwortkanal kann ein auf vielfältige Art parallelisiertes Bearbeitungssystem plaziert werden. Damit lassen sich neben den Grundformen der Parallelität auch häufig auftretende Mischformen simulieren, ohne Änderungen an der Architektur vorzunehmen.

Die beschriebene Änderung bedeutet den Übergang zu einem *geschlossenen* Simulationsmodell, das alle Aufträge selbst erzeugt. Die bisher beschriebene Architektur beruht dagegen auf einem *offenen* Modell, das Aufträge von außen erhält. Da die Lasterzeugung nicht mehr vom Modell getrennt ist, ergeben sich neue Probleme, wenn mehrere Modelle mit identischer Last betrieben werden sollen. Da jedoch die Parallelitätsformen im Gegensatz zu Strategien nicht unmittelbar miteinander vergleichbar sind, ist von einer solchen Simulation kaum ein sinnvoller Lerneffekt zu erwarten.

Die Parametrisierung des geschlossenen Modells für die Simulation der Parallelitätsformen erfordert eine dynamische Benutzerschnittstelle, da Anzahl und Art der Parameter von den verwendeten Modellkomponenten abhängig sind, die sich bei den verschiedenen Parallelitätsformen erheblich voneinander unterscheiden. Die in der erweiterten Architektur vorgesehene Verwaltung von Parametrisierungssichten trägt diesem Umstand bereits Rechnung, so daß keine weiteren Änderungen notwendig sind.

In neuen, komplexeren Simulationssystemen kann das bereits implementierte, geschlossene Prozeßmodell als Grundlage für die Lasterzeugung dienen, etwa bei Versuchen zu Verklemmungen oder kritischen Abschnitten. Während bei den bisherigen Versuchen die Auftraggeber anonym bleiben, müssen sie in diesen Fällen als eigenständige Aktivitäten modelliert werden, da Blockier- und Deblockiervorgänge zu berücksichtigen sind.

4 Beobachtungen

Die Software für das VisKoSy–Projekt wurde zum überwiegenden Teil von Studenten im Hauptdiplom entwickelt. Bei der Analyse des erstellten Codes zeigen sich erhebliche Defizite bei der objektorientierten Modellierung. Es entstehen komplexe, zentrale Klassen, die die Funktionalität ganzer Module in prozeduralen Sprachen implementieren. In jeder dieser Klassen wird auf Daten der anderen zugegriffen, statt Aufgaben zu delegieren. Allgemein verwendbare Klassenbibliotheken werden entweder überhaupt nicht erstellt oder enthalten Speziallösungen, die in anderen Versuchen nicht oder nur umständlich zu verwenden sind. Die vorgegebene Architektur der Versuche wurde zwar eingehalten, aber nicht verfeinert oder erweitert.

Die wahrscheinlichste Ursache für diese Probleme ist, daß die meisten Studenten das Programmieren mit prozeduralen Sprachen erlernen und versuchen, die gleiche Vorgehensweise auf das Programmieren in einer objektorientierten Sprache zu übertragen. Die übliche Einführungsliteratur zur objektorientierten Programmierung, wie zum Beispiel [4], konzentriert sich auf die technischen Aspekte. Statt den objektorientierten Entwurf und die Gestaltung von Vererbungshierarchien zu erläutern, beschreiben sie die syntaktischen Konstrukte zur Definition von Klassen und Vererbung. Selbst in weit verbreiteten Büchern mit Schwerpunkt auf dem Entwurf objektorientierter Lösungen finden sich Relikte des prozeduralen Programmierstils, wie etwa globale Variablen in [5].

Allerdings darf in diesem Zusammenhang nicht verschwiegen werden, daß die zur Entwicklung der Versuche benötigte Bearbeitungszeit sehr umfangreich war. Für das Erlernen eines neuen Programmierparadigmas blieb deshalb keine Zeit. Die Entwickler konzentrierten sich darauf, im *cut and paste*–Stil ein vorführbares Programm zu erstellen. Vorhandene Quelltexte wurden kopiert und modifiziert, statt wiederverwendbare Teile zu isolieren und in Bibliotheken zur Verfügung zu stellen. Wartbarkeit und Dokumentation blieben auf der Strecke.

5 Resonanz

Die erstellten Versuche wurden sowohl im Rahmen eines Praktikums als auch vorlesungsbegleitend eingesetzt. Der Lehrinhalt des Praktikums hat sich durch den Einsatz der Versuche stark erweitert, da die Praktikanten nun vom hohen Zeitaufwand für eigene Implementierungen entbunden sind. Durch die vollständige Eliminierung von Programmieraufgaben entspricht die Veranstaltung jedoch nicht mehr der üblichen Vorstellung, daß in einem Praktikum Programmiererfahrung gesammelt und ein detailliertes Wissen über den Ablauf der behandelten Algorithmen erworben werden kann. Aufgrund des starken Rückgangs der Studentenzahlen während der Umstellung lassen sich zur Zeit leider keine empirischen Daten über die Akzeptanz des neuen Praktikums angeben.

Die Resonanz im vorlesungsbegleitenden Einsatz ist ausgesprochen positiv. Durch die Visualisierungen konnte das Verständnis der in der Vorlesung angesprochenen Verfahren vertieft werden. Die regelmäßig stattfindenden Vorführungen bieten eine Abwechslung gegenüber traditionellen Lehrvorträgen, die das Interesse der Studenten weckt und zur Motivation beiträgt.

6 Ausblick

Sowohl die Beobachtungen bei der Entwicklung der Versuche als auch die Resonanz bei deren Einsatz weisen darauf hin, daß die Lücke zwischen dem in Vorlesungen vermittelten theoretischen Wissen und der zum Programmieren notwendigen praktischen Erfahrung noch zu groß ist. Die im Rahmen des VIS-KOSY–Projekts entwickelten Versuche bilden einen ersten Schritt, diese Lücke von der theoretischen Seite her zu schließen.

Neben der Entwicklung neuer Versuchssysteme, unter anderem zur Lastverteilung und zur Prozeßumschaltung, soll in Zukunft die Möglichkeit geschaffen werden, daß die Teilnehmer des Praktikums zu bestimmten Versuchen eigene Strategien implementieren, die mit dem vorhandenen Rahmenwerk visualisiert und vermessen werden können. Auf diese Weise werden Studenten dazu angeregt, das erworbene theoretische Wissen auch in die Praxis umzusetzen. Vorlesungsbegleitend erwiesen sich die Versuche bereits jetzt als wertvolle Hilfe, deren Einsatz mit der Fertigstellung neuer Versuche sicher ausgebaut wird.

Literatur

1. Horst Wettstein, Systemarchitektur, Hanser Verlag, 1993
2. Wolfgang Burke, VisKoSy – Simulation and Visualization of Operating System Concepts, Bulletin of the Technical Comittee on Operating Systems and Application Environments, Special Issue on Operating System Education, 1996
3. Daniel Merkle, Grafikbibliothek zur Visualisierung von Betriebssystemkomponenten, Studienarbeit an der Universität Karlsruhe, 1996
4. Bjarne Stroustrup, Die C++ Programmiersprache, 2. Auflage, Addison-Wesley, 1992
5. Douglas A. Young, Object-Oriented Programming with C++ and OSF / Motif, Prentice Hall, 1992
6. http://i30www.informatik.uni-karlsruhe.de/projects/viskosy/

Web-basierter Unterricht in der Computergraphik: Konzepte und Realisierung von interaktiven Online-Kursen

Reinhard Klein and Frank Hanisch

Universität Tübingen, Wilhelm Schickard Institut für Informatik, Graphisch
Interaktive Systeme, 72076 Tübingen, Germany
e-mail: {reinhard,fhanisch}@gris.uni-tuebingen.de,
WWW home page:http://www.gris.uni- tuebingen.de

Zusammenfassung Inhalte der modernen Computer Graphik lassen
sich nicht adäquat mit herkömmlichen Lehrmethoden und Lehrmateriali-
en darstellen und ausprobieren. Eine Integration von Vorlesung, Beispielen, Übungen, und Programmieraufgaben unter einer einheitlichen leicht
zugänglichen Benutzeroberfläche ist dringend erforderlich. Wir diskutieren und präsentieren das Konzept und die Realisierung, Evaluierung und
die Erfahrungen mit einem Web-basierten Computer- Graphik-Kurs, der
an unserem Institut zu diesem Zweck entwickelt wurde. Es ist der erste
vollständige Computergraphikkurs auf dem World Wide Web, der Text,
Programmierbeispiele und Übungen zum Kurs in einer einheitlichen Hypertextumgebung kombiniert.

1 Einführung

Visualisierung und Interaktion sind die Hauptbestandteile der Computer Gra-
phik. Die Lehre dieser Themen mit Hilfe herkömmlicher Lehrmethoden und
Werkzeugen, wie z.B. Tafel, Dias und Videos kann keine echten Beispiele geben.
Nur in echten Umgebungen kann die Lehre flexibel auf die unterschiedlichen
Fragestellungen eingehen, die während der Diskussion und Präsentation eines
bestimmten Sachverhaltes entstehen und wie in anderen Naturwissenschaften,
können Probleme und Herausforderungen der Computergraphik nur durch die
Erforschung mittels Experimenten erkannt werden [17]. In der Computergraphik
bestehen solche Experimente aus interaktiven Programmen, die es erlauben, Parameter zu verändern und komplizierte Algorithmen zu animieren und zu visualisieren. Die Arbeit mit solchen Programmen hilft nicht nur Probleme besser
zu illustrieren, sondern motiviert auch die Studenten. Darüber hinaus erlauben
sie dem Studenten bestimmte Versuche zu wiederholen, seine eigenen Experimente zu machen und bestimmte Aspekte zu vertiefen. Dieses führt zu einer
beträchtlichen Konsolidierung des Wissens durch die Nacharbeit zu Hause.

Früher waren solche Experimente nicht Teil der eigentlichen Vorlesung. Auf
der einen Seite waren, um die gesamte Computergraphik abzudecken, eine Vielzahl unterschiedlicher und teurer Programmpakete notwendig und auf der anderen Seite fehlte den Studenten zu Hause die entsprechende Hardware, solche

Programme laufen zu lassen. Ein weiterer Punkt war, daß die Einarbeitungszeiten in die verschiedenen Programme den vorhandenen Zeitrahmen von einem oder zwei Semestern bei weitem sprengte.

Das führte auch zu ernsthaften Problemen mit den praktischen Programmierübungen, die die Vorlesung begleiteten. Eines der Hauptziele dieser Übungen ist es, zu lernen, wie die in der Vorlesung besprochenen Algorithmen tatsächlich implementiert werden. Um dieses Ziel zu erreichen, gab es zwei Möglichkeiten: Entweder der Student programmierte sein eigenes Graphikpaket von der Pike auf, oder er benutzte und erlernte vorhandene Programmpakete. Beides war wegen Zeitmangel nahezu unmöglich. Nur einen Teil der in der Vorlesung behandelten Algorithmen auch in der Übung zu behandeln, war daher der einfachste und am häufigsten angewandte Kompromiß.

Ein weiteres Hauptproblem der Vergangenheit war die Menge unterschiedlicher Hard- und Softwareplattformen. Ein und das selbe Programm unter unterschiedlichen Betriebsystemen laufen zu lassen, war nahezu unmöglich.

Einige der oben erwähnten Probleme sind von einer Reihe von Kollegen bearbeitet worden, die auf dem Gebiet der computerunterstützten Lehre arbeiten [16, 3, 21, 12]. Viele Autoren [20, 11] konzentrierten sich auf das Problem eines plattformunabhängigen Graphiksystems, das als Grundlage für Programmierübungen herangezogen werden kann. Fellner entwickelte und benutzt das objektorientierte Minimal Rendering System (MRT) als Lehr- und Forschungsplattform für 3D-Bildsynthese [11]. Es basiert auf standard Graphikpaketen wie PHIGS, OpenGL, oder XGL zur Graphikausgabe. Andere Autoren beschreiben Ansätze in denen Postscript als einheitliche Sprache für die Graphikausgabe verwendet wird [15]. Dieser Ansatz leidet unter dem Fehlen von Interaktionsmöglichkeiten. Dadurch wird bei diesem Ansatz jede Art von explorativem Lernen auf ein Minimum beschränkt.

In der Zwischenzeit bietet das World Wide Web (WWW) zusammen mit eingebetteten Java Programmen (Applets) und Hypertext einen geeigneten Rahmen, um alle Elemente eines interaktiven Kursers, wie Text, Programme, Übungen, Programmierübungen und weiterführende Literaturhinweise unter einem einheitlichen Interface zu präsentieren. Eine Anzahl von Computergraphikkursen [5, 6, 14] verwenden schon einige dieser Ideen. Das WWW bietet auch die Möglichkeit der Zusammenarbeit mit anderen Studenten und dem Tutor bei der Fertigstellung der Übungen und dem Arbeiten mit Programmteilen zu Hause. Gerade dieser letzte Aspekt ist von Bedeutung für die heutige computerunterstützte Lehre und wurde durch jüngste Entwicklungen bei der Hardware beeinflußt: Während in der Vergangenheit die Rechenleistung und notwendige Darstellungsgeschwindigkeit für 3D-Graphik jenseits der Möglichkeiten der meisten Workstations und PCs war und daher Studenten gezwungen waren auf den Graphikworkstations der Universität zu arbeiten, können Studenten heutzutage ihren eigen PC benutzen, da diese Maschinen in der Zwischenzeit das Potential für 3D-Graphik besitzen.

Die weiteren Teile des Artikels beschreiben und evaluieren den schon angesprochenen Kurs 'Computer Graphik spielend Lernen I&II' [23]. Im folgenden Abschnitt beschreiben wir unsere Ziele hinsichtlich der Entwicklung eines interaktiven Graphik-Theorie und Graphik-Programmierkurses an unserem Institut. Dann geben wir einen kurzen Überblick ber den Kurs, beschreiben die Java-basierte Programmierumgebung und schließlich diejenigen Werkzeuge, die entwickelt wurden, um die unterschiedlichen Teile des Kurses automatisch zu integrieren. Abschließend berichten wir über einige Erfahrungen, die wir bereits mit dem Kurs oder Teilen davon gemacht haben.

2 Ziele

Um auf alle oben beschriebenen Probleme einzugehen, definierten wir folgende Hauptziele für unseren Computergraphikkurs;

Hinsichtlich der Lehrziele bemühten wir uns um:

- größerer Lernerfolg der Studenten durch eine einheitliche Kursumgebung, die Kurstexte, Programme, Programmierübungen, Unterstützung und weiterführende Literaturhinweise beinhaltet und so die Koordination zwischen den einzelnen Teilen des Kurses optimiert.
- Realisierung eines Graphiksystems, das diejenige Basisfunktionalität besitzt, die moderne Graphiksysteme gemeinsam haben und dabei so einfach wie nur irgend möglich bleibt und auf diese Weise von den Studenten noch mit relativ geringem Zeitaufwand verstanden werden kann. Durch einfach und schnell zu erzielende Ergebnisse bei der Programmierung und der Fertigstellung der Programmieraufgaben sollte auch die Zufriedenheit der Studenten mit dem Kurs erhöht werden.
- Möglichkeiten für die Studenten, die unterschiedlichen Themengebiete des Kurses zu vertiefen und die unterschiedlichen Algorithmen zu testen.
- Unterstützung der Studenten sowohl beim Studium zu Hause, als auch bei den Programmieraufgaben.
- eine optimale Vorbereitung unserer Studenten hinsichtlich ihrer Integration in laufende Forschungsprojekte nach der erfolgreichen Beendigung des Graphikkurses.

Hinsichtlich der Realisation des Kurses konzentrierten wir uns auf:

- eine flexible und einfach erweiterbare und modifizierbare Lehrumgebung, die nicht allein auf Computergraphik zugeschnitten sein soll, sondern auch für Geometrische Modellierung, Scientific Visualization, etc., mit demselben Interface. Für andere Fächer als Computergraphik wird damit das Erlernen des Systems vereinfacht. Web-basierte Organisation des Kurses: Die Verbindung zwischen den Schlüsselelementen des Kurses (siehe oben) wird durch eine entsprechende Beschreibung in HTML-Format [2] mit Hyperlinks realisiert.
- unterschiedliche Zugänge zum Kurs: entweder beginnt man das Studium mit der Theorie und benutzt das Skript und vervollständigt das Wissen dann durch Bespielprogramme oder man beginnt mit motivierenden Beispielen und wirft erst dann einen Blick auf den theoretischen Hintergrund.

- objektorientiertes Design und Implementierung der Bespielprogramme und des Graphiksystems, um ein einfaches modernes Programmierkonzept zu haben.

- einfach zu programmierende und einfach zu integrierende Module sollen dem Studenten als Programmierer Basisfunktionalität zur Verfügung stellen. Beispiele sind Klassen für Punkte, Linien etc.

- Hypermedia-Dokumentation der vorhanden Software über das Web.

- Programmiersprache Java für die Programmierübungen soll Plattformunabhängigkeit garantieren (für Unix auf SGI, HP und SUN, Linux, OS/2, Windows95, WindowsNT).

Hinsichtlich der Lehrinhalte zielten wir auf:

- Grundlagen der Graphischen Datenverarbeitung und ihrer Programmierung, ohne die Einschränkung auf ein bestimmtes Graphiksystem.

- Schlüsselkonzepte und Mechanismen aktueller Graphik-Software-Systeme.

- Einsicht in Forschungsmethoden und Experimente zu geben, die tatsächlich bei der Entwicklung von neuen Methoden und Techniken in der Graphik auftreten.

3 Der Kurs

3.1 Inhalte

Der Kurs enthält folgende Themen: Computer Graphik Hardware, Rasteralgorithmen mit Aliasing und Antialiasing, 3D-Transformationen, Visibilität, Farbe, lokale Beleuchtungsmodelle, Modelliertechniken, einfache Animationen, Texture-Mapping, globale Beleuchtungsrechnung (Ray-Tracing, Radiosity) und Volumenvisualisierung. Diese Themen sind auf zwei Semester aufgeteilt. Der erste Kurs endet mit grundlegenden Modelliertechniken einschließlich Bézierkurven und -Flächen. Studenten, die Graphik vertiefen möchten nehmen in der Regel auch am zweiten Kurs teil. Andere wählen nach dem ersten Kurs eventuell CAD, Bildverarbeitung oder Scientific Visualization. Der zweite Kurs beginnt mit weiteren Modelliertechniken wie Fraktalen und endet mit Volumenvisualisierung. Beide Kurs basieren auf den beiden Büchern [9, 10]. Der komplette erste Kurs besteht aus 28 Vorlesungsstunden und 26 Stunden Übungen. Der zweite Kurs aus 24 Vorlesungsstunden und 20 Stunden praktischen Übungen. Der Kurs ist abgestimmt auf Studenten der Informatik und enthält eine Vielzahl von Programmieraufgaben und Beispielen. In seiner gegenwärtigen Form ist der Kurs z.B. nicht geeignet für Studenten der Ingenieurswissenschaften, da diese mehr diejenigen Kurse bevorzugen, in denen sie bestimmte Graphikpakete kennenlernen und in denen sie nicht zu viel Zeit mit dem Verstehen und Programmieren der Grundlagenalgorithmen zubringen.

3.2 Aufbau

Eine Hypertext-Seite [23] bietet einen einheitlichen Zugang zu unserem neu-
en Web-basierten Computergraphikkurs. Beginnend mit dieser Seite kann man
Links zu folgenden Hypertextseiten folgen:

1. Anleitung und Editorial des Kurses
2. Skripte zum Kurs und eine vollständige indizierte Liste aller verfügbaren
   Applets einschlielich Application Interface (API)
3. Übungen und Programmierübungen
4. Links zu externen Dokumentationen und Quellen

Die Anleitung gibt zunächst eine kleine Einführung in den Kurs, Hinweise zum
Selbststudium und definiert eine Liste von Symbolen, die im Kurs verwendet
werden. Zusätzlich gibt sie einen Überblick über den Aufbau des Kurses, die
Programmarchitektur der Applets, die Datenstrukturen und nicht zuletzt eine
Liste bekannter Fehler, wie z.B. das unterschiedliche Verhalten von Applets in
unterschiedlichen Browsern. Die Liste von Fehlern kann von den Benutzern des
Kurses ergänzt werden. Die externen Links versorgen die Studenten mit Tutorials
z.B. über HTML und Java, mit Public Domain software, mit weiteren Web-
basierten Kursen und anderen nützlichen Werkzeugen.

Skript, Applets und API Das gesamte Skript zum Kurs steht als Hypertext
zur Verfügung und wird in einem eigenen Browser-Fenster dargestellt. Der Inhalt
und die Struktur des Hypertextes ist dieselbe wie in den zugrunde liegenden
Büchern. Der Hypertext enthält nicht nur Querverweise auf Bilder, Tabellen,
Literatur, Übungen und Fußnoten, sondern auch auf entsprechende Applets, das
API und eine Reihe von Videos und Bildern, die während der Vorlesung gezeigt
wurden. Wenn der Benutzer einem Link auf ein Applet oder Video folgt, so wird
dieses in einem eigenen Browser-Fenster dargestellt.

Umgekehrt gibt es in den Hypertextseiten, welche die Applets enthalten,
Links zurück ins Skript. Auf diese Weise kann ein Benutzer der mit einem Applet arbeitet, sofort den entsprechenden Teil des Skripts anschauen, das den theoretischen Hintergrund des Applets beschreibt. Zusätzlich zu dieser Möglichkeit
existiert für jedes Applet eine vierfache Dokumentation: Eine Einführung, Details seiner Funktionalität, eine sogenannte 'Guided Tour', die die wesentlichen
Eigenschaften und Möglichkeiten des Progamms zeigt und erste Hinweise zum
Studium gibt, und nicht zuletzt noch Informationen über die Programmarchitektur. Der letzte Link fhrt seinerseits weiter auf Links auf das API. Da die Klassen
des API selbst Hyperlinks auf die Applets enthalten, die ihre Anwendung in echten Programmen zeigen genauso wie Hyperlinks zum Skript (z.B. Camera), sind
das Skript, die Applets, ihre Dokumentation und das API vollständig vernetzt.
Alle diese Elemente werden gleichzeitig in ihren eigenen Fenstern dargestellt (vgl.
Abb. 1).

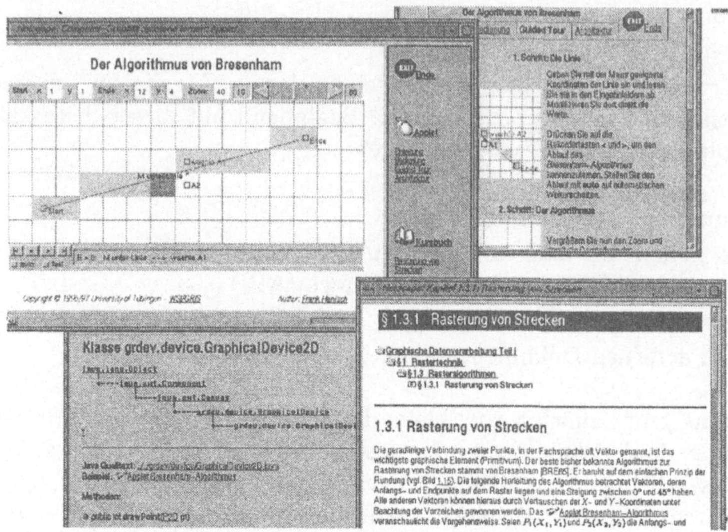

Abbildung1. Zu jedem Applet existiert eine vierfache Art der Dokumentation: Eine Einführung, Details seiner Funktionalität, eine 'Guided Tour' und allgemeine Information über seine Programmarchitektur

Programmierübungen Die Programmierübungen werden in Gruppen von zwei bis drei Studenten durchgeführt, die die oben beschrieben Java-basierte Programmierumgebung benutzen. Ein Hyperlink auf den Java Source Code des Graphiksystems und der Hilfsklassen ermöglicht den Studenten das Download. Eine umfassend geschriebene Anleitung für jede Übungsaufgabe steht ebenfalls in Form einer Hypertextseite zur Verfügung. Um diese Informationen zu lesen, benötigen die Studenten einen Web-Browser wie z.B. Netscape Navigator^{TM} oder den Microsoft Internet Explorer^{TM}. Da es eines unserer Kursziele ist, die Studenten mit der Graphikprogrammierung vertraut zu machen, ist es wichtig Beispielprogramme zur Verfügung zu stellen, mit denen man arbeiten kann. Deshalb wird zusätzlich zu der Aufgabenstellung ein einfaches Programmbeispiel zur Verfügung gestellt. Da alle diese Komponenten durch Hyperlinks verbunden sind, ist permanentes umschalten zwischen theoretischer Hintergrundinformation (Formeln), der Aufgabenbeschreibung, dem Source Code des Beispielprogrammes und dem eigenen Code möglich und unterstützt damit die Arbeit der Studenten in erheblichem Maße.

4 Implementierung

4.1 Erzeugung des Hypertextes

Die Zugaben zur Erzeugung des Hypertextes waren die Latex Sourcen des Skripts mit Bildern, die Applets und Videos sowie die Ubungsaufgaben. Im ersten Schritt wird für jedes Applet manuell eine Applet-Resource-Datei erstellt, die alle notwendigen Information enthält, um automatisch die gesamte Hypertextumgebung für das Applet zu erzeugen. Diese Beschreibung enthält die vierfache Dokumentation des Applets und Schlüsselworte, die später benutzt werden, um Hyperlinks ins Skript und auf weiteren Source Code zu installieren. Die tatsächlichen Seiten, die alle HTML-Tags für das Applet (Header, Hyperlinks zur Dokumentation oder zum Kurstext und die Parameter des Applets) enthalten werden dann automatisch mit Hilfe eines PERL-Skripts erzeugt. Dies garantiert ein einfach zu modifizierendes einheitliches Aussehen aller HTML-Seiten die Applets enthalten und spart viel Zeit bei der Erstellung dieser Seiten. Danach werden die Applet-Resource-Dateien von einem weiteren PERL-Skript verwendet, das automatisch eine HTML-Seite mit dem Index aller verfügbaren Applets erzeugt. Außer den Hyperlinks auf die Applets enthält diese Indexseite die Titel der Applets, Einleitung und motivierende Bilder. In einem unabhängigen Schritt wurden die orginal Latex-Dateien des Skripts modifiziert. Als ein erster Schritt wurden links auf die vorhandenen Applets in das Skript eingefügt. In einem zweiten Schritt wurden automatisch Ankerpunkte mit den Namen der Überschriften und Unterüberschriften des Skripts eingefügt. Später beziehen sich Links in den Hypertextseiten der Applets auf diese Ankerpunkte. Zusätzlich wurden die Namen der Ankerpunkte in die entsprechenden Applet-Resource-Dateien kopiert. Nach diesen beiden Schritten benutzten wir das Programm *Latex2html* [7] um das Skript in HTML-Format zu konvertieren, das danach aber noch die unbearbeiteten Anker-Tags enthält. Diese Anker-Tags werden in einem weiteren Schritt mit Hilfe eines PERL-Skripts verarbeitet, das die spezielle Hypertext-Struktur für unseren Kurs aufbaut. Diese Struktur erlaubt das Auf- und Zuklappen der Kapitelhierarchie. Für jede Textseite auf dem niedrigsten Level der Hierarchie wird automatisch ein Link auf die vorhergehende und folgende Textseite sowie zu allen Vorgängern der Hierarchie erzeugt.

4.2 Java-Applets

Während der Realisierung legten wir besonderen Wert auf eine einheitliches, einfach zu benutzendes Interface der Applets. Dies ist speziell deshalb nötig, weil der gesamte Kurs eine Vielzahl unterschiedlicher Themen enthält und die Funktionalität der Applets erheblich variiert. Einige der Techniken die wir benutzen sind *gleiche Farben für gleichen Kontext, gleiches Aussehen von Labels und Kontrollelementen mit derselben Bedeutung und einheitliche Mauskontrolle.* Sehr wichtig für das Design der Applets zu Lehrzwecken ist eine klare Strukturierung der sichtbaren Information. Der Student muß auf den ersten Blick in der Lage sein, das Thema eines Applets, die Schlüsselelemente des Inhalts und die Verbindung zwischen diesen beiden Elementen zu erkennen. Aus diesem Grund muß der Teil des Applets, der diese Informationen enthält, durch sein visuelles Erscheinungsbild die Aufmerksamkeit viel mehr auf sich ziehen, als z.B. spezielle Kontrollelemente zum Einstellen bestimmter Parameter. Sonst überfordert das Applet einen Studenten durch einen Wald von äquivalenten Auswahlmöglichkeiten.

Das Graphiksystem Das Graphiksystem spielt eine zentrale Rolle bei der Implementierung der Applets. Bis jetzt bietet Java nur ein 2D-Graphik-Interface. Für echte 3D- Graphik entwickelten wir unser eigenes Graphik-Interface. Es unterstützt alle 3D-Funktionalität die in den Applets benötigt wird, wie Kameras, Shading Teckniken, 2D- und 3D-Texturen und Verdeckungsrechnung. Es basiert auf unsererm eigenen 2D-Graphik-Interface, das das Standard Java Graphik-Interface erweitert. Das war notwendig um abstrakte Datenstrukturen wie 2D-Gitter und abstraktes Event-Handling wie spezielle Mausinterpretationen, genauso wie neue Komponenten, z.B. Highlight-Mode, zur Verfügung zu stellen.

Der Szenengraph Der Grund für die Entwicklung eines Szenengraphen als Programmierbasis war ein zweifacher. Zunächst benötigten wir ein Werkzeug, das einen großen Fundus von Möglichkeiten bietet um 3D-Welten zu modellieren und das uns ein High-Level, objekt-orientiertes Programmierparadigma an die Hand gibt, mit dem wir schnell ausgefeilte Applikationen und Applets erstellen können. Zum anderen wollen wir die Studenten mit den neuesten Konzepten der Graphik-Technologie vertraut machen und deshalb sollte dieses Werkzeug den 'State-of-the-art' von Graphik-APIs wiederspiegeln. die alle auf dem Konzept des Szenengraphen aufbauen [18, 1, 22, 8]. Der Szenengraph ist ein gerichteter azyklischer Graph und enthält eine vollständige Beschreibung der gesamten Szene, d.h. des virtuellen Universums. Er enthält die geometrischen Daten, die Attribut Informationen (Farbe, Textur, etc.) und die Kameraparameter, die benötigt werden um die Szene von einem bestimmten Punkt im Raum aus darzustellen. Der Szenengraph erlaubt es dem Proammierer über die tatsächlichen geometrischen Objekte nachzudenken und nicht über Dreiecke, über die Szene selbst und nicht darüber wie Code zum schnellen Schattieren aussehen muß. Fr Anwendungen werden individuelle graphische Elemente als eigenständige Objekte konstruiert und zu einem Szenengraphen zusammengesetzt. Wenn die Java3D-Erweiterung von Java [19] zur Verfügung steht, können die grundlegenden Bausteine unseres Szenengraphen durch die entsprechenden Komponenten von Java3D ersetzt werden, ohne dabei die anderen Teile unseres eigenen Szenengraphen zu beeinflußen.

4.3 Werkzeuge

Die grundlegenden mathematischen und geometrischen Hilfsmittel, die in den meisten Applets gebraucht werden, wie Punkte, Vektoren, Matrizen, Linien, Kreise, Dreiecke, etc. sind als eigene Klassen implementiert. Diese Hilfsmittel erlauben eine schnelle Implemetierung auch von komplizierteren mathematischen und geometrischen Algorithmen. Durch die Verwendung dieser Basisklassen kann sich der Entwickler auf die wesentlichen Teile eines Algorithmus konzentrieren und muß sich nicht um rudimentäre Mathematik kümmern. Darüberhinaus wird der erstellte Code der Applets übersichtlicher und ist einfacher zu verstehen. Das ist speziell notwendig, um Studenten zu motivieren sich die Beispiele und den dazugehörenden Code genauer anzusehen und dann ihre eigenen Implementierungen zu machen. Die grundlegenden Graphikkomponenten, wie spezielle Interfaces für die graphische Ein- und Ausgabe der Daten mathematischer Klassen und Daten der Knoten des Szenengraphen, sind in ähnlicher Weise realisiert. Eine besondere Komponente ist ein Gruppen-Panel, mit dem sich der Inhalt eines Applets einfach in Teilfenstern organisieren läßt. Diese und ähnliche Komponenten werden im gesamten Kurs benutzt. Die Kombination vorhandener Java-Applets mit unseren eigenen erlaubt schelles Design neuer Interfaces. Für alle Klassen existiert eine Hypertext basierte Dokumentation, die zu jeder Zeit während des Blätterns im Source-Code aufgerufen und einfach durchsucht werden kann.

5 Erfahrungen

Über Erfahrungen und Befragungen hinsichtlich des kompletten Kurses stehen uns leider noch keine konkreten Zahlen zur Verfügung, da der Kurs in seiner jetzigen Form erst während des Sommersemesters 1997 fertiggestellt wurde. Das Skript war damals noch nicht via Hypertext in den Kurs eingebunden, so daß sich die gemachten Erfahrungen insbesondere auf die Übungen beziehen. Am Ende des Kurses wurden die Studenten gebeten einen Fragebogen auszufüllen, indem sie über ihre Erfahrungen mit dem gesamten Kurs, der Vorlesung selbst und der Programmierumgebung befragt wurden. Die Fragen bezogen sich auf Qualität, Lernaufwand im Verhältnis zum Lernerfolg und Zufriedenheit der Studenten. Unabhängig von den zum Teil sehr subjektiven Antworten der Studenten konnten wir folgende Trends ableiten:

- Die Zufriedenheit der Studenten mit den Übungen war viel höher als in den vorangegangenen Jahren.
- Im Vergleich mit den Kursen in vorangegangenen Jahren, die dieselben Themen der Computer Graphik behandelten, nahmen mehr Studenten auch am zweiten am zweiten Kurs Teil und begnügten sich nicht nur mit dem ersten (77% 1996/1997 und 70 % 1995/96 verglichen mit 55 % 1994/95 und 50 % in 1993/94).
- Die Zahl der Studenten, die erfolgreich beide Kurse absolvierten und danach direkt in laufende Forschungsprojekte miteinstiegen stieg von 19 % in 1995 and 19 % in 1994 auf 28 % in 1996.
- Zum erstenmal erstellten Studenten aufgrund eigenen Antriebs Applets zu Themen und Algorithmen, die in der Vorlesung nur gestreift bzw. in den Programmierübungen nicht behandelt wurden oder nur in weiterfhrender Literatur zu finden waren.
- Beschwerden über Programmieraufwand und Schwierigkeit der Übungen beim jeweiligen Tutor nahmen erheblich ab.
- Die Studenten bescheinigen sich selbst einen bemerkenswerten Lernerfolg.

Die Tatsache, daß Studenten auf eigenen Antrieb hin neue Applets erstellten verstärkt unseren Glauben in die Annahme, daß unser Konzept die Erforschung und Erprobung von Algorithmen und die Weiterentwicklung des Kurses durch Studenten selbst erheblich stimuliert. Es hat sich aber auch angedeutet, daß Programme (Applets) allein, ohne Einbindung in den Kurs und die damit verbundene Verknüpfung mit dem theoretischen Hintergrund und echten Übungen häufig nur zu einer oberflächlichen Beschäftigung mit den Themen führt. Nach dem 'Spielen' mit einem Applet bekommt der Student häufig das Gefühl, ein hinreichendes Verständnis erlangt zu haben, was sich aber hinterher bei Befragungen als Irrtum herausstellt. Diese Vermutung muß aber noch durch weitere exakte Tests bestätigt werden.

6 Zusammenfassung und Ausblick

Durch die Verwendung unseres Kurses werden sowohl Dozent als auch Studenten in die Lage versetzt theoretisch und praktisch die Lehrinhalte des Kurses vor- und nachzubereiten und zu vertiefen. Um praktische Bespielprogramme auch zu Hause laufen zu lassen, ist es nicht notwendig eine Vielzahl von Softwarepaketen zu installieren und zu erlernen. Neue Beispielprogramme lassen sich von interessierten Studenten einfach ergänzen. Der Hauptnachteil des Web-basierten Konzepts ist der derzeitige Mangel an hinreichend großer Bandbreite des Internets: Das Laden der Beispiel-Applets und der dazugehörigen Bilder ist langsam und verhindert ein kontinuierliches Browsen des Kurses. Um diesem Problem entgegenzutreten, kann das komplette Kursmaterial, einschließlich der Programmierumgebung, Beispiel-Applets, HTML-Dokumentation und Skript, auf den jeweiligen eigenen Rechner geladen werden. Leider entsteht dadurch ein neues Problem der Instandhaltung und die Ergänzungsmöglichkeiten des Kurses durch die Studenten wird eingeschränkt. In naher Zukunft werden aber neue Konzepte der Browser zum Laden von Applets wie z.B. Offline-Browsing die Situation verbessern. 'Authoring on the fly'-Komponenten wurden bisher vernachläßigt und werden zur Zeit entwickelt. Erste positive Erfahrungen und Resultate auf diesem Gebiet wurden inzwischen erreicht und sollen baldmöglichst veröffentlicht werden.

7 Danksagung

Wir möchten uns bei G. Rößner und R. Schwering für ihren immensen Einsatz bei der Implementierung vieler Applets bedanken. Ferner möchten wir uns bei der Fernuniversität Hagen, insbesondere bei Prof. Unger, für die hervorragende Zusammenarbeit bedanken, durch die die Programmierung der Applets erst möglich wurde. Weiterer Dank gilt auch Frau Lemken von der Fernuniversität Hagen für ihre vielen nützlichen Kommentare bei der Gestaltung der Applets.

Literatur

1. G. Bell, A. Parisi, and M. Pesce. The Virtual Reality Modeling Language: Version 1.0 Specification. URL: http://vrml.wired.com/vrml.tech/vrml10-3.html, 1995.
2. T. Berners-Lee and D. Connolly. Hypertext Markup Language – 2.0. Technical report, MIT / W3C, UC Irvine, CERN, June 1995.

3. K. Brodlie, T. Hewitt, S. Larkin, P. Willis, and J. Gallop. Graphics and visualization – techniques and tools: A course for postgraduates of all disciplines. *In [4]*, pages 263–268, 1994.

4. K. Brodlie and G. S. Owen, editors. *Computer & Graphics*, volume 18(3). Pergamon, May/June 1994. Special Issue on Computer Graphics in Education.

5. Course *CPSC 453: Computer Graphics I*. URL: http://www.cpsc.ucalgary.ca/-local_interest/class_info/453/, 1994. University of Calgary, Computer Scienc Dept.

6. Course *Computer Science 417: Computer Graphics*. URL: http://-www.tc.cornell.edu/Visualization/Education/cs417/, 1996. Cornell University, Theory Center.

7. Nikos Drakos. The LaTeX to HTML translator. Internal report, Computer Based Learning Unit, University of Leeds, January 94.

8. George Eckel. *Cosmo 3D Programmer's Guide*. Silicon Graphics, Inc., 1997.

9. J. Encarnação, W. Straßer, and R. Klein. *Graphische Datenverarbeitung I*. Oldenbourg, 4th edition, 1996.

10. J. Encarnação, W. Straßer, and R. Klein. *Graphische Datenverarbeitung II*. Oldenbourg, 4th edition, 1996.

11. D. Fellner. MRT: A Teaching and Research Platform for 3D Image Synthesis. In *[13]*, 1994.

12. F. W. Jansen and P.R̃. van Nieuwenhuizen. Computer Graphics Education at Delft University of Technology. In *[13]*, 1994.

13. L. Kjelldahl and J. C. Teixeira, editors. *Eurographics Workshop on Graphics and Visualization Education (GVE), Oslo, Norway, 10-11 September*. Eurographics, 1994.

14. Reinhard Klein and L. Miguel Encarnação. An interactive computer graphics theory and programming course for distance education on the Web. In *8th Int. PEG Conf. '97, Sozopol, Bulgaria*, May/June 1997.

15. F. Mathieu. Free-Form Management Graphics On-Line – A Postscript Approach with BARBARA. In *[13]*, 1994.

16. G. S. Owen. HyperGraph – A Hypermedia System for Computer Graphics Education. In S. Cunningham and R. Hubbold, editors, *Interactive Learning through Visualization*, pages 65–77. Springer-Verlag, 1992.

17. G. S. Owen. Teaching Computer Graphics as an Experimental Science. In *[13]*, 1994.

18. P.S. Strauss and R. Carey. An object-oriented 3d graphic toolkit. In *Computer Graphics Siggraph 92*, pages 341–349. ACM Siggraph, july 1992.

19. Sun Microsystems, Inc., 901 San Antonio Road, Palo Alto, CA 94303 USA. *The JAVA TM 3D API*, 1997.

20. J. C. Teixeira. Environments for Teaching Computer Graphics: An Experience. In *[13]*, 1994.

21. J. C. Teixeira and J.S̃. Madeira. A Computer Graphics Curriculum at the University of Coimbra. *In [4]*, pages 309–314, 1994.

22. N. Thompson. *3D Graphics Programming for Windows 95*. Microsoft Press, 1996.

23. Course *Computer-Graphik spielend lernen*. URL: http://www.gris.uni-tuebingen.de/gris/grdev/java/index.html, 1996/97. University of Tübingen, Interactive Graphics Systems Lab (WSI/GRIS).

Internetbasiertes Lernen - Interaktive Animation von Kommunikationsprotokollen auf generischem Wege

Cora Burger, Rolf Mecklenburg, Kurt Rothermel

Institut für Parallele und Verteilte Höchstleistungsrechner (IPVR),
Universität Stuttgart, Breitwiesenstraße 20-22, D-70565 Stuttgart,
{caburger, mecklerf, rothermel}@informatik.uni-stuttgart.de

Zusammenfassung Im Bereich der Lehre werden traditionell hauptsächlich Text und Bilder auf Folien oder Dias und im Skript zur Vermittlung von Lehrinhalten eingesetzt. Diese Lehrverfahren stoßen jedoch an Grenzen, wenn es darum geht, dynamische Prozesse wie z. B. Kommunikationsprotokolle in verteilten Systemen verständlich zu machen. Da sich Dynamik mit unbewegten Bildern nur eingeschränkt darstellen läßt, gewinnt rechnergestützte Animation in der Lehre an Bedeutung. Außerdem sind Lehrvorgänge dann am wirkungsvollsten, wenn der Lernende aktiv und gestaltend daran mitwirken kann.
Um internetbasiertes und interaktives Erlernen von Protokollen aus dem Bereich der verteilten Systeme auf generischem Wege zu ermöglichen, und somit eine Verbesserung der Qualität der Lehre auf diesem Sektor zu erreichen, werden im Projekt ProtoVis am IPVR der Universität Stuttgart die Programmiersprache Java und das Konstrukt des Java Applets eingesetzt. Diese Applets entstehen durch Konvertierung aus einer formalen Spezifikation des darzustellenden Protokolls in der Beschreibungssprache SDL. Sie stellen die dynamischen Abläufe innerhalb eines Protokolls bildlich und animiert dar und können interaktiv gesteuert werden.

1 Einleitung

1.1 Das Problem

In traditionellen Lernumgebungen werden dynamische Vorgänge mithilfe von verschiedenen, konventionalisierten Darstellungscodes erläutert ([Wei94]). Beispiele dafür sind Pfeil- oder Flußdiagramme. Solche Darstellungscodes ermöglichen es der lehrenden Person, dynamische Vorgänge mit statischen Mitteln darzustellen.

Die lernende Person hat in diesem Fall die Aufgabe, sich die Dynamik des so veranschaulichten Vorgangs einschließlich der beeinflussenden Parameter "vorzustellen". Entstehen dabei Probleme, so können diese durch Kontaktaufnahme zur lehrenden Person im Rahmen einer Lehrveranstaltung oder Sprechstunde geklärt werden, jedoch wiederum nur unter Verwendung der statischen Darstellungsmittel. Eine andere Form der Rückkopplung findet nicht statt.

Bei einem derartigen Vorgehen besteht die Gefahr, daß Lernende falsche Vorstellungen entwickeln, ohne daß dies erkannt und korrigiert werden kann. Diese Gefahr wächst mit zunehmender Komplexität des Stoffes. Außerdem wird es in diesem Fall immer schwieriger, durch statische Darstellungsmethoden überhaupt zu einem gewissen Verständnis, geschweige denn zu einem tiefergehenden zu gelangen.

1.2 Eine Möglichkeit zur Abhilfe

Hier können uns moderne Technologien Werkzeuge an die Hand geben, die lehrende und lernende Personen in Lehrveranstaltungen und während der Nachbereitung besser unterstützen. Insbesondere Verfahren wie Animation und Multimedia bieten geeignetere Darstellungsmethoden zur Wissensvermittlung bei dynamischen Sachverhalten. Indem ein Ablauf in animierter Form, ähnlich einem Film, präsentiert wird, wird es der lernenden Person erleichtert, sich den Vorgang selber vorzustellen.

Es gibt bereits einige Ansätze ([ZADA]/[Zeus], [GVU], [BroNaj96]), dynamische Abläufe mit Hilfe von Animationen darzustellen und auf diese Weise zu einer leichteren Verständlichkeit beizutragen. Diese Ansätze weisen jedoch einen oder mehrere der folgenden Nachteile auf:

1. Der Aufwand der Erstellung ist sehr hoch.
   Ein großer Aufwand entsteht, wenn für jeden speziellen Lehrinhalt eine eigene Animation erstellt wird. Unter diesen Umständen läßt sich die Aufgabe, einen möglichst großen Teil eines Wissensgebietes geeignet zu präsentieren, nicht durchführen. Die Vorteile einer geeigneten Darstellung können also nur bei einigen wenigen Beispielen ausgenutzt werden.
   Für die umfangreiche Abdeckung eines Wissensgebietes mit Animationen ist der Erstellungsaufwand folglich einzuschränken. Dazu ist generisch vorzugehen, indem anhand einer Modellierung die jeweiligen Basiskomponenten des Gebietes herausgefiltert werden (vgl. die "interessanten Ereignisse" bei der Visualisierung von Algorithmen gemäß [BroNaj96]). Für jede dieser Komponenten sind Visualisierungen der statischen und Animation der dynamischen Anteile zu entwerfen. Auf diese Weise entsteht ein Baukastensystem für das entsprechende Wissensgebiet, wobei die Abbildung der Komponenten auf die Visualisierungsbausteine eindeutig festgelegt ist. Soll nun eine Animation für einen speziellen Lehrinhalt aus diesem Gebiet erstellt werden, so genügt es, den Stoff anhand der Basiskomponenten zu spezifizieren. Aus dieser Spezifikation kann dann automatisch eine geeignete Animation erzeugt werden (vgl. [ZADA] für den Bereich verteilter Algorithmen).
2. Die darstellbaren Abläufe sind fest programmiert, so dass eine interaktive Beeinflussung nicht möglich ist.
   Dieser zweite Nachteil betrifft die Tatsache, daß die bisher erstellten Animationen häufig zur reinen Vorführung gedacht sind und immer in der gleichen Weise ablaufen. Daher können sie sich bereits bei Fragen innerhalb einer Lehrveranstaltung als ungeeignet erweisen. Aber auch ein weitergehendes

und vertiefendes Selbststudium ist nicht unbedingt möglich, da keine individuellen Lernstrategien berücksichtigt werden können.

Diesem Problem, das durch mangelnde Flexibilität hervorgerufen wird, kann durch Interaktivität begegnet werden. Interaktive Animationen können durch Vorführende und Lernende in ihrer Darstellung und in ihrem Verhalten beeinflußt werden. Dadurch können Verständnisprobleme auch im vertiefenden Selbststudium individuell angegangen und Zusammenhänge besser erkannt werden. Um dies zu erreichen, sind die bereits erwähnten Visualisierungsbausteine um die Möglichkeit von Interaktionen zu erweitern.

1.3   Der weitere Aufbau

Im folgenden wird das oben beschriebene Verfahren zur weitgehend automatisierten Erstellung von Animationen mit generischen und interaktiven Visualisierungsbausteinen am Beispiel von Kommunikationsprotokollen in verteilten Systemen erläutert. Eine prototypische Implementierung wurde im Rahmen des Projektes ProtoVis der Abteilung Verteilte Systeme des IPVR der Universität Stuttgart erstellt. Zur Spezifikation der Protokolle wird dabei die Formale Beschreibungssprache SDL verwendet ([Tur93]), zur Visualisierung und Animation werden JAVA Applets eingesetzt. Zur besseren Verständlichkeit sollen Aspekte des Verfahrens anhand eines Beispielprotokolls, dem von MasterCard und Visa-Card in Zusammenarbeit mit verschiedenen Partnern entwickelten Protokoll für *Secure Electronic Transactions* (SET; [SET]), verdeutlicht werden.

2   Kommunikationsprotokolle in verteilten Systemen

Im Bereich der Verteilten Systeme beschäftigt man sich u.a. mit Problemen und Lösungen der Kommunikation von räumlich getrennten und gegebenenfalls weit voneinander entfernten Rechnersystemen, die innerhalb eines Netzwerkes miteinander verbunden sind. Eines der zentralen Konzepte dabei ist das der Kommunikationsprotokolle. Solche Protokolle sind in erster Linie Regelwerke für eine Kooperation von verschiedenen Partnern. Wie in diplomatischen Kreisen regeln Protokolle auch im Bereich der Rechnernetze und verteilten Systeme die Zusammenarbeit und Kommunikation der verschiedenen Partner.

Beispiele für solche Protokolle sind das "Stop&Wait"-Protokoll zum fehlerfreien Austausch von Nachrichten, das "Kerberos"-Protokoll zum Schutz eines Systems vor unberechtigten Zugriffen oder das *"Secure-Electronic-Transaction"*-Protokoll (SET) für einen sicheren elektronischen Zahlungsverkehr. Während das "Stop&Wait"-Protokoll noch zu den einfacheren Protokollen gehört, sind die letzteren beiden recht komplex.

Die Komplexität solcher Protokolle erhöht sich weiter dadurch, dass sie nicht nur den Regelfall, sondern häufig auch eine Reihe von Ausnahmesituationen mit abdecken. Im Bereich des elektronischen Marktes gehören dazu in erster Linie Angriffe von aussen, die darauf abzielen, in den Besitz von sensibler Information zu kommen und Daten zum eigenen Nutzen zu manipulieren. Massnahmen gegen solche Angriffe sind für Protokolle aus dem elektronischen Markt unabdingbar, da hier die Sicherheit das oberste Ziel darstellt. Welche Ausnahmesituationen abgefangen werden können, wie dies geschieht und wo die Grenzen des Protokolls liegen, trägt daher wesentlich zum Verständnis von Protokollen mit bei.

Da das **SET-Protokoll** im folgenden als Beispiel herangezogen werden soll, soll es hier kurz skizziert werden.

Bei einer nach dem SET-Protokoll ablaufenden Kommunikation sind folgende Partner beteiligt:

- Inhaber einer Kreditkarte, der auf elektronischem Wege bezahlen möchte (cardholder bzw. Kunde).
- Eine Zertifizierungsstelle (certification authority), die Zertifikate ausstellt, und selbst innerhalb einer Hierarchie von Zertifizierungsstellen angeordnet ist.
- Händler als Vertragspartner bei einem Kauf und dementsprechend Empfnger einer elektronischen Zahlung (merchant bzw. Händler).
- Schnittstelle zum traditionellen Zahlungssystem (payment gateway).

Händler und Kunde mussen sich in einem Dialog mit Zertifizierungsstellen gültige Zertifikate beschaffen. Diese Zertifikate haben den Zweck, auch nach einer Kommunikation den Nachweis erbringen zu können, dass beide an der Kommunikation beteiligt waren. Unter Verwendung dieser Zertifikate können nun Händler und Kunde eine Kommunikation zur Durchführung eines Geschäftes aufbauen. Zum Schutz sensibler Daten wie insbesondere auch der Kreditkartendaten wird natürlich Verschlüsselung eingesetzt.

Insgesamt handelt es sich also um ein Protokoll zwischen mindestens fünf Partnern (cardholder, merchant, 2 certification authorities, payment gateway), wobei die ausgetauschten Informationen aufgrund der Verschlüsselung relativ komplex sind.

3 Auswahl eines geeigneten Modells

Das Erlernen komplexer Protokolle kann nun dadurch gefördert werden, daß ein Werkzeug zur interaktiven Animation zur Verfügung gestellt wird. Durch die Interaktion soll es insbesondere möglich werden, die oben genannten, verschiedenen Ausnahmesituationen durchspielen zu können. Dabei soll der Aufwand für die Erstellung der Animationen so gering wie möglich sein.

Wie bereits in der Einleitung erwähnt, wird dazu ein geeignetes Modell des Wissensgebietes benötigt (vgl. [ZADA]). Für Kommunikationsprotokolle sind bereits formale Spezifikationstechniken verfügbar. Daher bietet es sich an, diese als Basis eines solchen Modells zu verwenden. Eine dieser Techniken ist SDL (*Specification and Description Language*, vgl. [Tur93]), mit der man nicht nur Protokolle, sondern ganz allgemein Systeme beschreiben kann. Sie enthält sowohl eine textuelle als auch eine grafische Spezifikationsmöglichkeit. Weil SDL recht verbreitet und durch die grafische Variante auch leicht zu erlernen ist, wurde sie den weiteren Betrachtungen zugrunde gelegt.

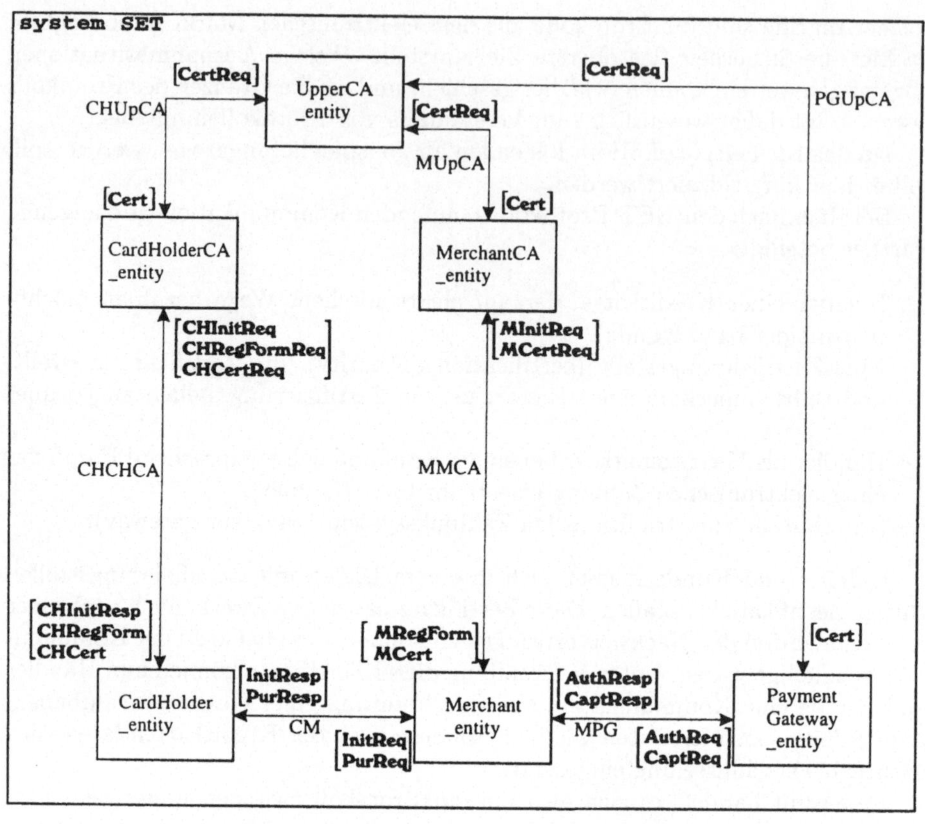

Abbildung1. Spezifikation des SET-Protokollls mittels SDL auf oberster Ebene.

SDL beruht auf erweiterten endlichen Auto 6 maten. Die Komponenten von SDL, die im Zusammenhang mit der Spezifikation von Kommunikationsprotokollen eine Rolle spielen, lassen sich in zwei Ebenen aufteilen, die unterschiedliche Granularitäten beschreiben. Auf der oberen Ebene des Modells befinden sich die Komponenten **System, Block, Prozeß, Kommunikationskanal** und **Signal**. Ein System enthält mehrere Blöcke, die sich wiederum aus mehreren Blöcken oder Prozessen zusammensetzen. Blöcke und Prozesse können durch Kommunikationskanäle verbunden sein, auf denen Signale übermittelt werden. Letztere dienen dem Austausch von Informationen. Abbildung 1 zeigt diese Ebene am Beispiel des im letzten Abschnitt skizzierten SET-Protokolls für elektronischen Zahlungsverkehr, wobei die beteiligten Kommunikationspartner durch Blöcke dargestellt sind, die Känale durch mit dem Kanalnamen annotierte Doppelpfeile (z.B. CHUpCA) und die Signale durch geklammerten Text (z.B. [Cert]). Auf der unteren Abstraktionsebene werden Prozesse detaillierter beschrieben. Jeder Prozeß steht für einen endlichen Automaten und wird durch die Komponenten **Zustand, ein-/ausgehendes Ereignis, Aktionen** und **Prädikate** beschrieben.

4 Automatische Erstellung von Animationen für Protokolle

Wie in der Einleitung beschrieben, wurde am IPVR der Universität Stuttgart ein prototypisches Werkzeug zur interaktiven Animation von Protokollen in Java entwickelt. Dabei wurde die Programmiersprache Java wegen ihrer Plattformunabhängigkeit ausgewählt. Das Werkzeug, im weiteren mit "ProtoVis" bezeichnet, besteht im wesentlichen aus den in Abbildung 2 gezeigten vier Komponenten: Interpreter, Modellrepräsentation, Visualisierungsbaukasten und Ablaufsteuerung. Zu animierende Protokolle werden ProtoVis in Form von SDL-Spezifikationen übergeben und durch den **Interpreter** anhand des oben beschriebenen Protokollmodells in eine interne, automatenbasierte **Modellrepräsentation** in Java umgesetzt ([Kog97]). Diese Modellrepräsentation enthält Aufrufe des **Visualisierungsbaukastens** ([Sch97]). Sie kann auf Eingaben reagieren, die durch die **Ablaufsteuerung** in Einklang mit der Spezifikation gesendet werden, und löst dabei die entsprechenden visualisierenden Aktionen aus.

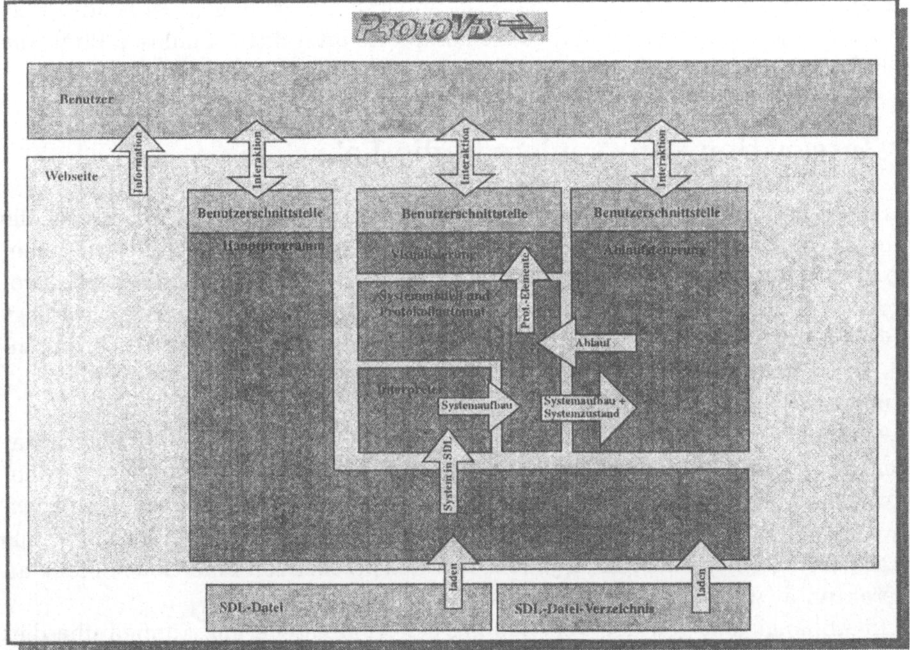

Abbildung2. Architektur des ProtoVis-Systems zur Simulation, Visualisierung und Animation von Protokollen.

Im Visualisierungsbaukasten sind für alle Komponenten des Modells geeignete Darstellungen enthalten, also Methoden zur Visualisierung von Systemen,

Blöcken, Prozessen und Kommunikationskanälen sowie zur Animation der dynamischen Vorgänge wie Signalbewegungen und Zustandsübergänge.

Der Visualisierungsbaukasten ist als Java API (*application programmer interface*) konzipiert und implementiert. Dadurch kann er jederzeit erweitert und auch für andere Belange unabhängig von ProtoVis eingesetzt werden.

Die Ablaufsteuerung ist verantwortlich für folgende Aufgaben:

- Eingaben für die Protokollautomaten,
- Erzeugen von Ausnahmesituationen wie z. B. eines Angriffs auf einen Zertifizierungs- oder Bezahlungsvorgang,
- Animationskontrolle, beispielsweise durch Beschleunigung oder Verlangsamung.

Alle diese Eingaben werden im laufenden Betrieb entweder durch den Benutzer selbst getätigt oder aus einer Datei geladen. Insgesamt ist ProtoVis nun in der Lage, ein beliebiges, in SDL spezifiziertes Protokoll intern in einer ablauffähigen Modellrepräsentation vorzuhalten, es zu simulieren und unter Verwendung des Visualisierungsbaukasten zu animieren. ProtoVis kann diese interaktive Animation zum einen selber ausführen, zum anderen aber auch in Form eines Java Applets abspeichern, das dann später in anderen Umgebungen verwendet werden kann. Dieses Applet beinhaltet die komplette interaktive Funktionalität, die auch ProtoVis bietet.

5 Integration von Applets in die Lehre

Das oben beschriebene Werkzeug ProtoVis bietet mehrere Wege an, Protokolle animiert zu visualisieren. Zum einen kann das Werkzeug als Applet in einem Browser gestartet werden und über eine Dateischnittstelle vorgefertigte Protokollspezifikationen einladen und verarbeiten. Die Dateischnittstelle unterliegt dabei natürlich den durch die Sprache Java auferlegten Sicherheitsbeschränkungen. Diese können nur vermieden werden, wenn das Werkzeug als Applikation heruntergeladen und auf dem eigenen System gestartet wird.

Zum anderen kann das Werkzeug benutzt werden, Applets für die Visualisierung bestimmter Protokolle zu erzeugen. Diese Applets können in jedem Browser unabhängig vom Interpreter betrachtet werden. Alle notwendigen Klassen und Methoden werden hier entsprechend dem Java Applet Mechanismus mitgeliefert. Die Applets haben jeweils den entsprechenden Funktionsumfang an Interaktivität wie das Werkzeug selbst.

In Abhängigkeit von der Verwendung der Ablaufsteuerung können überdies unterschiedliche Benutzergruppen bedient werden. Für Anfänger wird es sich anbieten, vordefinierte Abläufe aus Steuerungsdateien einzusetzen, um eine erste Vertrautheit mit einem neuen Protokoll zu erlangen. Dagegen werden Fortgeschrittene eher interaktiv arbeiten, um alle Möglichkeiten des Protokolls auszuloten.

In Lehrveranstaltungen kann das Werkzeug im Zusammenhang mit der Erläuterung eines Protokolls zu dessen Visualisierung und Animation vorgeführt werden. Bei auftretenden Fragen kann die Interaktivität des Werkzeuges gewinnbringend eingesetzt werden, um den Unterricht lebendiger und den Anforderungen des jeweiligen Publikums entsprechend zu gestalten. Die folgenden Abbildungen 3 und 4 zeigen zwei Momentaufnahmen einer Visualisierung eines Kaufvorganges nach dem SET-Protokoll. Hier wurde schon zu Beginn versucht, eine Attacke auf den Kaufvorgang durchzuführen, indem die zwischen Kunde und Händler verschickte Nachricht abgefangen und verfälscht wurde.

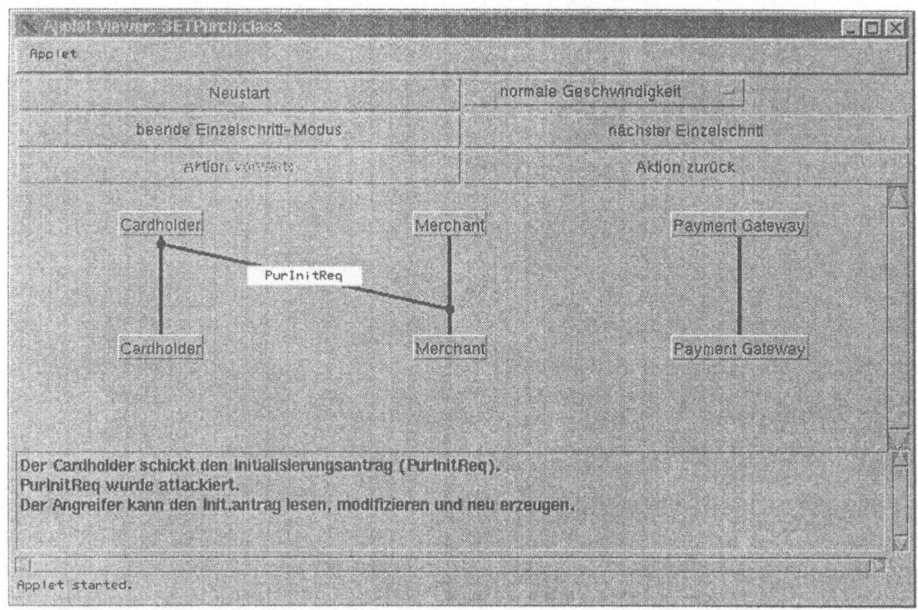

Abbildung3. Animation des SET-Protokolls: Attacke auf die initiale Nachricht zwischen Kunde und Händler.

Dieser Einsatz ist auch bei einer verteilten Lehrveranstaltung möglich, in der lehrende und lernende Personen räumlich voneinander getrennt sind und über ein Telekonferenzsystem miteinander kommunizieren. Das bedeutet, daß diese Art der Animation von Kommunikationsprotokollen nicht auf die momentan verwendeten Unterrichtsformen eingeschränkt sondern auch für zukünftige geeignet ist.

Außerdem können vorgefertigte Protokoll-Applets in Hypermedia-Dokumenten mit eingebaut werden. Dadurch können lernende Personen in Form eines Hypertext-Dokumentes zusätzlich zu dem theoretischen, textuellen und graphischen Stoff mit den notwendigen interaktiven Animationen versorgt werden. Die lehrende Person kann hierbei ein bestimmtes Curriculum vorgeben oder die lernende vollständig ihrer eigenen Lernstrategie überlassen (was als exploratives Lernen bezeichnet wird).

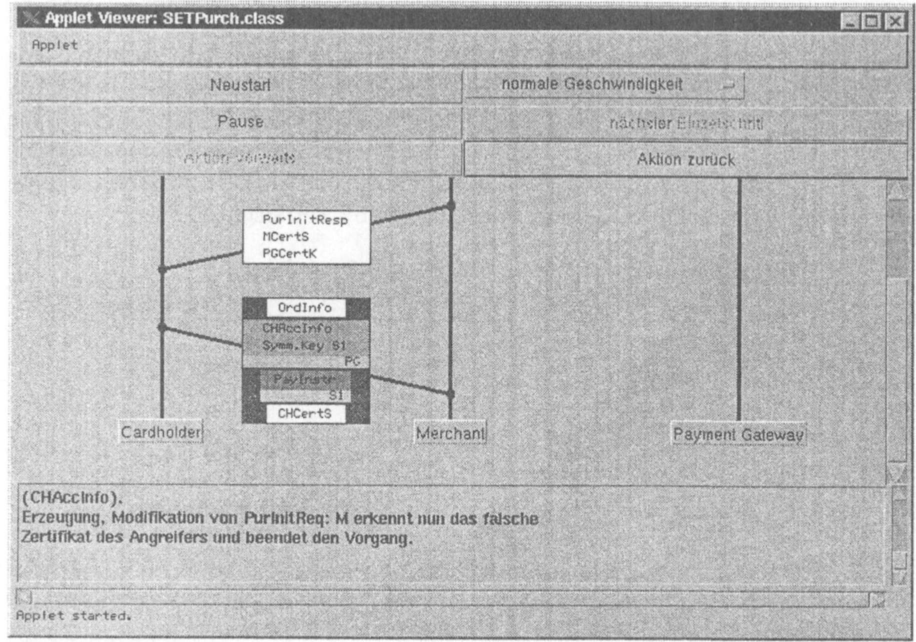

Abbildung 4. Animation des SET-Protokolls: Scheitern der Attacke.

6 Zusammenfassung und Ausblick

Es wurde ein am IPVR der Unversität Stuttgart entwickeltes Werkzeug zur interaktiven Visualisierung und Animation von Protokollen aus dem Bereich der Verteilten Systeme vorgestellt. Dieses Werkzeug gibt den Nutzern ein Mittel an die Hand, komplexe dynamische Vorgänge in angemessener Weise zu präsentieren und somit ein schnelleres und tieferes Verständnis dieser Materie bei lernenden Personen zu erreichen. Das Werkzeug und seine Produkte, also die aus SDL-Spezifikationen abgeleiteten interaktiven Animationen von Protokollen in Form von Java Applets, lassen sich so in einen modernen rechnerunterstützten Unterricht integrieren, und bieten allen Beteiligten einen Weg zur effizienteren Wissenvermittlung.

Durch Verwendung des Werkzeugs in einer ersten prototypischen Realisierung wurde bereits eine Reihe von Protokollen animiert wie beispielsweise das bereits erwähnte Kerberos- und SET-Protokoll. Daraus ergaben sich Verbesserungswünsche hinsichtlich der Verfahren zur Visualisierung und Animation. Auch der Grad der Interaktivität läßt sich noch um einige Aspekte erweitern. Diese Arbeiten sind noch im Gange.

Außerdem ist ein integrierter Einsatz des Werkzeuges in der Software-Entwicklung vorgesehen, wo beim Entwurf von großen Software-Systemen ebenfalls die interaktive Animation der entworfenen Abläufe, aber auch der dynamischen Zusammenhänge der verschiedenen Spezifikationsschritte wünschenswert und hilfreich sind. Ziel ist dabei, sowohl Protokollparameter als auch einzelne Spezifikationsteile zu verändern und sich deren Auswirkungen über die Animation simulieren zu lassen.

Es ist geplant, das Werkzeug in Lehre und Software-Entwicklung einzusetzen und diesen Einsatz zu bewerten.

References

[BroNaj96] Marc H. Brown, Marc A. Najork: "Collaborative Active Textbooks: A Web-Based Algorithm Animation System for an Electronic Classroom", digital SRC Research Report 142, 1996. WWW: http://gatekeeper.dec.com/pub/DEC/SRC/research-reports/abstracts/src-rr-142.html

[GVU] http://www.cc.gatech.edu/gvu/softviz/parviz/parviz.html.

[Ker] William Stallings: "Internet and Internetwork Security", Prentice Hall, 1994.

[Kog97] Edgar Kogel: "Visualisierung von Kommunikationsprotokollen mit Java", Diplomarbeit Nr. 1522, Universität Stuttgart, Institut für Parallele und Verteilte Höchstleistungsrechner IPVR, Abteilung Verteilte Systeme, 1997.

[Pri] Price, B.A., Baecker, R.M., and Small, I.S. "A Principled Taxonomy of Sofware Visualization", Journal of Visual Languages and Computing 4(3):211-266.

[Sch97] Peter W. Schurr: "Visualisierung von Lehrinhalten mittels Java Applets", Studienarbeit Nr. 1608, Universität Stuttgart, Institut für Parallele und Verteilte Höchstleistungsrechner IPVR, Abteilung Verteilte Systeme, 1997.

[SET] http://www.visa.com/cgi-bin/vee/nt/ecomm/set/downloads.html.

[Tur93] Kenneth J. Turner (Ed.): Using Formal Description Techniques - An Introduction to ESTELLE, LOTOS and SDL. John Wiley & Sons, Chichester, 1993.

[Wei93] Bernd Weidenmann, Andreas Krapp (Hrsg.): Pädagogische Psychologie. 3. Auflage, Psychologie Verlags Union, 1993.

[Wei94] Bernd Weidenmann (Hrsg.): Wissenserwerb mit Bildern - Instruktionale Bilder in Printmedian, Film/Video und Computerprogrammen. Verlag Hans Huber, Bern, 1994.

[ZADA] Arnulf Mester, Peter Herrmann (Hrsg.): "Audiovisuelle Animation von verteilten Algorithmen und Kommunikationsprotokollen". Enbericht der Projektgruppe 225, Arbeitsgruppe Rechnernetze und Verteilte Systeme, Universität Dortmund, 1994, http://ls4-www.informatik.uni-dortmund.de/RVS/zada.html.

[Zeus] http://www.research.digital.com/SRC/zeus/home.html.

Einsatz neuer Medien in der Rechnernetze-Ausbildung an der TU Dresden

D. Gütter, O. Neumann, A. Schill, G. Schreiter
TU Dresden
Fakultät Informatik
01062 Dresden

Kurzfassung

Neue Medien ermöglichen innovative Konzepte in der universitären Lehre. Am Beispiel der Rechnernetze-Ausbildung an der TU Dresden wird aufgezeigt, wie diese Möglichkeiten aktiv genutzt werden können, welche neuen Chancen hierdurch entstehen, aber auch welche technischen und organisatorischen Probleme zu lösen sind. Schwerpunkte des Beitrags umfassen die Darstellung innovativer Lehrinhalte in Vorlesungen, Übungen und Praktika zu Rechnernetzen, den Einsatz von Animationen zur Illustration komplexer Sachverhalte, die Aufbereitung interaktiver Materialien unter Nutzung von Java, die Online-Interaktion zwischen Studenten und Übungsleitern via Internet und Intranet sowie die selektive Einbindung von Videomaterialien im Rahmen von Teleteaching. Diese Szenarien werden schließlich zu einer integrierten Lehr- und Lernumgebung zusammengeführt, die derzeit realisiert wird.

1. Einleitung

Der freie Zugang und die fast uneingeschränkte Nutzung des WIN bietet an Universitäten neue Möglichkeiten der Darstellung von Lehrinhalten zu Vorlesungen, Übungen und Praktika.

Die Nutzung des Internet ist für eine Ausbildung im Fachgebiet der Rechnernetze sehr gut geeignet.

Der *Lehrstuhl Rechnernetze* an der TU Dresden bietet Lehrveranstaltungen (LV) für

- die Diplomstudiengänge Informatik und Wirtschaftwissenschaften sowie
- den Lehramtsstudiengang Informatik

Neue Lehrinhalte widerspiegeln sich im *Diplomstudiengang*

- im Pflichtfach *Rechnernetze* für alle Informatikstudenten,
- im Pflichtfach *Anwendungsunterstützung für Rechnernetze* der Vertiefungsrichtung Rechnernetze und
- in den Wahlpflichtfächern *Bürokommunikation, Rechnernetzdienste* sowie *Komplexpraktikum Rechnernetze* der o.g. Vertiefungsrichtung

und im *Lehramtsstudiengang*

- im Fach *Betriebssysteme/Rechnernetze* des Grundstudiums sowie
- im Fach *Rechnernetzdienste* des Hauptstudiums der Vertiefungsrichtung Datenbanken/Rechnernetze

Neben der Bereitstellung von Scripten, Bildern, Sounds, Videos und Applets nimmt der Einsatz von interaktivem Lehr- und Lernmaterial für Vorlesungen bzw. Übungen, die im *Projekt „Teleteaching Dresden-Freiberg"* [PIK97] entwickelt werden, immer mehr an Bedeutung zu.

Nachfolgend wird auf die innovativen Lehrinhalte der einzelnen Lehrveranstaltungen sowie auf die Möglichkeiten des interaktiven Lehren und Lernens eingegangen.

2. Innovative Lehrinhalte zu Rechnernetzen
2.1 Rechnernetze

Die LV beinhaltet Vorlesungen, Übungen und ein begleitendes Paktikum. Gegenstand der LV ist die Vermittlung von Kenntnissen und Fähigkeiten zum Grundlagenwissen, zum Stand der Standardisierung, zu aktuellen Entwicklungstrends und zu Funktionsprinzipien innovativer Technik auf dem Gebiet der Rechnernetze.

Neben der Nutzung klassischer Lehrmethoden und Lehrmittel wird die Wissensvermittlung zunehmend durch moderne Technik unterstützt.

So werden die vollständigen Lehrunterlagen im WWW bereitgestellt. Dies hat sich bewährt, und die studentische Akzeptanz ist groß. Die Aktualität der Scripte läßt sich ohne großen organisatorischen Aufwand gewährleisten. Die Lehrunterlagen bestehen zum einen Teil aus HTML-Seiten, zum anderen Teil aus Dokumenten im Postscript- und Portable Document Format. Die Nutzer können sich auf den HTML-Seiten über den Lehrinhalt informieren und die Hypertext-Navigation vornehmen. Layoutkritische Dokumente, z.B. Kopien von Foliensätzen, stehen als Postscriptdateien zur Verfügung. Diese können durch die Nutzer problemlos durchgearbeitet bzw. gedruckt werden.

Schwerpunkt der LV sind die Vorlesungen. Der Vorlesungsvortrag wird durch Folienprojektion und Tafelbilder unterstützt, es kommen aber auch Computerbilder und Computeranimationen zum Einsatz, die durch Beamer projiziert werden. Dies ist sinnvoll bei der Erläuterung dynamischer Vorgänge, z.B. beim Medienzugriff in lokalen Rechnernetzen. Die Animationen sind anschaulich wie Videos, sind aber durch den Vorlesenden besser zu steuern. Der Erstellungsaufwand hält sich in akzeptablen Grenzen. Die verfügbaren Beamer sind derzeit allerdings noch recht lichtschwach. Deshalb sind nur kurzzeitige Nutzungen sinnvoll, da sonst die Aufmerksamkeit absinkt.

Im begleitenden Praktikum erwerben die LV-Teilnehmer Grundkenntnisse über die programmtechnische Nutzung von Rechnernetzen.

2.2 Betriebssysteme/Rechnernetze

Die LV wendet sich v.a. an Lehramtstudenten. Im Vergleich zu den entsprechenden LV für den Diplomstudiengang Informatik gibt es eine stärkere Orientierung auf die Vermittlung von Grundprinzipien über Betriebssysteme und Rechnernetze. Erläuternde Beispiele werden überwiegend schultypischen Umgebungen entnommen. Ein Schwerpunkt ist die Vernetzung von Personalcomputern in LAN und deren Anbindung an das Internet.

Die LV-Teilnehmer sollen befähigt werden, selbständig schultypische Rechnernetze zu konzipieren, aufzubauen und zu betreiben. Sie sollen in der Lage sein, die Einführung neuer Medien an Schulen voranzutreiben.

2.3 Rechnernetzdienste

Gegenstand der LV sind eine ausführliche Beschreibung der Grundlagen des Internet sowie die Nutzung der Vielzahl von Diensten.

Die LV wendet sich an Informatikstudenten, aber auch besonders an Teilnehmer des Lehramtsstudiengangs. Letztere sind häufig Lehrer aus der Praxis, die sich weiterbilden. Meist haben sie an den Schulen noch keinen Zugang zum Internet und die LV qualifiziert sie für die zukünftige Nutzung.

Das Vorlesungsmanuskript ist im WWW verfügbar. Ein Teil der Lehrunterlagen besteht aus einer Mischung aus HTML-Dokumenten und Postscript-Dokumenten, die bei Bedarf ausgedruckt oder auf Diskette kopiert werden können.

Der wichtigste Abschnitt der LV ist dem WWW gewidmet und als durchgängige Präsentation von HTML-Dokumenten verfügbar. Es wird insbesondere eingegangen auf

- das Einfügen bzw. Einbetten von Multimedia-Dateien mit Bildern (Vorder- und Hintergrundbilder, Animationen, sensitive Bilder), Sounds, Videos und 3D-Objekten in HTML-Dokumente,
- das Einbinden von Java-Programmen (Applets, Scripts) in HTML-Dokumente sowie
- die Erstellung dynamischer Dokumente auf der Basis der Shell, C^{++}, Perl und von SQL-Datenbanken.

Dazu steht eine gut ausgebaute *Beispielsammlung* zur Verfügung.

Die *Übungsaufgaben* sind so formuliert, daß sie sich ausschließlich am Rechner bearbeiten lassen. Sie sind über das WWW abrufbar; die Ergebnisse werden nur per E-Mail entgegengenommen.

2.4 Bürokommunikation

Diese Lehrfach soll Studenten der Informatik und der Wirtschaftswissenschaften Kenntnisse über den Einsatz von Rechnernetzen in kommerziellen Bereichen vermitteln. Schwerpunkt ist dabei die Erläuterung von Anwendungsstandards und deren Einsatzgebiet.

Zur Methodik der Wissensvermittlung gelten die Bemerkungen zum Fach Rechnernetze in gleicher Weise.

Der Schwerpunkt der LV liegt darin, in welcher Weise durch den Einsatz von Rechnernetzen Nutzen für Anwender erzielt werden kann. Elektronische Kommunikation, Verteilte Verarbeitung und Datensicherheit sind weitere Schwerpunkte.

In einem begleitenden Praktikum wird in einem Beispielszenario für ein Wirtschaftsunternehmen die Anwendung von E-Mailsystemen, einschließlich der Nutzung kryptografischer Verfahren, sowie die Nutzung des WWW für Information, Werbung, Warenbestellungen und Kundenbetreuung durchgespielt.

2.5 Anwendungsunterstützung für Rechnernetze

Diese LV wendet sich an Informatikstudenten, die vertiefende Kenntnisse zu Funktionsprinzipien der Verteilten Verarbeitung erhalten wollen.
Die Lehrmethodik ist vergleichbar mit den oben beschriebenen Techniken.
Der Lehrgegenstand ist durch innovative Mechanismen geprägt, das vermittelte Wissen praxisnah. Die LV-Teilnehmer werden befähigt, Verteilte Anwendungen zu konzipieren und zu implementieren. Schwerpunkte sind u.a. RPC (Remote Procedure Call), verteilte Objekte, Java, Corba und Werkzeuge für Verteilte Anwendungen.

2.6 Komplexpraktikum Rechnernetze

In dieser LV werden die Kenntnisse zu Rechnernetzen in unterschiedlichster Weise vertieft. Es werden Fähigkeiten zum Aufbau und zum Betrieb von Rechnernetzen, sowie zur programmtechnischen Nutzung von Rechnernetz-Schnittstellen vermittelt. Das Komplexpraktikum besteht aus einer Serie von Versuchen, z.B.

- Aufbau eines Intranet,
- Entwicklung eines Filetransferprogrammes auf der Basis von Sockets,
- Programmierung von Teilen eines verteilten Platzbuchungssystems unter Nutzung des RPC in der verteilten Systemumgebung OSF DCE sowie unter Nutzung des entfernten Methodenaufrufs RMI (Remote Method Invocation),
- Studium der Möglichkeiten von Managementwerkzeugen anhand des Managementtools AIX NetView/6000.

Das Komplexpraktikum ist eine wichtige Grundlage für die selbständige Forschungsarbeit zur Rechnernetzproblematik in Belegen und Diplomarbeiten.

3. Interaktives Lehren und Lernen

Die im vorangegangenen Abschnitt beschriebenen Lehrunterstützungen sind im Direktstudium von hohem Nutzen. Sie sind jedoch nicht ausreichend für Fernstudenten oder postgradual Studierende, die nicht in der Lage sind, die Vorlesungen regelmäßig zu besuchen. Für diese Zielgruppe ist eine Unterstützung des interaktiven Lehrens und Lernens (Teleteaching) erforderlich. Interaktive Arbeit kann auch die Lehrstoffnacharbeitung und die Prüfungsvorbereitung erleichtern.
An der TU Dresden und der TU Bergakademie Freiberg wird an einem Forschungsprojekt zum Teleteaching gearbeitet. Zielstellung ist die Entwicklung einer integrierten Lehr- und Lernumgebung JaTeK (Java-Based Teleteaching Kit), deren Funktionsprinzip im nachfolgenden Abschnitt beschrieben wird. Die technische Basis stellt

das WWW im Internet dar, weil dabei der Zugriff durch potentielle Nutzer problemlos möglich ist, ohne daß Entfernungen, Computerhardware, Betriebssysteme usw. eine wesentliche Rolle spielen. Einziger Schwachpunkt ist, daß die Datenübertragungsraten häufig noch recht gering sind.

Im Direktstudium ist eine Trennung von Lehrveranstaltungen in die Teile Vorlesung, Übung und Praktikum üblich und sinnvoll. Bei der interaktiven Arbeit ist diese Trennung nicht notwendig. Da die Erarbeitung neu konzipierter Lehrmaterialien für interaktive Arbeitsweise geraume Zeit in Anspruch nimmt, wurden zunächst vorhandene Lehrmaterialien genutzt.

Die Bereitstellung von Vorlesungsscripten ist im WWW kein Problem. Jedoch sind die Scripte ohne die Erläuterungen des Vorlesenden nur von begrenztem Wert. Deshalb wurden in ausgewählten Vorlesungen Audio- und Video-Aufzeichnungen vorgenommen. Anschließend wurde das aufgenommene Material geschnitten, so daß zu jeder Vorlesungsfolie eine zugehörige Audio- und Videodatei vorlag. Mit diesem Material war es möglich, Folie für Folie über das WWW einen realitätsnahen Eindruck von der Vorlesung zu erhalten.

Der Erstellungsaufwand war erheblich. Qualifizierte Mitarbeiter benötigten für das Schneiden einer 90-minütigen Vorlesungsaufzeichnung etwa 15 Stunden. Die Gestaltung der Folien und das Einbinden der Videos kam noch hinzu, so daß sich ein durchschnittlicher Arbeitsaufwand von 50 Stunden für jeweils 4 min Video ergab.

Übungen sind grundsätzlich interaktiv. Ein Übungsleiter diskutiert zu einem Zeitpunkt mit mehreren Übungsteilnehmern. Für die Teleteaching-Übungen wurde folgender Weg gewählt:

Die Übungsaufgabentexte wurden in HTML-Seiten als Formulare integriert. Bei einfachen Aufgaben, z.B. Auswählen der richtigen Lösung aus mehreren Alternativen, kann eine automatische Lösungsbewertung realisiert werden. Der Student füllt das Formular aus und sendet es an den WWW-Server, dort erfolgt die Abarbeitung eines CGI-Scriptes, welches überprüft, ob die Lösung korrekt ist und den Nutzer darüber informiert.

Diese Methode versagt allerdings bei komplexeren Aufgaben. Bei diesen muß der Nutzer seine Lösung als E-Mail an den Übungsleiter schicken. Dieser wertet die Lösung aus und schickt eine Antwortnachricht. Da der Übungsleiter nicht permanent verfügbar sein kann, vergeht meist ein Tag, bis der Nutzer über den Wert seiner Lösung informiert wird.

An einigen Stellen wurden Java-Applets eingesetzt. Diese erlauben u.a. die anschauliche Darstellung dynamischer Vorgänge, z.B. bei der Behandlung der Modulation von Signalen. Außerdem eignen sich Java-Applets für Übungsaufgaben. Beispielsweise wurde ein Applet entwickelt, mit dessen Hilfe die Erstellung grafischer Weg-Zeit-Diagramme gelöst und bewertet werden kann. Dieses Applet ist für mehrere ähnliche Aufgaben einsetzbar. Die Gestaltung von Übungsaufgaben mit Java-Applets ist noch sehr aufwendig, bis zu 100 Stunden pro Aufgabe.

Mit ausgewählten Studenten wurde an der TU Dresden und an der TU Bergakademie Freiberg ein Großversuch durchgeführt. Dabei wurden Vorlesungsausschnitte über das Internet übertragen und in LV der jeweils anderen Universität genutzt. Außerdem konnten die beteiligten Studenten in Dresden und in Freiberg auf Lehrmaterialien im

WWW (Tel97) zugreifen. Dabei zeigte sich, daß die multimedialen Informationen nicht so stark genutzt wurden wie die Textinformationen. Obwohl die Studenten über leistungsfähige Internetanschlüsse an den Universitäten bzw. in den Wohnheimen verfügten (bis 2Mbit/s), waren die Zugriffszeiten auf Audio- und Videoinformationen teilweise noch zu hoch.

Für den Übungsleiter ergab sich ein durchschnittlicher Betreuungsaufwand von 10 min pro Student und Übungskomplex.

Befragungen der Teilnehmer ergaben insgesamt eine grundsätzlich positive Bewertung. Das Verständnisniveau wurde als angemessen, die Qualität der Lehrmaterialien als gut beurteilt. Die Videoqualität wurde akzeptiert, jedoch gab es Probleme mit der Tonqualität. Es sollten grundsätzlich Richtmikrofone oder Umhängemikrofone verwendet werden. Die Digitalisierungsrate muß mindestens 16 kHz betragen.

4. Integrierte Lehr- und Lernumgebung

Durch mehrere Arbeitsgruppen an der TU Dresden und an der TU Bergakademie Freiberg wurde eine integrierte Lehr- und Lernumgebung entwickelt, die aus den drei Teilkomponenten JaTeK (Java-Based Teleteaching Kit), JaWoS (Java-Based Workgroup Support) und JaVaL (Java-Based Evaluation) besteht (s. Abb. 1).

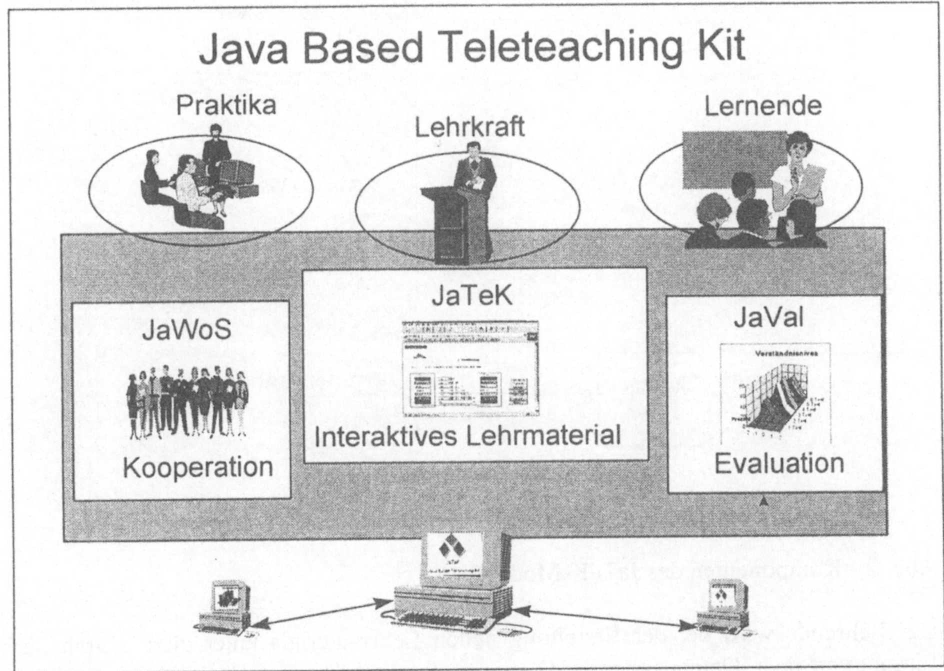

Abb. 1 - Allgemeine Struktur des JaTeK-Systems

Damit kann auf der Basis von Java als Plattform eine einheitliche Erstellung von Übungen und Lehrmaterial erfolgen und auch evaluiert werden. Die Bereitstellung der Lehrmaterialien und die Datenhaltung wird vom JaTeK-System durchgeführt, das weiterhin Funktionen zur Verwaltung von Benutzern und Benutzergruppen als Basis für Tele-Lehrszenarien bereitstellt. JaWoS ermöglicht die Online-Kooperation zwischen Lernenden etwa im Rahmen von Praktika, und JaVaL dient der Evaluation der Lernergebnisse und der Zugriffsintensitäten auf das Lehrmaterial.

Das JaTeK-System läuft auf einem WWW-Server, der über eine leistungsfähige Datenbankanbindung verfügt und mehrere Java-Programme zur Verwaltung des Systems besitzt (s. Abb. 2).

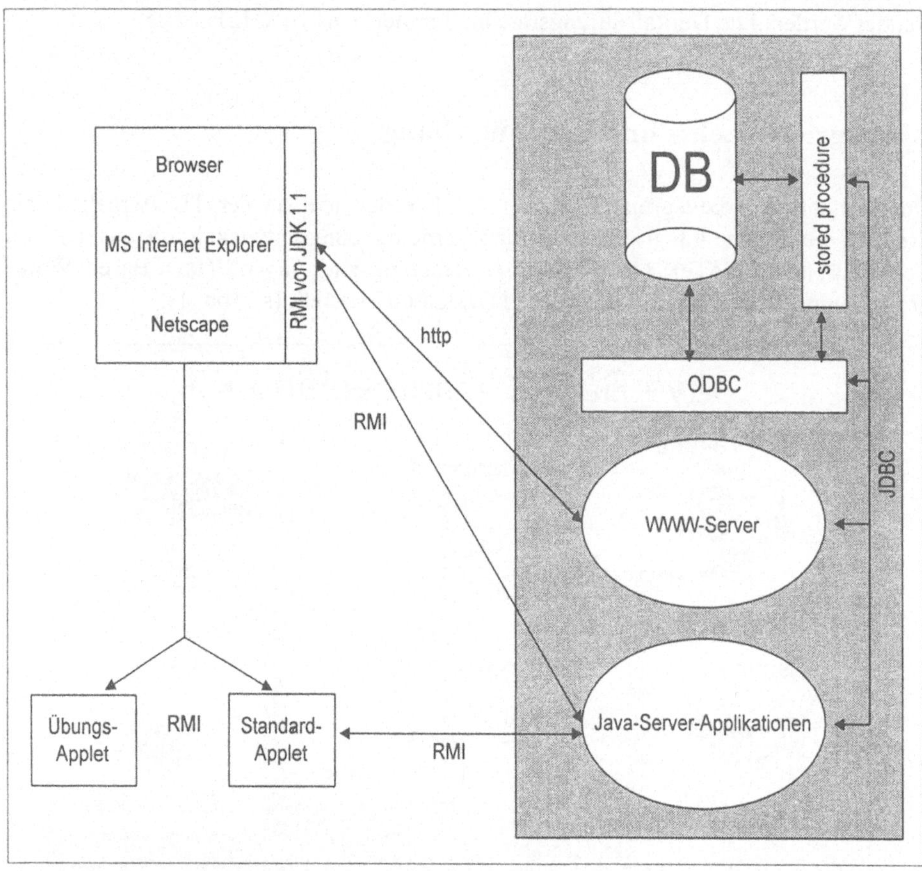

Abb. 2 - Komponenten des JaTeK-Moduls

Der Lehrende wird bei der Erstellung neuen Lehrmaterials unterstützt. Durch den Einsatz von Java, Datenbanken und weiteren Internet-Technologien können Lehrmaterialien in Verbindung mit Experimenten, Übungen, Audio und Video im Internet plattformunabhängig bereitgestellt werden.

Ein Nutzerzugriff beginnt mit einem Login auf dem WWW-Server. Dort werden seine Login-Daten mit den Einträgen in der Datenbank verglichen. Anschließend wird mit Hilfe der in der Datenbank enthaltenen Kapitelstruktur und dem Verweis auf angrenzendes Material die Benutzeroberfläche in dedizierter Form aufgebaut. Gleichzeitig wird ein Standardapplet im Browser gestartet, was die weitere Kommunikation über RMI abwickelt. Dieses Standardapplet kann z.B. über das Login eines Partners der eigenen Arbeitsgruppe informiert werden, wenn die Java-Server-Applikation davon Kenntnis erhält; somit sind anschließend etwa weitere Interaktionen mittels JaWoS möglich.

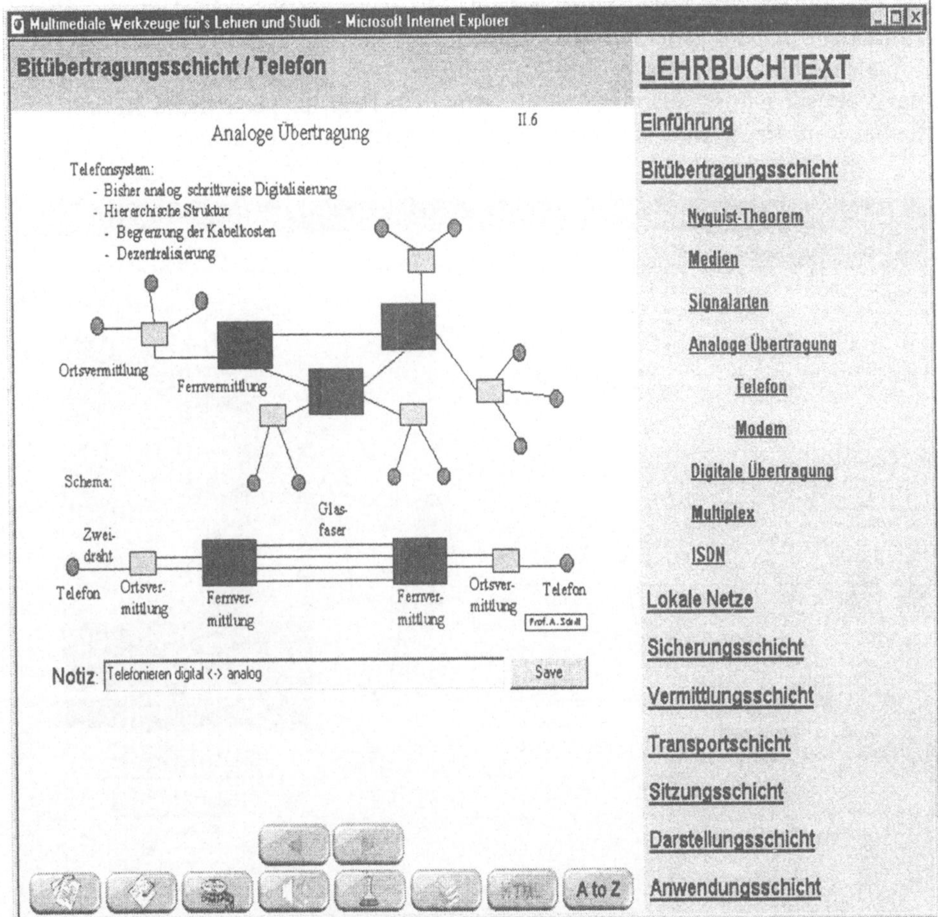

Abb. 3 - Beispiel einer Folie aus der Lehrveranstaltung Rechnernetze

Auch können Applets mit animierten Übungsmaterialien mit der Java-Server-Applikation über RMI Kontakt aufnehmen, um z.B. Ergebnisse von Experimenten oder den aktuellen Stand der eigenen Arbeiten abzuspeichern oder abzufordern. Die

Java-Server-Applikation kommuniziert dann über JDBC (Java Database Connectivity) oder über eine JDBC-ODBC-Bridge (Open Database Connectivity) mit der Datenbank.

Um die Effektivität bei der Erstellung und Eingliederung von Lernmaterial in die Lernumgebung zu erhöhen, werden Schablonen eingesetzt. Eine Schablone ist eine HTML-Seite, die an definierten, mit Platzhaltern versehenen Stellen durch Inhalte aus einer Datenbank ergänzt wird. Die Verwendung von Schablonen erleichtert auch die Nutzung des Lehrmaterials, da ein übersichtliches und einheitliches Erscheinungsbild gesichert wird.

Abb. 3 zeigt eine typische Seite. Im rechten Teil befindet sich das Inhaltsverzeichnis, über das die Hypertext-Navigation erfolgt. Mit Hilfe der Schaltflächen im unteren Teil können Standardbefehle erteilt werden, z.B. Zurück- und Vorblättern oder das Abspielen einer zugehörigen Videodatei. Neben der eigentlichen Information, die einer Vorlesungsfolie entspricht, gibt es noch ein Feld für persönliche Notizen, die der Nutzer in der Datenbank auf dem Server abspeichern lassen kann.

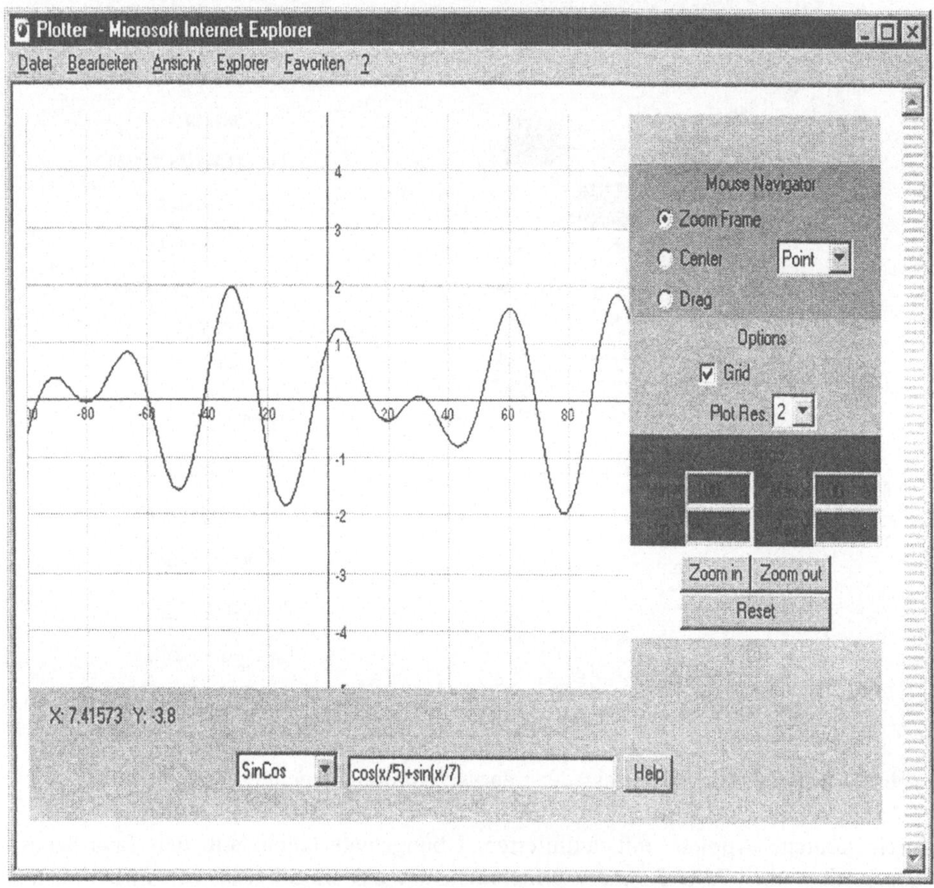

Abb. 4 - Applet zur Darstellung mathematischer Kurvenverläufe

Neben Informationen kann der Autor auch Übungen in das Lehrmaterial einfügen.

Bei den parametrisierbaren Übungen kann der Lehrende z.B. den Typ „multiple choice" wählen und anschließend die Fragen und Antworten eingeben. Diese werden für alle erstellten Übungen in der Datenbank abgelegt. Es ist nur eine Schablone für diesen Typ notwendig.

Interessant ist auch der Einsatz von Java-Applets für Übungen. So zeigt Abb. 4 ein Applet, das zur mathematischen Kurvendiskussion eingesetzt werden kann.

JaTeK besitzt eine dedizierte Nutzerverwaltung zur Gewährleistung von Datensicherheit und Datenschutz, z.B. bei der Abspeicherung persönlicher Kommentare durch die Nutzer zu einer Lehrseite, der Identifizierung der Mitglieder einer Arbeitsgruppe und der Erfassung von Protokolldaten für das JaTeK-Modul JaVaL.

Die realisierte Datenbankstruktur der Nutzeradministration fügt sich in die vorhandene Datenbankstruktur der Lehrmaterialienverwaltung des JaTeK-Systems ein. Durch die Einführung der Nutzerverwaltung kann erreicht werden, daß beliebige Kapitel aus- und eingeblendet werden können, je nachdem, wie die Leserechte des einzelnen Benutzers oder der Gruppe von Benutzern gesetzt sind. Da jedem Kapitel mehrere Gruppen bzw. Nutzer mit ihren Rechten zugeordnet sind, kann bei Anlegen eines neuen Unterkapitels das Recht an das Unterkapitel vererbt werden.

5. Vergleich mit anderen Ansätzen

Der Einsatz neuer Medien in Bereichen studentischer Ausbildung ist ein aktuelles Forschungsgebiet. Eine Übersicht über diverse Aktivitäten ist in [NiN95] zu finden.

Zur Breitband-Übertragung von Lehrveranstaltungen gibt es mehrere Projekte, z.B. das Projekt Teleteaching Heidelberg-Mannheim [Eff95] und das Projekt RTB 3.12 der Universitäten Erlangen und Nürnberg [Gre96], bei welchen eine Hochgeschwindigkeits-ATM-Vernetzung eingesetzt wird.

Aus dem von der Europäischen Union geförderten „Multimedia Teleschool for European Personnel Developement" (MTS)-Projekt liegen Erfahrungen im Einsatz von Telematik im betrieblichen Training vor, die sich auf den universitären Bereich übertragen lassen [Rei95].

Weitere Vorhaben, wie Hyperscript [Sch95] oder Teleteaching und -training [Ttt95], nutzen überwiegend das WWW zu Unterstützung der Lehrveranstaltungen.

Besonders schwierig lassen sich Online-Übungen realisieren. Ein positives Beispiel ist das Übungsmaterial für Medizinstudenten an der Universität Virginia [Ski95].

Unser Ansatz zeichnet sich vor allem durch die Nutzung des WWW, den Einsatz von Java, die Realisierung einer integrierten Systemarchitektur sowie die gezielte Evaluation der Akzeptanz aus. Damit lassen sich neben vorlesungsähnlichen Lehrveranstaltungen auch anspruchsvolle Teleteaching-Übungen realisieren.

6. Zusammenfassung und Ausblick

Die Meinungen zum Einsatz neuer Medien in der universitären Ausbildung laufen weit auseinander. Pessimisten bezweifeln den Nutzen generell, Optimisten glauben an das Ende der klassischen Vorlesung.

Unsere Erfahrungen zeigen, daß bereits heute der Einsatz multimedialer technischer Hilfsmittel durchaus sinnvoll ist. In Vorlesungen können Animationen und Simulationen zum besseren und schnelleren Verständnis genauso beitragen, wie Experimente in naturwissenschaftlichen Vorlesungen. Die entsprechenden Wiedergabegeräte müssen allerdings noch erheblich weiterentwickelt werden.

Für das Selbststudium sind die neuen Medien besonders wichtig. Die attraktive multimediale Aufbereitung der Lehrstoffe und der dezentrale Zugriff mit Hilfe von Rechnernetzen kann die Effektivität der Ausbildung erheblich steigern. Eine wesentliche Rolle spielt dabei die hohe Aktualität des Lehrstoffes, die erleichterte Informationsrecherche, das zeitlich unabhängige Wiederholen des Stoffes. Da ohnehin mit Computern gearbeitet wird, können diese auch zusätzlich persönliches Lehrmaterial, wie Notizen und Verweise, verwalten.

Die gegenwärtigen Grenzen des Einsatzes der neuen Medien liegen vor allem darin begründet, daß die Erstellung multimedialer Lehrstoffe noch außerordentlich aufwendig ist und daß der Zugriff auf die umfangreichen Lehrmaterialien zu langsam erfolgt. Außerdem muß die Didaktik für die neuen Medien neue Lehrformen entwickeln.

Nachteilig ist eine gewisse Vereinsamung der Lernenden. Dem muß durch Verbesserung der Kommunikationsmöglichkeiten gegengesteuert werden, was die Unterstützung von Gruppenarbeit einschließt. Deshalb erscheint der breitere Einsatz von Videokonferenzsystemen sinnvoll. Dazu müssen die Rechnernetze erheblich höhere Datenübertragungsraten gewährleisten, und dies auch für private Nutzer zu akzeptablen Preisen.

Die neuen Medien stellen keinen Selbstzweck dar. Sinn oder Unsinn einer Nutzung ergibt sich aus der Qualität der Angebote und dem Komfort des Zugriffs. Es ist unbedingt erforderlich, daß die Lehrmaterialien auf allen Plattformen nutzbar sind. In diesem Zusammenhang wird das Java-Konzept immer wichtiger.

Es sind noch erhebliche Entwicklungsarbeiten für multimediale Autorensysteme, für die WWW-Weiterentwicklung, für Java-Anwendungen, für die Verwaltung von Lehrmaterialien, für die Nutzung von Datenbanken in verteilten Umgebungen und für Hochgeschwindigkeitsrechnernetze erforderlich. Deshalb kann die Informatikausbildung eine Vorreiterrolle bei der Nutzung neuer Medien spielen.

7. Literatur

[Eff95] Effelsberg, W.: Das Projekt TeleTeaching der Universitäten Heidelberg und Mannheim, PIK 18 (4), 1995,
(http://www.informatik.uni-mannheim.de/informatik/pi4/projects/teleTeaching/)

[Gre96] Grebner, R., Langenbach, C.: Dokumentation des Projektes „Multimediaunterstützte Dezentralisierung interdisziplinärer Lehre"; Leibnitz-Rechenzentrum, München, 1996,
(http://www.wi2.uni-erlangen.de/ project/RTB312/doc/index-d.html)

[NiN95] Niens, N.; Bager, J.: Education on Demand, S. 190-194 in c't Heft 10/95

[PIK97] Neumann, O.; Stöcker, S.; Schill, A.; Irmscher, K.; Körndle, H.: Teleteaching Dresden-Freiberg, PIK-Praxis der Informationsverarbeitung und Kommunikation,Vol. 20, No.1, 1997, pp 15-19

[Rei95] Reif, L.; Sippel,F.: (Hrsg.), European Teletraining at Work, WIK Diskussionsbeiträge, Bad Honnef, 1995

[Sch95] Schröder, U.: Hyperscript - Innovative educational use of WWW, Workshop proceedings at 3rd International WWW conference, Darmstadt, 1995

[Ski95] http://curry.edschool.Virginia.EDU/go/frog/skin/home.html

[Tel97] http://telet.inf.tu-dresden.de/

[Ttt95] http://www.igd.fhg.de/www/igd-a3/a3home/projects/ttt-g.html

mechANIma
- ganzheitliche Sicht auf neue Medien in der Mechaniklehre

Dr. Ferdinand Ferber, Dipl. Inform. Thorsten Hampel
Laboratorium für Technische Mechanik
Universität- GH Paderborn, Warburgerstr. 100, 33098 Paderborn.
Tel. 05251/602282
E-Mail: hampel@uni-paderborn.de

Zusammenfassung: Qualitätssteigerungen der Lehre eines Fachgebietes sind maßgeblich von dem Grad der Nutzung neuer Medien geprägt. Das Laboratorium für Technische Mechanik entwickelt in Kooperation mit der Arbeitsgruppe „Informatik und Gesellschaft", Prof. Reinhard Keil-Slawik, Prof. Dr. Klaus Herrmann, ein Konzept für computergestützte multimediale Forschung und Lehre. Die Bezeichnung *mechANIma* stellt dabei die Synthese aus den Begriffen *Mechanik* und *Animation* dar. Die Begriffe „Multimedia" und seit neustem „Hypermedia" charakterisieren die Bestrebungen alle audio-visuellen Medien wie Vorlesungsunterlagen, Vorträge, Lehrfilme, Simulationen und Animationen in ein datenbankorientiertes Informations- und Dokumentenablagesystem zu integrieren. Dieses ist durch *mechANIma* auf der Basis von Hyperwave gelungen.

Ganzheitliche Sicht auf Lernparadigmen

Die Bereitstellung rechnergestützter Lehrmaterialien allein, d.h. der Einsatz sogenannter neuer Medien in Aus- und Weiterbildung ohne begleitende soziale und infrastrukturelle Einbettung in die Lehr- und Lernumgebung, kann sicherlich zu keiner positiven Beeinflussung der Lernleistung führen. Unter dem Begriff einer ganzheitlichen Mediennutzung in der Lehre ist neben der Einbeziehung elektronischer Medien in den universitären Lehr- und Forschungsalltag ebenfalls eine angemessene Medienintegration in soziale Lernprozesse zu verstehen. Konkret bedeutet dies eine Einbeziehung sämtlicher relevanter Vorgänge und Artefakte, die sich auf den Lernprozeß eines Individuums positiv auswirken können. Schon seit einigen Jahren ist man sich in der modernen Forschung bewußt, daß das Lernen, Wahrnehmen und Schaffen von Einsichten keine einfach zu definierende Begrifflichkeit beschreibt. Jeder Mensch besitzt seine ganz individuelle Art und Weise sich Wissen anzueignen und dabei Medien als sogenanntes "externes Gedächtnis" zu benutzen und mit ihrer Hilfe komplexe Sinnvorstellungen zu entwickeln, d.h. durch Hinzuziehung schon bekannter Sachverhalte sich neue Sinnzusammenhänge zu erschließen (vgl. [Keil90]). Genau aus diesem Grund darf der Fokus im Zuge einer gewünschten Qualitätssteigerung der Lehre nicht zu eng auf eine spezifische Disziplin gerichtet sein. Eine Berücksichtigung und profunde Infragestellung sämtlicher Stufen der Wissenaquisation schafft die Basis und notwendige Voraussetzung zu einer gesteigerten Lernleistung von Seiten der Studierenden. Dies macht die Bereitstellung eines sorgfältig konzipierten und strukturierten Medienangebotes unerläßlich, welches sowohl in der Quantität als auch besonders in der Qualität ein breites Spektrum an Informationsangeboten offeriert.

Lernen mit allen Sinnen - *mechANIma* - Beispiel einer neuen Mechaniklehre

Die Hypermediaumgebung *mechANIma* beinhaltet einen Maßnahmenkatalog für durch *Neue Medien* gestützte Lehre auf dem Gebiet der Grundlagenvorlesungen Mechanik in dem Studiengang Maschinentechnik. Die durch diese hypermedialen Lehrmaterialien geschaffenen Illustrationen, Hypertexte, Wissensdatenbanken etc. verlangen anders geartete Denkmodelle (Denkweisen) der Lernenden. Die Studierenden können dabei ihre Aufmerksamkeit auf die wesentlichen Elemente der präsentierten Inhalte richten und sind nicht gezwungen, die Vorlesungs- oder Übungsinhalte durch Mitschreiben und späteres Nacharbeiten zu rekonstruieren. Den eigentlichen, persönlich als wesentlich betrachteten Kern aus einer Fülle von Informationen, Beispielen und Illustrationen zu extrahieren, ist als die primär erbrachte Lernleistung zu charakterisieren, welche im Unterschied zur klassischen Vorlesung oder Übung nun selbständig und in einem kooperativen Prozeß mit anderen Lehrenden und Lernenden erbracht wird. Das auf diese Weise initiierte selbstentdeckende Lernen kokettiert die Eigeninitiative der Studierenden und leitet sie zur Schaffung individueller Wissensstrukturierungen an. So wird Lernenden die Möglichkeit eröffnet, sich einen Gegenstandsbereich selbständig zu erschließen, die eigenen Wege in dem zu erlernenden Stoff zu gehen und den Umfang der zu bearbeitenden Übungen, Aufgaben bzw. erklärenden Texte und die Medienauswahl individuell an ihre Bedürfnisse und ihren Wissensstand zu adaptieren. Hypertexte bieten in Verbindung mit Illustrationen, Animationen und Visualisierungen unterschiedlichste Zugänge zu dem enthaltenen Wissen, so daß auch Diskrepanzen zwischen den unterschiedlichen Lerntypen berücksichtigt werden.

So zeigt sich insbesondere am Beispiel der Grundlagenvorlesung zur Mechanik, welche als Serviceveranstaltung für unterschiedlichste Gruppen von Studierenden angeboten wird, ein dringender Bedarf der Anpassung der Vorgehensweise an die schon erworbenen Vorleistungen der jeweiligen Studierenden.

Der in der klassischen Lehre in den meisten Fällen begangene Fehler, die Studierenden als eine homogene Masse zu betrachten, in der sich durch eine einheitlich gestaltete Vorlesung, oftmals identische Übungen und Skripten die geforderten Lernleistung erzielen läßt, wird so vermieden. In konventionellen Formen der Lehre wird das Stoffgebiet portionsweise an die Studierenden weitergegeben. Als Konsumenten dieser "eingetrichterten" Informationen müssen sie keine Verantwortung für ihr eigenes Lernen übernehmen. Die Durchdringung des Stoffgebietes ist ihnen oftmals kein persönliches Anliegen. Da sie immer nur einen Ausschnitt aus dem Gegenstandsbereich präsentiert bekommen, können sie sich möglicherweise nur sehr schwer einen Überblick darüber verschaffen. Die Verknüpfung und Vernetzung der neuen Informationen mit dem vorhandenen Wissensrepertoire wird dabei unter Umständen nicht in adäquater Weise geleistet. Die individuelle Betreuung des einzelnen Studierenden als ideales pädagogisches Ziel läßt sich in der aktuellen Hochschullandschaft lediglich durch die Gestaltung von überwiegend flexiblen, sich auf alle Richtungen des bearbeiteten Fachgebietes erstreckenden multimedialen Lehrmaterialien ermöglichen. Diese breite, kooperative Gestaltung von hypermedialem Lehrmaterial ist ausschließlich durch die Zusammenarbeit äquivalenter Fachgruppen aber auch interdisziplinärer Kooperation realisierbar. Die Erstellung von verteilten Skripten im Netz oder auch virtuelle Gemeinschaften können hierzu interessante Ansätze liefern.

Im Laboratorium für Technische Mechanik obliegt die Erstellung der hypermedialen Skripten den einzelnen Dozenten und ihren Hilfskräften. In dem *mechANIma* Projekt wird bewußt keine zentrale Entwicklung von Hypermedien vorgenommen, sondern lediglich notwendige Ressourcen geschaffen sowie Basistechnologien vermittelt. Interessante Perspektiven ergeben sich z.B. durch studentische Mitwirkung an der Ausarbeitung von Lehrmaterialien. Im Laboratorium für Technische Mechanik wird schon seit einiger Zeit mit Erfolg die bidirektionale Gestaltung von Lehrmaterialien zwischen Dozenten und Studierenden gepflegt. Das neben der klassischen Papierform auch als Hypertextdokument entwickelte Skript entsteht durch einen iterativen Austausch von Teilnehmern an Übungen, Tutorien, Diplom- und Studienarbeiten, Übungsgruppenleitern und dem jeweiligen Dozenten. Die Forderung nach verstärktem Einsatz von Medien, Internetinformationssystemen und Visualisierungen komplexer naturwissenschaftlicher oder mathematischer Vorgänge verlangt gänzlich neue und innovative Kommunikationsstrukturen und Muster.
 Der Blick über den eigenen Tellerrand des Lehrstuhls gehört sicherlich zu den innovativen und anstrebenswertesten Zielvorstellungen einer Qualitätsreform der universitären Lehrsituation. - Ganszheitliche Sicht muß jeden Aspekt des Lernprozesses bis hin zum sozialem Umfeld des Studierenden berücksichtigen.

Lernförderliche Infrastrukturen - Vermeidung von Medienbrüche hilft Lernschwellen vermeiden

Eine alltagspraktische hypermedial unterstützte Lehre schließt unbedingt die Errichtung entsprechender Infrastrukturen, wie vernetzte elektronische Hörsaale, pädagogische Netzwerke, Projektionsmöglichkeiten und öffentliche studentische Zugänge zum Wissenschaftsnetz mit ein. Im folgenden seinen diese Maßnahmen als *lernförderliche Infrastrukturen* bezeichnet. ([Keil97]).
Lernförderliche Infrastrukturen dürfen im Interesse einer konsequenten Vermeidung von Transferbarrieren nicht vor Studentenwohnheimen, Bibliotheken oder Schulungs- und Übungsräumen enden. Studierenden muß auch in den Phasen des Bearbeitens von Literatur sowie Übungs-, und Studienmaterial der uneingeschränkte Zugriff auf Informationsbestände wie Literaturdatenbanken, hypermedial aufbereiteten Skripten und Vorlesungsunterlagen sowie den durch Animationen und Simulationen visualisierten Vorlesungsstoff eröffnet werden. Maßgebliche Ziele in diesem Kontext sind der direkte Ausbau der interstudentischen, digitalen Kommunikation und der Austausch von Übungsmaterialien, Aufgaben und Lösungen zwischen Dozenten und Lernenden.
Lernförderliche Infrastrukturen, wie pädagogische Netzwerke, Projektionsmöglichkeiten in Hörsälen und Arbeitsräumen der Studieren sind eine notwendige Voraussetzung für einen Transport von Lehrmaterialien ohne die in der klassischen Lehre zwangsläufig auftretenden Medienbrüche ([BrKeil+97]). Gleichzeitig sind jedoch auch die notwendigen Softwarekomponenten zu einer sinnvollen Nutzung der entsprechenden Infrastrukturen zu erforschen und erproben. Die Integration unterschiedlichster Dokumententypen, Programmsystemen, Film- und Videosequenzen in ein objektorientiertes Informations/Datenbanksystem, welches Volltext-Recherche sowie kooperatives Entwickeln von Informationsstrukturen unterstützt, ist notwendige Grundlage für die geforderte Vermeidung von Medienbrüchen bei der Bearbeitung von Lehrmaterialien. Verwirklicht wurde diese Wissensbasis des Fachgebietes Mechanik durch einen zentralen Hyperwave Hypermediaserver. Vorteile einer defi-

zilen Benutzer- und Rechtestruktur sowie des interaktiven Einbringens von Dokumenten in den Datenbestand des Servers realisiert eine konkrete Abbildung der vorhandenen universitären Struktur auf das verwendete Hypermediasystem - die Voraussetzung für die vollständige Abwicklung von Lehrveranstaltungen im Netz ist auf diese Weise geschaffen (BreKeil95]). Beispielsweise bietet die Möglichkeit einer Diskussion von bearbeiteten Übungsaufgaben durch entsprechende mit pädagogischen Netzen versehene Übungsräume und Hörsäle eine konkrete Perspektive, Verzögerungen in der Kommunikation zwischen Dozenten und Studierenden und vor allem innerhalb kooperierender studentischer Kleingruppen zu vermeiden.

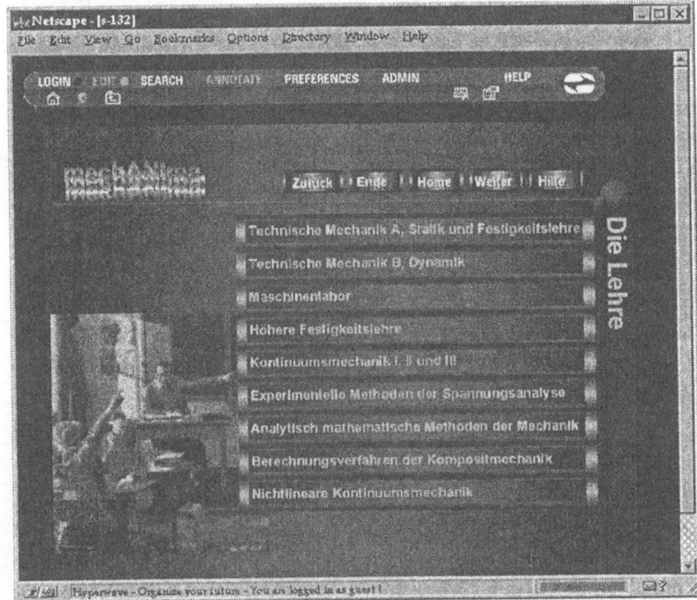

*Abbildung 1:
Lehrbereich des
mechANIma
Systems*

mechANIma – **Hypermediaumgebung für die Lehre**

Im Rahmen des *mechANIma* Projektes entsteht auf der Basis des Internet-Informationssystems Hyperwave eine Hypermediaumgebung für computergestützte multimediale Forschung und Lehre. Die Bezeichnung *mechANIma* stellt dabei die Synthese aus den Begriffen *Mechanik* und *Animation* dar ([Ha96], [FeHa96]). Die Zielsetzung der Einbettung "Neuer Medien" in die klassische Lehre charakterisiert die Bestrebungen, alle audio-visuellen Medien wie Vorlesungsunterlagen, Vorträge, Lehrfilme, Simulationen und Animationen in ein datenbankorientiertes Informations- und Dokumentenablagesystem zu integrieren. Dieses ist durch die Konzeption von *mechANIma* als objektorientierte Hypermediadatenbank gelungen.

Hyperwave vereinigt einerseits ein hohes Maß an Komfort als auch eine aus herkömmlichen Internetinformationssystemen nicht bekannte Konsistenz der Hypermediastruktur und Fähigkeit der Administration. In ein Hyperwave-System werden die bekannten multimedialen Medien wie Hypertext, Film, Ton sowie auch eigenständige Programme eingebunden. Verweise zwischen unterstützten Hypermedien und eigenen Dokumenten (z.B. Übungslösungen) werden interaktiv von den Benutzern und Autoren des Systems erzeugt, d.h. die Grenze der Multimedia-Autoren und Konsumenten verschwimmt. So können Dokumente, Filme und Bilder mittels interaktiver Werkzeuge von studentischen Arbeitsplätzen in den zentralen Hyperwave-Server eingefügt und bearbeitet werden. Stark von mathematischen Formeln durchsetzte Texte lassen sich auf diese Weise problemlos multimedial integrieren - ein für den Anwendungsfall der Technischen Mechanik maßgebliches Anforderungskriterium. Auf der Basis eines Benutzer- und Gruppenkonzeptes erlaubt *mechANIma* die Durchführung eines elektronisch unterstützten Lehrbetriebs. So kann die Abgabe von Übungslösungen individuell für einzelne Lehrveranstaltungen in gesondert geschützte Bereiche erfolgen. Für Teilnehmer einer Übung oder Vorlesung bietet sich die Option, auf spezifische oftmals nicht frei verfügbare geschützt abgelegte Lehrmaterialien zuzugreifen. Die Wissensdatenbank *mechANIma* enthält ein umfassendes Angebot an Skripten sowie Mitschnitte von Vorträgen und Informationsmaterialien zu klassischen Lehrgebieten der Mechanik und der experimentellen Spannungsanalyse. Im System als elektronische Papierversion[1] abgelegte Studien- und Diplomarbeiten geben einen umfassenden Einblick in den Forschungs- und Lehrbetrieb der mit der Arbeitsgruppe verbundenen Dozenten und Studenten. Computeralgebrasysteme helfen komplizierte mathematische Herleitungen oder Zusammenhänge zu verdeutlichen und bieten in Verbindung mit hypermedialem Skriptmaterial eine neue Form des interaktiven kognitiven Lernens. So bieten insbesondere die Hypertext- und Strukturierungsfähigkeiten einiger Computeralgebrasysteme, wie z.B. Maple[2], interessante Perspektiven mathematisch geprägte Bereiche pädagogisch sinnvoll aufzuarbeiten. Es läßt sich z.B. das Untergebiet der Mechanik, die Dynamik, welches sich sehr stark mit dem Lösen von Differentialgleichungen über mehrere Unbestimmte beschäftigt, durch interaktive Übungsblätter behandeln und auf diese Weise der Problemhorizont der Studierenden weg von der klassischen "Papier und Bleistift Mathematik" in Richtung einer modernen Nutzung mathematischer Werkzeuge zu erweitern.

Auf den folgenden Seiten sind anhand des konkreten Beispieles eines Verfahrens der sogenannten Experimentellen Spannungsanalyse , einem Teilgebiet der Bruchmechanik die oben genannten Zusammenhänge verdeutlicht. Sämtliche gezeigten Lehrmaterialien sind dem *mechANIma* System entnommen, und von den Studierenden der Mechanik jederzeit abrufbar. Es folgt die abstrakte mathematische Herleitung eines Verfahrens der Schattenoptik : "Halbebene unter schiefer Schneidenlast". Der recht komplexe mathematische Zusammenhang wird in der klassischen Lehre als notwendige Theorie ohne begleitende Visualisierungen präsentiert und geprüft. Anhang B zeigt recht eindrucksvoll, daß derartige mathematisch physikalische Herleitungen, d.h. die Schritte hin zur schattenoptischen Abbildungsgleichung elegant durch ein Computeralgebrasystem-Arbeitsblatt veranschaulicht werden können. In der *mechANIma* Hypermediaumgebung ist die entsprechende Beziehung mit Hilfe des Computeralgebrasystems "Maple" visualisiert. Anhang C zeigt Bildschirmfotografien eines ergänzend erstelltes Simulationssystems, welches es in hochgradig interaktiver Weise erlaubt, die Parameter des schattenoptischen Zusammenhanges zu studieren. Derartige Simulationen werden von Studierenden des Maschinenbaus als Teil ihrer Studien oder Diplomarbeit entwickelt. Ziel ist hierbei die Verwendung möglichst visueller, einfach zu erlernender Programmierumgebungen, die nur ein begrenztes

---

[1] Hierzu findet das PDF Format (Portable Data Format) der Firma Adobe Verwendung

[2] Maple ist ein Produkt der Waterloo Maple, Inc.

informationstechnischen Grundwissen voraussetzen. Gute Erfahrungen wurden durch die Verwendung der Entwicklungsumgebungen Delphi der Firma Borland, und Visual Basic von Microsoft gesammelt. Als neuste Entwicklung wird die Möglichkeit der Verwendung diverser Java-Entwicklungsumgebungen evaluiert.

Um einen Bezug zu dem realen Experiment weiter zu vertiefen, ist eine virtuelle Welt der im Laboratorium für Technische Mechanik vorhandenen Experimentierumgebung zur Spannungsanalyse abrufbar. Hier können sich Studierende auf das in Praktika vorgenommene reale Experiment vorbereiten und eine Orientierung in den lokalen Gegebenheiten verschaffen. Dem Studierenden ist auf diese Weise ermöglicht, sich unterschiedlichste Zugänge zu diesem Lehrstoff der Mechanik zu erschließen ([Rad70],[FeHe96],[FeHe89]).

Anhang A: Mathematischer Zusammenhang einer Halbebene mit schiefer Schneidenlast (- als digitales Hypermediadokument in dem *mechANIma* System abrufbar.)

Das Spannungsfeld um die Lasteinleitungsstelle einer schräg auf eine Halbebene einwirkende Schneidenlast läßt sich mit den nachfolgenden Spannungsfunktionen angeben. Schneidenlast bedeutet, daß P und Q dickenbezogenen Kräfte, mit der Dimension [N/mm] darstellen.

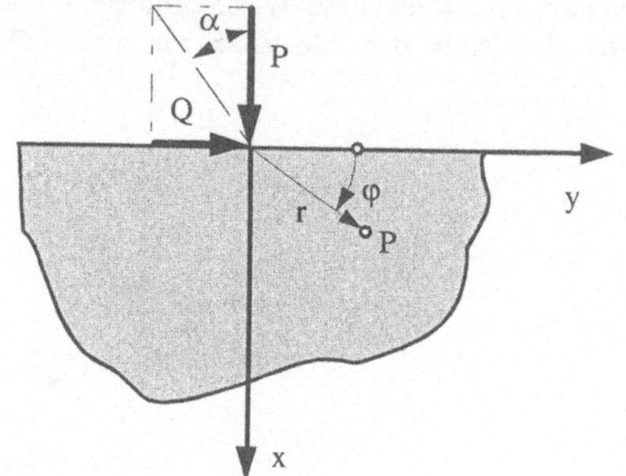

Abbildung 2 : Halbebene mit schiefer Schneidenlast

$$-\frac{\pi}{2} \leq \varphi \leq \frac{\pi}{2}$$

In Polarkoordinatenschreibweise ergibt sich für die Spannungsverteilung:

$$\sigma_{rr} = -\frac{2\left(P^2 + Q^2\right)^{\frac{1}{2}}}{\pi}\frac{1}{r}\cos(\varphi + \alpha), \quad \sigma_{\varphi\varphi} = 0, \tau_{r\varphi} = 0$$

mit $\quad \alpha = \arctan\left(\frac{Q}{P}\right)$

Unter Verwendung der Mohrschen Transformationsformeln können die Hauptspannungssumme und -differenz wie folgt dargestellt werden:

$$\sigma_1 + \sigma_2 = \frac{2\left(P^2 + Q^2\right)^{\frac{1}{2}}}{\pi}\frac{1}{r}\cos(\varphi + \alpha),$$

$$\sigma_1 - \sigma_2 = -\frac{2\left(P^2 + Q^2\right)^{\frac{1}{2}}}{\pi}\frac{1}{r}\cos(\varphi + \alpha)$$

Die Abbildungsgleichungen ergeben sich durch Einsetzen der Ausdrücke für die Hauptspannungssumme und -differenz in die allgemeinen Abbildungsgleichungen

$$\mathbf{w}_{1,2} = m\mathbf{r} + z_0 d_{\text{eff}} c\left[\nabla(\sigma_1 + \sigma_2) \pm \lambda\nabla(\sigma_1 - \sigma_2)\right]$$

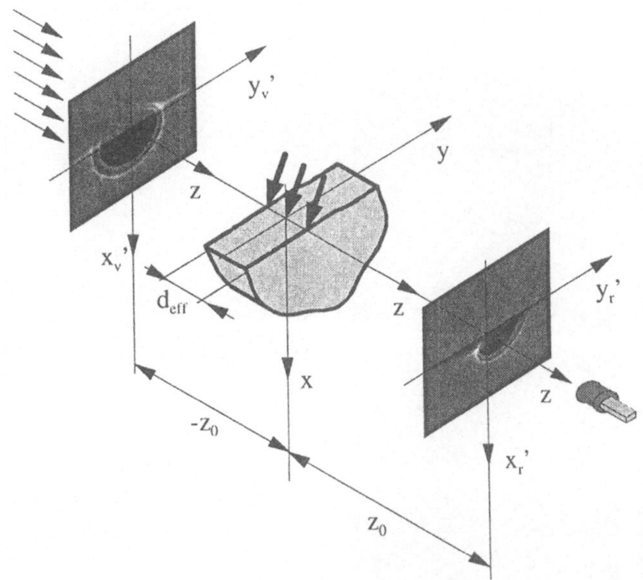

Abbildung 3: Schatte-noptischer Ver-suchsaufbau für eine Halbebene unter schiefer Schneidenlast für optisch anisotro-pes Material

Die Abbildungsgleichungen für die Lichtablenkung lauten:

$$x'_{a,i} = mr\cos\varphi + \frac{2\left(P^2 + Q^2\right)^{\frac{1}{2}}}{\pi} z_0 c\left(1 \pm \lambda\right) d_{eff} r^{-2} \cos\left(2\varphi + \alpha\right)$$

$$y'_{a,i} = mr\sin\varphi + \frac{2\left(P^2 + Q^2\right)^{\frac{1}{2}}}{\pi} z_0 c\left(1 \pm \lambda\right) d_{eff} r^{-2} \sin\left(2\varphi + \alpha\right)$$

Die simulierten Schattenflecken in der Umgebung der Lasteinleitungsstelle einer schräg einwirkenden Schneidenlast für den Fall der optischen Anisotropie ist in der folgenden Abbildung angegeben.

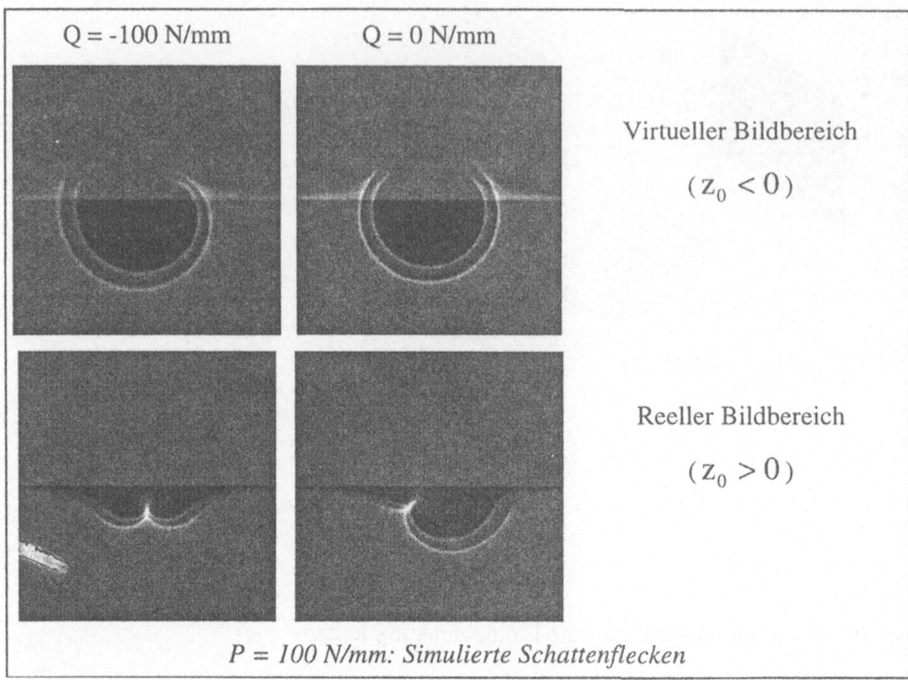

P = 100 N/mm: Simulierte Schattenflecken

Die Gleichungen der Urkurven bestimmen sich mit der notwendigen Bedingung für die Existenz einer Lösung durch das Verschwinden der zugehörigen Funktionaldeterminante:

$$\Delta = \frac{\partial(x',y')}{\partial(r,\varphi)} = \frac{\partial x'}{\partial r}\frac{\partial y'}{\partial \varphi} - \frac{\partial x'}{\partial \varphi}\frac{\partial y'}{\partial r} \overset{!}{=} 0.$$

zu: $\quad r_{a,i} = \left(\frac{4}{m\pi}|z_0||c|(1 \pm \lambda)d_{eff}\left(P^2 + Q^2\right)^{\frac{1}{2}}\right)^{\frac{1}{3}} \equiv r_{oa,i}$

Durch Einsetzen der Urkurvenbeziehungen in die allgemeinen Abbildungsgleichungen folgen die Beschreibungsfunktionen für die Kaustiken zu:

$$x'_{a,i} = mr_{oa,i}\left(\cos\varphi + sgn(z_0 c)\frac{1}{2}\sin(2\varphi + \alpha)\right)$$

$$y'_{a,i} = mr_{oa,i}\left(\sin\varphi + sgn(z_0 c)\frac{1}{2}\cos(2\varphi + \alpha)\right)$$

Anhang B: Visualisierung durch Computeralgebrasysteme

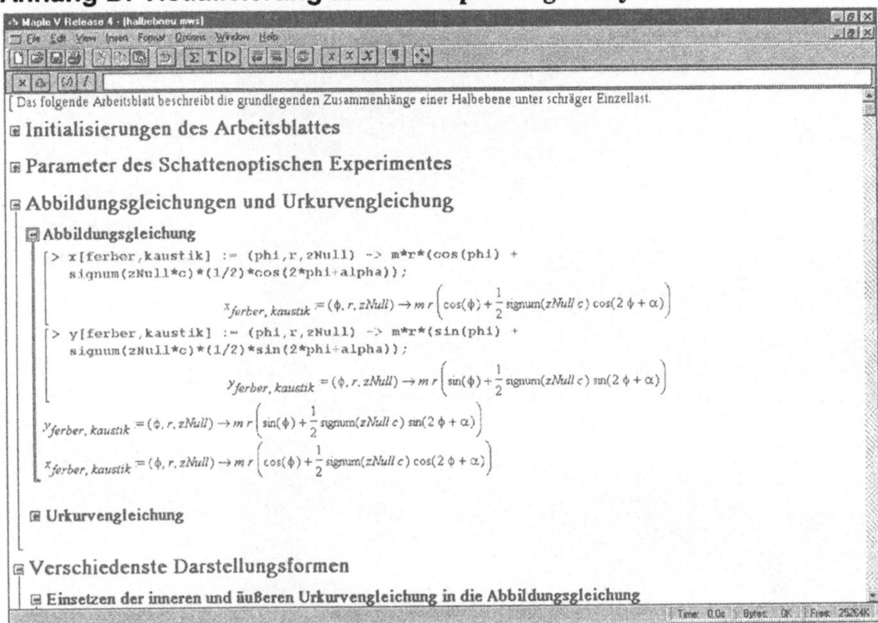

Abbildung 4: Mathematischer Zusammenhang in dem Computeralgebrasystem

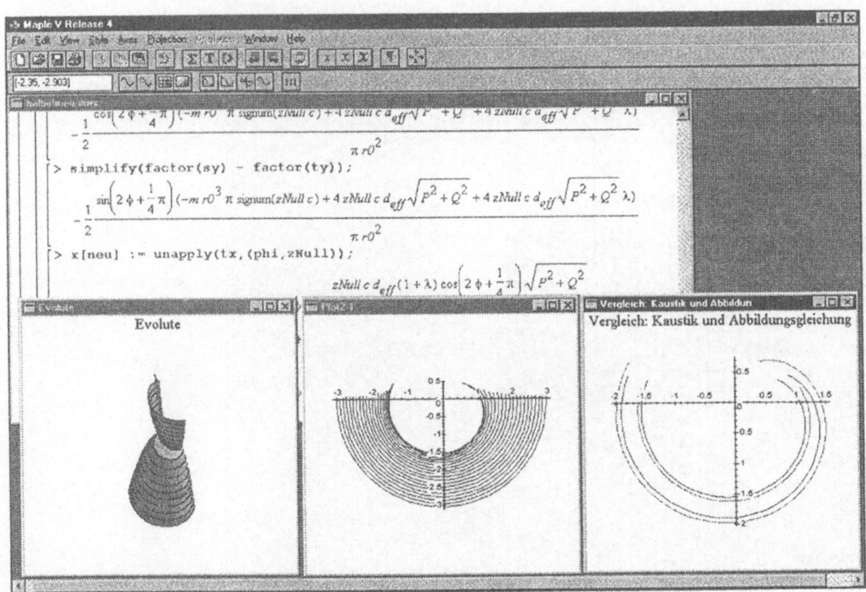

Abbildung 5: Visualisierungen der mathematischen Zusammenhänge

Anhang C: Animations- und Simulationssystem

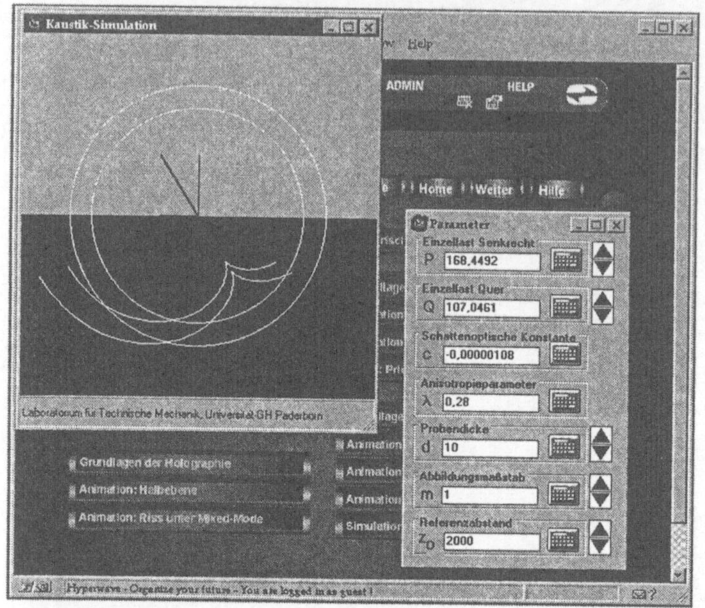

Abbildung 6: Spezifische, für den Anwendungsfall der Technischen Mechanik zugeschnittene Simulationssysteme

Anhang D: Das reale Experiment als virtuelles Modell

Abbildung 7: Virtuelle Modelle des realen Experimentes

Literatur

[BreKe95]   *Brennecke, Andreas; Keil Slawik, Reinhard:*
Alltagspraxis der Hypermediagestaltung: Erfahrungen beim
Einsatz des WWW in der Lehre. In Böcker, H-D.: Software-
Ergonomie'95- Mensch-Computer-Interaktion - Anwendungs-
bereiche lernen voneinander, Teubner 1995

[BrKeil+97]   *Brennecke, Andreas; Engbring, Dieter; Keil-Slawik, Reinhard;
Selke, Harald:* Das Lernen mit elektronischen Medien lernen -
Erfahrungen, Probleme und Perspektiven bei multimediage-
stütztem Lehren und Lernen. - in preparation

[FeHa96]   *Ferber, F.; T. Hampel:* Hyperwave - eine Alternative zum
World Wide Web, Paderborner Universitäts-Zeitschrift (PUZ),
Oktober 1996, Paderborn In: PUZ 3/96, 14-15, (1996)

[FeHe96]   *Ferber, F.; Herrmann, K.P.:*Einsatz von Multimedia in der experimentellen Spannungsanalyse am Beispiel bruchmechanischer Untersuchungen mittels der Schatten- und Spannungs-
optik, GESA-Symposium, 10.-11. Oktober 1996, Schliersee

[FeHe89]   *Ferber, F.; Herrmann, K. P.:* Simulation von Versagensab-
läufen in faserverstärkten Verbundwerkstoffen. In: VDI-Be-
richte 731, 303-314, (1989)

[FeHeHa96]   *Ferber, F.; K.P. Herrmann, T. Hampel:* Multimedia in der experimentellen Strukturanalyse am Beispiel bruchmechanischer
Untersuchungen. 11 Workshop, CIC Jahrestagung, Com-
puteranwendungen in der Chemie, 11.-19. November 1996,
Paderborn, in preparation

[Ha96]   *Hampel, Thorsten:* Analyse des Einsatzes und der Alltagspra-
xis von Multimedia in Forschung und Lehre der Technischen
Mechanik - Entwicklung eines hypermedialen Animations-,
Simulations- und Informationssystems -Diplomarbeit (HSII) für
den Studiengang Informatik, vorgelegt bei Prof. Dr. Reinhard
Keil-Slawik, Universität - GH Paderborn, (1996)

[Keil90]   *Keil-Slawik, Reinhard:* Konstruktives Design - Ein ökologi-
scher Ansatz zur Gestaltung interaktiver Systeme. For-
schungsbericht des Fachbereichs Informatik, Bericht Nr. 90-
14, TU Berlin 1990

[Keil97]   *Keil-Slawik, Reinhard:*
Multimedia in der universitären Lehre - Eine Bestandsauf-
nahme an deutschen Hoschschulen. In Hamm, I., Müller-
Böhling: Hochschulentwicklung durch neue Medien:
Erfahrungen - Projekte - Perspektiven. Verlag Bertelsmann
Stiftung 1997, S.73-122

[Rad70]   *Radaj, D.:* Zur Didaktik und Geschichte der Bruchmechanik.
Materialprüfung 12, Nr. 7, 236-237, (1970)

Das KBS Virtual Classroom Project:
Informatik-Ausbildung über das Internet

Nicola Henze und Wolfgang Nejdl

Universität Hannover
Lange Laube 3, 30159 Hannover
{henze,nejdl}@kbs.uni-hannover.de

Zusammenfassung Internet-gestütztes Lehren und Lernen ist Forschungsgegenstand in zahlreichen Forschungsprojekten. Als erster Schritt wird meist das Internet für die Bereitstellung von Unterlagen bestehender Vorlesungen benutzt. Danach jedoch liegt die Kernaufgabe darin, die volle Funktionalität internetbasierter Techniken zu nutzen, um Lernen und Lehren in solch einer Umgebung weiter zu verbessern und effektiv zu gestalten. In diesem Artikel stellen wir das *KBS Virtual Classroom Project* vor, seine theoretische Grundlage in Form des konstruktivistischen Ansatzes in der Lehre, die Umsetzung in unseren Vorlesungen und den derzeitigen Implementationsstands des Projekts.

1 Einleitung

Innerhalb des *KBS Virtual Classroom Projects*[1] arbeiten wir seit 1996 an einer virtuellen Lernumgebung auf der Grundlage des Internet und des World Wide Web. Ein Hauptziel dieses Projekts ist es, internetbasierte Techniken zur Verbesserung von Lehre und Lernen in unseren Vorlesungen einzusetzen und nicht einfach bisherige Vorlesungs- und Übungspraktiken in eine internetgestützte Vorlesung zu übertragen. In diesem Artikel stellen wir die didaktischen Grundideen unseres Ansatzes vor sowie die Konzepte und Techniken, die wir zur Realisierung unserer Lernumgebung eingesetzt haben.

Zu Beginn stellen wir die wesentlichen Punkte konstruktivistischen Lehrens und Lernens vor und diskutieren unseren Ansatz der *Goal-Based Scenarios.* Wir analysieren die Konzepte und Folgerungen, die sich aus der Verwendung von Goal-Based Scenarios ergeben sowie deren Realisierung im Rahmen unserer Vorlesungen und Übungen. Wir stellen die technische Umsetzung unserer Ansätze auf Basis des Internet und World Wide Web vor und evaluieren unsere derzeitige Lernumgebung.

2 Multimediale Lehr- und Lernprojekte

Eine Vielzahl von Projekten setzt sich mit den verschiedenen Formen multimedialer Lehre auseinander. Aufgrund der großen, geradezu explosionsartigen Verbreitung des Internets und des WWW basieren viele dieser Projekte auf diesen Technologien, da sie gerade in Beziehung auf Interaktivität neue Möglichkeiten bieten. Diese Projekte lassen sich im wesentlichen in folgende Kategorien [6] einteilen (manche Projekte fallen dabei ev. in mehr als eine Kategorie):

---

[1] http://www.kbs.uni-hannover.de/project/internet.html

- Remote Lecturing (Video / Audio / Hochgeschwindigkeitsnetze / MBone),
- Internet-basierte Vorlesungsunterstützung mit Studenteninteraktionen (High-Bandwidth),
- Internet-basierte Vorlesungsunterstützung mit Studenteninteraktionen (Low-Bandwidth),
- virtuelle Universität und universitätsweite Projekte und
- Electronic und Hypermedia Books.

Die Anwendungsbereiche dieser Projekte befinden sich zum einen in der Primärausbildung in den Schulen (vgl. die Initiative "Schulweb"[2], oder das Comenius-Projekt[3]), zum anderen an Universitäten und Weiterbildungseinrichtungen. Da es uns Platzgründen nicht möglich ist, eine ausführlichere Beschreibung der Projekte und ihrer Einordnung gemäß der obigen Charakterisierung zu geben, möchten wir auf unseren Artikel "Multimedia und Internet in der Lehre" [6] verweisen.

3 Konstruktivistische Lehrkonzepte

Der Aufbau und die Intention von virtuellen Lernumgebungen profitieren von einem fundierten Lehrkonzept, das besonders auf die Erfordernisse dieser Lernumgebungen zugeschnitten ist. Ein einfaches Übertragen der bisherigen Lehrweise in eine virtuelle Lernumgebung bringt nicht nur die (bekannten) Nachteile, nur in einem neuen Gewand, mit sich, sondern nutzt auch die Möglichkeiten, die der Einsatz neuer Technologien bringen könnte, nicht in genügendem Maße aus.

Lehrkonzepte, die sich in diesem Zusammenhang als vielversprechend erweisen, und (nicht nur) in der akademischen Ausbildung große Vorteile bringen können, sind *konstruktivistische Lehr- und Lernmethoden* (vgl. z.B. die Diskussion in [1]). Kritische Elemente während des Designs konstruktivistischer Lernumgebungen sind die Spezifikation und die Einbindung von authentischen und komplexen Aktivitäten in den Lernprozeß [7]. Diese authentischen Aktivitäten bilden die Handlungsweise in der realen Welt nach: Eine Vielzahl von Zusammenhängen besteht, der Kontext der Aufgabenstellung ist komplex und die Auswirkungen des eigenen Handelns müssen berücksichtigt werden. Außerdem sollen diese Aktivitäten einen Teil der Verantwortung für das Lernen und die Durchführung von Übungen und Projekten von den Lehrenden auf die Lernenden übertragen. Während die Studenten an ihren Aufgaben arbeiten (in einer "realen Situation"), müssen sie sich das notwendige Wissen und die Fertigkeiten (zumindestens teilweise) selbst aneignen. Passives Konsumieren des zugrundeliegenden Lernstoffs ohne jegliche kritische Reflexion wird so für den Lernenden deutlich erschwert, bzw. das Interesse der Studenten für ihre Aufgaben und daher für die notwendigen Grundlagen verstärkt. Desweiteren wird durch komplexe Aufgabenstellungen gewährleistet, daß sich die Lernenden eine Vielzahl eigener Gedanken über die Aufgaben und ihre Lösung machen und dann dementsprechend besser vorbereitet sind, sich den in der Welt außerhalb einer Vorlesung vorkommenden Aufgaben zu stellen.

---

[2] http://www.schulweb.de
[3] http://www.ponton.de/projects/comenius.html

Die Aufgabe eines Lehrers in diesem Lehrszenario ist es, die Studenten als Mentor zu betreuen und ihnen die grundlegenden Zusammenhänge und Anfangsfertigkeiten zu vermitteln, die zur Aufgabenbearbeitung notwendig sind, sowie die Aufgaben so auszuwählen, daß sie (im Rahmen einer Lehrveranstaltung) die wesentlichen Konzepte des Lehrinhalts widerspiegeln.

Während Abstraktion auf ein einziges Konzept natürlich notwendig ist und kleinere Übungen benutzt werden können, um spezielle Themen darzustellen und zu diskutieren, kann projektbasiertes Lernen eingesetzt werden, um die Komplexität einer Aufgabe der realen Welt widerzuspiegeln. Der globale Kontext des Projekts bestimmt die Perspektive des Lernenden auf seine Aufgabe, Teilaufgaben in einem kleineren Kontext werden zur Anleitung und Führung innerhalb des Lernprozesses genutzt. Die Fähigkeit, verschiedene, alternative Gesichtspunkte eines Problems zu sehen, ist ebenfalls ein zentraler Punkt für das Durchführen solcher Projekte. Die Zusammenarbeit der Studenten in Teams und die Diskussion von Teams untereinander unterstützt den gegenseitigen Austausch und Diskussion über verschiedene Lösungsansätze.

3.1 Goal-Based Scenarios

Konstruktivistische Lernmethoden und projektbasiertes Lernen können mittels verschiedener Ansätze realisert werden (Vgl. [8]). Wir haben uns entschieden, Goal-Based Scenarios als ein Framework für unsere Lernumgebungen einzusetzen, die sowohl den Szenario-Kontext gemäß einer authentischen Anwendung als auch die Szenario-Struktur bereitstellen.

Innerhalb dieser Goal-Based Scenarios stellen wir sowohl den Kontext und die Motivation für die von den Studenten durchzuführenden Projekte als auch die benötigten Lehrmaterialien zur Verfügung. Die Projekte sind so ausgewählt, daß eine gewisse Basis an Wissen und Techniken benötigt wird, um die Projekte durchzuführen sowie zusätzliches, weiterführendes Wissen über spezialisiertere Probleme. Lehrer und Tutoren helfen den Studenten, indem sie ihre Fragen beantworten oder ihre Lösungen kommentieren. Im Idealfall ist das ein *Just-In-Time*-Beantworten der Fragen: Wenn die Studenten Fragen entwickeln oder auf Probleme stoßen, sollen sie *schnellstmöglich* einen Betreuer finden, der ihnen weiterhilft. Studenten werden dazu angehalten, ihre Ansätze und Lösungsvorschläge mit Mitstudierenden zu diskutieren.

Zusätzlich benötigen die Studenten Zugriff auf eine Wissensbank, die Lehrmaterial, weiterführende Informationen, Problemlösungsstrategien usw. enthält. Diese Materialen sollten in der Wissensbank idealerweise anhand von Fallbeispielen geordnet sein, bzw. solche zumindest enthalten. Beispielfälle oder schon gelöste Projekte mit vollständigen Lösungen, Materialien und Strategien enthalten die Informationen, die die Studenten zur Projektbearbeitung benötigen. Wenn Studenten *und* Lehrer diese Wissensbank erweitern, wird sie auch als Repository für bereits durchgeführte Projekte dienen. Die Rolle der Lehrer als Betreuer und Mentor setzt voraus, daß die Studenten ihre Lehrer auch außerhalb bestimmter Sprechzeiten erreichen können. Genauso macht eine wie oben geschilderte Wissensbank nur dann wirklich Sinn, wenn sie durchgängig von den Studenten eingesehen und benutzt werden kann; Teamarbeit an Problemen in einem wirklichkeitsgetreuen Umfeld kann nicht durch fehlende Kommunikation unterbrochen werden. Die Lösung all dieser Punkte ist entscheidend für die Realisierung konstruktivistischer Lernumgebungen und kann (insbesonderer bei großer Studentenzahl) normalerweise nicht hinreichend in einer traditionellen Lernumgebung erfüllt werden.

Zur Umsetzung von Goal-Based-Scenarios können Internet und World Wide Web genauso wie Datenbank-, Künstliche-Intelligenz- und Hypermedia-Techniken genutzt werden, um mit ihrer Hilfe die folgenden Funktionalitäten zu ermöglichen:

- Verfügbarkeit von Lernumgebung und Kommunikationsmöglichkeiten. Studenten und Lehrer haben jederzeit den zur Durchführung und Betreuung der Projekte notwendigen Zugriff auf die Lernumgebung. Ebenso stehen durchgängig Kommunikations- und Diskussionsmöglichkeiten zur Verfügung, um kursrelevante Themen zu besprechen.
- Teamorientiertes Lernen. Kleine Lerngruppen, die an Projekten arbeiten, ermöglichen teamorientiertes Arbeiten, erhöhen die Lerneffizienz und die Fähigkeit der Studenten zur Teamarbeit.
- Persönliche Mentoren. Studenten benötigen einen persönlichen Ansprechpartner, der ihre Arbeit beaufsichtigt und ihnen individuell bei der Bearbeitung von Projekten hilft; Diskussion mit anderen Studenten unterstützt ebenfalls den individuellen Lernprozeß. Eine Lernumgebung muß daher flexible Kommunikationsmöglichkeiten zur Verfügung stellen.
- Orts- und zeitunabhängiger Zugriff auf die Kurs-Wissensbank. Die Studenten sollten darauf jederzeit zugreifen können, sowohl, um sich mit Informationen zu versorgen, als auch, um die Wissensbank durch die eigenen Projekte zu erweitern.
- Adaptive Kurs-Wissensbank. Studenten benutzen die Kurs-Wissensbank auf unterschiedliche Arten und zur Erreichung unterschiedlicher Ziele. Dabei sind besonders ihr Projekt-Fortschritt und ihr Vorwissen in dem Anwendungsumfeld des Projektes entscheidend für die Art, wie auf die Datenbank zugegriffen wird und welche Anforderungen an sie gestellt werden: Anfänger benötigen zusätzliches, einführendes Material, während Fortgeschrittene auf Spezialwissen zugreifen wollen.
- Erweiterbare Kurs-Wissensbank. Da die Wissensbank von Lehrern *und* Studenten erweitert werden soll, muß ihre Struktur, die Navigations- und Visualisierungsmöglichkeiten sowie die Benutzeranpassung explizit modelliert werden, um eine einfache Erweiterungsmöglichkeit zu schaffen.

4 Das derzeitige KBS Virtual Learning Environment

In diesem Abschnitt diskutieren wir die wichtigsten Aspekte unserer derzeitigen Lernumgebung und legen dar, wie wir die Anforderungen, die wir in Kapitel 3.1 vorgestellt haben, erfüllt haben bzw. welche weiteren Schritte dafür geplant sind. Unsere Lernumgebung wird zur Zeit erweitert, um alle unsere Kurse und Labore zu unterstützen.

Wir beginnen mit einer Beschreibung der gemeinsamen Funktionalitäten unserer Lernumgebung und stellen danach einzelne Kurse und ihre Unterstützung durch die Lernumgebung vor.

4.1 Grundsätzliche Eigenschaften

Verfügbarkeit der Lernumgebung Um die Lernumgebung jederzeit verfügbar zu halten, ist der Zugriff auf alle Teile der Lernumgebung einschließlich sämtlicher, zur Verfügung stehender Materialien und Software-Tools, über das Internet möglich. Studenten können das Internet von Computerpools innerhalb der Universität nutzen, oder sich mittels Modem in den Studierenden-Server einwählen, der als kostenfreier Internet-Provider fungiert und vom Rechenzentrum der Universität sowie den Studenten selbst verwaltet wird. Selbstverständlich kann jeder beliebige Internet-Provider ebenso als Einwählpunkt genutzt werden - jedoch ist diese Lösung mit zusätzlichen Kosten gegenüber der Studierenden-Server-Lösung verbunden, da neben den Telefonkosten bis zum Einwählpunkt hier noch monatliche Grund- und eventuell Verbrauchsgebühren anfallen. Die meisten der in den Vorlesungen und Laboren genutzten Tools sind auf allen gängigen Betriebssystemen verfügbar, so daß die Studenten diese herunterladen und auf den (jeweiligen) von ihnen verwendeten Rechnern lokal nutzen können. Wenn diese Möglichkeit durch Lizensierungsbeschränkungen nicht gegeben ist - wie das bei einem von uns verwendeten Softwaretechnik Tool der Fall ist - bleibt zumindest die Zugriffsmöglichkeit online über das Internet erhalten (z.Z.über X11-Schnittstelle).

Projektbasiertes Lernen In den meisten unserer Vorlesungen und Laboren arbeiten wir mit speziellen, auf den Kursinhalt zugeschnittenen Projekten, die Teile des Semesters oder auch das ganze Semester ausfüllen. Im derzeitigen Programmierpraktikum (Grundstudium) werden von den Studenten zwei Projekte durchgeführt, die jeweils ein halbes Semester umspannen. In der Softwaretechnik-Vorlesung wird ein zwei Semester umfassendes Projekt durchgeführt: Ein Email-Client wird erstellt und der gesamte Softwaretechnik-Prozeß anhand dieses Beispiels durchgeführt. In der Vorlesung über Künstliche Intelligenz und einem Oberstufenlabor werden Projekte aus dem Bereich Expertensysteme und intelligente Agenten behandelt. Alle Projektergebnisse (Programme, Dokumentation, Projektarbeit) werden im World Wide Web veröffentlicht, so daß sie von anderen Studentengruppen sowie Studenten in nachfolgenden Semestern eingesehen werden können. Dies ist auch als Anreiz gedacht, die Studenten nicht nur an wirklichkeitsgetreuen, komplexeren Projekte arbeiten zu lassen, sondern diese auch für die Präsentation nach außen vorzubereiten. Zwischenergebnisse der Projekte werden meist ebenfalls publiziert und sind somit Gegenstand zahlreicher Diskussionen.

Teamorientiertes Lernen und Betreuung Projektbasiertes Lernen wird in Kleingruppen mit jeweils zwei bis vier teilnehmenden Studenten durchgeführt. Diese Gruppen werden meist zu Beginn des Semester von den Studenten gebildet und bleiben das ganze Semester über bestehen. Eine Gruppe arbeitet gemeinsam an einem Projekt und präsentiert auch die erzielten Ergebnisse als Gruppe, so daß die Zusammenarbeit ein wesentlicher Bestandteil der Arbeit wird. Jede Gruppe besitzt einen *Persönlichen Mentor*; dies kann ein fortgeschrittener Student, ein Doktorand oder Professor sein. Die Mentoren können - nach Verabredung - persönlich getroffen werden und sind jederzeit durch Nutzung elektronischer Kommunikationstools erreichbar. Gruppentreffen und Diskussionen können wahlweise durch persönliches Treffen oder - mittels elektronischem Support - virtuell stattfinden. Zur Verwaltung ihrer Dokumente benutzen die meisten Gruppen ein zentrales Repository mit Versionsverwaltung (wobei Distribution und Update auf den lokalen Rechnern der Studenten über das Internet realisiert ist) oder zumindest ein directory auf einem zentralen WWW-Server.

Elektronische Kommunikationsmöglichkeiten Für jeden Kurs, den wir mit unserer Lernumgebung unterstützen, haben wir ein *Gruppenkommunikationszentrum* eingerichtet, das Email-Listen zur Erreichung der einzelnen Gruppen, Email-Listen zur Erreichung einzelner Gruppen zusammen mit ihrem Mentor, Zugriff auf den *Communication Room* einer Gruppe (mit Lese- und Schreibberechtigung nur für die Gruppenmitglieder und ihren Mentor), Zugriff auf den *Presentation Room* einer Gruppe (Leseberechtigung für alle Studentengruppen und auch für jeden anderen mit Zugriff auf das Internet) und Zugriff auf die Dokumentationsverwaltung (basierend auf einer Client/Server-Version des *CVS*) mit Konfigurations- und Versionsmanagement bereitstellt.

Desweiteren werden für jede Vorlesung drei Diskussionsgruppen (realisiert durch Newsgroups) eingerichtet. Die erste beinhaltet offizielle Ankündigungen (*Announcements*), generelle Diskussionen, Fragen und kursrelevante Themen / Übungen. Die Antworten der Studenten finden in der Newsgroup *Discussion Forum* statt, während eine dritte Newsgroup, das *Cyber Café* beliebigen Diskussionsthemen offen steht. Die Announcements und das Discussion Forum werden automatisch archiviert, indiziert und wieder über das WWW verfügbar gemacht. Zur synchronen Kommunikation steht das (text-basierte) *KBS Online Chat Forum* zur Verfügung (das allerdings zur Zeit kaum genutzt wird). Alle aufgeführten Möglichkeiten bzw. Client-Programme sind für die meisten Betriebssysteme verfügbar.

4.2 Network Environment

Der Institutsserver dient als zentrales Repository für alle kurs-relevanten Materialien, wie z.B. Vorlesungsfolien, Tutorials, Web-Seiten, unseren Hyperbooks [3, 4, 2], Programmen, etc. Die von den Studenten genutzten Repositories (CVS, WWW, Communication- und Presentation Room) sind ebenfalls auf diesem Server zu finden. Eine Vielzahl von Arbeitsmöglichkeiten mit der Lernumgebung wird unterstützt: Arbeiten an einem Client im Institut mit Zugriff auf die Daten über Ethernet / NFS, Zugriff auf die Lernumgebung vom PC zu Hause per Modemverbindung zum Einwählknoten im Institut, Arbeiten im Computerpool der Universität oder Zugriff auf die Lernumgebung vom Studenten-PC über eine Modemverbindung zum Studentenserver, der eine große Anzahl paralleler Modem- und ISDN-Verbindungen zur Verfügung stellt.

5 Spezielle Lehrveranstaltungen und Evaluation

5.1 Grundzüge der Informatik - Einführung in die Programmierung

Diese Grundstudiumsvorlesung[4], die derzeit von etwa 100 Studenten gehört wird, wird vollständig durch unsere Lernumgebung unterstützt. Die Vorlesung erstreckt sich über

---

[4] http://www.kbs.uni-hannover.de/info1/informatik1.html

zwei Semester: Im ersten Semester wird eine zweistündige Vorlesung und eine einstündige Übung gehalten, im zweiten Semester findet eine zweistündige Übung in Form eines Programmierpraktikums statt. Studenten der Vorlesung arbeiten in Gruppen von zwei bis vier Teilnehmern an Projekten, nutzen die Kommunikationsmöglichkeiten (insbesondere das Diskussionsforum und e-mail) der Lernumgebung, um miteinander zu arbeiten, sich mit anderen Studenten auszutauschen und ihren Mentor zu kontaktieren. Im gegenwärtigen Wintersemester 1997/98 umspannt ein Projekt (mit verschiedenen Schwierigkeitsstufen und Teilaufgaben) das gesamte Semester, ein strukturell ähnliches Projekt wird auch im Rahmen der Vorlesung vorgestellt. Studenten mit sehr guten Vorkenntnissen im Programmieren wird hierbei die Möglichkeit eingeräumt, das Projekt vorzeitig abzuschließen, während zusätzliche Informationen für Programmierneulinge bereitgestellt werden. Die Ergebnisse der Studentengruppen im weiterführenden Programmierpraktikum des Sommersemesters können auf der Präsentationsseite des Programmierpraktikums[5] eingesehen werden.

5.2 Einführung in Softwaretechnik

Diese Lehrveranstaltung[6] umfaßt zwei Semester und besteht aus Vorlesung und Übung. Während der Vorlesung werden die Grundlagen zur Durchführung von Softwaretechnik-Projekten vorgestellt. Die eigentliche Arbeit und der Schwerpunkt der Lehrveranstaltung liegen in den Übungen, in denen Studentengruppen an einem Projekt (im Sommersemester 1996 bezog sich dieses Projekt auf die Erstellung eines Email-Clients) arbeiten und in ständigem Austausch mit den Lehrern stehen. Im ersten Semester wird die Analyse und das Design eines Software-Projekts behandelt und in den Übungen durchgeführt, das zweite Semester widmet sich der Implementation, dem Testen und weiteren, fortgeschrittenen Themen, die dann von den Studenten ausgearbeitet werden. Mögliche Lösungen, alternative Ansätze und Ergebnisse werden hauptsächlich während der Übungsstunden und bei zusätzlichen Gruppentreffen diskutiert; Ergebnisse werden wöchentlich im WWW präsentiert. Die Studentenprojekte vom Sommersemester 1997 können auf der Softwaretechnik Präsentationsseite[7] eingesehen werden.

5.3 Einführung in die Künstliche Intelligenz

Die Vorlesung Einführung in die Künstliche Intelligenz[8] erstreckt sich ebenfalls über zwei Semester. Im ersten Semester werden allgemeine KI-Techniken vorgestellt, im zweiten Semester und im parallel stattfindenden Oberstufenlabor werden weiterführende Techniken und intelligente Agenten behandelt. Insbesondere im Oberstufenlabor verwenden wir wieder ein durchgehendes Thema für jede Gruppe (z.B. mit Teilaufgaben zur theoretischen Analyse von Agenten, Agenten-Architekturen, Frameworks für die Implementierung, sowie Implementierung eines Agenten). Auch hier arbeiten die

---

[5] http://www.kbs.uni-hannover.de/praktikum/praktikum97/presentation/

[6] http://www.kbs.uni-hannover.de/se/se.html

[7] http://www.kbs.uni-hannover.de/se/teilnehmer.html

[8] http://www.kbs.uni-hannover.de/ki/ki2.html

Studenten in Gruppen mit zwei bis drei Mitgliedern. Jede Gruppe hat einen persönlichen Mentor, die Zwischen- und Endergebnisse werden präsentiert.

Die Studentenprojekte des Sommersemester 1997 (weiterführende Veranstaltung) können auf der Präsentationsseite der Vorlesung Künstliche Intelligenz[9] und der Präsentationsseite des Oberstufenlabors[10] eingesehen werden. Während die weiterführende KI-Vorlesung, die zum ersten Mal gehalten und nur von wenigen Studenten besucht wurde, ein nicht ganz erwartungsgemäßes Resultat lieferte (vermutlich hervorgerufen durch die sehr inhomogene Studentengruppe), waren die Ergebnisse im Oberstufenlabor (die Studenten hatten in diesem Semester kein Vorwissen in Künstlicher Intelligenz) sehr gut und werden als zusätzliches Material in den nachfolgenden Kursen eingesetzt.

Die gegenwärtige Vorlesung Künstliche Intelligenz I begann aufgrund eines Mitarbeiterwechsels relativ konventionell, und behandelt nun nach zwei Monaten als Ergänzung zu den logischen Grundlagen und Wissensrepräsentationstechniken ein vierwöchiges Projekt (währenddessen ein Expertensystem in Prolog implementiert wird).

5.4 Evaluation

In diesem Kapitel diskutieren wir im Hauptteil unsere Evaluationsergebnisse des Kurses *Grundzüge der Informatik - Einführung in die Programmierung* (da wir hier die größte Studentenzahl und damit Datenbasis haben). Das Kapitel schließt mit einigen allgemeinen Bemerkungen zu Erfolgen und möglichen Verbesserungen.

Die Lehrveranstaltung Grundzüge der Informatik erstreckt sich über zwei Semester und wird von ca. 100 Studierenden (in der Regel Studierende der Fachrichtungen Elektrotechnik und Technische Informatik) besucht. Das erste Semester umfaßt eine zweistündige Vorlesung und eine einstündige Übung, im zweiten Semester wird eine zweistündige Übung in Form eines Programmierpraktikums abgehalten. Im Wintersemester 1996/97 haben wir Vorlesung und Übung mit unserer Lernumgebung unterstützt. Eine Befragung der Studenten [5] in diesem Semester hat ergeben, daß die Studenten in der Mehrzahl die Lernumgebung akzeptierten und der Meinung waren, daß sich ihr Lernprozeß durch die Verwendung der Lernumgebung verbessert hat.

Ein Teil dieser Befragung befaßte sich mit der Struktur der Gruppen, ihrem Arbeitsprozeß und der gruppeninternen Diskussion und Kommunikation. Die Untersuchung hat zum einen bestätigt, daß gerade in solchen grundlegenden Vorlesungen Studenten mit sehr unterschiedlichem Wissensstand Beachtung finden müssen: Mehr als 40% der Studenten gaben an, zu Beginn der Vorlesung bereits über sehr gute bzw. gute Programmierkenntnisse zu verfügen, ca. 30 % besaßen wenig Erfahrung im Programmieren, während die übrigen keine Programmiererfahrung mitbrachten. Bis auf eine Gruppe waren alle Studentengruppen homogen in Bezug auf Vorwissen im Programmieren. Die meisten teilnehmenden Studenten nutzten die Gelegenheit, ihren persönlichen Mentor jederzeit während der Woche zu erreichen. Ca. 20% der Studentengruppen benutzten ausschließlich Email, um ihren Mentor zu kontaktieren, 50% nutzten sowohl persönliche Treffen als auch Email zur Kommunikation. Die gewählte Kommunikationsunterstützung innerhalb der Gruppen unterscheidet sich jedoch von diesem Bild:

---

[9] http://www.kbs.uni-hannover.de/ki/teilnehmer.html
[10] http://www.kbs.uni-hannover.de/labor/labor97/teilnehmer.html

Ca. 70% des Austausches innerhalb der Gruppe basierte hauptsächlich auf persönlichen Treffen, keine Gruppe nutzte ausschließlich Email für diese Belange, 10% der Studentengruppen favorisierten das Telefon.

Ein weiterer Teil der Befragung befaßte sich mit einem Vergleich der Gruppen, ihren Interessen und Erfolgen in der Vorlesung. Dazu wurde die Meinung der Mentoren (nicht notenrelevant) über die Leistung der einzelnen Gruppen mit den Ergebnissen der einzelnen Gruppenmitgliedern in den Testaten (die von Institutsmitgliedern bewertet wurden) verglichen. Hiernach wurden 10% der Gruppen als "sehr gut" beschrieben, 45% als gut, 35% als durchschnittlich und 10% als nur mangelnd interessiert. Der Versuch, die guten Gruppen zu charakterisieren, ergab einen signifikanten Unterschied im Vergleich zu den übrigen Gruppen: Gute Gruppen arbeiten gut als Team zusammen. Im Sommersemester 1997 wurde das an die Vorlesung anschließende Programmierpraktikum mit unserer Lernumgebung unterstützt. Studenten, die am Programmierpraktikum teilgenommen haben, haben zwei größere Programmierprojekte durchgeführt, von denen jedes ungefähr ein halbes Semester umfaßte. Das erste Projekt wurde unter Zuhilfenahme der Programmiersprache Ada 95, die im Wintersemester unterrichtet wurde, implementiert. Für die Durchführung des zweiten Projektes konnten die Studenten zwischen C++ und Java wählen. Für diese Programmiersprachen wurde Online-Material zur Verfügung gestellt.

Die Aufteilung der einzelnen Arbeitsschritte zur Durchführung der Projekte sowie die Einteilung der einzelnen Aufgaben wurde von den Studentengruppen in Eigenverantwortung erledigt. 59% der Studenten gaben an, daß ihnen die Einteilung ihrer gemeinsamen Arbeit keine nennbaren Schwierigkeiten gemacht hat, 23% hatten mehr oder weniger große Hindernisse zu überwinden. In einigen (wenigen) Gruppen beruhte dies auch darauf, daß Gruppenmitglieder während des Semesters ihre Arbeit an der Vorlesung und damit am Projekt einstellten. Auf der anderen Seite gaben bereits 71 % der Studenten an, gut oder sehr gut als Team zusammenzuarbeiten. Während des gesamten Programmierpraktikums benutzten die Studierenden Email, um ihre Mentoren zu erreichen, nur ein Viertel der Gruppen traf sich darüberhinaus regelmäßig mit ihrem Mentor. Dieses Verhalten ist sehr unterschiedlich im Vergleich zur vorangegangen Vorlesung im Wintersemester - dies kann an der größeren Programmier- und Lernerfahrung der Studenten im Programmierpraktikum liegen.

Der Einsatz des internetbasierten Versionsverwaltungssystem (CVS 1.9) wurde nicht erwartungsgemäß von den Studenten angenommen. Zwei mögliche Gründe können dieses Resultat erklären: Zunächst einmal wurde CVS nicht im Wintersemester eingesetzt, so daß sich die Studenten bereits ihre eigenen Lösungen zur Dokumentenverwaltung innerhalb ihrer Gruppen ausgedacht hatten, z.B. durch Benutzung von Email, um das aktuell gültige Programm an die Gruppenmitglieder zu schicken oder durch die Einrichtung eines speziellen Directories im Verzeichnis eines Gruppenmitglieds, in dem immer die aktuelle Version zu finden ist. Ein weiterer Grund mag darin liegen, daß die Projekte, obwohl sie relativ groß waren und ein halbes Semester umfaßten, dennoch zu klein waren, um die Vorteile einer Versionsverwaltung wirklich zu erfassen.

Einige wenige Gruppen nutzten den Communication Room und damit die Möglichkeit, ihren Projekt-Fortschritt innerhalb der Gruppe zu dokumentieren. Die abschließende Präsentation der Ergebnisse im Presentation Room (public access) jedoch war sehr erfolgreich: Etwa 88% der Studenten fanden die Möglichkeit, die eigenen Arbeiten im World Wide Web zu präsentieren, sehr gut. Die Ergebnisse können auf der Programmierpraktikums-Seite[11] eingesehen werden. Die Projekte sind mit einer vollständigen Dokumentation versehen (README und INSTALL-Dateien, mit Beschreibungen der Programmstruktur und der verwendeten Algorithmen) sowie mit Testprotokollen. Die Basis-Struktur der Präsentation wurde durch die Anforderungen an eine vollständige Programmdokumentation vorgegeben, die Studenten zeigten darüberhinaus sehr großes Engagement, ihre Arbeit und ihre Gruppe vorzustellen.

Auf allgemeine positive Zustimmung stieß (auch in den anderen Lehrveranstaltungen) die schnelle Verfügbarkeit der Lernmaterialien, die Heim-PC-Umgebung, die Präsentation der Projektergebnisse sowie die Mentoren. Insbesondere bei Grundzüge der Informatik wurde das elektronische Diskussionsforum sehr gut angenommen, während es bei kleinerer Studentenanzahl eher zögerlich benutzt wurde.

Gruppenprojekte und Selbstverantwortung wurden von den Studierenden gut angenommen, einige Schwierigkeiten gab es aber diesbezüglich bei der Grundstudiumsveranstaltung, möglicherweise bei inhomogenen Gruppen, oder auch durch mangelnde Motivation bzw. nicht adäquaten Arbeitsstil. Schließlich ist die Größe der Projekte immer noch eine Gradwanderung, die sowohl zu einfache Aufgaben wie auch Überforderung der Studierenden vermeiden muß. Auch stellte sich eine regelmäßige Präsentation der Ergebnisse als notwendig heraus, um eine gleichmäßige Mitarbeit zu motivieren.

Verbesserungsbedürftig ist teilweise noch die Benutzbarkeit und Leistungsfähigkeit der bereitgestellten Tools, sowie die Produktion eines ausgedruckten Skripts (notwendig insbesondere vor der Prüfung) aus den bereitgestellten Hypertext-Materialien. Auch erleichtern zwar die elektronischen Medien die tutorielle Betreuung der Studenten bzw. machen sie in dieser Form erst möglich, ein nicht unbeträchtlicher Arbeitsaufwand muß jedoch trotz aller modernen Hilfsmittel eingerechnet werden.

6 Zusammenfassung und Ausblick

In diesem Artikel haben wir das *KBS Virtual Classroom Project* und seine Implementierung vorgestellt. Wir haben die Anforderungen an das Design unserer Lernumgebung analysiert, die auf konstruktivistischen Lehr- und Lernmodellen basiert und die Umsetzung in unserer internetbasierten virtuellen Lernumgebung aufgezeigt. Weiters haben wir den Einsatz unserer Lernumgebung in verschiedenen Vorlesungen beschrieben und eine vorläufige Evaluation gegeben. Der aktuelle Stand unseres Projektes kann auf unserer Projektseite: *KBS Virtual Classroom Project*[12] im Internet eingesehen werden. Unseren Implementationsansatz zur Gestaltung einer Kurs-Wissensbank durch *Adaptive Hyperbooks* haben wir nicht diskutiert, möchten aber auf die Beschreibung unserer Arbeit in [2–4] verweisen. Im weiteren werden wir uns mit der Verbesserung unserer virtuellen Lernumgebung und ihrer Integration in Adaptive Hyperbooks befassen, die es uns erlauben, adaptive und erweiterbare Kurs-Wissensbanken zu implementieren.

---

[11] http://www.kbs.uni-hannover.de/praktikum/praktikum97/teilnehmer.html
[12] http://www.kbs.uni-hannover.de/project/internet.html

Literatur

1. T. Duffy and D. Jonassen, editors. *Constructivism and the Technology of Instruction*. Lawrence Erlbaum Associates, 1992.
2. Peter Fröhlich, Nicola Henze, and Wolfgang Nejdl. Conceptual modeling for educational hyperbooks. In *MMM '97 – International Conference on Multimedia Modeling*, Singapore, November 1997. To appear.
3. Peter Fröhlich, Nicola Henze, and Wolfgang Nejdl. Meta-modeling for hypermedia design. In *Proc. of Second IEEE Metadata Conference*, Maryland, September 1997.
4. Peter Fröhlich and Wolfgang Nejdl. A database-oriented approach to the design of educational hyperbook. In *Proceedings of the Workshop "Intelligent Educational Systems on the World Wide Web", 8th World Conference of the AIED Society*, Kobe, aug 1997.
5. N. Henze. Auswertung der Befragung der Teilnehmer der Vorlesung Grundzüge der Informatik, February 1997.
6. Wolfgang Nejdl and Nicola Henze. Multimedia und Internet in der Lehre. Technical report, University of Hannover, February 1997.
7. Barry J. Fishman Peter C. Honebein, Thomas M. Duffy. Constructivism and the design of learning enivronments: Context and authentic activities for learning. In *NATO Advanced Workshop on the Design of Constructivist Learning Environments*, 1991.
8. Roger Schank and Chip Cleary. *Engines for Education*. Lawrence Erlbaum Associates, 1994.

Integration von Internet und Workflowmanagement in universitätsübergreifenden Lehrveranstaltungen

Michael Rosemann, David Schüppler[1]
Westfälische Wilhelms-Universität Münster
Institut für Wirtschaftsinformatik
Steinfurter Str. 107
D-48149 Münster
E-Mail: {ismirolisdasc}@wi.uni-muenster.de

Abstract:

Ein Großteil der deutschsprachigen Wirtschaftsinformatik-Institute und -Lehrstühle sieht in den Themen Electronic Commerce und Workflowmanagement wesentliche gegenwärtige Arbeitsgebiete.[2] In diesem Beitrag wird skizziert, wie diese beiden Themen innerhalb des Diplomstudienganges Wirtschaftsinformatik der Universität Münster in Kooperation mit anderen Hochschulen realitätsnah in die Lehre integriert werden. Hierzu werden Konzeption und Ablauf dreier Projektseminare skizziert. Der Beitrag endet mit einem Ausblick auf zukünftige Vorhaben in der Lehre, welche die Aspekte der Virtualisierung durch weiteren Einbezug anderer Universitäten und neuer Kommunikationstechnologien (z. B. Business-to-Business-Coordination) noch weiter forcieren sollen.

---

[1] Dr. Michael Rosemann und Dipl.-Wirt.Inform. David Schüppler sind wissenschaftliche Mitarbeiter am Institut für Wirtschaftsinformatik der Westfälischen Wilhelms-Universität Münster, Lehrstuhl für Wirtschaftsinformatik und Informationsmanagement, Prof. Dr. Jörg Becker.

[2] Vgl. Mertens, Horstmann (1996); Mertens et al. (1996).

1 Positionierung des Projektseminars im Studienverlaufsplan

Bei dem Projektseminar handelt es sich um eine vierstündige Intensivveranstaltung innerhalb des Münsteraner Diplomstudienganges Wirtschaftsinformatik, die laut Studienverlaufsplan im sechsten Semester positioniert ist. Die teilnehmenden Studenten sollen dabei von der Erstellung eines Fachkonzepts bis hin zur Umsetzung alle Phasen eines Softwareprojekts bei weitgehend eigenständiger Projektorganisation durchleben. Neben Seminaren, die sich u. a. mit der effizienten Nutzung von Standardsoftware[3], der Entwicklung von Individualsoftware für unterschiedliche Anwendungsbereiche (u. a. Bibliothek, Transportverwaltung) oder der Data Warehouse-Problematik[4] widmeten, werden seit dem Wintersemester 1995/96 auch Projektseminare angeboten, welche das Thema Workflowmanagement zum Gegenstand haben.[5]

2 Projektseminar Wintersemester 1995/96: Workflowmanagement und Prozeßcontrolling

Im Rahmen dieser Veranstaltung sollte vermittelt werden, wie sich der Übergang von fachkonzeptuellen Prozeßmodellen zu ausführbaren Workflowmodellen vollzieht, wie die Architektur und die gegenwärtige Funktionalität verfügbarer Workflowmanagementsysteme aussieht und wie ein workflow-basiertes Prozeßcontrolling konzipiert sein könnte.

Zur Vorbereitung auf die Veranstaltung hatte jeder der insgesamt acht Teilnehmer ein Referat[6] auszuarbeiten und zu präsentieren. Themen waren dabei u. a. 'Workflowmanagement aus der Sicht der Koordinationstheorie', 'Ad-hoc-Workflows und Exception Handling', 'Wiederverwendung von Workflows' und 'Workflow Management Coalition'.

Als Input für das Seminar erhielten die Studenten die textuelle Beschreibung des Rechnungsprüfungs-Prozesses eines fiktiven Handelsunternehmens inklusive konstatierter Mängel. Diesen Prozeß galt es zunächst unter Einbezug organisatorischer und informationstechnischer Möglichkeiten zu verbessern und die entworfene Lösung in Form von Soll-Prozeßmodellen zu dokumentieren. Diese Modelle bildeten, geclustert aus der Perspektive des Workflowmanagement, die fachkonzeptuelle Spezifikation der mit einem Workflowmanagementsystem zu realisierenden Prozesse. Die Umsetzung

---

[3]   Vgl. Schütte (1993), Schütte (1994).

[4]   Zu den Ergebnissen vgl. Eicker et al. (1997).

[5]   Zu den Problembereichen einer Lehrveranstaltung zum Thema Workflowmanagement vgl. Joosten (1996), S. 872: „Issues in teaching workflow management are the interdisciplinary nature, confusion of terms, the absence of an established didactical format, the fast developments in the field [...], and the dominance of vendors."

[6]   Die Referate sind im WWW als Winword-Files abrufbar unter www-wi.uni-muenster.de/is/workflow/ PS9596/referat.htm.

des handelsspezifischen Szenarios erfolgte mit IBM-FlowMark. Dabei wurde u. a. die vorhandene Schnittstelle zwischen dem ARIS-Toolset und FlowMark genutzt. Die erforderlichen Applikationen wurden mit VisualBasic entwickelt. Zur Erstellung von Reklamationen wurde WinWord in den Workflow eingebunden.

Neben dieser domänenspezifischen Aufgabe galt es ein möglichst domänenneutrales Informationssystem zu konzipieren und prototypisch zu realisieren, das eine Bewertung der Prozeßperformance auf der Basis der in den Sollmodellen enthaltenen Vorgaben sowie den in den Logfiles des Workflowmanagementsystems protokollierten Istdaten vornimmt. Dieses System bekam den Namen PISA (Prozeßinformationssystem unter Access). Es führte die Solldaten aus dem ARIS-Toolset (Zugriff per ODBC) und die Istdaten auf FlowMark (Auslesen der Audit Trails) in MS-Access zusammen.[7] Unterstützt wurden u. a. prozeßbezogene (z. B. 'Wie entwickelte sich die Durchlaufzeit im Zeitablauf?') und organisationsbezogene (z. B. 'Welche Organisationseinheit hat an welchem Prozeß welchen Zeitanteil?') Analysen. Der Prototyp PISA wurde auf Veranstaltungen in Münster[8], Erlangen[9], Neu-Isenburg[10] und Linz[11] präsentiert.

Weiterhin wurde ein englischsprachiges Glossar erarbeitet, in das wesentliche Literatur zum Thema Workflowmanagement sowie das Glossar der Workflow Management Coalition eingegangen sind, und im World Wide Web publiziert.[12]

Aus der Veranstaltung resultierende Diplomarbeiten widmeten sich der Transformation von Prozeßmodellen in Workflowmodelle, der Kopplung von Workflowmanagementsystemen, workflowrelevanten Transaktionskonzepten, dem workflowbasierten Prozeßcontrolling und dem Lösungsbeitrag von Data Mining-Ansätzen für Problemstellungen des Prozeßcontrolling.

Darüber hinaus nahmen Studenten dieses Seminars an den Treffen des GI-Arbeitskreises Workflow[13] in Frankfurt (11/95), Köln (1/96) und Erlangen (6/96) teil, wodurch sie einen Einblick in die wissenschaftliche Diskussion zu diesem Thema erhielten.

---

[7] Zu dieser ersten Version von PISA vgl. Rosemann, Denecke, Püttmann (1996).

[8] Veranstaltung 'Workflowmanagement - State-of-the-Art aus Sicht von Theorie und Praxis' des Instituts für Wirtschaftsinformatik, Lehrstuhl für Wirtschaftsinformatik und Informationsmanagement, Prof. Dr. Jörg Becker, und des GI-Arbeitskreises 5.4.4: Informationssysteme in Industrie und Handel (CIM + WWS). Münster, den 10. April 1996.

[9] Treffen des GI-Arbeitskreises Workflow, Leitung: Prof. Dr. Stefan Jablonski. Erlangen, den 10. Juni 1996.

[10] Konferenz 'DV-gestütztes Controlling', Veranstalter: IIR. Neu-Isenburg, den 25.-27. November 1996.

[11] 3. Workshop des ipo-Kompetenzzentrums Geschäftsprozeßmanagement, Leitung: Dr. Heinrich Gappmaier. Linz, den 31. Januar 1997.

[12] Vgl. http://www-wi.uni-muenster.de/is/lehre/projekt/Workflow/.

[13] Die Homepage dieses Arbeitskreises findet sich unter http://wwwdb.inf.tu-dresden.de/~www/AK-Workflow/.

3 Projektseminar Wintersemester 1996/97: Gestaltung unternehmensübergreifender Prozesse durch moderne Kommunikationskonzepte (ECR/Electronic Commerce) und unternehmensinterne Prozeßoptimierung durch Workflowmanagement

Mit insgesamt 18 Teilnehmern war das Projektseminar im Wintersemester 1996/97 das bislang größte zum Thema Workflowmanagement.[14] Ein wesentlicher Unterschied zu den vorangegangenen Projektseminaren war der Einbezug anderer Wirtschaftsinformatik-Standorte (hier: Bamberg und Saarbrücken) und der Versuch eines koordinierten Einsatzes von Workflowmanagement und betrieblicher Standardsoftware (hier: SAP R/3)[15].

Zielsetzung war eine bzgl. Aufgabenstellung und Projektorganisation möglichst realitätsnahe[16] Konzeption und prototypische Umsetzung eines Geschäftsprozesses des mehrstufigen Handels unter Nutzung innovativer Informations- und Kommunikationssysteme. Zugleich sollten - unter Beibehaltung individueller lokaler Lernziele - Ansätze einer *Virtuellen Universität* umgesetzt werden, als deren Merkmal u. a. das flexible, zeitlich begrenzte, kooperative Zusammenwirken in einem Netzwerk mit dem Ziel des Wissensaustausches anzusehen ist.[17]

3.1 Der zu unterstützende Geschäftsprozeß

Zugrundegelegt wurde als betriebswirtschaftliches Szenario ein komplexer Geschäftsprozeß des mehrstufigen Handels, der als Filial-Strecke bezeichnet wird.[18] An diesem Geschäftsprozeß partizipieren drei Organisationseinheiten, deren Aufgaben, soweit sie Schnittstellen tangieren, kurz skizziert werden:
- Der *Lieferant*, welcher der Handelszentrale seine Artikel anbietet, dieser die entsprechenden Stammdaten übermittelt, die Filialen beliefert, entsprechende Lieferscheine erstellt und diese Lieferungen gegenüber der Zentrale fakturiert.

---

[14] Eine Dokumentation dieser Veranstaltung mit einer ausführlichen Beschreibung des zugrundeliegenden Szenarios, allen Referaten, Präsentationsfolien, einer Teilnehmerliste und Querverweisen auf die beteiligten Institute findet sich im WWW unter http://www-wi.uni-muenster.de/is/workflow/ps_96_97. htm.

[15] Die Offenheit des R/3-Systems der SAP AG sollte die Nutzung von Funktionsbausteinen des R/3-Systems ermöglichen, um die Eigenentwicklung zu vermeiden und den Fokus des Projektseminars von der Funktions*implementierung* auf die Funktions*koordination* lenken.

[16] Anleitungen (Guidelines) für eine realitätsnahe Ausgestaltung von universitären Lehrveranstaltungen finden sich bei Rein (1994). Vgl. auch Chickering, Ehrmann (1997).

[17] Zu den Merkmalen der Virtuellen Universität vgl. Kraemer, Milius (1997), S. 53-59.

[18] Zu dieser Geschäftsart des Handels vgl. ausführlich Becker, Schütte (1996), S. 420-424.

Diesen Part übernahm das Institut für Wirtschaftsinformatik der Universität des Saarlandes, Saarbrücken, im Rahmen einer Wahlpflichtveranstaltung (IWi-Praktikum).[19] Insbesondere für die Geschäftsanbahnung konnte auf dem bereits entwickelten Prototypen WODAN, einem WWW-basierten Elektronischen Produktkatalog, aufgesetzt werden.[20]

- Die *Handelszentrale* initiiert den Stammdatenprozeß, indem der Einkauf im Rahmen der Sortimentsplanung Artikel bei dem Lieferanten selektiert. Die allgemeinen Stammdaten werden um kundenspezifische Daten für das auswählende Handelsunternehmen angereichert (z. B. Konditionen) und per EDI übermittelt. In der Handelszentrale erfolgt die - teilweise filialspezifische - Aufbereitung, die Ergänzung um weitere Daten (z. B. Verkaufspreise) und die Übermittlung an die Filialen des Handelsunternehmens. Innerhalb des operativen Geschäftsprozesses werden die von der Filiale korrigierten und an die Zentrale übermittelten Wareneingangsmeldungen mit den Rechnungen des Lieferanten abgeglichen. Abhängig vom Ergebnis dieses Prüfvorganges erfolgen Zahlungsabwicklung bzw. automatische Reklamation. Schließlich sind die täglichen Abverkaufsdaten der Filiale zu aggregieren und für das zentrale Handelscontrolling aufzubereiten. Dadurch, daß sie der Sortimentsplanung zugrundegelegt werden, schließt sich der Kreis zum erstgenannten Prozeß. Die Funktion der Handelszentrale wurde vom Institut für Wirtschaftsinformatik der Universität Münster, Lehrstuhl für Wirtschaftsinformatik und Informationsmanagement, wahrgenommen.

- Die *Handelsfiliale* bestellt bei den Lieferanten die gelisteten Artikel, nimmt die Warenlieferung inklusive Begleitpapieren entgegen, 'verkauft' sie an die Endkunden weiter und meldet - ggf. korrigierte - Wareneingangsmeldungen sowie täglich aggregierte, artikelgenaue Abverkaufsdaten an die Handelszentrale. Diese Rolle wurde vom Lehrstuhl für Wirtschaftsinformatik, insb. Systementwicklung und Datenbankanwendung, der Universität Bamberg im Rahmen einer Vorlesungs- und Übungsveranstaltung eingenommen.[21]

Das zugrundeliegende Szenario wird durch das nachstehende Informationsflußmodell wiedergegeben (vgl. Abbildung 1). Im folgenden wird die Arbeit in Münster näher vorgestellt.

---

[19] Universität des Saarlandes, Institut für Wirtschaftsinformatik, Prof. Dr. A.-W. Scheer, Im Stadtwald, Geb. 14.1, 66123 Saarbrücken, Ansprechpartner: Mark Göbl (E-Mail: goebl@iwi.uni-sb.de).

[20] Vgl. Loos et al. (1996).

[21] Otto-Friedrich-Universität Bamberg, Lehrstuhl für Wirtschaftsinformatik, insb. Systementwicklung und Datenbankanwendung, Prof. Dr. E. J. Sinz, Feldkirchenstr. 21, 96045 Bamberg, Ansprechpartner: Dr. Michael Amberg (E-Mail: michael.amberg@sowi.uni-bamberg.de).

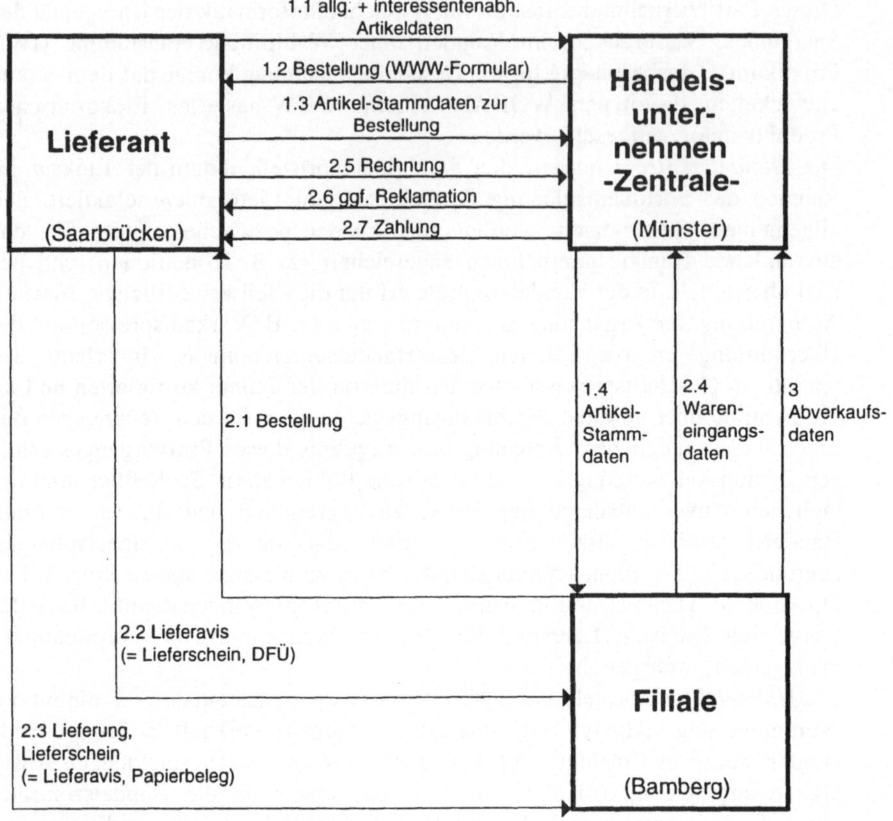

Abb. 1: Zugrundeliegendes Szenario des Projektseminars im Wintersemester 1996/97

3.2 Lernziele und Projektorganisation in Münster

Die Lernziele in Münster waren folgende:

- Konzeption und prototypische Realisierung von Geschäftsprozessen im mehrstufigen Handel mit innovativen Technologien (Workflow, EDI, WWW, Elektr. Produktkatalog)
- Nutzung ausgewählter Funktionsbausteine einer integrierten Standardsoftware und technische und organisatorische Einbindung in den Geschäftsablauf
- Umfassende Kenntnisse im Bereich Workflowmanagement, konkretisiert an den Systemen FlowMark V. 2.3 und SAP Business Workflow V. 3.0.
- Kenntnisse in der Überführung von Prozeßmodellen in Workflowmodelle, Erstellung von Metamodellen
- Konzeption und prototypische Realisierung eines Informationssystems für die Aufgaben des Prozeßmonitoring und -controlling, u. a. Problematisierung der Prozeßkostenrechnung, Auseinandersetzung mit statistischen Methoden (Cluster-, Faktorenanalyse)

- Projektorganisation und Teamarbeit, insbesondere bei verteilten Standorten
- Sensibilisierung für die konzeptionellen Probleme der innerbetrieblichen Informationsverarbeitung bei dezentralen Strukturen und der koordinierten überbetrieblichen Informationsverarbeitung
- Verbesserung von Rhetorik und Präsentationstechniken

In Münster wurden die Teilnehmer hierzu in drei Gruppen aufgeteilt:

- Die Gruppe *Stammdatenverwaltung* (fünf Studenten) war für den Prozeß von der Lieferanten- und Artikelauswahl im WWW über die Entgegennahme der per E-Mail eingehenden Stammdaten und deren Anreicherung und Übermittlung an die Filialen verantwortlich. Außerdem hatte sie die Fälle abzudecken, in denen ein Artikel aus dem Sortiment genommen werden soll, oder der Lieferant Änderungen des Artikelstamms oder der Konditionen übermittelt bzw. diesen seinerseits aus dem Angebot nimmt. Weiterhin war diese Gruppe für die Aggregation, Aufbereitung und Weiterverarbeitung der Abverkaufsdaten zuständig.
- Eine siebenköpfige Arbeitsgruppe verantwortete den reibungslosen Ablauf des *operativen Geschäftsprozesses*, der im wesentlichen die Rechnungsprüfung betraf. Hierzu waren die aus Saarbrücken (Rechnungen) und Bamberg (korrigierte Wareneingangsmeldungen) eingehenden Daten derart weiterzuverarbeiten, daß eine möglichst automatisierte Rechnungsprüfung vollzogen werden konnte. Der Zahlungslauf war durchzuführen und erforderliche Reklamationen zu erstellen. Dabei wurde auf den abteilungsübergreifenden Charakter der Rechnungsprüfung Rücksicht genommen und dementsprechend ein komplexer innerbetrieblicher Workflow zwischen den Abteilungen Rechnungsprüfung, Einkauf und Finanz- und Rechnungswesen implementiert. Der Definition der jeweiligen Datenaustauschformate ging eine Auseinandersetzung mit den EDIFACT-Standards voran.
- Sechs Teilnehmer übernahmen die Aufgabe des *Prozeßcontrolling*. Sie hatten ein Prozeßinformationssystem zu entwickeln, das den abzubildenen Prozeß der Rechnungsprüfung analysierte. Hierzu wurden zwar Konzepte, jedoch keine einzige Programmzeile des ersten Prototyps PISA übernommen. In Erweiterung des vorhandenen Systems sollten nunmehr auch Konzepte der Prozeßkostenrechnung sowie elaboriertere statistische Analysen des gewonnenen Datenmaterials Eingang finden.

Zur Berücksichtigung der Interdependenzen zwischen diesen drei Arbeitsgruppen wurden die einzelnen Projektpläne gruppenübergreifend konsolidiert. In den letzten sechs Wochen erfolgte in gemeinsamen Veranstaltungen ein wöchentlicher Abgleich mit dem gesetzten Terminplan.

Orthogonal zu den prozeßorientiert gebildeten Arbeitsgruppen und den in den Gruppen verfolgten Lernzielen gab es kleinere Arbeitsgruppen, die unter anderem für die Einstellung aktueller Informationen in das WWW, die weitere Pflege des Glossars, die gruppenübergreifende Konsolidierung der zu erstellenden Daten- und Prozeßmodelle, die Beschreibung der Aufbauorganisation oder die Organisation von Zwischen- und Abschlußpräsentationen verantwortlich waren. Eine weitere Arbeitsgruppe war dafür zuständig, den Teilnehmern der Übung Inner- und zwischenbetriebliche Informationssysteme (fünftes Semester) in insgesamt drei Veranstaltungen das Thema Workflowmanagement anhand konkreter Beispiele näherzubringen und Übungen an den Systemen auszugestalten und zu betreuen.

3.3 Projektablauf und Fazit

Analog zu den vorangegangenen Projektseminaren hatten die Studenten zu Beginn der Veranstaltung Referate zu erstellen und zu präsentieren.[22] Darüber hinaus wurden sie von Institutsmitarbeitern und Teilnehmern der abgeschlossenen Seminare in die Thematik eingeführt.[23] Durch Vorträge von Dr. Frank Leymann, Senior Technical Staff bei der IBM Deutschland GmbH, Böblingen, zum Thema 'Skalierbarkeit, Flexibilität und Robustheit in Workflowmanagementsystemen' und von Dr. Mathias Weske, Wissenschaftlicher Assistent am Institut für Wirtschaftsinformatik, Lehrstuhl für Datenbanksysteme, der den Workflow-Prototypen WASA vorstellte, erhielten die Seminarteilnehmer weitere Einblicke in Problembereiche des Workflowmanagement. Während der abzubildende betriebswirtschaftliche Sachverhalt vergleichsweise präzise beschrieben war, wurden hinsichtlich der technischen Realisierungsmöglichkeiten bewußt Freiheitsgrade gelassen. Die ursprüngliche Intention war der koexistente Einsatz von IBM FlowMark und SAP R/3 Business Workflow, wobei die betriebswirtschaftlichen Applikationen nicht selbst entwickelt werden sollten, sondern eine Einbettung entsprechender, bereits weitgehend konfigurierter R/3-Transaktionen erfolgen sollte.

Jedoch bedingte die Nutzung des SAP Business Workflows aufgrund dessen enger Kopplung mit dem SAP R/3-Standardsystem größere Vorleistungen als erwartet. Ferner waren die für das Workflowmanagement mit dem R/3-System erforderlichen Business Objects[24] in der verwendeten Version (3.0d) nicht vorhanden bzw. mit hinreichenden Methoden versehen, so daß in erheblichem Maße zusätzliche ABAP/4-Programmierung erforderlich gewesen wäre. Die in das R/3-System investierte Zeit brachte zwar wichtige konzeptionelle Erkenntnisse bezüglich der Architektur von R/3 sowie dem dortigen Verständnis von Business Objects. Diese Zeit fehlte jedoch teilweise bei der späteren Umsetzung.

---

[22] Die 18 Referate finden sich inklusive Abstract und (zumeist) Powerpoint-Show im WWW unter http://www-wi.uni-muenster.de/is/workflow/PS9697/ referat.htm

[23] Diese Vorträge führten u. a. in die Grundlagen des Workflowmanagement im allgemeinen sowie in die Systeme FlowMark und SAP Business Workflow im speziellen ein. In weiteren Vorträgen stellten Studenten die Ergebnisse ihrer Diplomarbeiten vor (u. a. Integration verteilter Workflowsysteme, Virtuelle Unternehmen und Workflowmanagement, Transformation von Geschäftsprozeßmodellen in Workflowmodelle). Die Vortragsunterlagen sind als Powerpoint-Dateien im WWW unter http://www-wi.uni-muenster.de/is/workflow/ PS9697/praesent.htm verfügbar.

[24] Zur Bedeutung von Business Objects im SAP R/3-System vgl. z. B. Seubert (1997).

So entschied man sich nach der Diskussion unterschiedlicher Szenarien für die alleinige Umsetzung der Geschäftsprozesse mit FlowMark 2.3. Die eingebundenen Applikationen wurden entweder selbst entwickelt oder es wurden MS-Office-Komponenten genutzt. Die beiden Workflows (Stammdatenverwaltung, operativer Geschäftsprozeß) wurden dabei automatisch durch die eingehenden E-Mails aus Saarbrücken bzw. Bamberg instanziiert.

Das entwickelte Prozeßinformationssystem PISA zeichnet sich in seiner aktuellen Version vor allem durch drei Perspektiven - die Prozeß-, die Organisations- und die Objektperspektive - aus, innerhalb derer bereits beim Einstieg die controlling-relevanten Informationen selektiert werden. Der Prototyp PISA 2.0 ermöglicht z. B. die Suche nach signifikanten Erklärungsmustern für zu reklamierende Rechnungen. Dabei kann festgestellt werden, inwieweit zwischen den zu reklamierenden kreditorischen Rechnungen (allgemein: kritische Objekte) und einer ausgewählten Filiale ein bemerkenswerter Zusammenhang besteht. Derartige Auswertungen bedingen eine aufwendige Zusammenführung korrespondierender Kontroll- und Nutzdaten, da letztere nicht im Audit Trail protokolliert werden.

Zur Kommunikation zwischen den drei beteiligten Hochschulstandorten wurde neben E-Mail und der Informationseinstellung in das World Wide Web[25] das Diskussions-tool MS-NetMeeting verwendet. In diversen Sitzungen wurden beispielsweise die zu übermittelnden Attribute, die Datenaustauschformate oder weitere Termine (z. B. Eintreffen der ersten Abverkaufsdaten) festgelegt. Diese Diskussionen haben sich trotz der hohen Anzahl der beteiligten Personen als sehr effizient erwiesen. Zugleich lag mit dem Logfile ein Protokoll der Sitzung vor. Ein exemplarischer Auszug aus einer solchen Chat-Runde ist in der Abbildung 2 enthalten.

```
"14.01.97  17:05:21","Uni Münster","BB: Wie verarbeitet Ihr die Stammdaten
            weiter?"
"14.01.97  17:06:48","Uni Bamberg","M: Wir würden die Daten in eine ODBC-
            Datenbank übernehmen."
"14.01.97  17:08:09","Uni Münster","BB: Instanziieren die Stammdaten einen
            Workflow?"
"14.01.97  17:09:35","Uni Saarbrücken","Wir haben derzeit noch Probleme mit dem
            FTP-Transfer. Wir beabsichtigen die Daten per Tabellen-File zu
            übermitteln, daß heißt wir können wahrscheinl. diese Daten
            anbieten. Bitte schickt uns eine Mail mit der Aufstellung, damit
            wir die gewünschten Attribute vor Ort haben."
"14.01.97  17:10:50","Uni Münster","SB: Die Mail kommt morgen."
"14.01.97  17:11:32","Uni Münster","SB: Bitte schickt uns dann umgehend die
            Stammdaten."
```

Abb. 2: Exemplarischer Auszug aus einer Diskussionssitzung mit MS-NetMeeting

Die Möglichkeit von MS-NetMeeting, Anwendungen freizugeben, d. h. lokale Anwendungen involvierten Partnern zur Verfügung zu stellen, wurde im Rahmen der

---

[25] In das WWW wurden insbesondere auch aktuelle Terminhinweise und Besprechungsergebnisse eingestellt.

Abschlußpräsentation genutzt. So konnte die Münsteraner Abschlußpräsentation in Bamberg und Saarbrücken zumindest visuell (Powerpoint, PISA) verfolgt werden.

4 Projektseminar Wintersemester 1997/98: Gestaltung unternehmensübergreifender Prozesse durch moderne Kommunikationskonzepte und Workflowmanagement unter Einbezug eines Finanzdienstleisters

Dem aktuellen Projektseminar[26] zum Thema Electronic Commerce und Workflowmanagement liegt im wesentlichen das Szenario des vorangehenden Projektseminars (vgl. Kapitel 3) zugrunde, wobei zusätzlich die Rolle eines Finanzdienstleisters integriert wurde. Diese wird vom Fachbereich Informatik der Fachhochschule Darmstadt[27] wahrgenommen. Die Filial-Rolle wird durch die Universität Münster übernommen. Für die workflow-basierte Realisierung des Handelsszenarios wurden die entwickelten Applikationen weiterverwendet. Es erfolgte vorab u. a. eine intensivierte Auseinandersetzung mit den EDIFACT-Standards.

Aufbauend auf den bisherigen Arbeitsergebnissen wird unter anderem auch das Prozeßinformationssystem PISA in der Form weiterentwickelt, daß es Konzepte des Knowledge Discovery in Databases enthält und ein Controlling entfernt ablaufender Workflows erlaubt. Hierzu werden Bestandteile von PISA in der Programmiersprache JAVA umgesetzt.

Weiterhin wurde die Meta-Kommunikation zwischen den Veranstaltungsorten auf Audio- und Videodaten ausgedehnt. Alle zwei Wochen erfolgt eine Abstimmung der inhaltlichen Arbeiten, aber auch des gemeinsamen Projektplans und der Daten- und Prozeßmodelle per Videokonferenz bzw. per NetMeeting. Application Sharing wurde hierbei u. a. zur Integration der Daten- und Prozeßmodelle genutzt.

5 Ausblick

Durch die Kombination derartig innovativer Themen - Workflowmanagement, Electronic Commerce, ECR, Videokonferenz - bedurfte es der Konsolidierung der Kompetenzen der beteiligten Lehrkräfte, durchweg Wissenschaftliche Mitarbeiter an Informatik- oder Wirtschaftsinformatik-Lehrstühlen/Instituten. Um eine möglichst frühzeitige Auseinandersetzung mit den Themen anzugehen, wurden einige Bereiche (z. B. Nutzung eines Workflowmanagementsystems, Videokonferenz) auch gemeinsam mit den beteiligten Studenten angegangen. Der dadurch mögliche hohe

---

[26] Informationen zum Projektseminar finden sich unter http://www-wi.uni-muenster.de/is/lehre/projekt/ Workflow/Ws9798/index.htm.

[27] Fachhochschule Darmstadt, Fachbereich Informatik, Schöfferstraße 2b, 64295 Darmstadt, Ansprechpartner: Sabine Daniel (E-Mail: s.daniel@fbi.fh-darmstadt.de).

Innovationsgrad in den Lehrveranstaltungen wurde von den Studenten durchweg als positiv empfunden.

Durch die intensive und effiziente Nutzung der innerhalb des Internet verfügbaren Kommunikationsdienste sind weitere Entwicklungen für zukünftige Lehrveranstaltungen denkbar.[28]

- Die bisher genutzte E-Mail-basierte Kommunikation zwischen den beteiligten Institutionen im Rahmen der Geschäftsprozeßabwicklung soll teilweise abgelöst werden durch die direkte Kommunikation der Workflow-Server, wie sie in praxi auch schon umgesetzt ist. Ferner sollen aktive und passive Benutzerschnittstellen mit WWW-Browsern verwendet werden.[29] So können die Projektpartner beispielsweise Workflows von außen instanziieren oder Monitoring-Informationen erhalten.

- Weiterhin könnte die zunehmende Internet-Anbindung von Unternehmen dazu genutzt werden, die Ergebnisse der Studenten während des Semesters in einer Diskussionsrunde im Internet der praktischen Reflektierung zu stellen. Dies könnte z. B. die Relevanz eines entworfenen Elektronischen Produktkataloges für andere Branchen, die Nutzbarkeit entwickelter operativer Workflows für Unternehmen oder die Erklärungskraft konzipierter Auswertungen im Rahmen des Prozeßcontrolling betreffen. Zum anderen wäre auch die Diskussion mit Entwicklern der Workflowmanagementsysteme denkbar.

Notwendige Voraussetzungen für derartig kooperative Lehrveranstaltungen sind vergleichbare Zeitpläne und integrierbare, nicht aber zwingend identische Lernziele bei den beteiligten Organisationen, damit es nicht zu einem Auseinanderdividieren der oft stark interdependenten Aktivitäten kommt.

5   Literatur

Becker, J.; Schütte, R.: Handelsinformationssysteme. Landsberg/Lech 1996.

Bußler, Chr.; Heinl, P.; Jablonski, St.; Schuster, H.; Stein, K.: Das WWW als Benutzerschnittstelle und Basisdienst zur Applikationsintegration für Workflow-Management-Systeme. EMISA-Forum, 6 (1997) 1, S. 85-90.

Chickering, by A. W.;. Ehrmann, St. C.: Implementing the seven principles: Technology as Lever. Hrsg.: American Association for Higher Education (http://www.aahe.org/technology/ehrmann.htm).

Eicker, St.; Jung, R.; Nietsch, M.; Winter, R.: Entwicklung eines Data Warehouse für das Produktionscontrolling: Konzepte und Erfahrungen. In: Wirtschaftsinformatik '97. Internationale Geschäftsätigkeit auf der Basis flexibler Organisationsstrukturen und leistungsfähiger Informationssysteme. Hrsg.: H. Krallmann. Heidelberg 1997, S. 449-468.

Groiss, H.; Eder, J.: Kooperation von Workflowsystemen im World-Wide-Web. EMISA-Forum, 6 (1997) 1, S. 90-95.

---

[28]   Vgl. auch die Einflüsse, die Ives (1996) sieht.

[29]   Vgl. Bußler et al. (1997); Groiss, Eder (1997).

Ives, B.: The Internet, the Web, and the Academic: How Some Move and Why Some Do Not. Keynote Address at 4th European Conference on Information Systems. Lissabon 1996 (http://www.cox.smu.edu/talks/ecis96.html).

Joosten, St.: Teaching Workflow Management. In: Proceedings of the 2nd Americas Conference on Information Systems. Phoenix, Arizona, 1996, S. 871-873 (http://www.anaxagoras.com/AIS. teaching.html).

Kraemer, W.; Milius, F.: Der virtuelle Campus: Bildungsdienstleistung für lernende Organisationen. In: Organisationsstrukturen und Informationssysteme auf dem Prüfstand. 18. Saarbrücker Arbeitstagung. Hrsg.: A.-W. Scheer. Heidelberg 1997, S. 51-81.

Kueng, P.; Schrefl, M.: Spezialisierung von Geschäftsprozessen am Beispiel der Bearbeitung von Kreditanträgen. HMD, 32 (1995) 185, S. 78-93.

Loos, P.; Krier, O.; Schimmel, P.; Scheer, A.-W.: WWW-gestützte überbetriebliche Logistik: Konzeption des Prototyps WODAN zur unternehmensübergreifenden Kopplung von Beschaffungs- und Vertriebssystemen. Veröffentlichungen des Instituts für Wirtschaftsinformatik. Heft 126. Saarbrücken 1996.

Mertens, P.; Ehrenberg, D.; Griese, J.; Heinrich, L. J.; Kurbel, K.; Stahlknecht, P. (Hrsg.): Studienführer Wirtschaftsinformatik. 5. Aufl., Braunschweig, Wiesbaden 1996.

Mertens, P.; Horstmann, R.: Universitäre Wirtschaftsinformatik im deutschsprachigen Raum - ein Blick in den neuen Studienführer. Wirtschaftsinformatik, 38 (1996) 6, S. 648-649.

Rein, G. L.: A Prolegomena on the Use of Student Subjects in Group Work Research. Department of Management Science & Systems. School of Management. Working Paper 775. Buffalo, New York 1994 (http://www.west.asu.edu/hayne/siggroup/rein/papers/working.html).

Rosemann, M.; Denecke, Th.; Püttmann, M.: Konzeption und prototypische Realisierung eines Informationssystems für das Prozeßmonitoring und –controlling. Arbeitsbericht Nr. 49 des Instituts für Wirtschaftsinformatik. Hrsg.: J. Becker, H. L. Grob, U. Müller-Funk, G. Vossen. Münster, September 1996.

Schütte, R.: WI-Projektseminar: Ein Projekt wie im richtigen Leben – Konzepterstellung und dessen Umsetzung in den SAP-Systemen. Wirtschaftsinformatik, 35 (1993) 6, S. 596.

Schütte, R.: Erfahrungsbericht zweier WI-Projektseminare: Auch das richtige Leben kann nicht anspruchsvoller und interessanter sein. Wirtschaftsinformatik, 36 (1994) 3, S. 292.

Seubert, M.: Business Objects und objektorientiertes Prozeßdesign. In: Entwicklungsstand und Entwicklungsperspektiven der Referenzmodellierung. Proceedings zur Veranstaltung am 10. März 1997. Hrsg.: J. Becker, M. Rosemann, R. Schütte. Arbeitsbericht Nr. 52 des Instituts für Wirtschaftsinformatik. Hrsg.: J. Becker, H. L. Grob, U. Müller-Funk, G. Vossen. Münster 1997, S. 46-64.

Ein visuell-objektorientierter Ansatz zur Modellierung der Navigation in einer offenen Lehr-/Lernumgebung

Diplom-Inform. W. Dilly
Institut für Informatik
Universität Stuttgart
Breitwiesenstraße 20-22
70656 Stuttgart

1 Motivation

WWW-basierte Autorensysteme erstellen HTML-Seiten, die durch dafür geeignete Browser dargestellt werden.

Der Aufbau von Lehr- und Lernpfaden in den entsprechenden Navigationsmodellen bleibt in der Regel bei WWW-basierten Autorensystemen unberücksichtigt. Einem Lernenden bleibt es meist selbst überlassen, wie er sich dabei im Informationsraum von Lerneinheiten zurechtfindet.

Wie mit Hilfe eines visuell-objektorientierten Ansatzes die Modellierung unterschiedlicher, interaktiver Navigationsmöglichkeiten erfolgen kann, schildert der Beitrag.

2 Anforderungen

Die Lerninhalte von traditionellen Lernprogrammen (computer-based training) sind in der Regel in Form einer Buchmetapher (Baumstruktur) organisiert. In Lernprogrammen, die nach dem Konzept von Hypertext realisiert sind, wird dagegen meist eine Graphstruktur unterstützt. Eine flexible Integration und Nutzung vorhandener und vor allem neuer Ressourcen und Informationsquellen wird in Lehr- und Lernumgebungen nicht berücksichtigt.

Die erforderliche Funktionalität wie z.B. das Erzeugen, Verschieben und Modifizieren von Lerninhalten und sogenannter Lern-Strukturelemente werden unter Verwendung der von graphischen Benutzungsoberflächen her bekannten Interaktionstechniken realisiert. Direkte Manipulation sowie „Drag & Drop"-Operationen sind hier insbesondere zu nennen.

Eine strikte Trennung von Lerninhalten und darauf basierenden Navigationsstrukturen ist dabei zu gewährleisten. Die Darstellung von Lerninhalten auf dem Bildschirm ist stets durch eine Visualisierung von entsprechenden Navigationstrukturen zu begleiten.

Fortgeschrittene „intelligente" Lehr- und Lernsysteme berücksichtigen Adaptivität im Navigationsmodell durch einen wissensbasierten Ansatz. Als Basis für die Navigationssteuerung dienen dabei u.a. Informationen aus einer inhaltlichen und strukturellen Ebene; dadurch lassen sich bei Bedarf unterschiedliche Lehr- und Lernstrategien – wie z.B. tutorielles Lernen und exploratives Lernen – während des Lernverlaufs abwechseln.

Die Lernumgebung muß offen sein hinsichtlich der Integration von externen Informationsräumen. Eine Einbindung und Einbettung von Informationen aus dem WWW ist beim Erstellen von Kursstrukturen zu unterstützen.

Für die Nutzung der Lehr-/Lernumgebung ist ein schneller Wechsel der Rollen von Autor und Lernendem erforderlich. Zu Testzwecken ist es für einen Autor hilfreich, in die Rolle des Lernenden zu wechseln; ein Lernender wird z.B. bei Konstruktionsaufgaben selbst zum Autor.

3 Realisierung

Für die Realisierung der Navigationsmodellierung wird ein visuell-objektorientierter Ansatz [3] gewählt. Visuelle Programmierung wird dabei eingesetzt, um Autoren (Lehrenden) und Lernenden ohne Programmierkenntnisse den Umgang mit Lehr-/Lernprogrammen [8] zu erleichtern. Die Prinzipien und Methoden der Objektorientierung mit Konzepten wie Vererbung, Polymorphismus, Modularität und Wiederverwendbarkeit sind für die Modellierung der Lernumgebung von großem Vorteil.

3.1 Autorenumgebung

Die beiden Aufgaben eines Autors beim Erstellen von Lernprogrammen müssen unterstützt werden: Auf der inhaltlichen Ebene ist dies die Festlegung des in einzelnen Lerneinheiten darzustellenden Wissens. Auf der strukturellen Ebene sind alle Beziehungen zwischen den Lerneinheiten entsprechend den Lernzielen festzulegen.

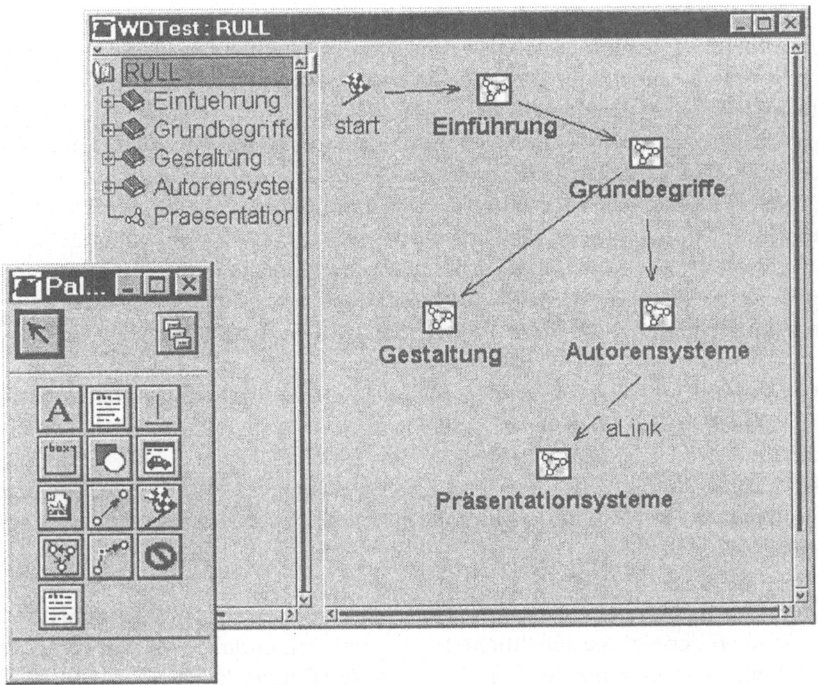

Abb.1: Visual Course Designer

Bei unserer Modellierung stellt eine Palette (Abb. 1) die zur Verfügung stehenden Strukturelemente zum Erstellen von Lernprogrammen auf dem Bildschirm dar. Aus den Strukturelementen wird auch die vom Autor zu spezifizierende Navigationssteuerung gebildet. Die Kursstruktur selbst basiert auf einem gerichteten hierarchischen Graphen [7]. Die Kurse lassen sich weiter unterteilen in Einheiten auf hierarchisch untergeordneten Ebenen wie Lektionen und Abschnitte.

Die Knoten in einem (visualisierten) Graphen repräsentieren die einzelnen HTML-Seiten, als die Lerneinheiten. Visualisiert werden diese durch ein Piktogramm und einem Bezeichner zur textuellen Erläuterung. Der Aufbau einer Kursstruktur erfolgt über geeignete Verknüpfungen der einzelnen Lerneinheiten. Diese werden dabei als Kombination von gerichteten Kanten und (vom Autor) festzulegenden Bezeichnern dargestellt. Die Bezeichner können auch zur Typisierung von Knoten und Kanten [6] verwendet werden. Zur Kennzeichnung von Beginn und Ende der einzelnen Kursteile sind in der Palette geeignete Strukturelemente vorgesehen. Start- und Endeknoten spielen für die Navigationssteuerung eine spezielle Rolle.

Das Modell besteht aus einem Kurseditor (Visual Course Designer), in dem unterschiedliche Interaktionstechniken für graphische Benutzungsoberflächen wie z.B. die Direkte Manipulation und Drag&Drop-Operationen [9] realisiert sind. Die benötigten Strukturelemente lassen sich mittels Drag&Drop auswählen und im Konstruktionsbereich positionieren. Zur weiteren Nutzung stehen den Autoren u.a. Funktionen zum visuellen Editieren und zur Layoutgestaltung zur Verfügung. Die Möglichkeit, multiple Perspektiven beim Erstellen von Lernprogrammen beim inkrementellen und iterativen Konstruktionsprozeß zu berücksichtigen sowie die unmittelbare visuelle Rückmeldung von Konstruktionsschritten erleichtert die Arbeit wesentlich. Als weiterer Punkt ist die während des Konstruktionsprozesses durch die Visualisierung geförderte kritische Reflexion eines Autors mit einem Kurs zu nennen.

Die Strukturelemente besitzen neben ihrer visuellen Darstellung weitere unterschiedliche Eigenschaften (Attribute), abhängig davon, ob sie der inhaltlichen oder strukturellen Ebene zuzuordnen sind. Ein Knoten für eine HTML-Seite verfügt z.B. über ein Attribut zur Angabe einer URL-Adresse [1] als Referenz auf den eigentlichen Lerninhalts. Für Verknüpfungen gibt es ein Attribut zur Spezifizierung von Bedingungen.

Ein Doppelklick auf den Repräsentanten einer HTML-Seite führt zum Wechsel von der strukurellen auf die inhaltliche Ebene und öffnet dabei einen HTML-Editor zum Bearbeiten der Lerninhalte. Bei Verlassen des Editors kehrt ein Autor wieder in die strukturelle Ebene zurück.

Alle erstellten Kursstrukturen werden – über den Kurseditor – als persistente Kursklasse gespeichert und als Ressourcen verwaltet. Jeder Kurs ist somit im Sinne der Objektorientierung eine Instanz einer Kursklasse. Auch das Anlegen einer Sammlung von Kursstrukturen als Lehr-/Lernpfade für verschiedene Benutzer-Stereotypen wie z.B. Anfänger, Vorgeschrittene und Experten wird über die Verwaltung von Ressourcen unterstützt.

3.2 Navigationsmodellierung

Beim Erstellen von Kursen wird durch sogenannte Verknüpfungen des aus Lerninhalten bestehenden Informationsraums ein sogenannter Navigationsraum aufgespannt. Verschieden starke Einschränkung in den Verknüpfungsbedingungen ermöglichen damit unterschiedliche Lehr-/Lernstrategien bei der visuellen Navigationsmodellierung. Ein „Freischalten" von Verknüpfungen ermöglicht z.B. exploratives Lernen, wie es bei den auf dem Konzept von Hypertext basierenden Lernsystemen häufig anzutreffen ist. Eine „führende (tutorielle) Navigation" benötigt dagegen entsprechende Einschränkungen in den Bedingungen von Verknüpfungen.

Die Bedingungen sind als Regeln formuliert. Der Bedingungsteil folgt einem adaptiven Ansatz: Die Bedingungen werden z.B. aus strukturellen und inhaltlichen Kursdaten zusammengesetzt, so daß sich die Überprüfung des „Besuchs" einer Lerneinheit damit genauso formulieren läßt wie Vergleiche von vordefinierten Antworten als Lösungsmöglichkeiten für gestellte Aufgaben mit den bei einer Antwortanalyse gewonnenen Ergebnissen. Für die Umsetzung der in „intelligenten" Lehr-/Lern-Systemen anzutreffenden Lehrstrategien lassen sich Komponenten wie Lerner-, Tutor- und Expertenmodelle anbinden.

Die gegebene Flexibilität bei der Formulierung von Bedingungen ermöglicht dabei insbesondere eine feine Abstimmung im Wechselspiel zwischen freier und geführter Navigation. Fordert ein Autor für die Bearbeitung eines Kurses an bestimmten Stellen in der Kursstruktur notwendige Einschränkungen, um einen aus seiner Sicht zu erzielenden Lernerfolg sicherzustellen, so ist dies im Sinne eines Lokalitätsprinzips unmittelbar in den Verknüpfungen anzugeben. Eine schrittweise Zurücknahme zusätzlicher Unterstützung beim Lernen [10], wie z.B. der Häufigkeit von Kritik bzw. Hilfen für unerfahrene Lernende, läßt sich mit dieser Modellierung einfach umsetzen.

3.3 Lernersicht

Die Modellkomponente Course Launcher (Abb. 2) besitzt die notwendige Funktionalität zur Auswahl und zum Laden von Kursstrukturen. Die aktuelle Position in der Kursstruktur wird jeweils durch farbige Umrandung des jeweiligen Repräsentanten visualisiert. Der Lernende kann somit erkennen, an welchem Ort des Kurses er sich befindet, was er schon bearbeitet hat und welcher Lernstoff noch vor ihm liegt.

Die zentrale Komponente des Course Launchers ist die Navigationssteuerung. Zur Laufzeit werden die vom Autor spezifizierten Bedingungen ausgewertet und die Kursstruktur entsprechend fortgeschaltet. Daneben übernimmt der Course Launcher gleichzeitig auch die Steuerung auf der inhaltlichen Ebene. Zwischen dem Course Launcher und einem HTML-Browser wird hierfür eine Kopplung realisiert. Ist nach der Auswertung von Bedingungen durch die Navigationssteuerung eine neue HTML-Seite anzuzeigen, dann wird die im Repräsentanten als Attribut gespeicherte URL dem HTML-Browser zur weiteren Darstellung übergeben.

Für die Navigationssteuerung sind Interaktionsobjekte in Form von Aktionsknöpfen im rechten Teilbereich der Modellkomponente realisiert. Die Visualisierung der Kursstruktur im rechten Teilbereich wechselt dabei entsprechend zwischen den – vom Autor vordefinierten – strukturellen Hierarchieebenen. Über einen weiteren Aktionsknopf läßt sich eine separate Navigationsmöglichkeit öffnen. Jeder Lernende kann somit entscheiden, ob er die Visualisierung seiner Kursstruktur angezeigt haben will oder ob ihm die allgemeine Steuerfunktionalität ausreicht.

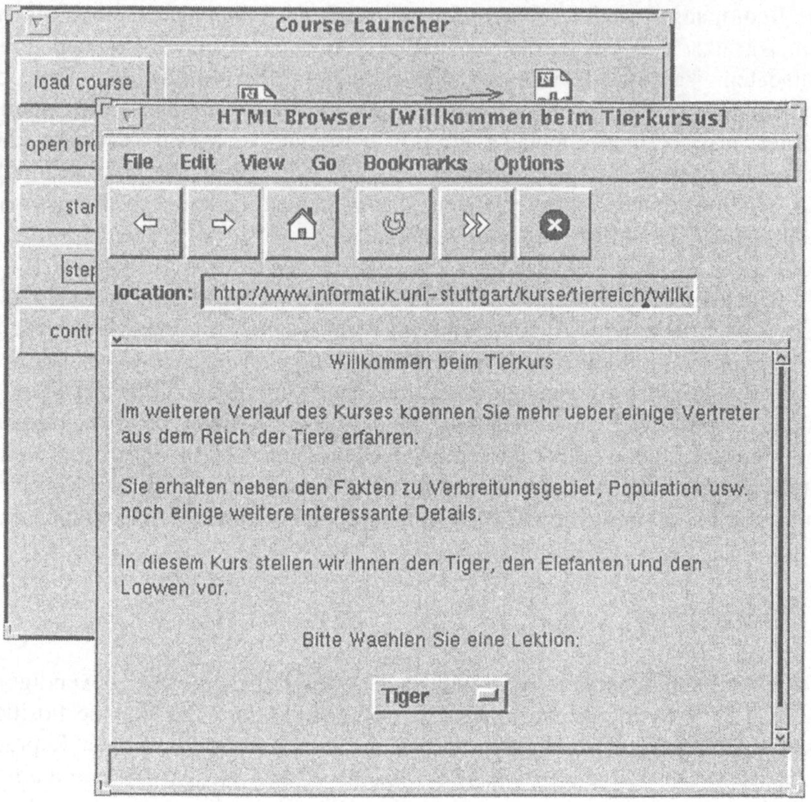

Abb.2: Course Launcher

Die Realisierung liegt als prototypische Implementierung in der Programmiersprache Smalltalk vor. Der Umgang von Autoren und Lernenden mit der Lehr-/Lernumgebung befindet sich in der Erprobung.

4 Ausblick

Eine Reihe von Lerntheorien und deren Umsetzungen in rechnergestützte Lehr-/Lernstrategien [5,10] beinhalten die Kooperation zwischen verschiedenen Lernenden. Kooperation bedeutet dabei das gemeinsame Erreichen von Lernzielen oder die Arbeit an einer gemeinsamen Aufgabe.

Die vorgestellte Lehr-/Lernumgebung ist zunächst für Einzelbenutzer in den Rollen von Autor und Lernenden geeignet. Eine asynchrone Kooperation zwischen verschiedenen Autoren ist aber auch hier möglich, wenn ein Autor   auf der strukturellen Ebene bereits existierende Lerneinheiten aus der inhaltlichen Ebene nutzt.

Kooperatives rechnergestütztes Lehren und Lernen mit dem Rechner als Medium eröffnet neue Möglichkeiten bezüglich synchroner Kommunikation von Lehrenden und Lernenden. Ein Beispiel für dieser Form der Kommunikation ist das synchrone kooperative Entwerfen von Kursen auf struktureller und inhaltlicher Ebene. Die bisher realisierte Lehr-/Lernumgebung wird um eine Funktionalität zur synchronen Kommunikation erweitert. Ergebnisse von bisherigen Arbeiten [4] werden auf eine mögliche Integration in die Lehr-/Lernumgebung überprüft.

Literatur

[1]   A. Brennecke, R. Keil-Slavik. Alltagspraxis der Hypermediagestaltung – Erfahrungen beim Einsatz des World Wide Web und Mosaic in der Lehre. In H.-D. Böcker (Hrsg.), *Software-Ergonomie '95: Mensch-Computer-Interaktion - Anwendungsbereiche lernen voneinander*, B.G. Teubner, Stuttgart, 1995.

[2]   A. Brennecke, R. Keil-Slawik. Einsatz elektronischer Lehr- und Lernumgebungen in der Software-Ergonomie-Ausbildung. In R. Liskowsky, B.M. Velichovsky, W. Wünschmann (Hrsg.), *Software-Ergonomie '97*, B.G. Teubner, Stuttgart, 1997.

[3]   M.M. Burnett, A. Goldberg, T.G. Lewis. *Visual object-oriented programming: concepts and environments*, Manning Publications Co., Greenwich, 1995.

[4]   W. Dilly, R. Gunzenhäuser. Kollaboratives rechnergestütztes Lehren und Lernen. In E. van derMeer, Th. Bachmann (Hrsg.) *Experimentelle Psychologie*, Papst Science Publishers, Berlin, 1997.

[5]   T.M. Duffy, D.H. Jonassen. *Constructivism and the Technology of Instruction: A Conversation*, Lawrence Earlbaum Associates, Hillsdale, New Jersey, 1992.

[6]   J. Nielsen. *Hypertext & Hypermedia*, Academic Press, London, 1990.

[7]   T. Ottman, P. Widmayer: *Algorithmen und Datenstrukturen*, Spektrum Akademischer Verlag, Heidelberg, 1996.

[8]   C. Rader, C. Brand, C. Lewis. Degrees of Comprehension: Children's Understanding of a Visual Programming Environment. In *Proceedings of the CHI '97*, ACM Press, 1997.

[9]   B. Shneiderman: *Designing the User Interface*, Addison-Wesley, Reading, Ma., 1992.

[10]   E. Soloway, M. Guzdial, K.E. Hay. Learner-Centered Design, *Interactions*,1(2): 36-48, April 1994.

Danksagung

Prof. Dr. Rul Gunzenhäuser danke ich für die Unterstützung und die hilfreichen Kommentare.

Die Extraktion von Restriktionen aus Aufgabenbeschreibungen für die statische, konzeptbasierte Diagnose von Lösungs- bzw. Schaltungsentwürfen (aus der Pneumatik)

Janine Willms, Claus Möbus
Fachbereich Informatik, Abteilung Lehr-und Lernsysteme,
C.v.O. Universität Oldenburg, D-26111 Oldenburg
Email: {Janine.Willms, Claus.Moebus}@informatik.uni-oldenburg.de

Computerbasierte Lehr- und Lernsysteme sollen Wissen effizient vermitteln und den Umgang mit Problemen in Prüfungssituationen oder im Alltag vereinfachen. Damit das Gelernte in aktives, anwendbares Wissen (prozedurales Wissen) beim Teilnehmer umgewandelt wird, reicht die bloße Vermittlung von Fakten und Regeln (deklaratives Wissen) nicht aus. Die Anwendung des Wissens selbst muß in „realen" Problemsituationen trainiert werden, um prozedurales Wissen zu erwerben. Dafür wurden in unserer Arbeitsgruppe sogenannte *Intelligente Problemlöseumgebungen (IPSE)* entwickelt, in denen der Lernende freies, exploratives Problemlösen durch den uneingeschränkten Entwurf von Lösungen trainieren kann. Die Diagnosekomponenten dieser Systeme müssen mächtig genug sein, um sämtliche Entwurfsmöglichkeiten beurteilen zu können. In diesem Beitrag werden verschiedene Ansätze vorgestellt, die *freies Problemlösen* ermöglichen. Wenn der Lernende jedoch die Aufgabenstellung selbst nicht versteht, so können diese Systeme keine Hilfestellung geben. In der IPSE PULSE wurde daher eine konzeptbasierte *Spezifikationsanalyse* integriert, die den Lernenden bereits beim Verstehen der Aufgabenstellung unterstützt und hilft, Anfangsschwierigkeiten zu überwinden. Ein weiterer Vorteil der Spezifikationsanalyse ist die Einsetzbarkeit in einem Dozentenmodus, der die einfache Integration neuer Aufgaben durch einen Dozenten ermöglicht. Eine solche explizite Analyse von Restriktionen aus der Aufgabenbeschreibung wurde bisher in keinem anderen Lehr- und Lernsystem verwirklicht.

1 Einleitung

Der Einsatz von Computern in Aus- und Weiterbildung nimmt kontinuierlich zu. Die eingesetzten Programme unterscheiden sich jedoch teilweise gravierend. Mit dem Begriff *Edutainment-Systeme* werden zum Beispiel Programme bezeichnet, die in ansprechender, multimedialer Weise Fachwissen darstellen. Dabei wird häufig eine Überprüfung und Anwendung des Wissens des Lernenden vernachlässigt. In diesem Beitrag sollen speziell solche Systeme in den Vordergrund treten, die die Anwendung von Wissen ermöglichen und als Übungs- und Trainingssysteme eingesetzt werden können.

Die einfachste Art der Wissensüberprüfung ist der Multiple-Choice-Test. Dieser wird häufig in sogenannten CBT-Systemen (Computer Based Training) eingesetzt. Hierbei kann der Lernende zu einer Frage aus einer gegeben Menge von Antworten auswählen. Die Lösungsvielfalt ist somit bereits durch den Entwickler der

Lernsoftware stark eingeschränkt und ungewöhnliche, kreative Lösungen des Lernenden können durch die Systeme nicht erkannt werden.

Wissensbasierte CBT-Systeme bauen auf einer internen Wissensbasis auf, aus der im Einzelfall Entwürfe geprüft und teilweise sogar Lösungen generiert werden können. Dadurch bieten sie die Möglichkeit, einen sehr viel größeren Lösungsraum abzudecken und ihre eigenen Aktionen sowie die des Lernenden zu beurteilen und zu erklären. Häufig werden solche Systeme auch als *Intelligente Tutorsysteme* (ITS) (Wenger, 1987) oder *Intelligente Problemlöseumgebungen* (IPSE) (Möbus, 1995, 1996) bezeichnet. Je freier der Lernende in solchen Systemen seine eigenen Ideen umsetzen kann, desto schwieriger wird es für den Entwickler, dem System die Fähigkeit zu geben, die Aktionen des Lernenden zu beurteilen. Besonders problematisch ist dabei die Diagnose von Stocksituationen und die Auswahl von Systemhilfen zu deren Überwindung. Als Stocksituationen bezeichnen wir Situationen, in denen der Lernende Hilfe von außen, durch einen Tutor oder das System, benötigt.

2 Stocksituationen und Erklärungsbedarf im Problemlöseprozeß

In Problemlöseumgebungen hat der Lernende die Aufgabe, zu einer gegebenen Spezifikation (Repräsentationsformat R1) eine Lösung (Repräsentationsformat R2) zu erstellen. Diese Aufgabe birgt Fehlerquellen unterschiedlicher Art und Tragweite in sich. So kann man zum einen Fehlerquellen anhand der verschiedenen (nicht zwangsläufig in dieser Reihenfolge bearbeiteten) Subziele des Problemlöseprozesses identifizieren:

1. Lesen der Spezifikation (Analyse der Syntax)
2. Analyse der Spezifikation (Analyse der Semantik)
3. Übertragung der Aufgabenstellung in das Format der Lösung (Übertragung der Semantik)
4. Realisierung der Lösungshypothese (Realisierung der Syntax)
5. Analyse der Lösungshypothese (Eigenanalyse bzw. Selbsterklärung oder Inanspruchnahme von Fremdanalysen (Hypothesentesten))
6. Interpretation des Fehlverhaltens des Entwurfs oder der Fehlermeldung (Selbsterklärung)

Zum anderen kann man unterscheiden, ob es sich bei den Fehlerquellen um Auslöser sofortiger Stocksituationen handelt, wie beispielsweise die Unkenntnis eines in der Spezifikation erwähnten Konzeptes, oder um potentielle Auslöser späterer Stocksituationen (VanLehn, 1990), die erst zum Zeitpunkt des Hypothesentestens offensichtlich werden, wie beispielsweise die Verwechslung von Konzepten. In Tabelle 1 werden Beispiele für mögliche Fehlerquellen noch einmal zusammengefaßt.

Erklärungen dienen der Überwindung von Stocksituationen. Sie müssen daher in allen Phasen und Zielen des Problemlöseprozesses angeboten werden. Viele Systeme unterstützen jedoch lediglich die Umsetzung der Aufgabenstellung, ohne zu berücksichtigen, daß bereits beim Verständnis der Aufgabenstellung Probleme auftreten können. Im folgenden Kapitel werden daher mehrere Systeme vorgestellt und auf Möglichkeiten zur Erklärung der Aufgabenstellung hin untersucht.

Subziele des Problemlöseprozesses	Potentielle sofortige Stocksituationen	Potentielle Auslöser für spätere Stocksituationen
Lesen der Spezifikation	Unbekannte Basisbauteile von R1	Flüchtigkeitsfehler
Analyse der Spezifikation	Unkenntnis der korrekten Konzeptintension	Verwechslung von Konzepten oder Annahme andersartiger Konzeptintensionen in R1
Übertragung der Aufgabenstellung	Fehlender Plan zur Umsetzung des Konzeptes	Verwechslung von Konzepten oder Annahme andersartiger Konzeptintensionen in R2
Realisierung der Lösungshypothese	Unbekannte Basisbauteile von R2	Fehlerhafte Ausführung des gewählten Plans
Analyse der Lösungshypothese	Mangelnde Analysefähigkeit hinsichtlich des eigenen Entwurfs	Fehlerhafte Eigenanalyse bzw. Selbsterklärung
Interpretation des Fehlverhaltens oder der Fehlermeldung	Mangelnde Fähigkeiten zur Fehlerinterpretation, Reparatur und Ergänzung des Entwurfs	Nicht Erkennen der mangelnden Fähigkeiten zur Fehlerinterpretation, Reparatur und Ergänzung des Entwurfs

Tabelle 1: Ursachen für Stocksituationen

3 Beispiele für ITS und IPSE

In diesem Kapitel werden mehrere etablierte Systeme erläutert und insbesondere auf die Art der Aufgabenstellung und deren interne Repräsentation eingegangen, bevor im nächsten Kapitel am Beispiel der IPSE PULSE (Pneumatic Learning and Simulation Environment) dargestellt wird, wie eine *Spezifikationsanalyse* für Aufgaben aus der Domäne der Pneumatik eingesetzt werden kann und welche Vorteile sich daraus ergeben. Es soll damit verdeutlicht werden, daß die bisherigen Systeme zwar eine Trennung von Aufgabenstellung und Lösungsentwurf vorgeben, intern jedoch bereits eine mehr oder weniger abstrakte Form der Lösung als Aufgabe beinhalten. Entsprechend der Einteilung von (Murray, 1988), kann man Lehrsysteme nach der Art der Entwurfsanalyse unterscheiden. Murray bezieht sich dabei zwar lediglich auf ITS zur Vermittlung von Programmier- und Debuggingwissen, die Taxonomie kann jedoch auch für andere Domänen angewendet werden. Zunächst ist eine Unterscheidung in *statische* und *dynamische* Analysemethoden möglich. Die häufigsten statischen Analysen sind planbasiert und somit direkt von der Anzahl der integrierten Pläne abhängig. Dadurch decken statische Analysen den Lösungsraum oft nur unzureichend ab und können einzelne ungewöhnliche Lösungsvarianten nicht erkennen. Dynamische Analysen basieren auf dem Verhalten eines Entwurfs. Es kann sich dabei um Ein-/Ausgabeanalysen oder eine Art interner Simulation handeln. Dynamische Analysen bieten den Vorteil einer vollständigen Analysemethode. Voraussetzung sind dabei jedoch bereits weit fortgeschrittene und ablauffähige Entwürfe. In frühen Phasen des Entwurfs kann die dynamische Analyse allein daher generell Unterstützung des Lernenden bieten.
Wie die meisten der ersten ITS und Problemlöseumgebungen ist **SPADE** (Miller, 1979) ein System aus der Domäne der Informatik. Es handelt sich um einen planbasierten LOGO-Tutor, der mit Hilfe von Problemlösegrammatiken eine strukturierte Vorgehensweise bei der Programmierung und dem Debuggen von Programmen unterstützt. Es handelt sich also um eine statische Analysemethode, die den Lösungsentwurf des Lernenden parsed und Fehler durch Abweichungen von den im System integrierten Regeln einer kontextfreien Grammatik erkennt.

244

In **PROUST** (Johnson, 1986) wird der Aspekt der *Intentionsanalyse* von Pascal-Programmen näher untersucht. Abstrakte *Ziele* werden von *Plänen* unterschieden, um die Existenz verschiedener Lösungswege zu verdeutlichen. Die Aufgabenbeschreibung liegt als natürlichsprachlicher Text vor, während die interne Spezifikation einer Aufgabe aus einer Sequenz von Zielen besteht. Die Analyse des Programmcodes des Lernenden geschieht nach dem Schema *„Analyse durch Synthese"*. Es wird versucht, durch heuristische Auswahl und Instantiierung verschiedener Pläne, den gegebenen Code zu rekonstruieren. Um auch Programmierfehler analysieren zu können, wurden in die PROUST bekannte Planmenge auch Fehlerpläne mit aufgenommen. Die Analysefähigkeit von PROUST ist von der Anzahl der integrierten Pläne abhängig. Problematisch sind vor allem Mehrdeutigkeiten, die sich aus verschiedenen Interpretationen des Programmcodes ergeben können. Es ist somit möglich, daß korrekte Programme von der Analysekomponente nicht erkannt und als Zielhierarchie interpretiert werden können. Es handelt sich also um eine unvollständige Analysemethode, die nicht den gesamten Lösungsraum abdeckt. Die Korrektur eines fehlerhaften Programmcodes durch das System ist nicht möglich. Es werden jedoch Hinweise gegeben, in welchen Teilen des Programms sich möglicherweise Fehler befinden.

ABSYNT (Abstract Syntax Trees) ermöglicht im Gegensatz zu PROUST die Vervollständigung eines unvollständigen Entwurfes. ABSYNT ist eine IPSE für die Domäne der funktionalen Programmierung auf Basis der ISP-DL-Theorie ("<u>I</u>mpasse-<u>S</u>uccess-<u>P</u>roblem-Solving-<u>D</u>riven-<u>L</u>earning") (Möbus, 1995, 1996), einer kognitiven Theorie des Wissenserwerbs, die den induktiven Wissenserwerb durch Stocksituationen und die deduktive Optimierung bereits vorhandenen Wissens nach der erfolgreichen Lösung eines Problems postuliert. Weiterhin wird davon ausgegangen, daß der Problemlöseprozeß als eine Abfolge verschiedener Phasen angesehen werden kann: der *Abwägephase*, der *Planungsphase*, der *Aktionsphase* und der *Bewertungsphase*. In jeder Phase kann die IPSE Hypothesen des Problemlösers hinsichtlich der Korrektheit des Lösungsentwurfs prüfen.

In ABSYNT werden *Ziel-Mittel-Relationen* (Goal-Means-Relations „GMR") zur Diagnose und Synthese von Programmbäumen genutzt. Dem Lernenden wird vergleichbar zu PROUST eine textuelle Aufgabe gestellt, die intern als ein bestimmtes Aufgabenziel repräsentiert wird. Die GMR zerlegt das Aufgabenziel in Subziele, die wiederum weiter ausdifferenziert werden können bis auf die Ebene der funktionalen Sprachkonstrukte. Die GMR-Basis beinhaltet ca. 1100 Regeln, durch deren Feinkörnigkeit ein sehr großer Lösungsraum abgedeckt werden kann, und so auch ungewöhnliche Lösungen umfaßt. Im Gegensatz zu PROUST können Lösungen und Teillösungen generiert werden. Damit können Teilentwürfe durch das System ergänzt werden. Jedoch ist in ABSYNT wie auch in PROUST eine vollständige Abdeckung des Lösungsraums nicht möglich. Eine Besonderheit von ABSYNT ist jedoch die explizite Repräsentierbarkeit von Zielen auf Planungsebene. Der Lernende hat die Möglichkeit, *Zielknoten* in seinen Entwurf einzufügen und durch das System testen zu lassen. Eine solche Unterstützung der Planungsphase ist aus anderen Systemen bisher nicht bekannt.

In der IPSE **PETRI-HELP** (Möbus, 1995), die die Modellierung von beliebigen Prozessen mit Hilfe von Petri-Netzen trainiert, ist eine *dynamische* Analyse integriert basierend auf dem Model-Checking-Ansatz (Clarke, Emerson & Sistla, 1986; Damm, Döhmen, Gerstner & Josko, 1990; Josko 1990). Dadurch konnte der Hypothesentest-Ansatz realisiert werden, der es dem Auszubildenden erlaubt, einen beliebigen

Entwurf auf Korrektheit zu testen. Das Model-Checking kann als interne Simulation dynamischer Systeme angesehen werden. Durch die Vollständigkeit dieser Analysemethode, die den gesamten Lösungsraum abdeckt, ist ein korrektes Feedback sichergestellt. Die Aufgabenstellung liegt dem Lernenden als Text und als eine Menge temporallogischer Formeln vor. Anhand der Formeln ist PETRI-HELP in der Lage den Entwurf des Lernenden zu überprüfen. Die Generierung der Formeln wurde jedoch per Hand durch die Entwickler von PETRI-HELP vorgenommen und kann kaum automatisiert werden, da dafür semantisches Textverständnis nötig wäre.

Das System **SYPROS** (Herzog, 1996), das Wissen zur Programmierung mit Semaphoren vermittelt, kombiniert sowohl statische als auch dynamische Analysemethoden. Die statische Analyse arbeitet vergleichbar zu PROUST mit Planschablonen und Fehlerplänen. Die dynamische Analyse untersucht das Ein-/ Ausgabeverhalten des Programmes. Die Aufgabenstellung liegt jedoch bereits als Programmschablone vor, in die lediglich verschiedene Semaphore eingesetzt werden müssen. Die Lösungsvielfalt ist daher bereits durch die Aufgabenstellung eingeschränkt.

Es wird also deutlich, daß in allen der bisher vorgestellten Systeme die Aufgabe selbst nicht explizit repräsentiert wurde. Daher kann eine Erklärung der Aufgabenstellung und Unterstützung in der Planungsphase nur unzureichend geboten werden. Ursache dieses Mangels ist eine zumeist informelle Beschreibung der Aufgabenstellung, anhand der Entwürfe nicht automatisiert überprüft werden können. Dies führte dazu, daß entweder eine formale Aufgabeschreibung zusätzlich eingeführt wurde (siehe PETRI-HELP) oder direkt (teilweise in abstrakter Form) die Lösung der Aufgabe als zu erreichendes Ziel repräsentiert wurde (SPADE, PROUST, ABSYNT, SYPROS).

In dem nächsten Kapitel wird das System PULSE vorgestellt, das ebenfalls statische und dynamische Analysemethoden vereint. Neu ist jedoch die explizite Anwendung einer Aufgabenanalyse, die den Lernenden beim Verstehen der Aufgabenstellung unterstützt.

4 PULSE

PULSE wurde auf Basis von PETRI-HELP in Zusammenarbeit mit der DIHT-Gesellschaft für Berufliche Bildung, Organisation zur Förderung der IHK-Weiterbildung mbH (Deutscher Industrie- und Handelstag in Bonn) sowie den regionalen Industrie- und Handelskammern entwickelt. Die Entwicklung wurde gefördert von der Otto Wolff von Amerongen Stiftung, der Stiftung Volkswagenwerk und dem Institut OFFIS. Das Programm soll in der Ausbildung zum Industriemeister "Metall" in einer Übungsphase des vorher durch Dozenten vermittelten Wissens eingesetzt werden. Als Spezifikation einer Aufgabe dient ein Funktionsdiagramms nach der VDI-Richtlinie 3260 und eine textuelle Beschreibung der zu realisierenden Steuerung (Abb. 1, rechts). Das Funktionsdiagramm beschreibt graphisch den dynamischen Aspekt einer pneumatischen Steuerung auf einem zeit- und zustandsdiskreten Abstraktionsgrad. Daraus soll der Lernende interaktiv einen pneumatischen Schaltplan entwickeln, der den Anforderungen der Aufgabenstellung entspricht. Dazu kann er beliebige pneumatische Bauteile nach DIN 1219 in dem graphischen Editor (Abb. 1, links) plazieren und durch Leitungen verbinden. Den Auszubildenden steht eine Sequenz von 30 Aufgaben der Prüfungs-, Aufgaben- und Lernmittelstelle (PAL) zur Verfügung. Diese wurden früher als Papier-und-Bleistift-

Aufgaben vorgelegt. Nach Lösung einer Aufgabe konnte der Dozent den Entwurf des Auszubildenden diskutieren. Es ist nicht unplausibel anzunehmen, daß vom Dozenten unbewußt alle Lernerentwürfe als Abweichungen von seinen Musterlösungen angesehen wurden. Werden Abweichungen vom Dozenten als unangenehm erlebt, so wäre eine weniger wertende Instanz (zum Beispiel PULSE) wünschenswert.

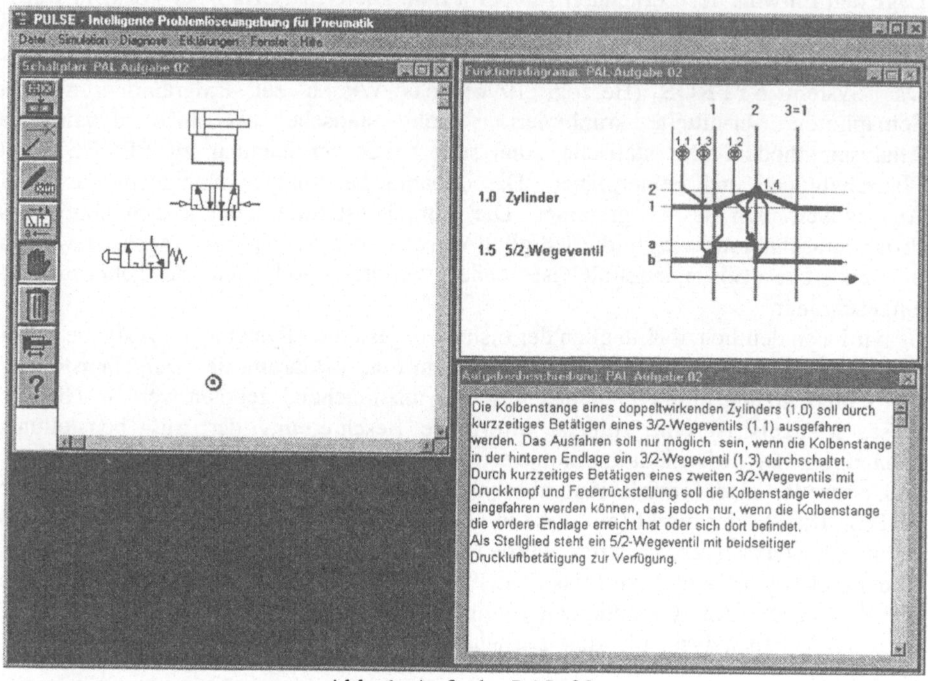

Abb. 1: Aufgabe PAL 02

Die Ziele bei der Entwicklung von PULSE gliederten sich in

- Wissenserwerb durch Problemlösen (d.h. Entwurf von Schaltungen)
- durch Eigenaktivität und Bearbeitung konstruktiver Aufgaben die Motivation des Auszubildenden aufrecht zu erhalten
- Kreativität und aktives Lernen zu unterstützen, indem beliebige, auch ungewöhnliche Entwürfe durch PULSE überprüft und kommentiert werden können.
- Hilfen und Erklärungen zu jedem Zeitpunkt und situationsbezogen anzubieten
- durch entdeckendes Problemlösen und Formulierung von Hypothesen qualitativ hochwertiges Wissen zu vermitteln
- den Dozenten bei der Betreuung der Auszubildenden zu entlasten, so daß er sich mehr um die Lernenden mit fundamentalen Verständnisschwierigkeiten mit der Domäne kümmern kann.

Kernpunkt der Entwicklung von PULSE ist der Hypothesentest-Ansatz. Dieser wird in PULSE ermöglicht durch die Kombination einer statischen, konzeptbasierten Analyse und einer dynamischen Analyse, dem Model-Checking. Das Model-Checking basiert auf einer internen Simulation der Schaltung. Somit kann PULSE für jeden Entwurf des Lernenden eine korrekte Rückmeldung liefern, ist jedoch auf einen simulationsfähigen Entwurf angewiesen. Die statische Analyse dagegen ist in der Lage, bereits in frühen Entwurfsphasen mit Erklärungen und Ergänzungsvorschlägen den Lernenden zu unterstützen, also auch dann, wenn noch kein simulationsfähiger Entwurf existiert. Beispiele und Erklärungen zur Funktionsweise des Systems PULSE werden in (Willms, Göhler & Möbus, 1997a) und detaillierter in (Willms, Göhler & Möbus, 1997b) beschrieben.

Die statische Analyse wird von PULSE jedoch nicht erst bei der Beurteilung des Entwurfes genutzt, sondern wird bereits bei der Analyse der Aufgabenstellung selbst eingesetzt, wie das nächste Kapitel genauer verdeutlicht.

4.1 Die konzeptbasierte Spezifikationsanalyse in PULSE

Die Analyse der Aufgabenstellung in PULSE wurde entwickelt, um Verständnisschwierigkeiten mit der Aufgabenstellung entgegenzuwirken. Diese können speziell in der Domäne der Pneumatik leicht auftreten, da bereits die Aufgabenstellung domänenspezifisches Wissen erfordert. Die Daten der Spezifikation werden als PROLOG-Fakten repräsentiert. Aus den vorliegenden Fakten werden mittels domänenspezifischer Heuristiken und Regeln deduktiv Constraints extrahiert, die den Lösungsraum der aktuellen Aufgabe näher bestimmen. Im übertragenden Sinne muß sich PULSE also die Bedeutung der Aufgabenstellung aus der gegebenen Spezifikation erst erarbeiten und kann dann eine Lösung generieren. Insofern leistet es dieselben kognitiven Aufgaben, die auch ein Lernender anwenden muß, und kann diese deshalb auch dem Lernenden erklären. Eine solche Aufgabenanalyse ist bisher in keinem System realisiert worden, da in anderen Systemen aufgrund der textuellen Aufgabenbeschreibung dafür eine semantische, also inhaltliche Analyse des Textes notwendig wäre.

In PULSE liegt die Aufgabenstellung in zwei Arten vor, die beide dem Lernenden zur Verfügung stehen. Das Funktionsdiagramm beinhaltet eingeschränkte Informationen über zu realisierende Bauteile und Funktionen. Es werden daher *Objektconstraints*, welche Bedingungen zur Realisation von bestimmten Bauteilen beinhalten, und *Funktionsconstraints*, die die Existenz bestimmter Funktionseinheiten fordern, unterschieden. Die Spezifikationsanalyse sammelt zunächst mittels domänenspezifischer Heuristiken, die in das System integriert wurden, sämtliche aus dem Funktionsdiagramm erkennbaren Objektconstraints: beispielsweise den Typ eines Bauteils (Zylinder, Wegeventil, etc.), die Betätigungsart (Manuell, druckluftbetätigt, etc.) oder Initialzustand. Einige dieser Informationen können direkt dem Funktionsdiagramm entnommen werden, andere müssen erst durch Interpretation erschlossen werden. In PAL 02 kann beispielsweise direkt dem Funktionsdiagramm entnommen werden, daß Objekt 1.5 ein 5/2-Wegeventil sein muß. Daß das Ventil auch durch Druckluft betätigt werden muß, kann indirekt aus der Tatsache geschlossen werden, daß das Ventil 1.5 durch die UND-Verknüpfung der Ventile 1.1 und 1.3 (Abhängigkeitspfeil) umgeschaltet wird. Unterstützt wird diese Vermutung durch die textuelle Beschreibung, in der „ein 5/2-Wegeventil mit beidseitiger Druckluftbetätigung" erwähnt wird. Die Zuordnung, daß damit das im Funktionsdiagramm auftretende Ventil 1.5 gemeint ist, erfolgt jedoch erst in einer späteren Phase der Spezifikationsanalyse.

Einige Daten des Funktionsdiagramms sind mehrdeutig. So kann beispielsweise das Schaltersymbol für Objekt 1.3 einen manuell betätigten Schalter darstellen, in der

Initialstellung wird auf diese Weise jedoch auch ein rollenbetätigtes Ventil repräsentiert, das durch den Zylinder aktiviert wird. In Aufgabe PAL 02 liegt letzterer Spezialfall vor. Nur die textuelle Beschreibung kann diesen Konflikt auflösen. Da auch in unserer Arbeit keine automatische semantische Analyse des Textes möglich war, wurden die Constraints der textuellen Beschreibung per Hand kodiert und verfügbar gemacht. Aus der Abstimmung der Constraints aus Funktionsdiagramm und textueller Beschreibung läßt sich der Konflikt lösen: Ventil 1.3 wird im Text explizit als ein Ventil genannt, das durch die Kolbenstange des Zylinders betätigt wird, also ein rollenbetätigtes Ventil ist.

Nach der Analyse und dem Abgleich der Objektconstraints aus Funktionsdiagramm und textueller Beschreibung, werden Funktionskonzepte gesucht. In dem Funktionsdiagramm von PAL 02 werden dabei die Funktionen UND(1.1,1.3), UND(1.2,1.4) und mehrere Aktivierungen und Deaktivierungen von Ventilen entdeckt. Diese können zu höheren Funktionskonzepten verknüpft werden, zum Beispiel zum Vor- und Rücklauf, der Steuerkette und der indirekten Steuerung. Nach dem Bottom-Up-Ansatz der Objektconstraint-Analyse wird nun versucht, Funktionsconstraints der Aufgabenbeschreibung aus Funktionsdiagramm und textueller Beschreibung einander zuzuordnen und so in einem Top-Down-Ansatz noch immer unklare Objektbezeichnungen aufzulösen. Es ergibt sich aus der Analyse der Funktionen im Funktionsdiagramm, daß das Ventil 1.5 als Stellglied bezeichnet werden kann. Jetzt kann die Verbindung zu dem unbenannten Ventil in der textuellen Beschreibung geschaffen werden und Ventil 1.5 bekommt die zu realisierende Objekteigenschaft „Beidseitige Druckluftbetätigung" zugeschrieben.

Zur statischen Analyse von Entwürfen werden die so gewonnenen Objekt- und Funktionsconstraints genutzt. Auch die Vervollständigung und Korrektur von Schaltplänen ist dadurch möglich. Zur Erklärung der Aufgabenstellung wird Rückbezug auf die genutzten Heuristiken der Spezifikationsanalyse und deren Ausgangspunkt im Funktionsdiagramm oder der textuellen Beschreibung genommen. Doch nicht nur die Erklärungsfähigkeit ist ein Vorteil der Spezifikationsanalyse. Im nächsten Abschnitt wird darauf eingegangen, wie aufgrund der Spezifikationsanalyse ein Dozentenmodus realisiert werden kann, der die Integration beliebiger neuer Aufgaben in das System erlaubt, ohne programmieren zu müssen.

4.2 Der Dozentenmodus

Da Pulse in der Lage ist, die in der Pneumatik üblichen Repräsentationsformen zu analysieren, konnte der Prototyp eines Dozentenmodus erstellt werden, der die interaktive Eingabe beliebiger neuer Aufgaben in das System erlaubt und dennoch in der Lage ist, mit Hilfe der dynamischen Analyse die Korrektheit von Entwürfen bezüglich dieser neuen Aufgaben zu prüfen. Dabei wird jedoch nur das Verhalten der Schaltung mit dem Funktionsdiagramm verglichen, die textuelle Beschreibung wird zunächst vernachlässigt. Im Funktionsdiagramm können beliebig viele Bauteile als Linie oder als Schaltsymbol definiert und durch Abhängigkeitslinien verknüpft werden.

Ein begleitender Text kann ebenfalls durch den Dozenten eingegeben werden. Dieser Text kann entweder ohne Einfluß auf die Lösung der neuen Aufgabe bleiben oder die semantischen Inhalte müßten zur Nutzung der statischen Analyse ebenfalls explizit definiert werden, was die Definition neuer Aufgaben durch einen ungeübten Dozenten erschwert. Prototypisch wurde eine Umgebung geschaffen, die die Zuordnung von Eigenschaften zu Objekten und einer entsprechenden Textstelle ermöglicht. Die Definition neuer Aufgaben muß jedoch sehr diszipliniert vorgenommen werden, da inkonsistente Aufgaben bisher nicht abgefangen werden. Auch die unvollständige oder ungenaue Definition von Aufgaben ist leider möglich. Während unvollständige Definitionen lediglich zu einem größeren Lösungsraum führen, können ungenaue Definitionen zu Mehrdeutigkeiten führen, die durch die statische Analyse nicht aufgelöst werden können, beispielsweise, die Aussage, daß ein 4/2-Wegeventil verwendet werden muß, ohne Angabe des konkreten Bauteilnamens und ohne Möglichkeit eindeutig zuzuordnen.

Die Funktionsweise des Dozentenmodus wurde anhand der ersten 10 PAL-Aufgaben getestet. Diese können beliebig in den Dozentenmodus übertragen, verändert und wieder in den Aufgabenmodus zurück übertragen werden. Dadurch kann die Funktionsweise des Dozentenmodus an verschiedenen Beispielen erläutert werden. Für den aktiven Einsatz wäre jedoch eine Schulung der Dozenten anzuraten, um eventuell auftretende Probleme erkennen und richtig diagnostizieren zu können. Dieses könnte durch Integration verschiedener Konsistenztest (beispielsweise der konsistenten Definition von Bauteileigenschaften in Funktionsdiagramm und Text, der korrekten Zuordnung von Symbolen zu Ventilen oder der korrekten Anzahl von möglichen Zuständen zu Objekten) noch unterstützt werden.

5 Zusammenfassung

Die Analysefähigkeit der Aufgabenstellung ist eine Eigenschaft des Systems PULSE, die in anderen Lehr-/Lernsystemen bisher nicht vorhanden ist. Sie basiert auf einer konzeptuellen Analyse des Funktionsdiagramms mittels domänenspezifischer Heuristiken und der Interpretation kodierter Informationen, die im Text der Aufgabenstellung vorhanden sind. Die Informationen werden einander zugeordnet, verknüpft und zu einer Hierarchie von Konzepten aufgebaut. Diese bilden die Basis für die spätere konzeptbasierte Analyse des Entwurfs. Durch die explizite Spezifikationsanalyse werden zwei Vorteile erreicht: die Aufgabenstellung selbst wird erklärbar und die Analyse kann auf beliebige andere Aufgaben angewendet werden, so daß die Implementierung eines Dozentenmodus möglich wurde.

6 Literatur

Clarke, E.M., Emerson, F.A. & Sistla, A.P. (1986). Automatic Verification of Finite-State Concurrent Systems Using Temporal Logic Specifications. ACM Transactions on Programming Languages and Systems, Vol. 8, No. 2, 244 - 263

Damm, W., Döhmen, G., Gerstner, V., Josko, B. (1990). Modular Verification of Petri Nets. The Temporal Logic Approach, in: J.W. de Bakker, W.P. de Roever, G. Rozenberg (eds.), Proceedings REX-Workshop on stepwise refinement of distributed systems: models, formalisms, correctness. Berlin: Springer, LNCS 430.

Herzog, C. (1996). Syntaxorientierte vs. Ablauforientierte Diagnose in intelligenten Programmierumgebungen als Beispiel für den Einsatz konkurrierender Problemlöser, in: M. Thielscher, S.-E. Bornscheuer (eds.) Fortschritte der Künstlichen Intelligenz (KI 96), Dresden: Dresden University Press.

Johnson, W.L. (1986). Intention-based Diagnosis of Novice Programming Errors. Los Altos: Morgan Kaufmann.

Josko, B. (1990). Veryfying the correctness of AADL modules using model checking, in: J.W. de Bakker, W.P. de Roever, G. Rozenberg (eds.), Proceedings REX-Workshop on stepwise refinement of distributed systems: models, formalisms, correctness. Berlin: Springer, LNCS 430, 386-400.

Miller, M.L. (1979). A structured planning and debugging environment for elementory programming

Mizoguchi, R., Ikeda, M., Sinitsa, K. (1997). Roles of Shared Ontology in AI-ED Research, in: B. du Boulay, R. Mizoguchi (eds), Artificial Intelligence in Education, IOS Press, 537-544.

Möbus, C., Thole, H.J., Schröder, O. (1993). Diagnosis of Intentions and Interactive Support of Planning in a Functional, Visual Programming Language, in D.M. Towne, T. de Jong, H. Spada (eds), Simulation-Based Experiential Learning, Berlin: Springer, 61-76.

Möbus, C. (1995). Towards an Epistemology of Intelligent Problem Solving Environments: The Hypothesis Testing Approach I, in: J. Greer (ed.), Artificial Intelligence in Education, Proceedings of AI-ED 95, Washington, D.C., August 16-19, 1995, Charlottesville: AACE, 138-145

Möbus, C., (1996). Towards an Epistemology on Intelligent Problem Solving Environments: The Hypothesis Testing Approach II, in: Proceedings of EuroAIED 96, Lisbon, Portugal, Sept. 30 - Oct. 2,

Murray, W.R. (1988). Automatic Program Debugging for Intelligent Tutoring Systems. Morgan Kaufmann Publishers, Inc. San Mateo, California.

VanLehn, K., (1990). Mind Bugs: The origins of procedural misconceptions. MIT Press, Cambridge.

Wenger, E., (1987). Artificial Intelligence and Tutoring Systems. Morgan Kaufmann Publishers, Inc., Los Altos, California.

Willms, J., Göhler, H., Möbus, C., (1997a). Testing Hypotheses in an Engineering Domain: Combining Static and Dynamic Analysis of Pneumatic Circuits, in: B. Boulay, R. Mizoguchi (eds.): Artificial Intelligence in Education, Amsterdam: IOS-Press, 680-682.

Willms, J., Göhler, H., Möbus, C., (1997b). Die Integration von dynamischen und statischen Analysemethoden in einer intelligenten Lern- und Problemlöseumgebung, in: C. Herzog, Beiträge zum 8. Arbeitstreffen der GI-Fachgruppe 1.1.5/7.0.1 „Intelligente Lehr- und Lernsysteme", Duisburg, 18.-19. September 1997, „Blaue Berichte" der TU München, 1997.

Erfahrungsbericht zur Lehrevaluation der Informatik in Paderborn

U. Kastens

Universität-GH Paderborn

1 Einführung

Das Fach Informatik an der Universität-GH Paderborn hat von Mitte 1996 bis Mitte 1997 eine Evaluation von Studium und Lehre durchgeführt. Wir haben damit sehr positive Erfahrungen gemacht, die wir in diesem Artikel weitergeben möchten. Ein solcher Bericht aus der Sicht des Faches mag die eher methodischen Beschreibungen von Evaluationsinstitutionen nützlich ergänzen. Zusammen mit dem Material aus Evaluationen anderer Informatik-Bereiche soll er die Basis übertragbarer Erfahrungen verbreitern.

Evaluation von Studium und Lehre ist heute ein hochaktuelles Thema an deutschen Hochschulen. Der Stifterverband für die Deutsche Wissenschaft hat im Januar 1997 ein Symposium zum Thema „Qualitätsentwicklung in einem differenzierten Hochschulsystem" veranstaltet. Die Dokumentation dazu [EW97] belegt ein breites Spektrum von Aktivitäten und eine große Zahl interessierter Teilnehmer.

In Ländern wie Frankreich, den Niederlanden, Großbritannien, USA und Australien hat man schon wesentlich früher begonnen, Evaluation in den Hochschulen als Mittel zur Qualitätssicherung zu etablieren, so daß man hier bei der Entwicklung von Verfahren auf deren Erfahrungen zurückgreifen kann. In Deutschland führt z. B. der Verbund Norddeutscher Universitäten (Bremen, Hamburg, Kiel, Oldenburg, Rostock) seit 1994 Evaluationen von Studium und Lehre durch [Nor97]. Dabei wurden bis 1997 die Fächer Biologie, Germanistik, Informatik, Wirtschaftswissenschaften, Chemie und Geschichte jeweils im Verbund mehrerer Hochschulen evaluiert. Die Bestandsaufnahme in [BCR97] und die Tagungsdokumentation [HS92] geben dazu wertvolle Übersichten.

Evaluationen können mit ganz unterschiedlichen Zielsetzungen und nach sehr unterschiedlichen Verfahren durchgeführt werden. In [Ric95] werden einige der Richtungen gegenübergestellt. Die Verfahren, die an deutschen Hochschulen angewandt bzw. ihnen empfohlen werden, scheinen sich aber deutlich auf folgende Grundsätze hin zu entwickeln: Das Ziel ist die Qualitätssicherung und -verbesserung. Das Verfahren umfaßt eine Phase der internen Evaluation durch das Fach selbst, die durch einen Lehrbericht dokumentiert wird, und in der zweiten Phase eine externe Evaluation durch fachkompetente Gutachter (Peer-Review). Solche Verfahrensziele und -strukturen werden vom Wissenschaftsrat [Wis96], von der Landesrektorenkonferenz Nordrhein-Westfalen und auch in der Untersuchung des Zentrums für Hochschulentwicklung und der Hochschul-Informations-System GmbH (HIS) [BCR97] empfohlen.

3/96	Anstoß zur Evaluation im Professorenkreis
5/96	Ankündigung im Fachbereich
9/96	Gründung des Arbeitskreises Evaluation
9/96	Betreuung durch die HIS vereinbart
10/96	Fragebogen für Studienanfänger entwickelt, verteilt, ausgewertet
11/96	Studieninhaltskommission formuliert Studienziele und -strukturen
11/96	Erhebung von Daten zum Studienverlauf aus der Hochschulverwaltung
12/96 - 1/97	5 moderierte Gesprächsrunden mit Studierenden des Grundstudiums, Hauptstudiums, wissenschaftlichen Mitarbeitern, Professoren und mit allen Gruppen zusammen
12/96 - 1/97	Fragebögen für alle Studierenden, Fragebögen für wissenschaftliche Mitarbeiter und für Professoren
2/97	Auswahl und Einladung der Gutachter
2/97 - 4/97	Evaluationsbericht erstellen, im Fachbereich diskutieren und an Gutachter versenden
5/97	Planung und Vorbereitung der Begehung
6/97	2-tägige Begehung durch Gutachter
7/97	Initiative Informatikstudium 2000
8/97	Eingang des schriftlichen Gutachtens
2/98	Publikation des Evaluationsberichtes

Abb. 1 Ablauf des Evaluationsverfahrens

In die Klasse der internen und externen Evaluationen gehört auch das von der HIS entwickelte Verfahren, das wir für unsere Evaluation ausgewählt haben. Für uns war dabei wichtig, daß der Prozeß der Evaluation im Vordergrund steht. Er soll das Bewußtsein für Lehrqualität und die Kommunikation darüber im Fach nachhaltig verankern. Das HIS-Verfahren wird z. B. in [CR95] beschrieben. Auch ein Abschlußbericht über mehrere Projekte in Baden-Württemberg liegt vor [CR96]. Darunter waren auch die Evaluationen der Informatik-Fakultäten in Stuttgart und Karlsruhe, an denen der Autor dieses Papiers als Gutachter teilgenommen hat. Die Evaluationsberichte dieser Verfahren sind publiziert [Stu96], [DW95] und bieten sicher zusammen mit unserem Bericht [Eva98] eine nützliche Erfahrungsbasis im Fach Informatik.

In der Paderborner Informatik ist der Entschluß, eine Lehrevaluation durchzuführen, recht leicht gefallen. Denn eine Gesamtschau der seit den 80er Jahren gewachsenen Ausbildungsstrukturen wurde als dringend notwendig empfunden. Eine Konzentration auf Studium und Lehre schien gerechtfertigt, da die Rolle der Forschung erst im Vorjahr wieder mit der Einrichtung eines Sonderforschungsbereiches unterstrichen worden war. Auch traf das Evaluationsverfahren der HIS unsere Vorstellungen sehr gut: Wir wollten uns nicht passiv einer Evaluation unterziehen, sondern sie aktiv selber betreiben, um Studium und Lehre stärker ins Zentrum von Diskussionen und Planungen zu rücken, und um bekannte und noch aufzudeckende Schwachstellen zu verbessern.

In den folgenden Abschnitten wollen wir über einige Phasen unserer Evaluation berichten, die wir als besonders wichtig oder typisch wahrgenommen haben. Ein grobes chronologisches Raster des Verfahrens ist in Abb. 1 angegeben. Es erstreckt sich über einen Zeitraum von ca. 1 1/2 Jahren mit knapp einem Jahr arbeitsintensiver Kernzeit und am Ende einem nahtlosen Übergang in eine Umsetzungs- und Konzeptionsphase.

2 Evaluationsbericht

Der Evaluationsbericht beschreibt Strukturen, Fakten, Daten und Meinungen zur Informatikausbildung in Paderborn. Er ist im wesentlichen nach den Vorlagen des HIS-Verfahrens gegliedert, die wir nach unseren Vorstellungen und für unsere Situation spezifisch ausgefüllt haben. Er gibt den Erkenntnisstand am Ende der Phase der internen Selbstevaluation auf ca. 120 Seiten wieder. Sein unmittelbares Ziel ist es, den externen Gutachtern einen möglichst tiefgehenden Einblick in unsere Studentenausbildung zu vermitteln. Darüberhinaus ist er als erste umfassende Darstellung unserer Ausbildungssituation ein wichtiges Dokument für die Fortentwicklung der Ausbildung und für die Information von Studienanfängern. Der Bericht ist in einer Gemeinschaftsaktion des Arbeitskreises entstanden mit Beiträgen von Professoren, wissenschaftlichen Mitarbeitern und Studenten. Wir wollen hier nicht den ganzen Bericht zusammenfassen, sondern nur einige Punkte herausgreifen, die uns wichtig und typisch erscheinen.

Das Evaluationsverfahren hat eine umfassende Diskussion von **Ausbildungszielen** angestoßen, die so im Fach erstmals geführt wurde. Sie ging aus von einer Sammlung von Ziel- und Inhaltsangaben zu Hauptvorlesungen. In einem bottom-up Prozeß wurden vier große Themenbereiche und deren Ausbildungsziele definiert: Grundlagen, Algorithmen, Systeme und Methoden. Schließlich wurden in einem top-down Durchgang allgemeine Ziele und Paderborn-spezifische Schwerpunkte formuliert und auf die Strukturen abgebildet. Auf 11 Seiten wird in dem Bericht der erreichte Diskussionsstand dokumentiert. Auch wenn darin keine revolutionären Neuerungen präsentiert werden und die meisten Ziele seit langem mehr oder weniger ausgesprochener common sense unter den Lehrenden waren, ist ihre erstmalige Formulierung und Verbreitung im Fach ein bemerkenswerter Fortschritt - auf dem Wege zu einer Selbstverständlichkeit.

Auch die **Analyse von Daten zum Studienverlauf** hat wichtige Fakten und Zusammenhänge zu Tage gefördert, die so erstmals zusammengestellt und im Evaluationsbericht präsentiert wurden, z.B. zum Thema Studiendauern: Es besteht eine starke Korrelation zwischen der Dauer bis zum Abschluß des Vordiploms und dem des Diploms: Das Hauptstudium dauert nach Abschluß des Vordiploms etwa 6 Semester. Dies gilt für beide Zweige des integrierten Studienganges. Die Ursache für die im Vergleich zur Regelstudienzeit lange Studiendauer besonders beim Diplom I ist im Grundstudium zu suchen. Dies bestätigen auch Untersuchungen zur Zahl der Prüfungsversuche in den verschiedenen Vordiplomteilprüfungen. Auch zwischen Studiendauer und Art der Hochschulzugangsberechtigung haben sich interessante Zusammenhänge gezeigt. Der unübersehbare

Nutzen solcher Untersuchungen unterstreicht, daß Datenmaterial zum Studienverlauf systematischer gesammelt werden müßte, so daß man z. B. Studierendenkohorten über das Studium hinweg verfolgen könnte.

Im Evaluationsbericht wird Meinungsäußerungen von Studierenden, wissenschaftlichen Mitarbeitern, Professoren und Absolventen zum Informatik-Studium in Paderborn ein großer Raum gegeben. Die Meinungen wurden in **Fragebogenaktionen und Gesprächsrunden** erhoben, von Arbeitskreismitgliedern der entsprechenden Statusgruppen ausgewertet und als Textbeitrag aufbereitet. Dabei haben wir versucht, die Meinungen möglichst unmittelbar wiederzugeben, auch wenn dabei Widersprüchliches aus Gründen unterschiedlicher Wahrnehmung stehengeblieben ist. Die Fragebögen und Themen der Gesprächsrunden waren absichtlich so gewählt, daß vermutete Problembereiche und Schwachstellen im Vordergrund stehen. Die Antworten und Diskussionsbeiträge liefern zu konkreten Themen eine Fülle konstruktiver Verbesserungsmöglichkeiten. So wurde z. B. deutlich, daß das sog. Kleingruppenmodell zur Übungsbetreuung noch nicht im vermuteten und wünschenswerten Maße praktiziert wird. Auch zur Betreuung und Dauer von Diplomarbeiten haben die Fragen insbesondere bei den Professoren die Diskussion allgemein akzeptierter und praktizierter Regeln weiter vorangebracht. In den Gesprächsrunden hat neben anderen das Thema "Theorie und Praxis" zu lebhaften Diskussionen geführt. Insbesondere in der großen Gesprächsrunde wurde deutlich, daß zu diesem Thema die Ziele und Erwartungen der Lehrenden und Lernenden differieren, und sie die Paderborner Ausbildung hinsichtlich Theorie und Praxis recht unterschiedlich einordnen. Dies war sicher ein Einstieg in eine längerfristig zu führende Auseinandersetzung.

3 Begehung durch die Gutachtergruppe

Die zweitägige Begehung des Faches durch die Gutachter war der Höhepunkt des Verfahrens. In der vom Fach vorgeschlagenen Gutachtergruppe waren drei Informatik-Professoren (zwei aus Deutschland, einer aus Finnland), ein Professor, dessen Arbeitsbereich Hochschulbildung umfaßt, und ein leitender Mitarbeiter aus dem Bereich Ausbildung in der Computer-Industrie vertreten. Sie hatten sich anhand des Evaluationsberichtes, weiterer Unterlagen aus dem Fach und bei einem von HIS-Mitarbeitern betreuten Treffen auf ihre Aufgabe vorbereitet.

Das Programm für die Begehung wurde mit kleinen Modifikationen aus dem Verfahrensvorschlag übernommen: am Vormittag des ersten Tages Diskussionen der Gutachter mit den Fachgremien, die die Ausbildung steuern (Prüfungsausschuß, Studieninhaltskommission) und dem Arbeitskreis Evaluation; nachmittags drei moderierte Gruppengespräche der Gutachter mit jeweils Studierenden, wissenschaftlichen Mitarbeitern und Professoren; am zweiten Vormittag Besuch von Lehrveranstaltungen und individuelle Gespräche im Fach; abschließend dann eine erste mündliche Stellungnahme der Gutachter.

Wir haben die Begehung genutzt, um auch der Hochschule und dem Ministerium für Wissenschaft und Forschung (MWF) Einblick in das Evaluationsverfahren zu geben: Die für Lehre, Studium und Studienreform zuständige Prorektorin, sowie eine mit dem Thema Evaluation befaßte Mitarbeiterin des MWF waren eingeladen, an allen Teilen des Begehungsprogramms teilzunehmen. Sie haben die Gelegenheit gern wahrgenommen, Diskussionen über die Ausbildungssituation unmittelbar zu erleben.

Auch bei der abschließenden mündlichen Stellungnahme der Gutachter war uns eine breite Beteiligung des Faches wichtig. Die Vorschläge der Gutachter haben so ein größeres Gewicht erhalten, gegenüber der Wirkung einer Mitteilung im kleinen Kreis oder nur in schriftlicher Form. Auf diese Weise wurde die Erledigung konkret angesprochener Maßnahmen praktisch sofort zugesagt, z. B. die Änderung der Prüfungspraxis im Grundstudium, so daß dieselben Studieninhalte nicht mehrfach in studienbegleitenden Klausuren und in Vordiplomklausuren geprüft werden.

In ihrer Stellungnahme haben sich die Gutachter sehr sachkundig zu der Ausbildungsituation geäußert. Sie haben einige Aspekte nachdrücklich positiv hervorgehoben, z. B. die Vermittlung von Schlüsselqualifikationen durch Projektgruppen als Lehrveranstaltungen. Sie haben viele konkrete Verbesserungsvorschläge gemacht, z. B. Maßnahmen zur strikten Einhaltung der vorgeschriebenen Bearbeitungsdauer von Diplomarbeiten, und auch strategische Verbesserungen angeregt, z. B. stärkere Profilbildung u. a. durch einen Kanon von Pflichtveranstaltungen im Hauptstudium. Das vollständige Gutachten und die Stellungnahme des Faches dazu werden zusammen mit dem Evaluationsbericht publiziert [Eva98]. Zur Balance zwischen Lob und Kritik sei aus dem Gutachten zitiert: "Wer mit 29 gesunden Zähnen und einem einzigen kariösen zum Zahnarzt geht, hat Anspruch darauf, daß sich dessen ungeteilte Aufmerksamkeit für die meiste Zeit auf den kranken Zahn konzentriert." Insgesamt wurde die Stellungnahme als objektiv, fair und konstruktiv empfunden. Sie hat am Ende der Begehung sicher dazu beigetragen, daß der Schwung der Evaluation erhalten blieb und sich nun auf verbessernde Maßnahmen richtete.

4 Umsetzung von Maßnahmen

Im Gegensatz zu den vorangegangenen Phasen der internen und externen Evaluation hatten wir für die folgende Phase der Umsetzung von Maßnahmen zunächst noch keinen vorstrukturierten Plan. Schon während der Selbstevaluation hatten wir einige verbessernde Maßnahmen identifiziert, initiiert, z. T. schon durchgeführt und im Evaluationsbericht beschrieben. Mit den Vorschlägen der Gutachter kam eine Reihe weiterer Aktivitäten hinzu. Sofort umsetzbare Maßnahmen, wie die schon bei der Begehung zugesagte Änderung der Prüfungspraxis im Grundstudium, wurden auf den Weg gebracht.

Wir wollten uns jedoch nicht mit der Abarbeitung von Einzelmaßnahmen begnügen, sondern sie einbetten in eine konzeptionelle Umgestaltung und Aktualisierung der Ausbildungsstrukturen. Der Zeitpunkt war dafür sehr günstig: Am Ende des Evaluationsverfahrens waren Kenntnis über und Interesse an so vielen Aspekten der Ausbildung bei so vielen Personen im Fach vorhanden wie kaum zu anderer Zeit.

Unter dem Titel "Informatikstudium 2000" haben wir begonnen, einen Diplomstudiengang Informatik strukturell und inhaltlich neu zu konzipieren: Das viersemestrige Grundstudium schließt über studienbegleitende Prüfungen mit dem Vordiplom ab. Das Studium insgesamt ist wissenschaftlich fundiert und führt nach 9 Semestern zum Diplom, das einem Master-Abschluß gleichgestellt ist. Die Studierenden erwerben bereits nach 6 Semestern einen ersten berufsqualifizierenden Abschluß, der mit dem internationalen Bachelor-Abschluß vergleichbar ist. Whrend in den ersten 6 Semestern die Breite des Faches und der Praxisbezug im Vordergrund stehen, sind die folgenden Semester einer stärkeren Vertiefung gewidmet. Als Regelanforderung für den Zugang zum Studium gilt die Hochschulreife. Die für Gesamthochschulen typischen breiteren Zugangsmöglichkeiten sollen jedoch erhalten bleiben.

Wir haben zunächst die zentralen Strukturen und Inhalte des Studienganges soweit verfeinert und konkretisiert, daß die Realisierbarkeit unserer Pläne deutlich wurde. An diesen Arbeiten haben sich mit großem Engagement Lehrende und Lernende beteiligt. Die Erkenntnisse aus der Selbstevaluation, die langjährigen Erfahrungen mit Studierenden mit alternativen Zugangsberechtigungen sowie die Anregungen der Gutachter haben wesentlich zu dieser Entwicklung beigetragen. Im Vorgriff auf einen ausgearbeiteten Studienplan möchten wir hier einige wichtige Ziele und Merkmale vorstellen, um das Profil des Studienganges sichtbar zu machen:

Um den praktischen Berufsanforderungen für Informatiker gerecht zu werden, haben die ersten 4 Semester einen deutlichen Schwerpunkt in der Software-Technik. Die ersten sechs Semester dieses Universitätsstudiums sollen den Studierenden wissenschaftliche Grundlagen und Methoden vermitteln, die sie auch nach vielen Berufsjahren noch befähigen, sich dann aktuelle Techniken anzueignen. Zum Beginn des Studiums sollen die Studierenden vorrangig in die Grundbereiche der Informatik eingeführt werden. Deshalb soll die Nebenfachausbildung erst im 3. Semester beginnen.

Im 5. und 6. Semester sollen die Studierenden durch Wahlpflichtveranstaltungen die notwendige Ausbildungsbreite in Informatikgebieten erwerben. Im 5. Semester werden keine Pflichtveranstaltungen vorgesehen, um den Studierenden die Möglichkeit zu schaffen, ohne Zeitverlust ein Semester im Ausland zu studieren.

Die Studienphase vom 7. bis 9. Semester ist der Vertiefung in einem forschungsnahen Studium gewidmet. Aufbauend auf der breiten Ausbildung der ersten 6 Semester ist diese Phase durch die Ausbildung zum selbständigen wissenschaftlichen Arbeiten in vertiefenden Vorlesungen, Seminaren und in der Diplomarbeit geprägt.

5 Zusammenfassung

Eine abschließende Kosten/Nutzen-Bilanz kann man natürlich erst aufstellen, wenn angestoßene Veränderungen in der Ausbildung Wirkung zeigen konnten. Dies soll in ca. 2 Jahren überprüft werden. Aber man kann heute schon feststellen, daß unsere Ziele, Qualität der Ausbildung zu einem zentralen Thema im Fach zu machen und Schwachstellen und Verbesserungsmöglichkeiten aufzuzeigen, in jeder Hinsicht erreicht wurden. Zu Aufwand und Kosten kann man heute schon Genaueres sagen: Die Tätigkeit des Arbeitskreises Evaluation, dessen 8 Mitglieder sich in einer Frequenz von 1 bis 3 Wochen 9 Monate lang trafen, ist mit der einer sehr intensiv arbeitenden Hochschulkommission vergleichbar. Unterstützt wurde er in dieser Zeit von 1 bis 3 studentischen Hilfskräften und einem wissenschaftlichen Mitarbeiter mit einem Teil seiner Arbeitszeit. Der Aufwand für die Erstellung des Evaluationsberichtes ist mit dem für einen Bericht über ein Forschungsprojekt mit mehreren Arbeitsgruppen vergleichbar. Wir sind überzeugt, daß sich dieser beträchtliche Aufwand schon jetzt gelohnt hat, umso mehr, wenn sich die Auswirkungen in der Ausbildung zeigen. Sicher wird auch eine Nachevaluation in einigen Jahren oder später eine neue Evaluation von diesen Erfahrungen profitieren und mit geringerem Aufwand durchgeführt werden können.

Literatur

[BCR97] Andreas Barz, Doris Carstensen und Reiner Reissert. Lehr- und Evaluationsberichte als Instrumente zur Qualitätsförderung - Bestandsaufnahme der aktuellen Praxis. Kooperationsprojekt CHE und HIS, 1997.

[CR95] Doris Carstensen und Reiner Reissert. Interne und externe Evaluation - Modell und Praxis - Eine Zwischenbilanz aus der Sicht von HIS -. HIS Kurzinformation A16/95, 1995.

[CR96] Doris Carstensen und Reiner Reissert. Abschlußbericht zum Projekt interne und externe Evaluation an ausgewählten Hochschulen in Baden-Württemberg. Hochschul-Informations-System GmbH, 1996.

[DW95] Peter Deussen und Andreas Werner. Bericht zur internen Selbstevaluation von Lehre und Studium. Fakultät für Informatik Universität Karlsruhe, 1995.

[Eva98] Arbeitskreis Evaluation. Evaluation von Studium und Lehre im Fach Informatik an der Universität Paderborn, 1998.

[EW97] Ekkehard Winter, Hrsg. Qualitätsentwicklung in einem differenzierten Hochschulsystem, Dokumentation eines Symposiums. Stifterverband für die Deutsche Wissenschaft, 1997.

[HS92] Rolf Holtkamp und Klaus Schnitzer. Evaluation des Lehrens und Lernens. Ansätze, Methoden, Instrumente. Evaluationspraxis in den USA, Großbritannien und den Niederlanden. Dokumentation der HIS-Tagung am 20. und 21. Februar 1992. HIS Hochschulplanung, 1992.

[Nor97] Verbund Norddeutscher Universitäten - Evaluation von Studium und Lehre http://www.uni-hamburg.de/PSV/PR/EVA, 1997

[Ric95] Roland Richter. Selbst-Steuerung und Qualitätsevaluation an Hochschulen - Die zwei Seiten einer Medaille. Das Hochschulwesen, 1994/95.

[Stu96] Evaluation von Studium und Lehre 1995/96. Fakultät Informatik der Universität Stuttgart, 1996.

[Wis96] Empfehlungen zur Stärkung der Lehre in den Hochschulen durch Evaluation. Wissenschaftsrat, 1996.

Überlegungen zur Einführung von Bachelor- und Master-Graden für die Informatik an deutschen Universitäten

J. Leslie Keedy
Abteilung Rechnerstrukturen
Universität Ulm
89069 Ulm
email: keedy@infomatik.uni-ulm.de

1. Einleitung

Es ist davon auszugehen, daß im Frühling 1998 eine Novellierung des Hochschulrahmengesetzes verabschiedet wird, das nach § 19 Studiengänge, die zu Bachelor- und Mastergraden nach angelsächsischem Muster führen, zur Erprobung erlaubt.

Der DAAD hat Anfang 1997 zwei Förderprogramme mit den Titeln "Bachelor-Master-Programm" und "Auslandsorientierte Studiengänge" (AS) ausgeschrieben. Diese werden in Teil 2 näher erläutert. Es ist zu erwarten, daß diese Programme Anlaß für eine Vielfalt von Vorschlägen für neue auslandsorientierte Studiengänge in Deutschland sein werden.

Als Engländer mit erheblichen persönlichen Erfahrungen sowohl an zwei englischen als auch an zwei australischen (und außerdem an vier deutschen) Universitäten – einschließlich der Verantwortung als Gründungsprofessor für den Aufbau des ersten Bachelor of Computer Science Degree in Australien – begrüße ich diese neue Entwicklung sehr. Ich bin jedoch besorgt über die Gefahr, daß sie zu einem Wildwuchs von neuen Studiengängen, die miteinander nicht kompatibel sind, führen könnte.

Es gibt in Deutschland eine Reihe abweichender Vorstellungen über die Bedeutung von Bachelor- bzw. Master-Graden an angelsächsischen Universitäten, die oft auf relativ begrenzten Erfahrungen im Ausland (z. B. ein Forschungssemester an einer bestimmten Universität) basieren. Es entsteht dabei fast der Eindruck, als benutze das gesamte englische Sprachgebiet ein einziges festes Bachelor- bzw. Master-Modell, das relativ leicht an das deutsche System angepaßt werden kann. Dies ist leider nicht der Fall. In der Tat gibt es ein breites Spektrum von Modellen, die sich teilweise von Land zu Land unterscheiden.

In Teil 4 wird diese Vielfältigkeit ausländischer Grade kurz besprochen, nachdem in Teil 3 die Erweiterung der in Teil 2 genannten Ziele vorgeschlagen wird. In Teil 5 wird erklärt, wie es im angelsächsischen Gebiet dazu kommt, daß die Regelstudienzeiten von fast allen Studierenden auf regelmäßiger Basis eingehalten werden. Teil 6 stellt ein aktuelles Beispiel vor, das in Teil 7 als Grundlage für einen Vorschlag für die Einführung von Bachelor- und Master-Graden in Deutschland dient. Wegen der begrenzten Länge der Beiträge müssen diese Themen bedauerlicherweise sehr knapp behandelt werden. Dies führt leider dazu, daß ich einige Behauptungen nicht begründe.

2. Ziele der DAAD-Programme

Das Bachelor-Master-Programm soll hauptsächlich ermöglichen, daß ausländische Studierende, die einen Bachelor-Grad im Ausland erworben haben, ihr Studium in Deutschland ohne Nachteile fortsetzen können, d. h. sich unter Anerkennung des schon geleisteten Bachelor-Studiums als Diplom-/Magister-Studierende bzw. eventuell als Doktorand(in) an einer deutschen Universität einschreiben können. Weil das deutsche Hochschulsystem nichts Vergleichbares mit einem Bachelor-Studium hat, ist dies zur Zeit äußerst schwierig und erklärt, warum die Anzahl ausländischer Studierender an deutschen Universitäten ständig sinkt. Das Programm sieht vor, daß ein Bachelor innerhalb von maximal 2,5 Jahren nach Einschreibung in ein Diplom-/ Magister-/Master-Studium in der Lage sein soll, mit einer Promotion anzufangen. Alternativ soll er ohne Diplom in die Lage gebracht werden, binnen vier bis maximal fünf Jahren eine Doktorarbeit zum Schluß zu bringen.

Das AS-Programm zielt auf die Werbung von neuen Studierenden ohne Bachelor-Grad aus dem Ausland und auf Partnerschaften mit ausländischen Universitäten. Nach diesem Programm "sollen Studiengänge gefördert werden, die

- Bedingungen und Möglichkeiten eines erfolgreichen Studiums mit Abschluß innerhalb der Regelstudienzeit aufweisen und damit einen Beitrag zur Studienstrukturreform leisten;

- die Attraktivität eines Studiums an deutschen Hochschulen für qualifizierte Ausländer aufweisen und verstärken;

- die fachliche Ausbildung der Studierenden mit Mehrsprachigkeit und internationaler Kooperation verbinden."

In solchen Studiengängen soll eine Fremdsprache (in der Regel Englisch) mindestens dasselbe Gewicht wie Deutsch als Unterrichtssprache haben. Außerdem müssen deutsche Sprachkurse angeboten werden. Schriftliche Prüfungen müssen in beiden Sprachen angeboten werden. Ein Ausbildungsabschnitt von ein bis zwei Semestern muß an einer ausländischen Universität stattfinden.

Zusammenfassend werden mit den DAAD-Programmen folgende Ziele verfolgt:

- Bachelor-Graduierten aus dem Ausland soll ermöglicht werden, in Diplom-/ Master-Studiengänge in Deutschland entsprechend integriert zu werden.

- Studiengänge sollen so ausgelegt werden, daß die Einhaltung von Regelstudienzeiten zum Normalfall wird.

- Deutsche Studiengänge sollen für ausländische Studierende attraktiv gemacht werden.

- Eine internationale Studienumgebung soll gefördert werden.

- Kooperationen und Partnerschaften mit ausländischen Universitäten sollen gefördert werden.

3. Zusätzliche Ziele

Die DAAD-Programme verfolgen hauptsächlich Ziele, die es ermöglichen, daß ausländische Studierende in Deutschland studieren. Die Möglichkeit, an Bachelor- und Master-Programmen teilzunehmen, ist aber genauso vorteilhaft für *deutsche* Studierende. Unter anderem würde dies ermöglichen, daß ein Studierender, der ein Bachelor-Studium an einer deutschen Universität abgeschlossen hat,

- sein Studium im Ausland (als Master-Studium) fortsetzen könnte oder

- die Universität mit einem anerkannten Abschluß früher verlassen könnte.

Das Vordiplom ist bekanntlich im Ausland nicht anerkannt und auch von der deutschen Industrie als Abschluß höchstens mit Skepsis angesehen. Der Grund ist klar: Ein zweijähriges Studium ist nicht lang genug, um die notwendigen Basis-Voraussetzungen für einen ausgebildeten Informatiker zu vermitteln. Dagegen zeigt sowohl die Erfahrung mit Bachelor-Graden im Ausland als auch die Bereitschaft der deutschen Software-Industrie, Studierende ab etwa dem 6. Semester einzustellen, daß ein dreijähriges Studium ausreichend ist. Um dies zu verstehen, kann man einen Bachelor-Grad als das Äquivalent zu einem Vordiplom zusammen mit jenen Basis-Lehrveranstaltungen vom Hauptstudium, die typischerweise mit einer "I" bezeichnet werden (z. B. Datenbanksysteme I, Verteilte Systeme I, Rechnerarchitektur I u. ä.), betrachten.

Es gibt einige weitere Vorteile:

- Eine Bachelor/Master-Kombination vereinfacht einen Studienwechsel zwischen deutschen Universitäten.

- Sie vereinfacht für einen Fachhochschulabsolventen den Wechsel an die Universität.

An dieser Stelle möchte ich betonen, daß ich einen Fachhochschulabschluß nicht als äquivalent zu einem Bachelor-Grad einer Universität ansehe. Dies ist auch im Ausland normalerweise nicht der Fall. Bevor sich ein Fachhochschulabsolvent in ein Master-Programm einschreiben lassen darf, wird von ihm typischerweise erwartet, daß er einige Auflagen erfüllt (z. B. Kurse vom Uni-Bachelor-Studium erfolgreich ablegt). Nichtsdestoweniger ist der Einstieg in ein Master-Programm o. ä. einfacher als im deutschen System.

Ein weiterer Vorteil kann Studierenden zugute kommen, die nebenbei arbeiten müssen, um ihren Lebensunterhalt zu verdienen. Dies hängt aber stark von der Frage der Regelstudienzeiten ab, die später besprochen wird.

4. Unterschiedliche Bachelor- und Master-Grade

Die Vielfalt der Strukturen für ausländische Bachelor- und Master-Grade kann für Deutsche überraschend sein. Fangen wir mit dem Bachelor an.

4.1. Bachelor-Grade

In den USA brauchen Bachelor-Studierende bis zu ihrem Abschluß typischerweise vier, manchmal fünf Jahre. Dagegen dauert in Großbritannien und vielen anderen

Ländern (wie z. B. Australien) das Bachelor-Studium normalerweise drei Jahre. Dieser Unterschied soll[1] dadurch begründet sein, daß das erste Jahr im US-amerikanischen System eher mit dem letzten Schuljahr in Großbritannien vergleichbar ist.

Zwischen den USA und GB gibt es einen weiteren Unterschied. In GB unterscheidet man zwischen einem "normalen" Bachelor-Grad (genannt "pass degree") und einem "honours degree". Man erkennt diesen Unterschied durch die Bezeichnung "(Hons)" nach dem Namen bzw. der Abkürzung des Grades, z. B. "B.Sc." ist ein normaler Bachelor of Science, aber "B.Sc.(Hons)" ist ein Bachelor of Science with Honours.

Der honours degree stellt eine Auszeichnung für die besseren (ca. 20 %) der Studierenden dar, die durch zusätzliche Kurse und höhere Leistungen verdient werden muß. Dies kann in zwei Formen geschehen. Je nach Studiengang müssen die Leistungen entweder während der dreijährigen Dauer des normalen Studiums erbracht werden, so daß nach drei Jahren entweder ein pass degree oder ein honours degree verliehen wird, oder die honours-Leistungen müssen in einem getrennten vierten Jahr erbracht werden.

In den meisten Universitäten spiegelt der degree-Name den Namen der Fakultät wider. Urtypisch sind Namen wie Bachelor of Arts (Geisteswissenschaften), Bachelor of Science (Naturwissenschaften, oft einschl. Informatik und Mathematik), Bachelor of Engineering, Bachelor of Law, Bachelor of Medicine, Bachelor of Architecture usw. Der Trend zur Spezialisierung der degree-Namen (z. B. Bachelor of Engineering (Electrical), Bachelor of Computer Science, Bachelor of Design) ist in den letzten Jahren sichtlich gewachsen. Andererseits heißt der erste Grad für *alle* Studiengänge in Oxford and Cambridge "Bachelor of Arts"; dort sind andere Bachelor-Grade (B.Sc., B.Litt, usw.) *höhere* Grade, die mit dem Master by thesis (s. unten) an anderen Universitäten vergleichbar sind.

4.2. Master-Grade

In Deutschland ist fast überall die Meinung zu hören, daß ein Diplom äquivalent zu einem Master-Grad ist. Aber zu *welchem* Master-Grad? In GB gibt es grundsätzlich zwei völlig unterschiedliche Arten von Master-Graden: master by coursework und master by thesis.

Der *master by coursework* hat (im Zusammenhang mit einem Bachelor-Grad) Ähnlichkeit mit einem deutschen Diplom, aber man muß hier vorsichtig sein. Manche solcher Grade können als Erweiterung bzw. Vertiefung eines Bachelor-Grades betrachtet werden. Zum Beispiel kann es sein, daß die Anmeldung für ein Master of Computer Science-Studium einen pass degree (mit Hauptfach Informatik) voraussetzt und die Erlangung des Grades die Ablegung von Prüfungen sowie die Einreichung einer schriftlichen Arbeit (in etwa mit einer Diplomarbeit vergleichbar) erfordert. Aber es kann genauso gut sein, daß die Voraussetzung für die Anmeldung ein pass degree in einem anderen Fach (z. B. Physik oder Mathematik) und das 2jährige Master-Studium eine

---

[1] Meine Erfahrungen mit dem System in den USA genügen nicht, um dies mit Sicherheit zu bestätigen.

Art Umschulungskursus in die Informatik ist. Es gibt auch Master-Grade, die stark spezialisiert sind (z. B. Master of Neural Computing). Die entscheidenden Punkte für master by coursework degrees sind meistens, (a) daß Studierende schon Bachelor (aber manchmal nicht im selben Fach) sein müssen und (b) der Kursus aus Lehrveranstaltungen und einer schriftlichen Arbeit besteht. Ein solcher master degree berechtigt nicht immer die Annahme als Doktorand! Die Voraussetzung ist eher ein honours degree mit guter Note.

Der US-amerikanische master degree ist prinzipiell ein master by coursework, einschl. einer schriftlichen Arbeit. Das Verhältnis zwischen Anzahl der Lehrveranstaltungen und Umfang der Arbeit variiert erheblich.

Ein *master by thesis* spiegelt typischerweise – wie beim Bachelor – den Namen der zuständigen Fakultät (z. B. M.Sc., M.A.) wider. Diese Art von Master-Grad ist nicht mit einer deutschen Diplom-, sondern mit einer eher schwachen deutschen Doktorarbeit vergleichbar. Die Einschreibung für einen master by thesis dient meistens als informelle Probezeit für eine Ph.D. thesis. Besonders gute Studierende können nach etwa einem Jahr in das Ph.D.-Programm wechseln, während eher durchschnittliche Studierende ihre master thesis fortsetzen. Es ist deshalb selten der Fall, daß Studierende sowohl einen master by thesis als auch einen Ph.D. erlangen.

Voraussetzung für die Anmeldung ist ein *honours* degree der entsprechenden Fakultät (z. B. B.Sc.(Hons), B.A.(Hons)). Typische Dauer sind sowohl im Master- als auch im Ph.D.-Programm drei Jahre oder länger. Inhalt ist eine anspruchsvolle schriftliche Arbeit. Der Kandidat muß nur diese Arbeit vorbereiten; es müssen weder Lehrveranstaltungen noch normale Prüfungen abgelegt werden. Über die Arbeit wird von Gutachtern – meistens von außerhalb der eigenen Universität – entschieden, und es kann auch eine mündliche Verteidigung der Arbeit stattfinden. D. h., nachdem ein Studierender einen Bachelor mit Honours abgelegt hat, kann er sich für einen master by thesis einschreiben lassen, aber wenn die Arbeit dafür vielversprechend ist, befürwortet sein *supervisor* (d. h. Doktorvater) einen Wechsel zur Ph.D.-Kandidatur.

Zur Vollständigkeit sei erwähnt, daß jeder Bachelor of Arts-Graduierte von Oxford oder Cambridge nach Ablauf einer gewissen Zeit *automatisch* einen "Master of Arts" erhalten kann (auf Anfrage und ohne weitere Leistungen).

5. Einhaltung der Regelstudienzeiten

Ein äußerst wichtiger Unterschied zwischen Deutschland und der angelsächsischen universitären Welt liegt in der Einhaltung (bzw. in Deutschland in der Nichteinhaltung) von Regelstudienzeiten auf regelmäßiger Basis. Es ist zum Beispiel fast eine Rarität in GB oder in Australien, daß normale Studierende die Voraussetzungen für einen Bachelor-Grad nicht innerhalb der üblichen Regelstudienzeit von 3 Jahren erfüllen – außer, daß sie diese überhaupt nicht erfüllen! Die Erklärung dafür liegt hauptsächlich an den folgenden vier Abweichungen vom deutschen System:

- Das Studium ist organisierter als in Deutschland.

- Die Prüfungsordnungen sind strikter als in Deutschland.

- Prüfungen sind schriftlich und kontinuierlich.
- Es wird offiziell zwischen einem Teilzeit- und Vollzeit-Studium unterschieden.

5.1. Organisation des Studiums

Von Deutschen wird oft an den angelsächsischen Universitäten bemängelt, daß sie wie Schulen reglementiert sind. Diese Aussage ist – teilweise – wahr, aber weist sie auf einen Mangel hin? Ich bin persönlich nicht der Meinung, daß es sich um einen Mangel handelt. In deutschen Schulen werden sowohl die strukturelle Organisation der Lehrstunden als auch die Lehrinhalte ziemlich genau festgelegt. Wenn eine Universität ihre Lehrinhalte so festlegen würde, wäre ich tatsächlich besorgt. Aber das ist an keiner mir bekannten Universität der Fall. Lediglich die *strukturelle Form* eines Bachelor-Studiums ist einigermaßen festgelegt, aber der Inhalt bleibt mindestens so frei wie an einer deutschen Universität.

Diese Freiheit hat zwei Seiten: vom Gesichtspunkt des Lehrenden und vom Gesichtspunkt des Lernenden. Diese Freiheiten sind beide wichtig, aber keine davon wird durch die Organisation eines Bachelor-Studiums angetastet.

Die Freiheit der Lehre wird im angelsächsischen Ausland genauso gehandhabt wie in Deutschland. Ich habe dieselben Vorlesungen mit derselben Freiheit an drei Universitäten in Deutschland und in Australien halten können, obwohl meine Standpunkte über Themen wie Rechnerarchitektur und Software-Engineering nicht gerade konventionell sind.

Die Freiheit der Studierenden, auszuwählen, was sie studieren wollen, ist nach meinen Erfahrungen im Ausland größer als in Deutschland. In Australien zum Beispiel legt ein Studierender vier *subjects* im ersten Jahr ab. Im zweiten Jahr studiert er drei davon weiter und im 3. Jahr zwei davon. Abbildung 1 zeigt zwei der zahlreichen Möglichkeiten, wie ein Naturwissenschaftler seine Kurse auswählen könnte. In beiden Fällen hat er dieselbe Auswahl im ersten Jahr getroffen. (Diese Auswahl ist aber nicht fest. Er hätte genauso frei z. B. Informatik statt Physik und/oder Biologie statt Chemie usw. auswählen können. Das 4. Subject ist oft ganz frei wählbar, auch außerhalb der Fakultät.) Im 2. Jahr im 1. Plan bleibt die Wahl sehr allgemein, aber im 2. Plan wird auf Physik (oder ein anderes naturwissenschaftliches subject) spezialisiert. Im 3. Jahr wird im 2. Plan weiter spezialisiert, obwohl die erste Wahl für das 3. Jahr auch beim 2. Plan offen bleibt. Im Gegensatz dazu müssen Studierende in Deutschland schon vor Beginn des Studiums das Hauptfach auswählen. Ebenfalls

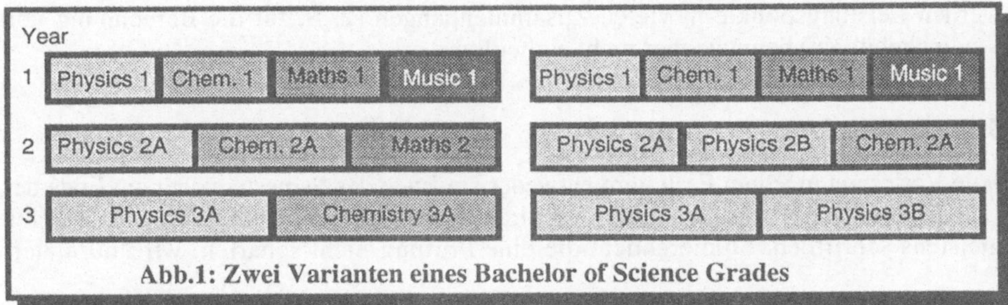

Abb.1: Zwei Varianten eines Bachelor of Science Grades

müssen sie sehr bald ein einziges Nebenfach auswählen. Es kann kaum angezweifelt werden, daß der australische Student die größere Freiheit genießt!

Die Freiheit der Studierenden wird nur wie folgt eingeschränkt: Die Auswahl im 1. Jahr wird durch eine *subject list* in den Bachelor Regulations (nennen wir dies BPO: Bachelor-Prüfungsordnung) bestimmt. Es können in dieser Liste sog. *corequisites* (d. h. Fächer, die zusammen abgelegt werden müssen) vorkommen. Zum Beispiel ist Mathematik I fast immer eine corequisite für andere naturwissenschaftliche und Ingenieur-Fächer einschl. Informatik. Im 2. bzw. im 3. Jahr wählen die Studierenden aus weiteren Fächerlisten der BPO. Diese Fächer werden nicht nur durch corequisites (z. B. Physik 2B nur mit Physik 2A), sondern auch durch *prerequisites* (z. B. Physik 2A nur nach Physik 1) eingeschränkt.

Die subjects selbst bestehen aus mehreren *topics*, die einzelne Vorlesungen sind. Zum Beispiel könnte Physik 3A aus 4 Vorlesungen und einem Praktikum bestehen. Die einzelnen Vorlesungen werden aus einer Topic-Liste gewählt. Diese können ebenfalls vorgeschriebene co- und prerequisites haben.

Ein wichtiger Vorteil dieses Systems liegt in der Tatsache, daß ein Dozent weiß, welche Lehrveranstaltungen seine Studierenden schon erfolgreich abgelegt haben. Dies hilft erheblich, Stoffwiederholungen zu vermeiden.

Ein weiterer Vorteil für Studierende ist, daß die Fakultät verpflichtet ist, die Studierbarkeit eines Studiums zu gewährleisten (auch z. B., wenn ein Dozent die Uni verläßt). Es gibt nichts Vergleichbares, wie ein Jahr lang auf einen Laborplatz oder auf eine Prüfung zu warten oder auf einen Professor, der bereit ist, eine Studien- oder Diplomarbeit zu betreuen.

5.2. Strikte Prüfungsordnungen

Die BPO ist so ausgelegt, daß Studierende zu einem bestimmten Jahrgang gehören und prinzipiell in diesem Jahrgang bleiben (wie in der Schule). Es gibt typischerweise ganz eingeschränkte Möglichkeiten, Prüfungen zu wiederholen (s. unten). Es gibt selbstverständlich Ausnahmen für kranke Studierende u. ä., aber Beweise (z. B. Atteste) werden verlangt und auch strikt überprüft.

Einige Universitäten regulieren dieses System mit "Leistungspunkten", aber es gibt kein universelles Leistungspunktsystem, auch nicht innerhalb eines Landes. In der Tat werden Leistungspunkte in vielen Zusammenhängen (z. B. für die Berechnung von Studiengebühren) benutzt, aber nicht einheitlich.

5.3. Schriftliche Prüfungen

Jede Vorlesung in jedem Fach wird entweder am Ende des Semesters oder am Ende des Jahres geprüft. Um die Ergebnisse zeitlich zu bewältigen, erfolgen die Prüfungen meistens schriftlich. Studierenden, die eine Prüfung nicht schaffen, wird normalerweise eine zweite Chance *vor Anfang des nächsten Semesters* gewährt, damit sie bei Erfolg ohne Zeitverlust weiterstudieren können.

5.4. Teilzeitstudierende

Studierende, die neben dem Studium ihren Unterhalt verdienen müssen, könnten bei dem strikt reglementierten System nicht Schritt halten. Aber das ist kein Problem, weil sie die Möglichkeit haben, sich als Teilzeitstudierende anzumelden. In Australien beispielsweise können sich deswegen Studierende zwischen einem Halbzeit- und einem Vollzeit-Studium entscheiden. Halbzeitstudenten dürfen in einem Lehrjahr nur die Hälfte der Kurse (nach besonderen Regeln) belegen. Dann werden Fristen usw. entsprechend verdoppelt bzw. halbiert.

Um das Teilzeitstudieren zu erleichtern, werden Vorlesungen manchmal nach 17.00 Uhr angeboten.

Ohne diese beiden Maßnahmen (formelle Berücksichtigung von Teilzeitstudenten, Vorlesungsangebot abends) wäre die Einführung eines strikt reglementierten Bachelor-Grades – besonders in Deutschland, wo das Teilzeitstudium fast zur Norm geworden ist – ganz undenkbar.

6. Ein Beispiel

Der Trend zur Spezialisierung hat in den letzten zehn Jahren dazu geführt, daß immer mehr Bachelor-Grade für Informatik unabhängig von den normalen Bachelor of Science degrees angeboten werden. In Australien habe ich den ersten Bachelor of Computer Science (B.Comp.Sc.) degree entworfen und an der University of Newcastle, NSW, eingeführt. Ein Ziel dabei war, das Informatik-Studium von dem Bachelor of Science zu entkoppeln, damit Studierende nicht länger verpflichtet waren, einen wesentlichen Teil des Studiums aus naturwissenschaftlichen Fächern zu wählen. Statt dessen konnten sie im neuen B.Comp.Sc. passende Fächer aus mehreren Fakultäten im Zusammenhang mit einem Informatik-Studium belegen. Abbildung 2 zeigt zwei typische Zusammensetzungen von subjects. In diesen Beispielen wurden Mathematik

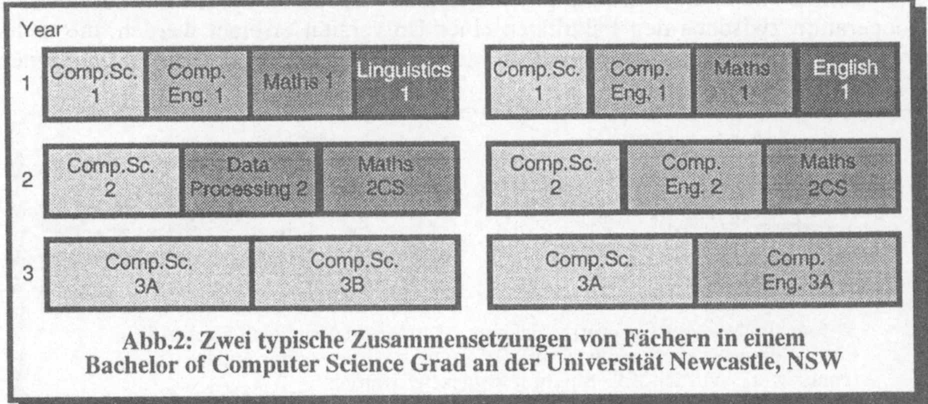

Abb.2: Zwei typische Zusammensetzungen von Fächern in einem Bachelor of Computer Science Grad an der Universität Newcastle, NSW

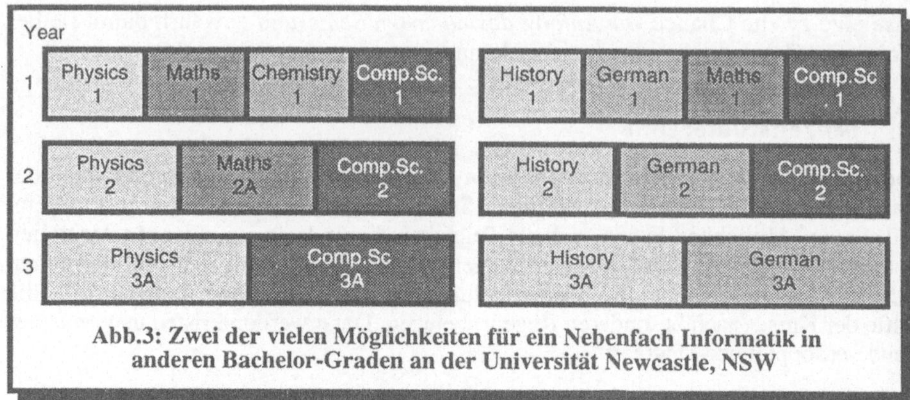

Abb.3: Zwei der vielen Möglichkeiten für ein Nebenfach Informatik in anderen Bachelor-Graden an der Universität Newcastle, NSW

von der Science Faculty, Computer Engineering von der Engineering Faculty, Data Processing von der Commerce Faculty und die zusätzlichen subjects (Linguistics 1, English 1) von der Arts Faculty gelehrt. Das subject Mathematics 2CS besteht aus ausgewählten mathematischen Themen, die für Informatiker besonders geeignet sind.

Als Nebenfach konnte Informatik in allen anderen Bachelor-Graden der Universität (bis auf Medizin, Architektur u. ä.) als ein subject für ein, zwei oder drei Jahre belegt werden. Dies wird in Abbildung 3 durch Beispiele dargestellt.

Honours degrees werden in Form eines zusätzlichen Jahres angeboten. Für das B.Comp.Sc. (Hons) in Newcastle besteht dieses Jahr aus 6 Vorlesungen, die 60 % des Wertes der Note ausmachen, und einem *project* (vergleichbar mit einer Diplomarbeit), das 40 % der Note entscheidet. Als Alternative dazu wurde auch ein Master of Computing (coursework) über 2 Jahre angeboten. Das erste Jahr bestand aus 10 Vorlesungen, das 2. Jahr aus einem sehr anspruchsvollen project. Diese werden in Abbildung 4 dargestellt.

7. Ein Vorschlag

Offensichtlich kann die Einführung von Bachelor-Graden im obigen Stil nur mit viel Kooperation zwischen den Fakultäten einer Universität erreicht werden, die nicht immer sofort erreichbar ist! Wir überlegen zur Zeit in Ulm die Einführung einer

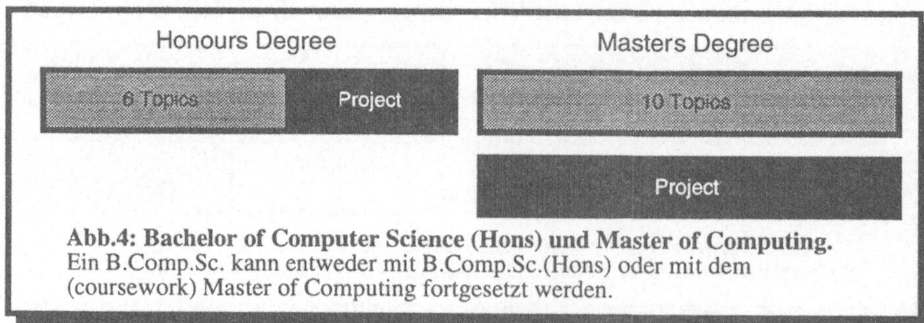

Abb.4: Bachelor of Computer Science (Hons) und Master of Computing.
Ein B.Comp.Sc. kann entweder mit B.Comp.Sc.(Hons) oder mit dem (coursework) Master of Computing fortgesetzt werden.

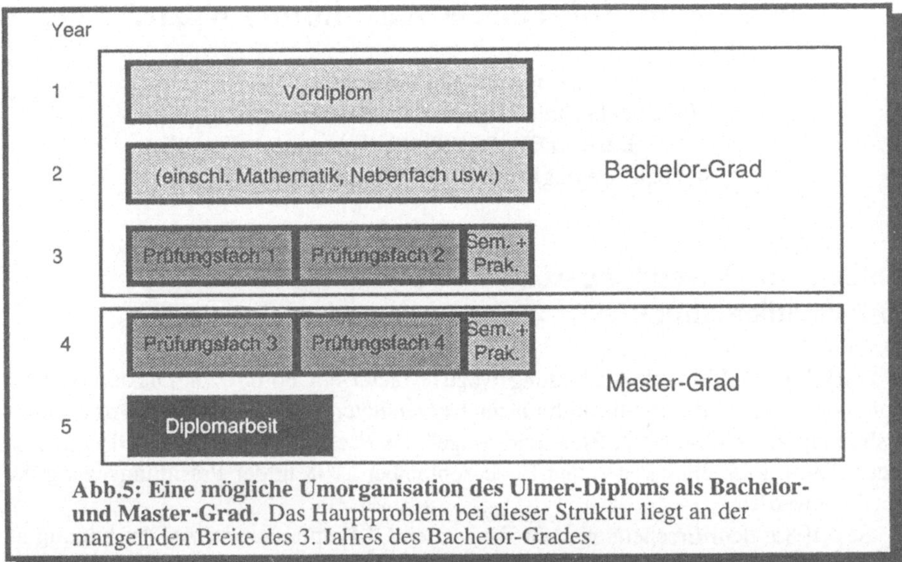

Abb.5: Eine mögliche Umorganisation des Ulmer-Diploms als Bachelor- und Master-Grad. Das Hauptproblem bei dieser Struktur liegt an der mangelnden Breite des 3. Jahres des Bachelor-Grades.

Alternative, die kaum inhaltliche Änderungen zum jetzigen Diplom braucht, aber trotzdem viele der oben genannten Ziele erfüllt. Die Grundidee besteht darin, daß das Vordiplom als die ersten zwei Jahre eines Bachelor-Grades angesehen wird. Dazu kommt ein drittes Jahr, das die Hälfte des Prüfungsstoffes des Hauptstudiums umfaßt (inklusive eines Seminars und eines Praktikums). Darauf aufbauend kommt dann ein Master-Grad (coursework), der der zweiten Hälfte des Prüfungsstoffes des Hauptstudiums sowie einer Diplomarbeit entspricht.

Da das Hauptstudium in Ulm aus vier Prüfungen (2 aus Theoretischer, Praktischer oder Systemnaher Informatik; 1 Vertiefungsgebiet; 1 Nebenfach) plus Diplomarbeit besteht, könnte man theoretisch diese Grundidee so verwirklichen, daß zwei dieser Prüfungen (außer Vertiefungsgebiet) im 3. Jahr abgelegt werden, wie in Abb. 5 gezeigt. Vom Umfang her entspricht diese Verteilung ungefähr den oben beschriebenen B.Comp.Sc. und M.Comp. degrees, obwohl ein halbes Jahr beim Master-Grad fehlt. (Dies ist nicht schlimm, weil es auch Universitäten gibt, die einen coursework Master über eineinhalb Jahre anbieten.)

Das Problem liegt in der mangelnden Breite des Stoffes im 3. Jahr. Wir überlegen deswegen, ob wir die Verteilung inhaltlich nicht nach der DPO machen, sondern nach einer topic-Liste in einer BPO, die eine breite Auswahl von Vorlesungen enthält, die aus Basis-Vorlesungen des Hauptstudiums bestehen.

Selbstverständlich wollen wir das Diplom behalten, und wir wollen auch die verschiedenen Prüfungsordnungen genügend kompatibel halten, damit Studierende zwischen diesen wechseln können. Jedoch werden die BPO und MPO so ausgelegt, daß die Regelstudienzeiten eingehalten werden, wie im Abschnitt 4 beschrieben. Welche Schwierigkeiten wir bei der Realisierung dieses Konzepts innerhalb der Universität und beim Ministerium haben werden, wissen wir noch nicht!

Workshop: Informatik-Ausbildung wozu?

Leitung: Jürgen Freytag
Fachhochschule Hamburg, Fachbereich E/I
Berliner Tor 3, 20099 Hamburg
email: freytag@informatik.fh-hamburg.de

1 Informatik-Ausbildung wozu – Empfehlungen zum Informatikstudium

Der Workshop „Informatik-Ausbildung wozu?" bietet ein Forum zur Diskussion über Empfehlungen zum Informatikstudium an Universitäten, die derzeit vom Arbeitskreis „Ausbildung an Hochschulen: Ziele und Wege" des Fachausschuß 7.1 der GI erarbeitet werden. Diese Empfehlungen sollen Ende September 1998 in der Präsidiumsitzung der GI beraten werden.

Seit 1985, dem Erscheinungsjahr der letzten GI-Empfehlungen zur Ausbildung an Universitäten, hat sich die Stellung der Informatik innerhalb der Wissenschaften grundlegend geändert [Va97]. Einschneidend geändert haben sich auch die im Arbeitsmarkt erforderlichen Informatik-Qualifikationen [Do97]. Diese einschneidenden Änderungen wurden in den Curricula der meisten universitären Informatikstudiengänge bisher kaum berücksichtigt ([Ma97], [Br97], [Tr97]).

Daher arbeitet seit Februar 1996 ein Kreis von Professoren, wissenschaftlichen Mitarbeitern und Studierenden schwerpunktmäßig an den für die Empfehlungen zentralen Fragestellungen: Wie läßt sich der Anwendungsbezug im Informatikstudium stärken und über welche fachlichen und überfachlichen Kompetenzen müssen Informatiker heute verfügen?

Auf der Basis der in den vergangenen zwei Jahren erarbeiteten Antworten hat der Arbeitskreis nun einen ersten Entwurf der Empfehlungen erstellt. Die Diskussion der im folgenden kurz dargestellten Kernaussagen ist Thema dieses Workshops.

Der Arbeitskreis ist stark interessiert an einem Diskurs über die Empfehlungen im Rahmen der oben genannten Fragestellungen. Wer seine Erfahrungen einbringen möchte, nehme bitte Kontakt auf zu Anne Mahn, der Sprecherin des Arbeitskreises (email: mahn@berkom.de).

2 Informatik – eine anwendungsorientierte Wissenschaft

Die allgemein als Praxisschock bezeichnete Grundsituation für Berufsanfänger in Industrie, Wirtschaft und Verwaltung hat vor allem zwei Ursachen [Br97]:

- Fehlende Übung in der Anwendung wissenschaftlicher Erkenntnisse und Methoden in der Praxis und

- unzureichende ökonomische, juristische und soziale Kompetenzen.

Um diesen Mängeln abzuhelfen, darf sich die Informatik an Universitäten nicht länger auf die klassischen akademischen Aufgaben beschränken. Sie muß eine Lehre bieten, in der Wissenserwerb und Anwendungserfahrung verzahnt sind und in der neben informatischen auch Allgemeine Berufsbezogene Kompetenzen vermittelt werden.

Die Tatsache, daß die Informatik eine anwendungsorientierte Wissenschaft ist [Fr95], muß also in der Ausbildung stärker zum Ausdruck kommen. Anwendungen der Informatik sind damit zu einem integralen Bestandteil aller informatischen Lehrveranstaltungen zu machen. Spezielle Studiengänge „Angewandte Informatik" werden dadurch überflüssig.

3 Kernaussagen der Empfehlung

Die durchgängige Integration der Anwendungen und die Vermittlung von Allgemeinen Berufsbezogenen Kompetenzen erzwingen eine weitgehende Umgestaltung des Curriculums. Insbesondere müssen Projekte fest in der Ausbildung verankert werden. Die wichtigsten Konsequenzen der Umgestaltung sind nachfolgend skizziert.

3.1 Neudefinition der Kernfächer in der Informatikausbildung

Um die Anwendungen und die Allgemeinen Berufsbezogenen Kompetenzen in das Curriculum zu integrieren, ist die Aufnahme neuer Lehrinhalte und neuer Lehrformen unumgänglich. Da die Studiendauer nicht verlängert werden darf, führt dies notwendigerweise dazu, daß bestehende Fächer gekürzt oder sogar aus dem Kanon der Pflichtfächer herausgenommen werden müssen. Um den Hochschulen bei den dafür erforderlichen schwierigen Entscheidungen zu helfen, enthalten die Empfehlungen Hinweise, welche Fächer in welchem Umfang zum unverzichtbaren Kern eines Informatikstudiums gehören und welche Fächer diesen Kern als Schale umgeben.

3.2 Integriertes Anwendungsfach statt Nebenfach

Da das Nebenfach meist nur Wissen aus einem weiteren Studiengang vermittelt und keine tiefergehenden Bezüge zu den Wechselwirkungen der Informatik mit dem jeweiligen Anwendungsgebiet herstellt, kann das in der „Rahmenordnung Informatik" verankerte Nebenfach den notwendigen Anwendungsbezug im allgemeinen nur unzureichend herstellen.

Daher wird empfohlen, anstelle des herkömmlichen Nebenfachs ein integriertes Anwendungsfach in Form von „Anwendungsorientierten Spezialisierungsrichtungen" einzuführen, wie dies z.B. an der TU Chemnitz und den Universitäten Koblenz, Rostock und Stuttgart bereits geschehen ist. Dabei werden im Grundstudium die Grundlagen einer Wissenschaft vermittelt, die Methoden der Informatik anwendet. Eine fachübergreifende Ausbildung im Hauptstudium befähigt darauf aufbauend zur Strukturierung und Formalisierung von Anwendungsgebieten dieser Wissenschaft sowie zur ingenieurmäßigen Entwicklung von Systemen aus Soft- und Hardware für verschiedene Anwendungsbereiche. Die enge Verzahnung der Ausbildung im Anwendungsgebiet mit der informatischen Ausbildung wird dadurch erreicht, daß eins der Projekte eine Aufgabe aus dem Anwendungsfach zum Gegenstand hat.

Die Einführung der Anwendungsorientierten Spezialisierungs- oder Vertiefungs-richtungen setzt voraus, daß die entsprechenden Fakultäten die notwendigen Lehrver-anstaltungen in Grund- und Hauptstudium anbieten und in der Organisation und Durchführung der Projekte mit der Informatik zusammenarbeiten.

3.3 Vermittlung von Allgemeinen Berufsbezogenen Kompetenzen

Informatiker müssen über eine **ökonomische Grundkompetenz** verfügen. Sie müssen insbesondere wissen, wie Informatikanwendungen in Betrieben Produktions- und Administrationsprozesse steuern und Kommunikations- und Entscheidungsprozesse unterstützen. Dieses Wissen können die Studierenden nur auf der Basis von Grundkennt-nissen in Betriebswirtschaft und Rechnungswesen aber auch in Unternehmensaufbau und Management erwerben. Darüber hinaus benötigen Informatiker **strategische Handlungskompetenz,** damit sie erkennen können, welche pragmatischen Organisa-tions-, Funktions- und Entscheidungsstukturen ihr Arbeitsumfeld beherrschen.

Unverzichtbar ist für Informatiker eine **juristische Grundkompetenz**, da sie in ihrer beruflichen Tätigkeit Kenntnisse aus verschiedenen Rechtsgebieten benötigen. Jedes Software-Projekt schließt eine Verhandlungsphase ein, in der rechtsverbindliche Dokumente wie Rahmenvereinbarungen, projektspezifische Verträge, Lizenz- und Nutzungsverträge eine ausschlaggebende Rolle spielen. Aber auch Fragen des Urheberrechts, der Produkthaftung und nicht zuletzt des Computerstrafrechts entscheiden oft über Erfolg oder Mißerfolg eines Projekts.

Informatiker müssen über **soziale Kompetenz** verfügen, da sie fast ausnahmslos in sehr engem Kontakt mit anderen Menschen arbeiten und die von Informatikern geschaffenen Systeme die Arbeitsbedingungen von Menschen einschneidend verändern [Br97]. Erforderlich sind kommunikative Kompetenz, Kooperationsfähigkeit, der Wille zur Zusammenarbeit sowie die Fähigkeit und der Wille zur Verantwortungsübernahme. Diese Kompetenzen können sich Studierende nur dadurch aneignen, daß in speziellen Lehrveranstaltungen Wissen erworben wird und ein entsprechendes Verhalten im Rahmen der Projekte eingeübt wird.

Literatur

[Br97]   Bruns, U.: Kommunikative Kompetenz in der Informatik und curriculare Konse-quenzen. Informatik-Spektrum, 20(2): 101-107, 1997

[Fr95]   Friedrich, J. et al. (Hrsg.): Informatik und Gesellschaft. Heidelberg: Spektrum, 1995

[Do97]   Dostal, W.: Informatik-Qualifikation im Arbeitsmarkt. Informatik-Spektrum, 20(2): 73-78, 1997

[Ma97]   Mahn, A.: Informatische Berufsfähigkeit. Informatik-Spektrum, 20(2): 88-94, 1997

[Tr97]   Troitzsch, K. et al.: Lehrinhalte und Veranstaltungsformen. Informatik-Spektrum, 20(5): 302-306, 1997

[Va97]   Valk, R.: Die Informatik zwischen Formal- und Humanwissenschaft. Informatik-Spektrum, 20(2): 95-100, 1997

Workshop: Objektorientierung in der Ausbildung

Leitung: Jürgen Freytag
Fachhochschule Hamburg, Fachbereich E/I
Berliner Tor 3, 20099 Hamburg
email: freytag@informatik.fh-hamburg.de

1 Die Bedeutung der Objektorientierung in der Ausbildung

Eine der wichtigsten Aufgaben von Informatikern ist die Modellierung von Anwendungssystemen, d.h. von Abläufen, Daten, Gegenständen, Sachverhalten etc. In der Praxis – aber auch in Forschungs- und Entwicklungsprojekten an den Hochschulen – werden für diese Aufgabe zunehmend objektorientierte Methoden eingesetzt.

Objektorientierte Methoden sind aber auch hervorragend geeignet, die Modellierungsfähigkeit im Studium zu trainieren, und zwar aus folgendem Grund: In der Hochschule müssen aus Zeitgründen bei der Modellierung Einschränkungen in der Größe der Systeme und damit in der Komplexität gemacht werden. Deshalb ist es entscheidend, in der Ausbildung Methoden einzusetzen, die es erlauben, das Gelernte auf Projekte des späteren Berufslebens zu übertragen. Und dafür eignen sich in besonderem Maße objektorientierte Sprachen und Umgebungen [Kr97].

Nun bieten viele Hochschulen seit Jahren einzelne Lehrveranstaltungen über objektorientierte Methoden an. Durch dieses Vorgehen werden jedoch die Vorteile, welche die Objektorientierung bietet, nur zu einem recht geringen Teil genutzt. Besser ist es, im Grundstudium frühzeitig eine geeignete objektorientierte Programmiersprache einzuführen und danach die Objektorientierung in allen Fächern zu nutzen, in denen dieser Ansatz Vorteile bringt.

2 Die Auswahl der Programmiersprache

Für die Ausbildung sind nur solche Programmiersprachen geeignet, die es den Studierenden leicht machen, ihre Entwürfe auszudrücken. Darüber hinaus darf die Sprache ihnen keine Hindernisse in den Weg legen, die mit der eigentlichen Problemlösung nichts zu tun haben (z.B. Speicherverwaltung durch den Benutzer). Nur eine schlanke, mächtige, leicht zu erlernende Programmiersprache erlaubt die Fokussierung auf die eigentlichen Probleme und schafft die Möglichkeit, alternative Lösungen auszuprobieren. Daher ist das weitverbreitete C++ als Ausbildungssprache ineffizient und wenig geeignet. Als wesentlich brauchbarer haben sich zum Beispiel Smalltalk, Eiffel, Oberon und Java erwiesen.

Das mächtige **Smalltalk** mit seinen im harten Praxiseinsatz gereiften Bibliotheken bietet eine Basis für eine durchgängig objektorientierte Ausbildung: von der Programmiertechnik mit Algorithmen und Datenstrukturen über Software-Engineering bis hin zu Funktionaler Programmierung und Künstlicher Intelligenz [Bö97].

Die Sprache **Eiffel** hat sich im Studium genauso bewährt wie in Forschungsprojekten. Sie hat einen überschaubaren Sprachumfang, ist streng typisiert und hat als einzige der vier Sprachen das Konstruktionsprinzip „Design by Contract" integriert. Ein späterer Wechsel in der Praxis auf Sprachen wie C++ erweist sich als problemlos [Ry97].

Als hybride Sprache bietet **Oberon** einen besonders einfachen Übergang vom objektorientierten zum prozeduralen Paradigma, das im Bereich technischer Anwendungen immer noch eine zentrale Rolle spielt. Daher taugt Oberon besonders für die Informatikausbildung in Studiengängen wie Elektronik und Automatisierungstechnik [Hu97].

Die junge Sprache **Java** eignet sich gut zur Vermittlung objektorientierter Konzepte und bietet zusätzlich besondere Vorteile bei der Realisierung von Nebenläufigkeiten und verteilten Anwendungen. Allerdings fehlen zur Zeit noch Konzepte wie parametrische Polymorphie, Funktionen höherer Ordnung und die Beschreibung abstrakte Datentypen mit Hilfe von Regeln [Go97].

3 Ausbildungsziel: Modellierung

Der Erfolg eines Informatikers in der Praxis hängt ganz entscheidend ab von der Fähigkeit zur Modellierung [Kr97]. Die Modellierung von Systemen ist im Fach Software-Engineering zentraler Ausbildungsgegenstand. Die dort erworbenen Kenntnisse werden in den Projekten und in der Diplomarbeit (soweit in ihr Software entworfen wird) angewendet und vertieft. Wie gut die Modellierungsfähigkeit dabei ausgebildet wird, hängt wesentlich davon ab, mit welcher Methodik modelliert wird. Objektorientierte Methoden offerieren unter anderem folgende gewichtigen Vorteile:

- Sie bieten eine Zerlegungsstrategie, die Information-Hiding garantiert und dadurch eine perfekte Modularisierung ermöglicht.

- Sie ermöglichen eine anwenderverständliche Beschreibung von Geschäftsprozessen in Form von Use Cases, die sich direkt in das Programm abbilden lassen [Ja92].

- Sie gestatten eine Ermittlung und Verifikation der Anforderungen der Anwender durch Verwendung von evolutionärem Prototyping.

- Sie schaffen die Voraussetzung für eine Wiederverwendung von Modellierungserfahrung durch Patterns und Frameworks (siehe unten).

Für die Ausbildung bietet die Objektorientierung noch einen weiteren gewichtigen Vorteil. Im Bereich Software-Engineering und im Projektstudium ist es unverzichtbar, daß die Studierenden durch Implementierung erfahren, welche „Produktqualität" ihre Modellierung wirklich liefert. Eine umständliche, falsche oder gar fehlende Funktionalität, wie sie anhand eines Prototypen offenbar wird, überzeugt die Studierenden schneller und gründlicher als jede noch so gut begründete Kritik des Professors. Dabei darf die Implementierung nur wenig Zeit beanspruchen; denn der Schwerpunkt der Ausbildung liegt ja auf Analyse und Modellierung. Hier ist eine, bereits in den ersten Semestern erlernte, mächtige objektorientierte Programmiersprache samt geeigneter Bibliothek außerordentlich hilfreich.

4 Vermittlung von Entwurfserfahrung

Die zur Zeit eingesetzten objektorientierten Methoden für Analyse und Design enthalten keine Konstruktionslehre im eigentlichen Sinn. Trotzdem ist es durch die Objektorientierung erstmals möglich, Entwurfserfahrungen zu vermitteln; denn in guten Bibliotheken, Patterns und Frameworks ist die Erfahrung aus vielen Projekten vermittelbar niedergelegt.

Patterns und Frameworks sind in der Ausbildung eine wirksame Hilfe, da sie die Lernprozesse bei der Modellierung drastisch verkürzen. Mit Patterns und Frameworks können Studierenden, die ja gewöhnlich wenig Entwurfserfahrung besitzen, auch komplexere Probleme erfolgreich lösen und sich dabei fremde Entwurfserfahrung zu eigen machen [Sc97].

Darüber hinaus bieten Patterns und Frameworks eine gute Chance, bei der Softwareerstellung den „künstlerischen" durch einen ingenieurmäßigen Ansatz zu ersetzen; denn mit Frameworks kann man Mechanismen formulieren, die verbindliche Design Patterns im Code festschreiben statt sie nur administrativ vorzuschreiben.

Leider gibt es noch keine Designsprache, die es erlaubt, den aus einem Muster abgeleiteten Entwurf unmittelbar auszudrücken. Daher spielt bei der Umsetzung von Patterns zur Zeit immer noch die Ausdrucksstärke der verwendeten Programmiersprache eine sehr wichtige Rolle.

Literatur

[Bö97]   Böhm M. et al.: Objektorientierung in der Informatikausbildung auf der Basis von Smalltalk, Informatik-Spektrum 20(6), 335-343, 1997

[Go97]   Goedicke, M.: Java in der Programmierausbildung: Konzept und erste Erfahrungen, Informatik-Spektrum 20(6), 357-363, 1997

[Hu97]   Hug K., Ketz H.: Objektorientierung mit Oberon-2 in der Ingenieur-Grundausbildung, Informatik-Spektrum 20(6), 350-356, 1997

[Ja92]   Jacobson, I. et al.: Object-Oriented Software Engineering, a Use Case Driven Approach. Addison-Wesley, Wokingham, England, 1992

[Kr97]   Krasemann, H.: Welche Ausbildung brauchen Informatiker? Informatik-Spektrum 20(6), 328-334, 1997

[Ry97]   Ryba M., Leboch, St.: Eiffel in Lehre und Forschung – Erfahrungen und Perspektiven, Informatik-Spektrum 20(6), 344-348, 1997

[Pa72]   Parnas D.: On the Criteria to Be Used in Decompositing Systems into Modules. Communications of the ACM, vol 5, no 12, 1053-1058, 1972

[Sc97]   Schmid, H.: Objektorientierte Entwurfsmuster und Frameworks in der Informatik-Ausbildung an der Fachhochschule Konstanz, Informatik-Spektrum 20(6), 364-371, 1997

Workshop 3: Neue IT-Berufe

Bernhard Borg, StD
BBS Soltau
Winsener Str. 57 und 107
29614 Soltau

1   Vorbemerkungen

Informationstechnologien, Multimedia oder andere Klassifizierungen an Produkten und Leistungen der Informations- und Telekommunikationstechnik (IT-Technik) sind dabei, die Wirtschaft, die Arbeitswelt und die Gesellschaft in einem bisher nicht bekannten Ausmaße zu verändern. Sie durchdringen alle Lebensbereiche, korrespondieren mit dem wirtschaftlichen Strukturwandel und sind Motor und Ergebnis der Globalisierung der Wirtschaft. „Der umfassende Einsatz der Informationstechnik und die Entwicklung zur Informationsgesellschaft gehen einher mit einem Wandel der Berufe und Beschäftigungsfelder." (Info 2000, S. 17)

Betrachtet man die Tätigkeiten der Erwerbstätigen nach dem Schwerpunkt „**Informationstätigkeit**", läßt sich den traditionellen Sektoren ein weiterer Sektor „Information" zuordnen. Nach dem IAB sind rund 50% aller Erwerbstätigen diesem Sektor zuzurechnen. Aus der Sicht des IAB standen 1994 den ca. 350 000 Beschäftigten in den **Kernberufen der Informatik** ca. 5,5 Mio. Beschäftigte in den Mischberufen und ca. 11 Mio. Beschäftigte in den Randberufen der Informatik gegenüber. Nicht einmal 20 % der Beschäftigten in den Kernberufen haben eine originäre Informatikausbildung erhalten, der Rest ist durch eine Vielzahl an Fortbildungsmaßnahmen für den Informatikbereich qualifiziert worden. Jährlich wird ein zusätzlicher Bedarf von 15 000 bis 25 000 ausgebildeten Informatikern erwartet, die akademische Ausbildung kann jedoch jährlich maximal ca. 5 000 Absolventen bieten.

Den bis zu 200 **Erwerbsberufen** im Kernbereich der Informatik standen bisher die zwei **Ausbildungsberufe** Datenverarbeitungskaufmann und mathematisch-technischen Assistent gegenüber, deren Ausbildung jedoch nicht nach § 25 BBiG geregelt sind.

Die Sachverständigen formulieren hohe Erwartungen an die neuen IT-Berufe: „Für alle Sparten der Computer-, Software- und Telekommunikationsindustrie einschließlich Mobilfunk und Multimedia wurde ein gemeinsames Rahmenkonzept zur Einführung dualer Fachberufe erarbeitet ...". (Ehrke, S. 3) „Rund 40 Prozent aller IT-Beschäftigten können nach gewerkschaftlicher Schätzung künftig aus dual ausgebildeten Fachberufen kommen. Das entspricht einer Ausbildungskapazität von (jährlich d.V.) mindestens 20 000 Plätzen." (ebd., S. 6)

2 Struktur der IT-Berufe

Die Ausbildung der Informatik-Berufe findet mit den neuen IT-Berufen eine rechtlich geordnete Aufnahme in das duale System der beruflichen Erstausbildung. Ausbildungsberufe werden auf der Grundlage des „Gemeinsamen Ergebnisprotokolls" von 1972 entwickelt. Danach werden **Ausbildungsordnungen** vom Bund und **Rahmenlehrpläne** von der Kultusministerkon-ferenz (KMK) erarbeitet und aufeinander abgestimmt. Die Ausbildungsordnungen und die KMK-Rahmenlehrpläne der IT-Berufe traten zum 01.08.1997 in Kraft.

Im Hinblick auf die Zuordnung der Berufe zu Berufsfeldern, der Qualifikationsstruktur in der Ausbildungsordnung, der curricularen Leitlinien und des Prüfungsmodells sowie der Struktur der Lernfelder der KMK-Rahmenlehrpläne zeigen die neuen IT-Berufe für das Duale-System deutliche konzeptionelle berufsqualifizierende Innovationen. Für die Nachfrager dürfen die Berufe zukunftsorientiert, ausgesprochen attraktiv, aber auch anspruchsvoll sein.

2.1 Berufsbild und Ausbildungsordnung

Artikel 1, § 1 der „Verordnung über die Berufsausbildung im Bereich der Informations- und Telekommunikationstechnik" nennt als **Berufsbezeichnungen**:
- Informations- und Telekommunikationssystem-Elektroniker / Informations- und Telekommunikationssystem-Elektronikerin (IT-System-Elektroniker / IT-System-Elektronikerin),
- Fachinformatiker / Fachinformatikerin mit den Fachrichtungen Anwendungsentwicklung und Systemintegration,
- Informations- und Telekommunikationssystem-Kaufmann / Informations- und Telekommunikationssystem-Kauffrau (IT-System-Kaufmann / IT-System-Kauffrau),
- Informatikkaufmann / Informatikkauffrau.

Für alle IT-Berufe gilt nach der Ausbildungsordnung eine **Dreiteilung der Qualifikationen** :
- Es gibt einen gemeinsamen Kern an Qualifikationen („gemeinsame Kenntnisse und Fertigkeiten" §3, (1)) mit einer Ausbildungszeit von ca. 18 Monaten. Hierbei handelt es sich um einen Katalog übergreifender elektrotechnischer, informatischer und betriebswirtschaftlicher Qualifikationen.
- Für jeden Beruf gibt es eine profilprägende Fachqualifikation („unterschiedliche berufsspezifische Fertigkeiten und Kenntnisse" § 3 (2)) von ca. 8 - 10 Monaten sowie
- eine vertiefte Fachqualifikation in betriebsspezifischen Einsatzgebieten bzw. branchenorientierten Fachbereichen. Diese Ausbildung wird korrespondierend mit 10 - 8 Monaten ausgewiesen.

Die „**gemeinsamen Kenntnisse und Fertigkeiten**" sind aus „dem gemeinsamen Kern aller IT-Geschäftsprozesse und IT-Geschäftssparten abgeleitet". „Sie spiegeln idealtypisch einen kompletten Geschäftsprozeß und zielen damit auf ein ganzheitliches Aufgabenverständnis." (Ehrke, S. 6) Dabei wird die traditionelle Trennung zwischen kaufmännischen und technischen Ausbildungsberufen aufgehoben. Die neuen Berufe sind somit Querschnittsberufe zu den bestehenden Berufsfeldern. Folglich sind die IT-Berufe keinem Berufsfeld zugeordnet.

Innerhalb der **Fachbildung** sind „Möglichkeiten für äußerst vielfältige, auch vergängliche Spezialisierungen geschaffen". (Ehrke, S. 7) „Um der Vielfalt der beruflichen Einsatzfelder der IT-Berufe in unterschiedlichen Branchen, Betriebsgrößen und Organisationsformen gerecht zu werden und gleichzeitig eine notwendige fachliche Breite zu sichern, wurde ein Wahlpflichtbereich" (Müller, S. 9) in Form von Einsatzgebieten bzw. Fachbereichen definiert.

2.2 KMK-Rahmenlehrpläne

Jeder KMK-Rahmenlehrplan bezieht sich auf den **berufsbezogenen Unterricht** für einen oder mehrere Ausbildungsberufe. Die Länder übernehmen den Rahmenlehrplan unmittelbar oder setzen ihn nach landesinternen Kriterien in Lehrpläne um. Die Inhalte eines KMK-Rahmenlehrplans sind nach **Lernfeldern** strukturiert. Lernfelder sind durch Zielformulierungen beschriebene Einheiten. Sie sollen sich an konkreten beruflichen Aufgabenstellungen und Handlungsabläufen orientieren."

Für alle IT-Berufe gelten die folgenden Lernfelder. Analog zum Konzept der „gemeinsamen Fertigkeiten und Kenntnissen" der Ausbildungsordnung spiegelt sich hierbei die **gemeinsame und integrative wirtschaftliche, (elektro-) technische und informatische Ausbildung** wieder. Die **fachliche Profilbildung** ist dabei durch unterschiedliche Zielformulierungen, Inhaltsangaben und Zeitrichtwerten auszudrücken. Gleichwohl will der KMK-Rahmenlehrplan eine gemeinsame Beschulung aller IT-Berufe an einem Standort ermöglichen.

Gemeinsame Lernfelder für alle Berufe
1. Der Betrieb und sein Umfeld.
2. Geschäftsprozesse und betriebliche Organisation.
3. Informationsquellen und Arbeitsmethoden.
4. Einfache IT-Systeme.
5. Fachliches Englisch.
6. Entwicklung und Bereitstellung von Anwendungssystemen.
7. Vernetzte IT-Systeme.
8. Markt und Kundenbeziehungen.
9. Öffentliche Netze, Dienste.
10. Betreuung von IT-Systemen.
11. Rechnungswesen und Controlling.

3 Problemfelder und Maßnahmen der Beschulung an Berufsbildenden Schulen

Die Umsetzung der KMK-Rahmenlehrpläne der IT-Berufe stellt für die Berufsbildenden Schulen (BBS) eine große Herausforderung dar. Hier seien nur drei Problemfelder genannt. Der Workshop „IT-Berufe" will diese und wiete-re Problemfelder analysieren und landesspezifische Lösungen und Maß-nahmen vorstellen.

3.1 Curriculare Orientierungen

Curriculare Leitkategorien für die Ausbildung dieser Berufe sind die Prozess- und Handlungsorientierung. Als **Prozessorientierung** gelten nach der Ausbildungsordnung 'Geschäftsprozesse auf der Grundlage und in der Wechselwirkung mit informations- und telekommunikationstechnischen Produkten und Leistungen'. Ausbildungsordnung und KMK-Handreichung betonen als Zielsetzung der Berufsausbildung eine **Handlungsorientierung**, die junge Menschen zu selbständigem Planen, Durchführen und Beurteilen von Arbeitsaufgaben im Rahmen ihrer Berufsfähigkeit befähigt. Reflektiert man diese Leitkategorien und die in der Ausbildungsordnung geforderten Qualifikationen an wissenschaftlichen Bezugsdisziplinen (Organisations- und Managementlehre der BWL, (Praktische) Informatik, Elektrotechnik, besser technische Informatik), so lassen sich als wesentliche **curriculare Orientierungspunkte** System-, Kunden-, Team-, Projekt- und Objektorientierung ableiten.

3.2 Lehreraus-, Lehrerweiter- und Lehrerfortbildung

Die IT-Berufe fordern eine **integrierte informatische, technische und wirtschaftliche Ausbildung** nach den curricularen Orientierungspunkten. Diese Vermittlung erfordert eine intensive Zusammenarbeit der unterschiedlichen Lehrergruppen. Zielsetzung und Anspruch der IT-Berufe fordern somit vom Lehrer neuartige Qualifikationsbereiche nach geänderten curricularen Orientierungen, einen theoretisch fundierten praktischen Umgang mit einer Vielzahl an IT-Systemen und IT-Komponenten, eine breite Palette an Lernmethoden und neue Formen der Teamfähigkeit. Da in naher Zukunft entsprechend ausgebildete Berufsschullehrer nicht zu erwarten sind, ist die erforderliche fachliche und curriculare Qualifizierung der heute Unterrichtenden durch **kurzfristige Maßnahmen der Lehrerfortbildung** sicherzustellen. Hier bietet sich der Gesellschaft für Informatik e.V. ein weites Feld der Unterstützung an. Daneben sind Konzepte der Lehreraus- und -weiterbildung zu entwickeln.

3.3 Unterrichtsorganisation und sächliche Ausstattung

An einer BBS gibt es in der Regel eine Vielzahl an Berufsfachschulen, Fachschulen, etc. und die Berufsschule für eine Reihe unterschiedlicher Berufe. Dementsprechend ist die Stundenplangestaltung oder die Fachraumbelegung ein recht komplexes Problem der Unterrichtsorganisation. Die IT-Berufe erhöhen den Komplexitätsgrad der Unterrichtsorganisation erheblich. Die bisher geringe Anzahl der Auszubildenden der IT-Berufe hat an vielen Standorten eine **gemeinsame Beschulung** aller/mehrerer IT-

Berufe zur Folge. Für die fachliche Profilbildung erfordert dies **neue Formen der Unterrichtsgestaltung** , an Lehrmethoden und der inneren Differenzierung. Die notwendige Zusammenarbeit der unterschiedlichen Lehrer zwingt zu einer weiteren zeitlichen Abstimmung des Unterrichts der Abteilungen einer BBS bis hin zur Abstimmung verschiedener BBS.

Gemeinsame Bezugspunkte für die Leitkategorien 'Prozess- und Handlungsorientierung' sind Komponenten, Systeme und Leistungen der IT-Technik, die es zu beschreiben, zu konzipieren, entwickeln, betreuen, nutzen und zu 'vermarkten' gilt. Die Umsetzung dieser Tätigkeiten erfordert eine **vermehrte sächliche Ausstattung und neue Fachräume** an den BBS. In Zeiten knapper Kassen sind die Schulträger und Länder besonders gefordert, die Schulen benötigen Unterstützung für Sponseringvorhaben.

Literatur

Ehrke, M.   IT-Ausbildungsberufe: Paradigmenwechsel im dualen System
in: BWP 1/1997, S. 3 ff.

Müller, K.-H.   Neue Ausbildungsberufe in der Informations- und Kommunikationstechnik in: BWP 1/1997, S. 8 ff.

Workshop:
Informatische Bildung als Medienerziehung?

*Annemarie Hauf-Tulodziecki, Landesinstitut für Schule
und Weiterbildung Soest; annem@uni-paderborn.de;
Heidi Schelhowe, Institut für Informatik an der Humboldt-Universität zu Berlin;
schelhow@informatik.hu-berlin.de*

Zusammenfassung: Medien nehmen eine immer größere Bedeutung in der Sozialisation von Kindern und Jugendlichen ein, ihre gegenwärtige und zukünftige Lebenswelt ist tiefgreifend von Medien geprägt. Pädagogische Theorie, Bildungspolitik und Bildungspraxis versuchen, dieser Herausforderung gerecht zu werden. Die Computertechnologie spielt unter den heutigen Medien eine besondere und herausragende Rolle. Informatischer Bildung kommt deshalb ein besonderes Gewicht zu. Im Workshop wird der Frage nachgegangen, welche Antworten Informatik als Wissenschaft und informatische Allgemeinbildung geben können, um die Herausforderungen einer Medienerziehung aufzugreifen. Es sollen erste Ergebnisse des GI-Arbeitskreises 7.3 "Informatische Bildung und Medienerziehung" zur Diskussion gestellt werden.

1. Zur aktuellen Diskussion um Medienerziehung in der Schule

Mit dem Orientierungsrahmen „Medienerziehung in der Schule", den die Bund-Länder-Kommission für Bildungsplanung und Forschungsförderung (BLK) 1995 der Öffentlichkeit vorgelegt hat, wird der Medienerziehung für die Schulen der Bundesrepublik ein besonderes Gewicht verliehen, und es werden neue Akzente in der Medienerziehung gesetzt [BLK 1995]. Medien, so wird dort festgehalten, greifen so tief in das Leben jedes einzelnen ein und prägen unsere Gesellschaft so tiefgreifend, daß sie in ihren Wirkungen auf das Problembewußtsein und die Werteorientierung junger Menschen oft die Bedeutung familialer Erziehung und schulischer Bildung überdecken. Mit dem vorliegenden Orientierungsrahmen soll dieser Bedeutung der Medien Rechnung getragen werden. Ziel der allgemeinen (und beruflichen) Bildung soll es sein, „Medienkompetenz" zu fördern und zur Entfaltung einer „Medienkultur" beizutragen.

Den elektronischen Medien und dem Computer werden in der BLK-Verlautbarung eine zentrale Rolle zuerkannt. Sie haben nicht nur die Arbeitswelt entscheidend verändert, sondern durchdringen auch private Lebensbereiche und beeinflussen unsere Kultur nachhaltig. Zu Medienkompetenz und Medienkultur gehört die Fähigkeit, Medienangebote bewußt auswählen und souverän nutzen zu können. Es erfordert aber darüber hinaus einen Einblick in die Wirkungsweise und die Produktionsbedingungen von Medien und die Fähigkeit, sich mittels der Medien selbst ausdrücken und auf ihre Gestaltung Einfluß nehmen zu können.

Nach der Begrüßung und einleitenden Worten durch die Veranstalterinnen wird Rudolf Peschke vom Hessischen Landesinstitut für Pädagogik (HeLP) mit seinem Beitrag unter dem Titel „Medienerziehung als Chance für Schulentwicklung" den Workshop eröffnen. Er wird über den aktuellen Stand der Debatte und der Beschlüsse zur Medienerziehung informieren und den Stellenwert von Medienerziehung in der Schule deutlich machen.

2. Computer als Medium – Paradigmenwechsel in der Informatik

Die BLK-Richtlinie schlägt vor, Medienerziehung als eine integrative Aufgabe zu sehen, die in verschiedenen Fächern, Lernbereichen und Altersstufen umzusetzen ist. Wenn nun heute dem Computer im Rahmen der Medienerziehung eine herausgehobene Bedeutung zukommt, so ist dort – neben der Informatischen Grundbildung, die in der Richtlinie bereits erwähnt wird – die Informatik als Fach in besonderer Weise angesprochen.

Sollen Medienkompetenz erreicht und Medienkultur gefördert werden, so reicht es in keiner Weise aus, sich nur aus der Sicht der sprachlichen und geisteswissenschaftlichen und musischen Fächer mit Medien zu befassen. Die Technologie ist, sowohl über die theoretischen Modelle wie auch über die realisierten Hard- und Softwarekonstellationen an der Wirklichkeitskonstruktion beteiligt. So kann und sollte informatische Bildung ihre Rolle im Rahmen von Medienerziehung neu reflektieren.

Allerdings erfordert dies ein Umdenken und das Einnehmen einer neuen Perspektive für den Informatikunterricht. Informatik – und dies gilt nicht nur für den schulischen Unterricht, sondern auch für die wissenschaftliche Disziplin – hat den Computer zuerst und vorrangig als Maschine und als Werkzeug betrachtet, das der automatischen Verarbeitung und Bearbeitung von Informationen bzw. Daten dient. Daß der Computer gleichzeitig immer auch ein Artefakt war und ist, das der Speicherung, Darstellung und Vermittlung von Information und der Unterstützung von Kommunikation dient, war und ist bis in die heutige Zeit hinein dieser hauptsächlichen Sichtweise untergeordnet. Dies drückt sich unter anderem in der zentralen Stellung der Turingmaschine für die Theoretische Informatik aus oder in der Aussage, die in dem wohl wichtigsten Lehrbuch für die Einführung in die Informatik von Friedrich L. Bauer und Gerhard Goos getroffen wird, daß nämlich „die Befreiung des Menschen von der Last gleichförmiger, ermüdender geistiger Tätigkeit... die stärkste Triebfeder der Entwicklung der Informatik “ [Bauer/Goos 1971, S.187] sei.

Heute gewinnen allerdings die Anwendungen zunehmend einen anderen Charakter als den einer „Mechanisierung sogenannter geistiger Tätigkeiten“ [Bauer/Goos 1971, S.187]. Speicherung, Darstellung und Vermittlung von Information und Kommunikation werden mehr und mehr zur Hauptseite und prägen die Erscheinungsweisen des Computers in der Arbeits- und Lebenswelt. Ohne daß der Computer seinen instrumentalen Charakter (als Maschine und Werkzeug), den zur Be- und Verarbeitung von Daten verliert, tritt doch durch die Vernetzung und durch die Integration der traditionellen, inzwischen digitalisierten technischen Medien im Computer sein medialer Charakter deutlicher in den Vordergrund.

Diese Tendenz in den Anwendungen drückt sich auch in den wissenschaftlichen Grundlagen der Informatik aus. Dort sind parallel dazu Konzepte entstanden, die eher mit Vorstellungen von Kommunikation und Kooperation korrespondieren als mit der Vorstellung vom sequentiell arbeitenden Automaten, der nach endlicher Zeit einen bestimmten, vom Input funktional abhängigen Output liefert. Dies wird deutlich in den Benutzungsschnittstellen, die immer mehr auf eine häufige Interaktion mit dem Menschen ausgerichtet sind und dies unterstützen. In der Softwaretechnik sind strikte Phasenmodelle in die Kritik geraten. Nebenläufigkeit und Parallelität gewinnen größere Bedeutung gegenüber Sequentialität. In vielen Bereichen wird imperative durch objektorientierte Modellierung und Programmierung abgelöst. Auch in der Theoriediskussion gibt es Vorschläge, den Begriff des Algorithmus und der Turingmaschine einem mächtigeren Begriff z.B. von „Interaktion" und „interaction machine" unterzuordnen [Wegner 1997]. Klassische Konzepte und Modelle werden damit nicht überflüssig, aber sie bekommen einen anderen Stellenwert und werden unter einer medialen Sicht subsumiert.

Prof. Dr. Wilfried Brauer von der Technischen Universität München und Ute Brauer werden in einem zweiten Beitrag auf dem Workshop neuere Diskurs- und Entwicklungslinien der Informatik aufzeigen und der Frage nachgehen, ob diese Vorstellungen einen „Paradigmenwechsel" der Informatik nahelegen bzw. sichtbar werden lassen. Der Titel ihres Vortrags lautet „Infomatik = Kommunikation mit Computern?"

3. Informatische Bildung und Medienerziehung

Seit April 1997 beschäftigt sich der Arbeitskreis „Informatische Bildung und Medienerziehung" im Auftrag des Fachausschusses 7.3 der Gesellschaft für Informatik mit der Frage, wie medienbezogene Aspekte in der informatischen Bildung bewußt gemacht und verfolgt werden können. Ziel ist es, auf eine Empfehlung hinzuarbeiten, die mithilft, informatische Bildung (auch) als Teil der Medienerziehung zu verankern.

Der Arbeitskreis will sich dazu auf Ergebnisse der Medienerziehung einerseits und auf den Stand der Diskussion und die schulische Praxis informatischer Bildung andererseits stützen, um zu neuen Sichtweisen und zu zukunftsweisenden Vorschlägen mit praktischen Auswirkungen zu kommen.

Annemarie Hauf-Tulodziecki vom Landesinstitut für Schule und Weiterbildung in Soest ist Sprecherin dieses Arbeitskreises und wird die Diskussionen und erste Ergebnisse auf dem Workshop vorstellen. Wir freuen uns auf eine kritische, anregende und weiterführende Diskussion. für die ausreichend Zeit bleiben soll.

Literatur

Bauer, Friedrich L.; Goos, Gerhard: Informatik. Eine einführende Übersicht. Berlin: Springer, 1. Aufl. 1971, 4. Aufl. 1991.

Brauer, Wilfried; Brauer, Ute: Informatik – das neue Paradigma. Änderungen von Forschungszielen und Denkgewohnheiten der Informatik. In: LogIn Nr. 15, Heft 4, 1995, S.25-29.

BLK, Bund-Länder-Kommission für Bildungsplanung und Forschungsförderung: Medienerziehung in der Schule. Orientierungsrahmen. Bonn 1995.

Schelhowe, Heidi: Das Medium aus der Maschine. Zur Metamorphose des Computers. Frankfurt: Campus 1997.

Tulodziecki, Gerhard et al.: Handlungsorientierte Medienpädagogik in Beispielen. Bad Heilbrunn: Klinkhardt 1995.

Wegner, Peter: Why Interaction Is More Powerful Than Algorithms. In: CACM May 1997, Vol. 40, No.5, S.81-91.

Workshop 5
Evaluation der Lehre

Koordination: J. Nedon (Hamburg), M. Weber (Berlin)

An den Hochschulen wurden in den letzten Jahren verstärkt Begutachtungen und Bewertungen der Lehre, der Forschungsaktivitäten sowie der Organisation der Hochschulen und Fachbereiche durchgeführt. Akteure solcher Evaluationen waren und sind Studierende, z.B. mit studentischen Fragebogenumfragen, Fachbereichsangehörige sowie externe, professionelle bzw. wissenschaftliche Gutachterkommissionen. Angeregt auch durch von Medienverlagen veröffentlichte Ranglisten entstand eine Diskussion um Methodiken der Evaluation, der Bewertung und Begutachtung von Forschungsaktivitäten und der Lehre an den Hochschulen. In der Informatik sind inzwischen an einigen Fachbereichen Evaluationen durchgeführt worden, hieraus ergibt sich der Bedarf, Erfahrungen auszutauschen.

Ziele des Workshops

Ziel soll es sein, Möglichkeiten und Methodiken der Lehreevaluation kennenzulernen und auf der Grundlage von Erfahrungen die Möglichkeiten, Stärken und Schwächen zu diskutieren. Das Zusammenführen der an Evaluationen Beteiligten, das Kennenlernen deren Interessen und Sichtweisen ist ein weiteres Ziel des Workshops.

Vorgehensweise

Im ersten Teil des Workshops soll am Beispiel der Evaluation an einem Informatik-Fachbereich die dort verwendete Methodik dargestellt und diskutiert werden. Dazu sollen auch die evaluationsbegleitenden Institutionen ihre Methodiken vorstellen. Die Teilnehmenden sollen in der Diskussion ihre Erfahrungen mit der vorgestellten sowie eigener Methodik einbringen. Es sind hierzu Vorträge geplant, die zur anschließenden Diskussion anregen sollen.

Für das Ergebnis von Evaluationen spielt auch die Gewichtung der Beobachtungen eine Rolle. Im zweiten Teil des Workshops soll die Einbeziehung der verschiedenen an Hochschulen vertretenen Gruppen in die Evaluation der Lehre diskutiert werden. Konkret spricht dies hier die Beteiligung von Studierenden an Gutachtergremien an. Dazu gibt es Erfahrungen im Rahmen der Evaluation der "Nord-Universitäten", hier konnte auch die Sichtweise von Studierenden in die gutachterliche Stellungnahme einfließen. Auch hierzu sind Vorträge geplant.

Die Vorträge im Workshop:

Erfahrungsbericht zur Lehrevaluation der Informatik in Paderborn
U. Kastens, P.Pfahler (Universität-GH Paderborn), siehe Beitrag in diesem
Tagungsband

Vorgehen und Verfahrensempfehlungen des CHE
(Centrum für Hochschulentwicklung)
angefragt - CHE Centrum für Hochschulentwicklung

Evaluationsmethodik der HIS (Hochschul-Informationssysteme GmbH)
angefragt - HIS Hochschulinformationssystem GmbH

(Mittagspause)

Die Evaluation an den Nord-Unis, Erfahrungen, Bewertung
nn.

Studentische Vorlesungsevaluationen (Fragebogenaktionen) und die Beteiligung
von studentischen Gutachtern in Gutachter-Evaluationen
nn., M. Weber (HU Berlin)

Verweise auf Literatur und Adressen

Den Teilnehmenden am Workshop werden die Vorträge als Arbeitsunterlagen zur
Verfügung gestellt

Workshop: "Intelligente Lehr- und Lernsysteme (ILLS)"

Claus Möbus
Fachbereich Informatik, Abteilung Lehr-und Lernsysteme,
C.v.O. Universität Oldenburg, D-26111 Oldenburg
Email: Claus.Moebus@informatik.uni-oldenburg.de

Programmkomitee:

Prof. Dr. Rul Gunzenhäuser
Universität Stuttgart
Institut für Informatik
Rul.Gunzenhaeuser@Informatik.Uni-Stuttgart.de

Dr. Christian Herzog
Fakultät für Informatik
Technische Universität München
Herzog@Informatik.TU-Muenchen.de

Prof. Dr. Claus Möbus
FB Informatik
Universität Oldenburg
Claus.Moebus@Informatik.Uni-Oldenburg.de

Dr. Olaf Schröder
debis Systemhaus GEI, Hamburg
Projektbereich Interaktive Medien (IAM)
oschroed@debis.com

Inhalt

Die Entwicklung von ILLS befindet sich gegenwärtig in einem Umbruch (SANDBERG & ANDRIESSEN, 1997). Waren bisher Einzelplatz- und Einzelagentensysteme mit Ihren Spielarten "Intelligente Tutorielle Systeme (ITS)", "Intelligente Problemlöseumgebungen (IPSE)" oder "Explorative Lernumgebungen" Ziele der Entwickler, sind durch technologische Veränderungen (wie z.B. die Rechnervernetzung oder der Einbezug der Multimedialität) neue Lern- und Problemlöseformen denkbar. Als gegenwärtige Trends lassen sich ausmachen: (1) vom einfachen Problemlösen hin zum Verstehen von Problemlösungen, (2) stärkere Betonung von Lernerinitiative und Interaktivität, (3) stärkere Berücksichtigung der Situationsbezogenheit des Wissens, (4) von der einseitig gerichteten

Wissenskommunikation zum wechselseitigen Wissenstransfer mit Verhandlungs- und Diskussionsprozessen, (5) Nutzung des weltweit vorhandenen Wissens über das Internet.

Es sind im zweidimensionalen Koordinatensystem von Kooperation und Wettbewerb/Kompetition verschiedene Lern- und Problemlöseformen denkbar, die teilweise kein Analogon im konventionellen Unterricht haben. So können „Kooperative multimediale Experimentier- und Simulationsumgebungen im Internet" oder „Verteilte multimediale Dialogspiele zur Schlung der Sozialkompetenz" als Beispiele für derartige neue ILLS gelten.

Dabei ist die Rolle der KI in diesen zukünftigen verteilten Systemen neu zu überdenken. Bisher spielten Theorien und Methoden der KI hauptsächlich eine Rolle bei der Repräsentation von Experten- und Lernerwissen, der Analyse von Lernerentwürfen, der Diagnose von Fehlern und Wissenslücken und bei der Generierung von Vorschlägen, Erklärungen und Hilfen.

Diese Funktionen koennen jetzt teilweise von der "verteilten" natürlichen Intelligenz (d.h. von den verschiedenen vernetzten humanen Lernern) übernommen werden. Gefordert ist die KI nunmehr bei der Repräsentation von Kognition und Emotion bei Gruppenprozessen, beim Abwägen diverser, oft konfligierender Vorschläge, Erklärungen, Hilfen und Lösungsvorschläge. Die Rolle der KI-Komponenten wandelt sich vom Experten als Interaktionspartner zum Meta-Experten und Moderator der Gruppe, der analysiert, integriert und situativ (re-)agiert.

Im Workshop soll untersucht werden, wie in verschiedenen Wissensgebieten (Entwurf und Konstruktion, Entscheidungsfindung, Modellierung, Spracherwerb etc.) neben der Reflexion klassischer ILLS-Fragestellungen (wie u.a.: Lernermodellierung, Erklärungsgenerierung, Wissensstanddiagnose) auf die Herausforderung "Verteilung" zu reagieren ist.

Literaturverzeichnis

SANDBERG, J. & ANDRIESSEN, J., Where is AI and how about Education ?, in: B. du BOULAY and R. Mizoguchi (Eds), Artificial Intelligence in Education: Knowledge and Media in Learning Systems, Amsterdam: IOS Press, 1997, ISBN 90 5199 353

URL der FG 1.1.5/7.0.5 „ILLS"

Die Ergebnisse des Workshops finden sich auf der Webseite der Fachgruppe:
http://lls.informatik.uni-oldenburg.de/fachgruppe_ILLS/

Workshop 7: Neue Medien im Fernstudium

Wolfgang A. Halang und Bernd J. Krämer

FernUniversität
Fachbereich Elektrotechnik
58084 Hagen

1 Einführung

Präsenz- und Fernstudium unterscheiden sich im wesentlichen in der Form der Lehrveranstaltung Vorlesung. Während sich Teilnehmer an Vorlesungen in Gemeinschaft Wissen durch Zuhören und Anfertigen von Notizen aneignen, sind Fernstudierende beim Durcharbeiten von Kursmaterial auf sich allein gestellt. Interaktion zwischen Lehrenden und Lernenden kommt bei Vorlesungen im Rahmen der Massenuniversität wegen großer Hörerzahlen als Vorteil immer weniger zum Tragen. Mithin beginnt im Vergleich der Wissensvermittlungsformen des Präsenz- und Fernstudiums der Vorteil des Selbststudiums zu überwiegen, der in der *zeitlichen Asynchronität zwischen Lehrenden und Lernenden* besteht. Diese äußert sich sogar gleich in zweifacher Hinsicht, und zwar im Zeitpunkt der Wissensaufnahme und in der dabei gewählten Geschwindigkeit. Durch Möglichkeiten zum Wiederholen und Hinzuziehen weiterer Quellen wird die sequentielle Struktur der Vorlesung überwunden. Studierende erhalten mithin zusätzliche Freiheitsgrade zur Organisation des Lernens. Vor diesem Hintergrund haben nicht nur die FernUniversität, sondern auch Präsenzuniversitäten damit begonnen, die in Form der Multimediatechnik gegebenen neuen technischen Möglichkeiten zur Entwicklung von Material für rechnergestütztes Selbststudium zu nutzen. Das Ziel dieses Workshops ist es, einen Überblick über laufende Aktivitäten zu geben.

2 Multimediaunterstützte Lehre in der Hochschulausbildung

In multimedialen Lernsystemen und Anwendungen werden Rechner- und Kommunikationsfunktionen sowie eine interaktive Arbeitsweise mit einem Rechner gemeinsam mit elektronisch erfaßten unabhängigen diskreten, sequentiellen und kontinuierlichen Medien, wie Texten, Graphiken, Bildern, Ton oder Bewegtbildern, kombiniert. Das Ziel ist die Gestaltung innovativer und effizienter Lernsysteme für die Aus- und Weiterbildung. Multimedia bieten sich auch für neue Applikationsbereiche und zur Realisierung unterschiedlicher Anwendungen in Wirtschaft und Verwaltung, für Unterhaltung, Werbung usw. an. Im Rahmen seines Beitrages erfaßt Djamshid Tavangarian vom Institut für Technische Informatik der Universität Rostock den gegenwärtigen Stand von Multimediaentwicklung und -einsatz in der Hochschulausbildung, diskutiert einige Aspekte ihrer Auswirkungen im Bildungsbereich und stellt neue Konzepte für die künftige Entwicklung dieser Techniken und des Mediensektors in den Hochschulen vor. Am Beispiel eines Hypermedia-VHDL-Lernsystems werden die Gestaltung der Lehre, der Einsatz des Systems sowie einige Erfahrungen damit diskutiert.

3 Von der Animation zum virtuellen Labor

Durch geschickte Integration verschiedener Medien lassen sich Lehreinheiten erzeugen, die eine konventionelle Vorlesung nicht nur ersetzen, sondern ihr in manchen Aspekten sogar überlegen sein können. Damit ist aber das Potential multimedialen Lernens noch keineswegs erschöpft. Schnelle Rechnertechnik macht es erstmals möglich, komplizierte Sachverhalte durch *Animationen* zu illustrieren. Die Studierenden werden durch geführte *Experimente* in die Lage versetzt, Zusammenhänge selbst zu erkennen. Im Rahmen *virtueller Labore* können sie selbständig experimentieren und eigene Lösungen erproben. Das rezeptive Lernen wird so durch aktives Erfahren und Erarbeiten ergänzt. Hierdurch eröffnen sich neue Formen des Studierens, gerade in solchen Gebieten, in denen Praktika prinzipiell oder wegen hoher Kosten bislang unmöglich waren. Diese Ansätze kommen nicht nur dem Fernstudium zugute, sie lassen sich ebensogut in ein Präsenzstudium integrieren. In seinem Vortrag stellt Rolf Klein vom Fachbereich Informatik der FernUniversität Beispiele für Animationen, Experimentierumgebungen und Laborkomponenten aus dem Bereich der algorithmischen Geometrie vor, die als Java-Applets realisiert wurden. Er berichtet über den damit verbundenen Herstellungsaufwand und seine ersten Erfahrungen in der Lehre.

4 Das Projekt VIRTUS.uni-koeln.de

Mit Multimedia wird häufig der Einsatz von High-End-Produkten assoziiert: aufwendiges Edutainment mit Graphik, Video, Ton und Text. Ihre Entwicklung erfordert immer einen enormen Zeit- und Kostenaufwand. Im VIRTUS-Projekt setzt Wolfgang Leidhold von der wirtschafts- und sozialwissenschaftlichen Fakultät der Universität zu Köln andere Prioritäten. Sein Ziel ist, auf einer universell einsetzbaren Plattform eine Software zu entwickeln und zu demonstrieren, die an den Universitäten alltagstauglich nutzbar ist und rasche Umsetzbarkeit von Lerninhalten sowie eine breite Palette universitätstypischer Dienstleistungen und Kommunikationsmöglichkeiten bietet. Die Vielfalt der Neuen Medien wird zu einer Option, die sich den Bedürfnissen der Lehrenden und Lernenden unterordnet. Zentral ist dabei der Gedanke, daß Grundlagen und Motivation zu vermitteln, Hauptaufgabe der Lehrenden bleibt — die Neuen Medien und ihre neuen Lerninhalte dienen der Unterstützung, nicht aber einer Automatisierung des Lernens. Das Grundprinzip ihrer Integration heißt: Arbeiten ohne Medienbrüche. Das Konzept besteht aus mehreren integrierten Komponenten, zu denen u.a. eine standardisierte Oberfläche mit definierten Funktionalitäten, ein dementsprechender Editor zur einfachen Nutzung sowie die Erprobung von Neuentwicklungen gehören. Die einschlägigen Erfahrungen hinsichtlich Didaktik, Medienentwurf und Programmierung werden durch Sammlung, Aufbereitung und Beratung zugänglich gemacht. Durch Modularisierung und eine entsprechende Austauschmöglichkeit via Datenbank und Server werden die Entwicklungen für den Transfer und die Nutzung durch Dritte vorbereitet. Durch Beratung bei der Wiederverwendung soll schließlich die Anpassung an neue Nutzer unterstützt werden.

5 Das Projekt Virtuelle Universität

Neue Medien werden in den Hochschulen in verschiedensten Formen mit den unterschiedlichsten Zielen eingesetzt. Sowohl Stand-Alone-Systeme als auch vernetzte Systeme bieten spezifische Vorteile. Es gilt, diese Vorteile jeweils gezielt zur Verbesserung der Lehre und Effizienzsteigerung des Lernens zu nutzen. Allerdings stellen neue Medien lediglich ein Hilfsmittel zur Gestaltung der Lehre dar. An der FernUniversität wird seit gut zwei Jahren ein Konzept der Virtuellen Universität realisiert, das alle Funktionen einer Universität im Netz abbildet. Zur Zeit werden etwa 50 Kurse im Grund- und Hauptstudium überwiegend der technischen Fächer angeboten. Es beteiligen sich gut 1200 Studenten an dem Projekt. In seinem Beitrag stellt Firoz Kaderali vom Fachbereich Elektrotechnik der FernUniversität das Konzept kurz vor und berichtet über die bisherigen Erfahrungen, insbesondere bei Erstellung und Angebot der Lern-Software und beim kommunikativen Lernen. Daraus leitet er einige Empfehlungen zum mediengestützen Lernen im Hochschulbereich ab.

6 Bildungsarchitekturen multimedialen Lehrens und Lernens

Die Dynamik des Einzugs der Neuen Medien in den Bildungssektor ist ungebrochen. Vielerorts werden Initiativen zur Verbesserung der Lehre sowie zur Erhöhung der Dienstleistungen gegenüber Studierenden durch den Einsatz neuer Medien unternommen. Die multimediale Aufbereitung von Lehr- und Lerninhalten gilt als ressourcenintensiv. Darüber hinaus sind von allen Anbietern Dienstfunktionen bereitzustellen, die den Zugang zu ihren Inhalten und deren autorisierten Abruf ermöglichen. Es bietet sich also an, die Entwicklungsziele vergleichbarer medienbasierter Lernsysteme zu koordinieren und diese Entwicklungen ressourcensparend im Verbund zu realisieren. Die so erzielte Entlastung einzelner Projektbudgets erlaubt es, sich dann auf die eigentlichen Projektaufgaben zu konzentrieren. Eine grundsätzliche Frage der Hochschule der Zukunft wird es sein, ob sie für ein bestimmtes Fach, Themengebiet oder inhaltlichen Schwerpunkt eigene Kompetenz aufbaut und unterhält oder ob Bildungsinhalte fremdbezogen werden. Modularität von Lerneinheiten ist eine Grundanforderung, um spezialisierte Bildungsprodukte zusammenfügen und entscheiden zu können, ob selbst entwickelt oder fremdbezogen werden soll, denn modular aufgebaute Bildungsprodukte sind mehrfach verwendbar. Es ist erforderlich, frühzeitig organisatorische und informationstechnische Standards bei der Konzeption und Realisierung medienbasierter Bildungsprodukte zu definieren, damit Bausteine einzelner Wissenslieferanten effizient und zielgruppengerichtet aneinander angepaßt und zusammengefügt werden können. In seinem Vortrag definiert Wolfgang Kraemer vom Institut für Wirtschaftsinformatik an der Universität des Saarlandes eine Architektur als Rahmen zur Konfiguration, Administration und Distribution einzelner Bildungsbausteine.

Workshop „Informatikausbildung und ihre Bedeutung für Entwicklungsländer"

Dr. Nazir Peroz, TU Berlin, Fachbereich Informatik

Problemstellung

Ausländische Studierende zeigen ein großes Interesse, ingenieurwissenschaftliche Studiengänge wie Elektrotechnik oder Informatik in Industrieländern zu studieren. Dies zeigt sich auch an deutschen Hochschulen. Diese Disziplinen haben in den letzten Jahren eine rasante Entwicklung und Verbreitung erfahren, die die Entwicklungsländer nicht verpassen wollen.
Das Ziel ausländischer Studierender ist es, als zukünftige Wissenschaftler Technologien in ihre Herkunftsländer zu transferieren. Dies setzt technologische Kompetenz voraus. Ein gelungener Wissenstransfer erfordert, die Rahmenbedingungen im Zielland zu erfassen und beim Einsatz des erworbenen Wissens entsprechend zu berücksichtigen.
Werden die ausländischen Studierenden darauf ausreichend vorbereitet?
Es gilt das Prinzip der Einheitlichkeit der Ausbildung, wonach deutsche wie ausländische Studenten grundsätzlich unter gleichen Bedingungen studieren.
Sie werden in einen Studiengang aufgenommen, der vorwiegend an den Bedürfnissen der deutschen Gesellschaft und Industrie orientiert ist.
Im Studium ausländischer Studierender fehlt der Bezug des Studienfachs zu ihren Herkunftsländern.
Das fachspezifische Wissen ist oftmals zu theoretisch und zu wenig praxisbezogen.
Wie können diese Defizite überwunden werden?

Ziele

Die deutschen Hochschulen sollen daran interessiert sein, den ausländischen Studierenden den Bezug ihres Wissens für ihre Herkunftsländer nahe zu bringen.
Dies erfordert jedoch ein genügendes Maß an Kompetenz an den Hochschulen selbst. Diese kann auf unterschiedliche Weise erworben werden, z.B. durch intensivere Kooperation mit Universitäten im Ausland, Austausch von Lehrkräften, Einbeziehung von ausländischen Hochschulabsolventen usw.
Moderne Technologien können genutzt werden Informationen zu verarbeiten und auszutauschen.
Es soll aber auch eine Diskussionsgrundlage für ein Entwicklungsland-orientiertes Studium schaffen, daß optimale Voraussetzungen für einen sinnvollen Technologietransfer schaffen kann.

Durchführung des Workshops

Der Workshop „Informatikausbildung und ihre Bedeutung für Entwicklungsländer" wird von der Fachgruppe Informatik und Dritte Welt organisiert. Er bietet die Möglichkeit, die Rolle der Informatikausbildung für Entwicklungsländer zu diskutieren. Im Rahmen des Workshops sollen neben Bildung und Ausbildung ausländischer Studierender an deutschen Hochschulen auch die wissenschaftliche Zusammenarbeit und Kooperation mit Entwicklungsländern sowie Rahmenbedingungen beim Einsatz des erworbenen Wissens in einem Entwicklungsland erörtert werden.
Grundlage für die Diskussionen bilden 5 Vorträge:
1. Entwicklung und Zusammenarbeit
2. Technologietransfer, Technologische Kompetenz
3. Internet als Chance für den Bildungsbereich in Entwicklungsländern
4. Pädagogische Nutzung von Computern
5. Entwicklungsland-orientierte Informatik

Literaturverzeichnis

1. Bundesminister des Auswärtigen Amtes und Bundesminister für Bildung, Wissenschaft, Forschung und Technologie: "Studienstandort Deutschland attraktiver machen", 24.05.96, http://www.auswaertiges-amt. government.de/3-auspol/index.htm.
2. Hochschulrektorenkonferenz: Attraktivität durch internationale Kompatibilität, Dokumente zur Hochschulreform, 112/1996.
3. M. Ehling,: Als Ausländer an deutschen Hochschulen, Verlag für wissenschaftliche Publikationen, Darmstadt, 1987.
4. Otto Benecke Stiftung: Technologietransfer und Technologieanpassung: Berufsorientierte technische Hochschulausbildung für Studenten aus Ländern der Dritten Welt, Nomos Verlagsgesellschaft, Baden-Baden , 1985.

Organisation des Workshops

Dr. Nazir Peroz
Sprecher der Fachgruppe Informatik und Dritte Welt
TU Berlin
Fachbereich Informatik
Franklinstr. 28/29
10587 Berlin
e-mail: nazir@cs.tu-berlin.de
Tel.: (030) 314 27897

Internationale Abschlüsse
in der Informatik

Workshop - veranstaltet vomFachausschuß 7.1
„Ausbildung an Hochschulen"
Leitung:
Prof. Dipl.-Math. W. Burhenne
Fachbereich Informatik
Fachhochschule Darmstadt
Schöfferstraße 8B
64295 Darmstadt

1 Vorgaben

Unter dem Tenor „die internationale Wettbewerbsfähigkeit und Attraktivität des Studienstandortes Deutschland ist in Gefahr" wird seit etwa zwei Jahren auf der politischen Ebene in Deutschland die Einführung von international gebräuchlichen Abschlüssen wie „Bachelor", „Master" oder „Ph.D." gefordert. Die Gründe hierfür sind unterschiedlicher Natur: Einerseits zeigen die Statistiken über die durchschnittliche Studiendauer an deutschen Universitäten (und zum allerdings wesentlich geringeren Teil auch an Fachhochschulen), daß erste berufsqualifi-zierende Abschlüsse an Hochschulen im angelsächsischen Bereich in signifikant kürzeren Studienzeiten erreicht werden. Daraus folgert man z. B. die Notwendigkeit von Kurzstudiengängen mit entsprechendem Abschluß. Andererseits stoßen bei vielen ausländischen Bewerbern und Bewerberinnen die hier benutzten Graduierun-gen „Diplom" bzw. „Diplom (FH)" auf Unverständnis oder werden völlig falsch interpretiert. So verspricht man sich alleine von der Anwendung der neuen angelsächsischen Bezeichnungen bereits eine Vergrößerung des Anteils an Studierenden aus dem Ausland.

Die Forderung nach Einführung international gebräuchlicher Abschlüsse wird von Berufsverbänden zumindest im Ingenieurbereich ausdrücklich unterstützt, wobei als hauptsächliches Argument genannt wird, daß die deutsche Ingenieurausbildung international nicht vermarktbar sei. Die Anpassung an angelsächsische Ausbildungsstrukturen soll vor allem dazu führen, daß für Bachelor-Absolventen aus dem Ausland eine genau definierte Schnittstelle für den Einstieg in postgraduale Studiengänge an deutschen Hochschulen erkennbar wird.

Auch der DAAD hat durch entsprechende Programme auf die beschriebenen Forderungen reagiert und im vergangenen Jahr bereits einige Anträge auf Förderung von Bachelor-/Masterstudiengängen bewilligt.

2 Ziele

Der Workshop „Internationale Abschlüsse in der Informatik" dient dazu, ausgehend von den genannten Vorgaben zu überprüfen, inwieweit Informatik-Studiengänge an deutschen Hochschulen als aufeinander aufbauende gestufte Studiengänge mit Bachelor- und Masterabschlüssen eingerichtet werden können, bzw. welche Unterschiede zu den bisher angebotenen bestehen.

Dabei werden im Einzelnen die folgenden Fragestellungen behandelt:

- Gibt es arbeitsmarktpolitische Gründe für die Einführung von Kurzstudien-gängen mit einem Bachelorabschluß, d.h. werden die Absolventen und Absol-ventinnen eines solchen Studiengangs von der Wirtschaft angenommen bzw. sogar angefordert? Wenn dies der Fall ist, welche inhaltlichen Schwerpunkte sollen bei einer derartigen Ausbildung gesetzt werden?
- Worin unterscheiden sich die geforderten Masterstudiengänge von den derzeitigen Diplomstudiengängen? Welches sind die Kriterien für eine solche Differenzierung?
- Gibt es Unterschiede zwischen den beiden Hochschularten (Universität und Fachhochschule) bezüglich der Einführung von gestuften Abschlüssen? Wenn ja, worin bestehen diese?

Außer den genannten Fragestellungen wird darüber diskutiert, inwieweit sich durch die Einführung der neuen Studiengänge mittel- oder langfristig eine Konvergenz der Informatikausbildung an den beiden Hochschularten herausbildet. Gestützt wird diese These durch eine zu beobachtende verstärkte Praxisorientierung bei der uni-versitären Informatikausbildung sowie der durch die Wirtschaft geförderten Weiter-qualifikation zum Ph.D. an Fachhochschulen.

3 Methoden

Zur Einführung in die Thematik dienen die drei folgenden Kurzvorträge:

- Internationalisierung der Informatikausbildung aus der Sicht eines Industrievertreters
- Gestufte Abschlüsse in Informatikstudiengängen an Fachhochschulen
- Überlegungen zu Einführung von Bachelor- und Mastergraden für die Informatik an deutschen Universitäten

Im Anschluß daran erarbeiten die Teilnehmer und Teilnehmerinnen des Workshops soweit möglich zu den angegebenen Fragen Thesen, die auf einer Podiumsdis-kussion erörtert werden.

Literatur

FBT [Die Vorsitzenden der Fachbereichstage]:
Stellungnahme zum HRK-Beschluß zur Einführung von Bachelor- und
Masterstudiengängen. Darmstadt 1.12. 1997

FBT-I [Fachbereichstag Informatik]:
Stellungnahme zur Masteräquivalenz des FH-Diplomstudiums.
Saarbrücken 28.10.1997

A. Holl:
Gestufte Abschlüsse in Informatikstudiengängen an Fachhochschulen.
Tagung des FB Informatik der FH Darmstadt in Darmstadt vom 20.11. bis 21.11.97

HRK [Hochschulrektorenkonferenz]:
Attraktivität durch internationale Kompatibilität - Zulassung ausländischer
Studierender insbesondere zu Graduierten- und Promotionsstudien in Deutschland.
Bonn 9.7.1996

HRK [Hochschulrektorenkonferenz]:
Beschluß zur Einführung von Bachelor- und Masterstudiengängen/-abschlüssen.
Bonn 10.11.1997

J.L.Keedy:
Überlegungen zu Einführung von Bachelor- und Mastergraden für die Informatik an
deutschen Universitäten. Tagung des FB7 der GI in Stuttgart vom 30.3. bis 1.4.98

KMK [Ständige Konferenz der Kultusminister der Länder in der BRD]:
Stärkung der internationalen Wettbewerbsfähigkeit des Studienstandortes
Deutschland. Bonn 24.10.1997

J. Rüttgers:
Hochschulen für das 21. Jahrhundert.
Pressestelle des BMBF. Bonn Februar 1997

VDI [Verein deutscher Ingenieure],
Berufspolitischer Beirat (Prof. Dr.-Ing. Klaus Henning):
Internationale Abschlußgrade in der deutschen Ingenieurausbildung.
Düsseldorf 22.10.1997

ZVEI [Zentralverband Elektrotechnik- und Elektronikindustrie] und
VDMA [Verband deutscher Maschinen- und Anlagenbau]
(Dr. Kruno Hernaut, Winfried Muders, Karlheinz Müller):
Internationalisierung der Ingenieurausbildung - Die neue Herausforderung für
Hochschulen in Deutschland. Frankfurt 5/1997.